Liebe Agnes,

herzlichen Dank für Deine intensive und engagierte Vor- und Zusammenarbeit in unserem gemeinsamen Projekt EADJu!

Innsbruck, 12.1.2012

Gerhard Trenkler

Berichte aus der Sportwissenschaft

Fritz Dannenmann,
Ralf Meutgens,
Andreas Singler
(Hg.)

Sportpädagogik als humanistische Herausforderung

Festschrift zum 70. Geburtstag von
Prof. Dr. Gerhard Treutlein

Shaker Verlag
Aachen 2011

Bibliografische Information der Deutschen Nationalbibliothek
Die Deutsche Nationalbibliothek verzeichnet diese Publikation in der Deutschen
Nationalbibliografie; detaillierte bibliografische Daten sind im Internet über
http://dnb.d-nb.de abrufbar.

Copyright Shaker Verlag 2011
Alle Rechte, auch das des auszugsweisen Nachdruckes, der auszugsweisen
oder vollständigen Wiedergabe, der Speicherung in Datenverarbeitungs-
anlagen und der Übersetzung, vorbehalten.

Printed in Germany.

ISBN 978-3-8322-9798-5
ISSN 1430-5224

Shaker Verlag GmbH • Postfach 101818 • 52018 Aachen
Telefon: 02407 / 95 96 - 0 • Telefax: 02407 / 95 96 - 9
Internet: www.shaker.de • E-Mail: info@shaker.de

Inhaltsverzeichnis

Vorwort 5

Theo Rous
Zwischen Sokrates und Sisyphus – der Typ Treutlein 7

Jürgen Funke-Wieneke
Körpererfahrung 17

Arturo Hotz
Perfekte Technik steht der Intuition näher als der Biomechanik! – „Vieles, was wir machen, ist ein Ausprobieren. Wir wissen zwar ungefähr, was passieren könnte, doch dann probieren wir es einfach aus...!" 31

Harald Lange
Körpererfahrung und Bewegungskoordination: Schwimmen-Lernen als Thema einer schülerorientierten Vermittlungskonzeption 47

Fritz Dannenmann
Gelingender Sportunterricht 61

Michael Neuberger
Anerkennung – Fundament einer tragfähigen Beziehungsebene 69

Wolfgang Knörzer
Ressourcenorientierung als Grundlage des Aufbaus nachhaltiger Motivation zum Sport 75

Udo Hanke
Wie Sportlehrer und Trainer wahrnehmen, denken, fühlen und handeln. 89

Helmut Altenberger
Sportpädagogik und olympische Erziehung – zwei flüchtige Bekannte? 99

Elk Franke
Fair play – ein Modell für gerechtes Handeln in komplexer Gesellschaft? 109

Karl-Heinrich Bette
Zur Ausdifferenzierung der Sportsoziologie: Einflüsse und Antriebskräfte 125

Gerhard Treutlein
Zum Problem von Abhängigkeit und Fremdbestimmung in der Frauen-Leichtathletik 135

Alexandra Ivanova
„Und Anja ist völlig durchgeknallt!" – Zum Problem der Fremdbestimmung
in der Rhythmischen Sportgymnastik 143

Gertrud Pfister
The Beauty and the Beast – Marion Jones und ihre „Doping-Beziehungen":
Eine qualitative Inhaltsanalyse der Olympiaberichterstattung 2000 und 2004
in dänischen Boulevardzeitungen 149

Brigitte Berendonk
Züchten wir Monstren? 165

Hansjörg Kofink
Anabolika im Frauen-Hochleistungssport. Erfahrungen eines DLV-Trainers
– vor 40 Jahren 171

Werner W. Franke
Anabolika im Sport. Der Arzt als Erfüllungsgehilfe des Sportfunktionärs:
Leichtfertige Verniedlichung von Nebenwirkungen 185

Herbert Fischer-Solms
„Flächendeckende Verdrängung". Der Spitzensport als Spritzensport –
Über Doping in Westdeutschland 191

Robert Lechner
Vom Ahnungslosen zum Auserwählten 197

Ralf Meutgens
Wer schneller fährt, ist früher tot 203

Christophe Brissonneau
Die politischen Auswirkungen des Antidopings auf die Karriere des Berufs-
sportlers und das Doping im Radrennsport 213

Horst Pagel
Doping – die neue Unübersichtlichkeit 225

Sylvia Schenk
Jenseits des Anti-Dopingkampfes: Nichts Geringeres als eine
Kulturrevolution 237

Anno Hecker und Evi Simeoni
Die Medien als Helfer im Kampf gegen Doping 241

Perikles Simon
Keine Angst vor Risiken und Nebenwirkungen: Ein Plädoyer für mehr
Transparenz und freiwillige Selbstkontrolle in der Sportmedizin 245

Andreas Singler
Dopingprävention auf Landesebene: Aktivitäten, Einstellungen und Wahrnehmungen bei Sportfunktionären rheinland-pfälzischer Fachverbände 257

Gert Hillringhaus
Dopingprävention an der Basis – ein Erfahrungsbericht 269

Patrick Laure
Die Prävention von Dopingmentalität: der Weg über die Erziehung 275

Giselher Spitzer
Welche Auswirkungen könnte die Diskussion um einen liberaleren Umgang mit Neuro-Enhancement auf den Jugendsport haben? 289

Autorenverzeichnis 299

Vorwort

Gerhard Treutlein erzählt häufig, wenn er sich seiner eigenen Geschichte um Doping und Spitzensport entsinnt, wie er 1969 in der *Zeit* jenen historisch zu nennenden Beitrag „Züchten wir Monstren?" von Brigitte Berendonk las und dabei unwillkürlich dachte: „Sie hat zwar Recht, aber so etwas sagt man doch nicht!" In dem Aufsatz machte die frühere Olympiateilnehmerin, Deutsche Meisterin und Athletensprecherin des Deutschen Leichtathletik-Verbandes auf ein damals schon weit verbreitetes Phänomen des Anabolikamissbrauchs im internationalen Spitzensport aufmerksam, und sie brach mit der Veröffentlichung ein Tabu. Nach damaliger Sicht auch in den Augen Gerhard Treutleins.

Was er mit dieser Episode sagen will: Es ist noch kein Meister vom Himmel gefallen. Und: Wir alle brauchen Zeit, um das zu entwickeln, was man unsere Persönlichkeit, Charakter und Identität nennen könnte. Auch Gerhard Treutlein als einer der entschiedensten Gegner des Dopings hat sich in der Frage des Umgangs mit öffentlicher Sportkritik erst orientieren müssen. Und erst als er diese Frage für sich geklärt hatte, vermochte er jenen Weg einzuschlagen, der ihn als Wissenschaftler ebenso wie als engagierten Funktionär im Hochschulsport zu einem der vehementesten und meistgeachtetsten Dopinggegner in Deutschland hat werden lassen. Kritik verstand er nun nicht mehr als illegitimen Angriff, den man im „Kameradenland des Sports" (oder der Sportwissenschaft) zu unterlassen habe. Kritik und grundlegender Zweifel an der Legitimität von problematischen Entwicklungen wurden ihm unverzichtbare Instrumentarien pädagogischen Wirkens und notwendige Voraussetzungen der Gestaltung humanistisch geprägter Lebenswelten.

Das Thema Doping und – als Pädagoge noch weitaus vordringlicher – das Thema Dopingprävention wurden dem im Fach Geschichte promovierten Wissenschafts-Allrounder wesentliche Pfeiler seines umfangreichen, mittlerweile mehr als vier Jahrzehnte umfassenden akademischen Wirkens. Gerhard Treutlein auf diese Themen zu reduzieren, würde allerdings deutlich zu kurz greifen. In den 1970er Jahren bildete der Komplex „Schülerzentrierter Unterricht" Treutleins pädagogisches Forschungsinteresse. In den 1980er Jahren war es das Thema Körpererfahrung. Zusammen mit Jürgen Funke-Wieneke, so schreibt Wolfgang Knörzer in seinem Gutachten für das baden-württembergische Bildungsministerium im Vorfeld der Verleihung des Bundesverdienstkreuzes im Oktober 2009, zählt Treutlein heute zu den Hauptvertretern dieses Ansatzes, „der als einer der zentralen fachdidaktischen Ansätze in der Sportpädagogik gilt". Parallel dazu behandelte Treutlein mit seinen Heidelberger Kollegen Udo Hanke und Heinz Janalik das Thema „Umgang mit Störungen" im Sportunterricht. Richtungsweisende Publikationen zum Lehrer- und später auch zum Trainerverhalten entstanden daraufhin.

In den 90er Jahren rückte dann das Thema Doping ins Zentrum seiner vielseitigen wissenschaftlichen Arbeit. Mit den Monographien „Doping im Spitzensport" (2000) und „Doping – von der Analyse zur Prävention" (2001) legte er zusammen mit Andreas Singler die ersten umfangreichen Studien zum Doping in Westdeutschland vor. Dass er dieses von der Pädagogischen Hochschule Heidelberg geförderte Projekt mit dem im zweiten Band vornehmlich von ihm verantworteten Teil zur Dopingprävention beschloss, setzte Maßstäbe. Mit der von ihm initiierten und mit verfassten Broschüre und Arbeitsmedienmappe „Sport ohne Doping!" unternahm Gerhard Treutlein dann einen weiteren Schritt in Richtung einer – wie stets von ihm angestrebten – Umsetzung von theoretischem Wissen in praktisches Handeln.

Mit dieser Festschrift wollen wir, die Herausgeber, gemeinsam mit mehr als zwei Dutzend weiteren Autorinnen und Autoren, Gerhard Treutlein zu seinem 70. Geburtstag am 23. Dezember 2010 beglückwünschen und ihn ehren. Dieses Buch soll das lange, vielseitige akademische Wirken von Gerhard Treutlein widerspiegeln, also sowohl die im Lauf seines Berufslebens gesetzten Themenschwerpunkte als auch den Geist, in dem Gerhard Treutlein seine Arbeit gestaltete: prinzipiengeleitet, humanistisch, fachübergreifend integrativ und einer wissenschaftlichen und sportpraktischen Internationalität verpflichtet. Wir haben diese Festschrift versucht, auf eine Weise zu konzipieren, die die grundlegende *Haltung* unseres Kollegen und Freundes herausarbeitet – im Sinne eines humanistischen Kaleidoskops.

Für die Unterstützung, die wir von zahlreichen Kolleginnen und Kollegen bei der Erstellung dieser Festschrift erfahren haben, möchten wir uns herzlich bedanken. Alexandra Ivanova danken wir für ihre unermüdliche Arbeit bei der Betreuung und Gestaltung des Manuskriptes. Bei Monika Mischke bedanken wir uns für die Übersetzungsarbeit des Beitrags von Patrick Laure, bei Alenka Kurda für die Übertragung des Beitrages von Christophe Brissonneau aus dem Französischen. Unser besonderer Dank gilt all jenen Autorinnen und Autoren, die mit ihren Beiträgen zum Gelingen dieser Festschrift beigetragen haben.

Fritz Dannenmann
Ralf Meutgens
Andreas Singler   (Lichtenstein-Göllesberg/Undeloh/Mainz, im Dezember 2010)

Zwischen Sokrates und Sisyphus – der Typ Treutlein

Theo Rous

> „Was tut Sokrates eigentlich, wenn er außer Hause geht? Statt den Beruf des Steinmetzen auszuüben, statt einen ordentlichen Lebenswandel zu führen, zieht Sokrates herum und führt mit allen möglichen Leuten nichtsnutzige Gespräche."
> Wilhelm Weischedel, Die philosophische Hintertreppe

> „Ich höre auf, nach Weisheit zu ringen, der sich kein Sterblicher nähern kann – warum lässt Sisyphus seinen boshaften Stein nicht endlich liegen?"
> Ludwig Tieck, Die Geschichte des Herrn William Lovell

Symbol und Mythos

Wenn man lebende Personen in Verbindung setzt zu monumentalen Gestalten aus Philosophie und Mythologie, ist das ein gefährliches Unterfangen. Sokrates, die Symbolfigur des Erziehers zum Guten schlechthin an der einen Seite, der Mythos des Sisyphus, einzigartiges Dokument des Absurden, an der anderen, können den bescheidenen akademischen Lehrer und (zumindest früher einmal) leichtgewichtigen Mittelstreckler aus Heidelberg erdrücken. Es geht auch nicht eigentlich um das Individuum, sondern um den *Typ Treutlein* als Exempel des kompromisslosen Aufklärers und Streiters gegen Doping und Manipulation im Sport und darüber hinaus: Als Förderer der Lebenskompetenz junger Menschen.

Vielleicht aber lassen sich auf der Folie überdimensionierter Proportionen von Heroen auch einige allgemein gültige Wesensmerkmale des *Typs Treutlein* plastischer konturieren als mit einer biederen Biographie. Der Leser muss aber die Bereitschaft mitbringen, nicht alles im Maßstab eins zu eins nachzumessen. Nicht alles passt, und nicht alles ist völlig ernst gemeint. Zu meinem Bedauern fallen als Bezugspunkte all jene reizvollen Schattierungen und Facetten als *tertium comparationis* weg, die Sokrates' Gattin Xanthippe geschuldet sind. Treutlein hat keine solche. Und bei aller Wertschätzung: Ein Mythos wie Sisyphus ist Treutlein auch (noch) nicht. Auch ist er nicht, wie dieser, für seine Beleidigungen der Götter in den Hades geschickt worden, obwohl auch er manchen Mächtigen aus der olympischen Turnriege zuweilen arg geärgert hat. Aber Steine wälzt er schon den Berg hinauf, und sie rollen auch immer wieder zurück.

Sokrates und Treutlein gleichen sich beide darin, dass sie junge Menschen erziehen wollen und sich dafür den Zorn des Establishments zugezogen haben. Treutlein hat das im Gegensatz zu Sokrates (wenigstens bis heute) lebend überstanden. Wer wie die beiden auf dem offenen Markt der Argumente auftritt und „nichtsnutzige Gespräche" führt (damals auf der *agora*, dem Markt in Athen, heute im Internet), nimmt zumindest Kollateralschäden in Kauf. Sokrates, Hauptfigur in Aristophanes' Komödie „Die Wolken", muss sich das ironische Wohlwollen des Chors gefallen lassen: „Du aber, Priester des kniffligen Worts, verkünde uns jetzt Dein Begehren. Denn keinem von allen Erhabenheitsschwätzern willfahren wir so gern wie Dir." Ähnliches könnte sich im Vorzimmer des Bundesinstituts für Sportwissenschaften abspielen, wenn Treutlein antichambriert, um Mittel zu akquirieren. Klartext geredet hat dagegen Olympiasieger Rolf Danneberg an die Adresse von Typen wie Treutlein im Interview zu Fragen der Ethik:

„Alles Käse. Was hat denn Ethik mit Leistungssport zu tun. Es geht um Leistung. Dieser viel strapazierte Begriff Ethik. Das ist doch ein fürchterliches Gewabbel und Geschwabbel."

Tugend ist Wissen

Ähnlichkeiten lassen sich insofern feststellen, als beide Typen Symbolfiguren einer neuen Ära sind. Mit Sokrates ist das Zeitalter der Naturphilosophen zu Ende, die den Ur-Stoff suchten, aus dem die Welt entstanden ist und die nach ihm ihren Namen erhalten haben: Die Vor-Sokratiker. Treutlein führt den Kampf gegen Doping über die Grenzen von Biochemie und Justiz hinaus. Einen Namen für dieses Zeitalter gibt es noch nicht, aber wer weiß?

Sokrates und Treutlein eröffnen neue Wege des Diskurses um die Lösung ihrer Probleme: Das ist die Ethik mit ihren pädagogischen Dimensionen. Sokrates geht es um die *arete*, von Schleiermacher vor Jahrhunderten mit *Tugend* übersetzt. Der Begriff hat die Zeiten überdauert, macht zwar den ethischen Aspekt deutlich, erschwert aber in unserer Zeit den Zugang zum Problem durch seine altjüngferliche Konnotation. Bei Sokrates hat auch ein Brotmesser seine *arete*, seine *Tugend*. Es muss *gut* sein, d. h. zu dem *taugen*, was ihm seinem Wesen nach zukommt, nämlich *gut abschneiden*. Das Adjektiv zu *arete* ist *agathon*, das *Gute*. *Gutes-Tun* macht den Menschen zum Menschen, und zur Erkenntnis dieses *Guten* will Sokrates junge Menschen bringen.

Schwerpunkt in Treutleins multi-perspektivischem Kampf gegen Doping ist die pädagogische Komponente der *Prävention* zum Schutz junger Athletinnen und Athleten. Die Notwendigkeit von Kontrollen und Analysen mit den daraus folgenden Verfahren und Strafen durch die Verbände ist für ihn unbestrittenes Fundament. Aber sein Ansatzpunkt ist ein anderer: Die *Dopingmentalität*. Damit meint er die Befindlichkeiten in den Grauzonen der Leistungssteigerung im Vor- und Umfeld des gezielten Dopings und der Medikamentenabhängigkeit unserer Gesellschaft: Sie will er mit pädagogischen Mitteln minimieren. Ausgangs- und Bezugspunkt ist, wie bei Sokrates, die Frage: Was ist gut, was ist schlecht? Sportler sollen Höchstleistungen erbringen, untereinander mit aller Kraft wetteifern, siegen wollen, „gut abschneiden", wie das Brotmesser. Das macht das Wesen des Sports aus, aber nur dann, wenn es aus eigener Kraft geschieht. Alles andere ist schlechter oder gar kein Sport. Das ist die Überzeugung von Menschen wie Treutlein vom Sinn des Sports. Leistungen müssen dem eigenen Körper, dem Willen, der Anstrengung, der Ausdauer, der Askese, der Psyche, dem Übungs- und Trainingsfleiß des Individuums zuzuordnen sein. Um diesen *guten* Sport zu verwirklichen, haben sich Regeln entwickelt, deren Einhaltung zum moralischen Rüstzeug des *guten* Athleten gehört wie die motorischen Grundeigenschaften zu seinem Körper. *„Ich habe meine Entscheidung getroffen, dass ich durch meinen Körper gut sein wollte, nicht durch irgendwelche Mittel"*, sagt der in jeder Hinsicht herausragende Athlet Florian Schwarthoff. Das scheint ganz einfach, denn alle Sportlerinnen und Sportler, alle Staaten und alle Sportverbände dieser Welt haben diesem Sinn des Sports in ihren Satzungen und Ordnungen zugestimmt und Regeln für seine Umsetzung aufgestellt.

Dass die Wirklichkeit nicht dem entspricht, wusste schon Robert Musil vor fast 100 Jahren: „Der Sport ist eine grandiose Arbeitsteilung zwischen Gut und Böse der Menschen". An dieser Stelle setzt die pädagogische Philosophie oder philosophische Pädagogik von Sokrates und Treutlein ein.

Sokrates sagt: *Tugend* ist *Wissen*. Und wer das *Gute* erkenne, handele auch danach. Niemand tue freiwillig das *Schlechte*. Denn es schade ihm. Und wenn Tugend *Wissen* ist, dann ist sie auch lehr- und lernbar: *Wissen* nicht im Sinne gedächtnismäßiger Einprägung von Daten und Fakten, sondern seinem Schüler sollen Zusammenhänge aufgehen, er soll den Markt der Argumente kennen lernen, damit umgehen können, ohne allein von der Autorität des Lehrers abhängig zu sein, ja er soll sich sogar dagegen behaupten können. Sokrates' Didaktik ist nicht das Eintrichtern von *Wissen*, sondern die *maieutiká techná*, die *„Hebammenkunst"*. Aristoteles hat insofern Recht: Durch „knifflige" Fragen und Aufgaben bringt er das *Wissen* um das *Gute* bei seinen Gesprächspartnern ans Licht der Welt. Dazu gehört auch, dass er sie mit Gegenargumenten konfrontiert. Immerhin war Sokrates gelernter Sophist.

Theo Rous

Der Schlag des Zitterrochens

Wie das *Gute* aussieht, verkündet er nicht durch Resolutionen, sondern führt seine Schüler in das Labyrinth der Probleme ein. Er verunsichert und verwirrt sie im Hinblick auf ihr bisheriges *Wissen*, so dass diese sich oft wie vom elektrischen Schlag des *Zitterrochens* getroffen fühlen. Die moderne Biologie bestätigt Sokrates und Treutlein. *Perturbationen* („Verwirrungen") nennt der Neurobiologe Humberto Maturana dieses Phänomen. Das sind Anlässe, nicht Befehle und Verbote, die Änderungen im Verhalten von Menschen auslösen können. Aber nicht müssen! Die Veränderungen im Menschen sind nicht a priori zu determinieren. Was nicht determiniert ist, birgt auch Risiken in sich. Die Methode, den Sportler zu eigenen Entscheidungen zu führen, enthält, wenn sie ernst gemeint ist, immer auch die Gefahr des Scheiterns in sich. Dafür aber bietet sich die Chance dauerhafter Verinnerlichung, im Gegensatz zu manchen Alternativen wie aufwendige Kampagnen mit Resolutionen und moralischen Appellen, in aufwendige Hochglanzbroschüren und Worthülsen verpackt, die ihr Scheitern schon nachgewiesen haben.

Natürlich lässt sich nicht alles Sokratische im *Typ Treutlein* unterbringen. Treutlein weiß, wie schon Aristoteles, der Platons Symbolfigur des philosophischen Idealismus vom Himmel auf die Erde holte, dass aus *Wissen* um das *Gute* nicht ohne weiteres das Handeln folgt. Anlagen, Wissen und Kenntnisse, sagt Aristoteles, seien Potentiale. Um sie zu entwickeln und zu verinnerlichen, müsse man *„Verhalten"* auch üben. Das aber gelingt umso eher, je besser das Umfeld, die *„Verhältnisse"*, sind. Das weiß auch Sokrates: Es hilft schon, wenn ich beim Erlernen des Flötenspiels ringsum von lauter guten Flötenspielern umgeben bin.

Hat das nicht etwas vom *Heidelberger Ansatz?* „Ziel ist es, Jugendliche zu einem verantwortlichen Nutzen der Potentiale des Leistungssports zu veranlassen (Verhaltensprävention) und in den Strukturen des Leistungssports für günstige Voraussetzungen zu sorgen (Verhältnisprävention)".

Fragen und Konfrontieren

Unstrittig ist: Der Kern aller *Tugenden* ist erst einmal das *Wissen*. Daraus können das Bewusstwerden von Problemen und die Verinnerlichung der *Tugenden* entstehen. Treutleins Broschüre „Sport ohne Doping" wird mit dem Satz eingeleitet: *„Dieses Buch dient in erster Linie dazu, jungen Sportlerinnen und Sportlern Wissen über eine der schwerwiegendsten Bedrohungen des Sports zu vermitteln. Nur wer hinreichende Kenntnisse über dieses Phänomen hat, kann ein selbständiges Urteil und eine eigene, gefestigte Überzeugung gewinnen, mit der er diesem Problem begegnet."*

Am Anfang von Treutleins Prävention stehen Fragenkataloge, die zu Wissen führen sollen: „Was ist Doping?" – „Wer dopt sich im Sport?" – „Warum dopen sich Sportlerinnen und Sportler?" – „Warum ist Doping im Sport verboten?" – „Wie denken Verführer?"

Aber er beschreibt auch Szenarien und stellt Fragen, die in die andere Richtung zielen:

- *„Warum soll man Doping nicht freigeben?"*
- *„Warum ist Doping nur im Sport verboten, während es in allen anderen gesellschaftlichen Bereichen erlaubt ist?"*
- *„Warum kein ärztlich kontrolliertes Doping?"*
- *„Ist Doping überhaupt schädlich?"*

Eine Fülle von Anstößen soll jungen Menschen das weite Feld der Dopingproblematik eröffnen. Athletinnen und Athleten, ebenso ihre Betreuer, Eltern und Ärzte werden einerseits in Denkmodelle eingeführt, die das Dopingverbot begründen: „Doping widerspricht nicht nur den Regeln, sondern dem Wesen des Sports." Dass dies seine Position, daran lässt Treutlein keinen Zweifel. Sie werden aber auch andererseits mit typischen, auf dem Markt befindlichen Standpunkten konfrontiert, die Doping rechtfertigen:

- *„Doping ist längst nicht so gefährlich wie behauptet wird."*
- *„Die Bekämpfung von Doping ist unwirksam."*
- *„Alle Deine Konkurrenten dopen auch."*
- *„Kontrolliertes Doping nutzt der Gesundheit."*

Treutlein konfrontiert seine Klientel mit Meinungen und Zitaten von Autoritäten, die Doping ablehnen und seine Bekämpfung legitimieren, aber auch mit Ansichten von fachlich hoch qualifizierten Experten und Meinungsführern, Trainern, Ärzten, Funktionären, die versuchen, mit oft harmlos erscheinenden, mit psychologischer Raffinesse angelegten Argumenten Bedenken von Sportlern, zu Doping zu greifen, ins Wanken zu bringen:

- *„Eine Höchstleistung zum richtigen Zeitpunkt braucht heute Planung, nicht zuletzt auch im medizinischen Bereich."*
- *„Es gibt Möglichkeiten, die wir nicht machen dürfen, die aber besser wären und die mit Sicherheit andere machen."*
- *„Wer zur Spitze will, kommt ohne solche Mittel nicht aus."*

- *"Bis vor 25 Jahren wurde das Dopingproblem dadurch gelöst, indem man es ignorierte. Dies hatte den Vorteil, dass Dopingsubstanzen wie andere Medikamente auch von Ärzten ausgegeben wurden, so dass sich kaum ein Schwarzer Markt entwickelte, dafür aber über die Folgen des Medikamentenmissbrauchs geforscht werden konnte."*

Diese Art des Argumentierens mit „pro" und „kontra" erfordert ein hohes Maß an Verantwortung der „Lehrer", die solche Diskussionen führen, aber auch ein gerütteltes Maß an intellektueller Aufmerksamkeit und Öffnung auf Seiten der „Schüler", die durch solche Auseinandersetzungen zu selbständigen Urteilen und Entscheidungen kommen sollen. Treutlein dokumentiert das Problemfeld Doping mit einem Riesenangebot von Beispielen aus dem „richtigen" Leben. Das sind vor allem typische Versuchungssituationen, wie er sie aus vielen Gesprächen erfahren hat, in denen die Hemmschwellen junger Athleten mit psychologisch ausgeklügelten Mitteln, zuweilen auch mit Druck, abgebaut werden, ohne dass sie unmittelbar für junge Menschen erkennbar sind. Nicht jeder „Böse" im Sport ist wie im Wild-West-Film schon an der Filmmusik zu identifizieren.

Risiken und Nebenwirkungen

Die Vermittlung von konkretem Wissen, wie Doping geht, welche Mittel welche Wirkungen haben, die vielen Hinweise, wie und wo Dopingmittel zu beschaffen sind, ist auch unter den Vertretern der Prävention nicht unumstritten. *„Die nachfolgenden Punkte zu Verfahren und Substanzen sollen keine Anleitung für Doping sein"*, heißt es in der Broschüre „Sport ohne Doping!". Das ist erst mal ein frommer Wunsch. Kenntnisse und Wissen, wie Doping geht, können auch missbraucht werden. Treutleins französischer Kollege Patrick Laure weist darauf hin, dass bei Projekten der Drogenbekämpfung die Gruppen der Aufgeklärten mehr Drogen genommen hätten als die Nicht-Aufgeklärten. Auch Treutlein setzt sich damit auseinander und nennt Bedingungen, mit denen solche Gefahren vermieden werden sollen. Seine Bücher, Aufsätze und Projekte vermitteln Wissen, sind letztlich aber im Aristotelischen Sinne „Übungsveranstaltungen", mit denen Potenzen des *Gut-Seins* im Sport zu verinnerlichen und dauerhaften Haltungen entwickelt werden sollen. Das Scheitern im Einzelfall wird dadurch nicht ausgeschlossen. Auch solche Fälle kennt und beschreibt Treutlein, solche, die ihn selbst erschrecken. Aber auch nicht alle Jugendlichen, denen Sokrates begegnet ist, haben ihr *Wissen* in *Tugend* umgesetzt: *„Die Jugendlichen plaudern, wo sie arbeiten sollen. Sie verschlingen bei Tisch die Speisen, legen die Beine übereinander und tyrannisieren ihre Eltern."*

Das ist nicht etwa der Stoßseufzer einer frustrierten Hauptschullehrerin aus Berlin-Neukölln, sondern unser Sokrates, den die Skepsis an seinen eigenen Ergebnissen nie verlässt. Nachdem er seinen Schüler Menon nach vielen Verwirrungen davon überzeugt hat, dass das *Gute* lehrbar sei, lässt er ihn im gleichen Atemzug feststellen, woran die Verwirklichung scheitert: *„Es zeigen sich doch nirgends Lehrer der Tugend. Und wenn keine Lehrer, dann auch keine Schüler."*

Das würde Treutlein für die Gegenwart sofort unterschreiben. Aber das kann eigentlich nicht seine Sache, sondern muss die des organisierten Sports sein. Dessen Dilemma ist, dass vielfach Übungsleiter, Trainer und andere Verantwortliche an der Basis des Sports, in den Vereinen und Verbänden, dem Ort, wo sich unsere jungen Sportlerinnen und Sportler Tag für Tag aufhalten, das Thema Doping nicht immer und überall an sich heranlassen; nicht, weil sie Doping befürworten, sondern weil sie ausschließen, dass es in ihrem Umfeld Doping geben könnte: Unsere Jugendlichen dopen nicht. Warum soll ich sie mit diesem Schmutz konfrontieren? Das ist einer der Gründe, warum das Thema Doping nicht befriedigend dort angekommen ist, wo es hingehört, nämlich in unseren Vereinen. Der Übungsleiter im Verein kann eine Schlüsselfunktion einnehmen, weil er häufig den engsten Zugang zum jungen Sportler hat, mehr als Eltern und Lehrer.

Hinzu kommt, dass das erforderliche Netzwerk der Kommunikation nicht flächendeckend und hinreichend dicht gestrickt ist. Einmal über die *agora,* den Markt, laufen oder ins *gymnasion,* den Sportplatz, gehen, wie Sokrates, reicht in unserer Welt nicht aus.

Die Last der Lösung

Eine befriedigende Antwort auf die Frage, ob und wie erfolgreich Prävention ist, kenne ich nicht. Wie definiert man Erfolge in der Prävention? Sicher nicht nur am Rückgang positiver Dopingkontrollen. Die Zahl der verteilten Anti-Dopingbroschüren und die Summe der „Runden Tische" und Seminare allein können es auch nicht sein.

Das ist das Risiko der *perturbatio*. Die Wirkung bleibt offen. Das muss auch Sokrates zugeben, wenn er aus Platons Ideenhimmel auf seine Nachfolger schaut. Aus seinen philosophischen Lehren sind höchst widersprüchliche Schulen entstanden, darunter die Kyniker und die Hedonisten, aber auch Platons Akademie. Es ist eine Wanderung auf einem schmalen Grat und bedarf sorgfältiger Planung, wissenschaftlicher Begleitung und hoher Verantwortung.

Aber unstritig ist, das zeigt die Geschichte, dass nämlich Leugnen, Verdunkeln und Verschweigen Phänomene wie Doping immer begünstigt haben. Kontrollen und Strafen sind unerlässlich, aber durch sie ist Verbrechen noch nie ausgerottet worden, weder Mord noch Alkohol am Steuer. Das Dopingproblem ist nicht lösbar, wenn man unter Lösung sein völliges Verschwinden versteht. Unter diesen Maßstäben sind alle Anti-Dopingmaßnahmen, wie alle Maßnahmen gegen das Schlechte in dieser Welt, erfolglos. Sieht man es unter formal-juristischen Gesichtspunkten, ist auch Sokrates gescheitert. Er ist im Rahmen bestehender Gesetze zum Tode verurteilt worden. Dennoch ist die Wirkung des *Typs Sokrates*, wie ihn uns Platon überliefert hat, ungeheuer. Karl Jaspers hält ihn unter ethischen Aspekten mit Jesus und Buddha für die einflussreichste Figur der Weltgeschichte. Die Attentatsversuche, Hitler zu beseitigen, waren fehlerhaft, vielleicht sogar dilettantisch, und sind gescheitert. Dennoch waren und sind bis heute die Versuche der Stauffenbergs und Goerdelers ein wesentlicher Baustein des moralischen Wiederaufbaus der Bundesrepublik. In magnis et voluisse satis est, sagt der römische Dichter Properz. Wenn sonst nichts geht: Es gibt bedeutsame Probleme, bei deren Lösungsversuchen es ein Erfolg ist, sie ernsthaft gewollt zu haben. *„Es kommt darauf an, das Hoffen zu lernen",* sagt Ernst Bloch, und kreiert die philosophische Kategorie des „Möglichen".

Von Mauern und Steinen

Das Schlechte wird nie aus der Welt verschwinden, aber jede Generation hat die Verpflichtung, mit allen Mitteln dagegen zu kämpfen und die Mauern gegen das Böse so hoch wie möglich zu bauen, immer wieder, auch gegen *schlechten Sport,* ohne den finalen Erfolg garantieren zu können. Wenn die Gesamtstruktur des Anti-Doping-Systems als ernst gemeint und damit als glaubwürdig wahrgenommen wird, wenn das Mögliche auch realisiert wird, wird man verhindern, dass unvermeidliche Schwachstellen des Systems als absichtlich angelegte Schlupflöcher der Sportverbände interpretiert werden.

Wer solche Dämme zu errichten versucht, setzt sich großen Belastungen aus. Damit bin ich auf der anderen Seite der Begleitung des *Typs Treutlein*, bei Sisyphus, der die olympischen Götter beleidigt hatte und zur Strafe den riesigen Felsbrocken vergeblich den Berg hinaufzurollen versuchte. Über Jahrtausende haben Dichter und Philosophen diesen faszinierenden Mythos gedeutet. Er gibt einen paradigmatischen, ungemein lehrreichen Hintergrund für die Problematik auch des Kampfes gegen Doping ab. Von Homer bis Günter Grass galt diese Arbeit des Sisyphus vielen als Chiffre für sinnlose Mühen der Menschheit, jenes Sisyphus, der erkannt hat, dass der Stein nicht liegen bleibt, der aber nicht aufgibt im Kampf gegen Resignation und Hoffnungslosigkeit.

Diese Meinung teilt nicht jeder, weder über Sisyphus noch über Treutlein. Die kritische, ja zuweilen bösartige Quintessenz der Meinung über den *Typ Treutlein*, von

In- und Outsidern nicht immer öffentlich geäußert, ähneln häufig dem literarischen Urteil des ungarischen Dichters György Petri in seinem Romankapitel „Sisyphos' Rücktritt" über die *Sisyphosse* dieser Welt: *„Jetzt kommen sie, die unerschrockenen Idioten. Sind's Clowns oder Verbrecher? Beides wohl. Ich fürchte es und lach' mich tot: Unaufhaltsam rollt der Stein zurück."* Noch drastischer als Petri äußert sich der Lyriker Peter Maiwald. Er beklagt sich in einer seiner „Balladen von Samstag auf Sonntag" über die Heroisierung von Sisyphus, der sich ergebnislos plagt und auch noch stolz darauf ist, aber auch über die Mittel, die bei solchen Sisyphus-Arbeiten sinnlos verschleudert würden, im Kampf gegen Doping kein unbekanntes Argument: *„Hau ab, Mensch, elender Angeber mit Mühe, Lastesel ohne Sinn und Ergebnis. Beim dritten Mal lässt man's, oder beim siebten Mal bei langer Leitung. Der Stein wäre besser für ein Haus oder eine Straße, wo's weitergeht. Arschloch!"*

Viel freundlicher, aber umso gefährlicher erscheint mir Ulrich Treichels Vision von „Sisyphus' Dementi", wenn man eine Analogie zu Doping herstellt. Seine Interpretation von Sisyphus ähnelt den Verharmlosern von Doping, die vor einer Überschätzung des Dopingproblems warnen und den Kampf gegen Doping für übertrieben, ja überflüssig halten, weil das Problem eigentlich doch gelöst sei: *„Der Berg, auf dem ich wohne, ist gar nicht so hoch. Er ist gar kein Berg. Und der Stein war schon bald nur der Rest eines Steins. Vor ein paar Jahren ist er mir in den Ausguss gerutscht."* Diese Interpretation nähme der Sisyphus-Haltung engagierter Streiter gegen Doping ihren Sinn. Doping gibt es nicht mehr. Das würde der verstorbene Leiter des Anti-Dopinglabors in Köln, Manfred Donike, der es wissen musste, nicht recht glauben wollen. Er antwortete auf die Frage, wie lange man diesen Kampf führen müsse, lakonisch: „Bis ans Ende aller Tage."

Moderne Soziologen geben es dem *Typ Treutlein* aber auch in unchiffrierter Prosa:

„ ... Diese ‚wahren' Sportsfreunde faseln vom ‚Irrweg des Sports'. Doch müssen diese dopingkritischen Liebhaber des ‚sauberen' Sports daran erinnert werden, dass, wer mit dem Finger auf andere zeigt, mit dreien auf sich selbst zeigt... Nicht Doping ist der eigentliche Skandal, sondern die Ignoranz seiner Kritiker", schreibt der Berliner Soziologe König im Jahrbuch des Deutschen Olympisches Instituts von 1998.

Camus und die Folgen

Es gibt Sisyphus-Interpretationen, die mehr Mut machen. Die weltweit am meisten beachtete und folgenreichste war die Auslegung des französischen Nobelpreisträgers Albert Camus. Für Camus kann die absurde Situation des Sisyphus, der erkannt hat, dass der Stein nie liegen bleibt, dennoch nie aufgibt, uns Menschen als

Vorbild dienen: *„Der Kampf gegen Gipfel vermag ein Menschenherz auszufüllen. Wir müssen uns Sisyphus als glücklichen Menschen vorstellen."* Sein Nobelpreis-Kollege Günter Grass folgt ihm und empfiehlt uns Menschen die Sisyphus-Haltung, die gegen Resignation und zynische Hoffnungslosigkeit gefeit ist, weil sie erlaubt, weiter tätig zu sein, auch wenn die Hoffnung auf Erfolg fragwürdig ist. Die Situation des Sisyphus sei zwar erdrückend. Aber mit Bezug auf Camus sagt er: *„Erdrückende Wahrheiten verlieren an Gewicht, sobald sie erkannt sind."* Hans-Magnus Enzensberger greift das Thema in seinen *„Anweisungen an Sisyphus"* auf: *„Was Du tust, ist sinnlos. Du hast es begriffen, aber finde Dich nicht damit ab. Lab' Dich an Deiner Ohnmacht nicht, sondern vermehre um einen Zentner den Zorn in dieser Welt, um ein Gran. Es herrscht ein Mangel an Männern, das Aussichtslose tuend stumm."*

Der Kampf gegen Doping scheint endlos. Die Frage ist: Ist er auch sinnlos? Abgesehen davon, dass dieser Kampf in einigen seiner Elemente, wie z. B. der Prävention, aber auch in einigen Regionen dieser Welt gerade erst begonnen hat, in anderen, vielleicht auch bei uns, schon wieder nachlässt: Seinen Sinn erhält er auch unabhängig vom endgültigen Erfolg. Er trägt dazu bei, den kulturellen Wert des Sports zu erhalten. Die Sinngebung des Wettkampfsports, der darin besteht, dass der Sportler Leistungen aus eigener Kraft erbringt, wird auch dadurch nicht beschädigt, wenn es den totalen Erfolg, die Ausrottung von Doping und Betrug, nicht gibt.

Das müssen wir vor allem auch den Athletinnen und Athleten deutlich machen, die sich entschieden haben, wie Florian Schwarthoff, durch ihren eigenen Körper *gut* zu sein. Wir müssen sie vor der Resignation bewahren, dass sie durch Einhaltung der Regeln des *guten* Sports in ihrem Streben nach Erfolg nur Nachteile haben. Dazu gehört die Einsicht, dass zur Erhaltung des Kulturgutes Sport nicht nur der Erfolg, sondern auch die Akzeptanz der Regeln ein unverzichtbarer Wert ist. Es gibt Athletinnen und Athleten, die das zur Maxime ihres Handelns machen. Für die allein lohnt es sich schon, zu kämpfen.

Das System des organisierten Sports kann diesen Sportlern nicht garantieren, dass – wie bei Peter Treichel – der Stein Doping im Ausguss ein für alle Mal verschwindet. Aber der Sport muss deutlich machen, dass seine Ziele und Mittel der Bekämpfung glaubwürdig sind. Für Sportler muss erkennbar sein: Der Sport meint es ernst damit, den *guten* Sport zu wollen.

Wie der *Typ Treutlein*.

Körpererfahrung

Jürgen Funke-Wieneke

Ausgangslage und Rezeption

Wenn man Anfang bis Mitte der 70er Jahre des vorigen Jahrhunderts eine zeitgemäße Auskunft darüber begehrte, was am Sporttreiben erziehlich sei, dann reimte sich das Meiste, was gesagt wurde, auf die Erziehung des jungen Menschen zur Leistungsperson (Ausschuss deutscher Leibeserzieher 1964) und – unter dem Stichwort „Sozialisation" – seine funktionale Eingliederung in die Gesellschaft (Ausschuss deutscher Leibeserzieher 1973). Das galt in beiden Richtungen. Die Einen unterstützten diese Vorstellungen und widmeten ihr – zum Teil paradigmatisch werdende – Untersuchungen (z. B. Gabler et al. 1977, Hecker 1971; Heinemann 1974, Kleine und Hecker 1977; Kurz 1975; Lenk 1972 und 1975), die anderen bekämpften sie theoretisch als mechanische Solidarisierung mit unbegriffenen gesellschaftlichen Ansprüchen und Verhältnissen (z. B. Baumann 1974; Böhme u. a. 1971; Brodtmann und Trebels 1976; Güldenpfennig 1973).

Diese Verengung des sportpädagogischen Reflexionshorizontes – Grupes grundlegende Arbeit von 1967, die die Dinge viel differenzierter auseinanderfaltete, spielte kaum noch eine Rolle, sie war wohl den Einen nicht empirisch genug, weil sie der Phänomenologie breiten Raum einräumte, und den Anderen zu ideologisch, weil in ‚bürgerlichen Wertvorstellungen' befangen[1] – widersprach aber der lebensweltlichen Erfahrung auch derjenigen, die diese Positionen aufstellten, operationalisierten und verteidigten. Meist selbst gute Sportler, hatten sie trotzdem ausgeklammert, dass es nicht allein die Leistung, die Spannung zwischen Sieg und Niederlage, die Hoffnung auf Erfolg und die Furcht vor Misserfolg und die Aussicht darauf waren, eine gesellschaftliche Rolle zu spielen, was sie regelmäßig in Turnhallen, auf Sportplätzen, im Gelände und in Schwimmhallen aktiv werden ließ, sondern ebenso auch das Genießen der Bewegung, das Sich selbst spüren im eigenen Leib, die „Funktionslust", wie das einst von Karl Bühler in seiner Theorie des Spiels genannt wurde. Diesem Gesichtspunkt wollten wir – wieder – stärkere Geltung verschaffen, und es traf sich glücklich, dass Gerhard Treutlein, ein Leichtathlet, und Jürgen Funke-Wieneke, ein

---

[1] Auch sein Hinweis von 1976 auf die Bedeutung der hedonischen Qualität des Sporttreibens blieb eher ungehört.

Turner, hier eine gemeinsame Basis für Verständigung und neugieriges Suchen fanden und damit eine ganze Reihe von Anderen anstecken konnten, sich solchen Fragen ebenfalls sachkundig aus ihren Erfahrungen als Sportler und bewegungskulturell engagierten Menschen heraus zu widmen.

Seither ist mit „Körpererfahrung" in der sportpädagogischen Diskussion des deutschsprachigen Raumes ein Ansatz belegt, der den Sinn des Sichbewegens und Sporttreibens aus pädagogischer Sicht in einer bestimmten Weise fassen und für didaktisches Handeln praktisch auslegen will. Wie noch genauer zu erläutern sein wird, geht es darum, herauszustellen, dass sich der Mensch zur leiblichen Selbstgestaltung aufgegeben ist (Grupe 1984, 32; 95; 106), dass diese Selbstgestaltung durch das Sich bewegen in verschiedener bewegungskultureller Rahmung und Ausprägung die entwicklungsnotwendige Herausforderung und Orientierung erhält (Funke-Wieneke 2008, 24-27) und dass dies bestimmte Folgen für das Lehren zeitigt, die in handlungsorientierten Konzepten des Vermittelns berücksichtigt werden. Repräsentativ für die initiative Phase sind die Texte von Funke 1980, 1983; Funke-Wieneke 1993; Funke, Treutlein und Sperle 1986, 1992. Je eigene Akzente setzen in diesem Horizont Bielefeld 1986 und Moegling und Moegling 1984, mehr psychologisch orientiert der eine, mehr an alternativen Bewegungskulturen orientiert die anderen. Es fand dann eine breitere Rezeption des damit eingeleiteten bildungstheoretischen und vermittlungsmethodischen Denkens bis hinein in die Lehrpläne statt. In den 90er Jahren wurde das Konzept wissenschaftstheoretisch diskutiert und aus dieser Sicht massiv kritisiert, ohne dass diese metatheoretische Kritik die sport- und bewegungspädagogische Substanz des Ansatzes, sofern sie ihn überhaupt berührte, infrage stellen konnte (Thiele 1996; Schierz 1997).

Sportunterricht und Sporttreiben unter dem Blickwinkel der „Körpererfahrung" zu betrachten, kann als eine Standardperspektive sportpädagogischen Denkens gelten (Balz 1992). Der Ansatz ist auch international – vor allem in Österreich (Funke 1984) und Japan (Kondō 2006) – wirkungsvoll rezipiert worden. Das hier und da aufgrund mangelnder Einsichtnahme in die Originaltexte kolportierte Vorurteil deutschsprachiger Autoren (zuletzt wieder Bockrath 2005), sportliches Leisten sowie systematisches und nachhaltiges Bewegungslernen spiele in dem – sich wegen seiner pädagogischen Ausrichtung selbstverständlich nicht nur affirmativ, sondern auch sportkritisch artikulierenden – Ansatz keine Rolle oder werde sogar abgelehnt, ist haltlos. Im Gegenteil handelt es sich darum, den Zusammenhang von leiblicher Bildung als Bewegungsbildung und Weltbildung hervorzuheben, ein Zusammenhang, der durch nachhaltig wirksames Überschreiten von Leistungsgrenzen durch Übung und Erfahrung gekennzeichnet ist (Funke 1980, 19; Funke 1983, 118-135; Funke-Wieneke 1987).

Phänomenologische Grundlagen – Husserls Analyse der Leiblichkeit des Menschen

In der naiven oder natürlichen Einstellung des alltäglichen Lebens sprechen wir vom „Körper", z. B. von seinen Teilen, von seinen Funktionen, Innen- und Außenansichten. Wir lokalisieren das Denken ‚im Kopf', die Gefühle ‚im Bauch', und lassen die Liebe ‚durch den Magen gehen'. Wir setzen uns zu ihm auch wie zu einem ein Ding unter Dingen in ein Besitzverhältnis und sagen: „Mein Körper/Bauch gehört mir!" Aber in genau diesem Gebrauch des Begriffs Körper ist auch schon eine Art und Weise enthalten, wie man über den Körper spricht, was dieses Sprechen bedeutet, was also die – richtige – Auffassung des Körpers, seine ‚Wahrheit' ist. Wir sprechen, so gesehen, nicht nur über etwas, das wir in einem emphatischen Sinne ausschließlich und unmittelbar sinnlich erfahren, sondern tradieren in unseren üblichen und angesagten Redeweisen ein konventionell bestimmtes Wissen und Verständnis, das sich recht verschiedenen, meist als solche nicht sichtbar werdenden Perspektiven und Methoden verdankt, von althergebrachten Vorurteilen noch ganz abgesehen. Deshalb ist zunächst zu klären, was die Rede vom „Körper" im Ansatz der „Körpererfahrung" bedeuten kann und soll.

Die Grundlagen dafür können wir in der Analyse des deutschen Philosophen Edmund Husserl finden.[2] Seine Fragestellung und Vorgehensweise – die motiviert waren durch die Frage nach den Fundamenten sicherer, wissenschaftlicher Erkenntnis – sind so zu beschreiben: Klammern wir ein, was wir bereits alles über *unseren* und *den Körper* wissen und für selbstverständlich halten, und fragen wir uns, woher wir das wissen, und – noch radikaler – welches die Bedingungen der Möglichkeit sind, dies überhaupt wissen zu können. Das Ergebnis lautet: Wir müssen es wahrgenommen haben, und selbst wenn wir es nur berichtet bekommen oder gelesen haben, so müssen wir zumindest Bericht oder Text wahrgenommen haben. Die Bedingung der Möglichkeit dieser Wahrnehmung(en) aber ist, dass wir leibliche Wesen sind, die vermittels ihrer Leiblichkeit überhaupt sinnliche Erfahrungen machen können. Der „Leib" - auf den Sinn der Begriffsdifferenzierungen zwischen Körper und Leib werde ich noch eingehen - „ist das Erfahrungsorgan des Subjekts" und spielt „eine konstitutive Rolle in jeder Wahrnehmung" (Zahavi 2009, 105). Der Leib, so wurde das nach Husserl auf den Punkt gebracht, „ist unser Gesichtspunkt für die Welt" (Merleau-

---

[2] Husserls Phänomenologie hat eine breite und folgenreiche Rezeption erlebt. So gehen die für die Sportpädagogik mit Grupe einflussreich gewordenen Untersuchungen zu Leib und Leiblichkeit von Maurice Merleau-Ponty unmittelbar auf ihn zurück. Angesichts der Tatsache, dass die - noch unabgeschlossene – Herausgabe der Reihe der Schriften Husserls derzeit bei Band 39 angelangt ist (http://www.hiw.kuleuven.be/ hiw/eng /husserl/Husserliana.php, aufger. am 04.06.2010), maße ich mir keine Kenntnis dieses Werkes an, sondern folge hier den vermittelten Ein- und Ansichten seines Interpreten Zahavi 2009.

Ponty 1966, 95). Ohne ihn ist nichts zu sehen, zu spüren, zu hören von und aus dieser Welt. Aber diese Welt ist auch nur so, wie wir sie leiblich aus diesem „Gesichtspunkt" heraus erfahren. Aus dieser Einsicht ergibt sich die eigentümliche, doppelte Perspektive in der leiblichen Erfahrung: Als „*fungierender Leib*" ist er die Bedingung der Möglichkeit unserer Welterfahrung, ohne selbst ins Bewusstsein zu rücken. Aber er kann auch zum Objekt dieser Welterfahrung werden, zum „*thematisierten Leib*" bzw. zum „*Körper*", dessen Erscheinung wir uns bewusst machen, den wir wahrnehmen, indem wir wahrnehmen.

Das Verhältnis dieser beiden Aspekte unseres Daseinsvollzuges legt Husserl so dar: Es gibt ursprünglich keinerlei Bewusstsein meines Leibes als eines Objektes. „Ich nehme ihn nicht außer mir wahr, sondern ich *bin* er. Ursprünglich ist mein Leib erlebt als ein einheitliches Feld der Aktivität und Affektivität, als eine Willensstruktur, ein Bewegungspotential, ein ‚Ich tue' und ‚Ich kann'" (Zahavi 2009, 106). Nicht mein Leib bewegt sich, sondern ich bewege mich. Demgegenüber ist die Konstitution des Objektleibes eine „Selbstobjektivation des fungierenden Leibes. Sie wird durch ein Subjekt vollzogen, das bereits leiblich existiert" (Zahavi 2009, 106). Diese Selbstobjektivation aber hat ihrerseits wieder verschiedene Aspekte. Das Thematisch-Werden des Leibes im Zuge unserer Aufmerksamkeit und Zuwendung muss, so kann eine Analyse der Tasterfahrung nachvollziehbar zeigen, nicht notwendiger Weise den Leib als Objekt, als Ding zwischen Dingen vergegenwärtigen, muss sich nicht auf den *erfahrenen* Leib, sondern kann sich auch auf den *erfahrenden* Leib richten:

> Berührt meine Hand eine Tischplatte, habe ich es einerseits zu tun mit einer Reihe von Erscheinungen, die als zur berührten Tischplatte gehörig erfahren werden...Härte, Glätte und Ausdehnung des Tisches. Es ist jedoch auch möglich, eine Änderung der Aufmerksamkeit (eine Art Reflexion) zu vollziehen, sodass ich, anstatt mit den Eigenschaften des Tisches beschäftigt zu sein, die berührende Hand thematisiere und dann eine Reihe Druck-, Glätte- und Bewegungsempfindungen entdecke, die nicht als objektive Eigenschaften an der Hand aufgefasst werden, obgleich sie in dieser lokalisiert sind, sondern vielmehr ihr Wirken als ein erfahrendes Organ manifestieren [...] (Zahavi 2009, 107).

Zentriere ich jedoch abermals anders, dann erscheint mir nicht das Spüren mit der Hand in seiner Qualität, sondern ich werde der Objekteigenschaften der Hand selbst gewahr, z. B. wie schwer, flächig, fleischig oder knochig sie ist.

Schließlich ist noch ein weiterer Erfahrungsbereich zu beachten. Weil uns der fungierende Leib als eine willens- und wahrnehmensbedingende Struktur des „Ich tue" und „Ich kann" gegeben ist, liegt darin die Möglichkeit begründet, aus den perspektivischen, je unvollständigen Abschattungen, in denen jeder Gegenstand natürlicher Weise erscheint (ich sehe entweder die Vorderseite des Stuhls oder seine Rückseite, niemals aber vom gleichen Standpunkt aus gleichzeitig in voller Ansicht beide und von jedem neuen Standpunkt aus immer andere Bilder), einen einheitlichen Gegenstand wahrzunehmen, dem trotz ihrer sinnlich unmittelbaren Verborgenheit z. B. auch eine bestimmte Rückseite zukommt, von der ich weiß, dass sie da ist und oft genug sogar weiß, wie sie aussieht, ohne dass ich bereits gesehen hätte, wie sie aussieht. Diese spontane Konstitution des vollständigen und identischen Objektes, wie auch die Identifikation unterschiedlicher sinnlicher Eindrücke, z. B. des Tastens und Sehens und Hörens, als Eindrücke, die der gleichen Quelle und nicht verschiedenen zugeschrieben werden, verdankt sich, so Husserl, der menschlichen Beweglichkeit. Das Wahrnehmen ist eine leibliche Tätigkeit und als solche ist sie begleitet von einem „mitfungierenden, aber unthematischen Bewusstsein der Position und der Bewegung des Leibes, das als ‚kinästhetisches Bewusstsein' bezeichnet wird" (Zahavi 2009, 103). Wir sehen mit beweglichen Augen, die in einem Kopf liegen, der seinerseits beweglich ist und zu einem Leib gehört, der viele verschiedene Stellungen, Haltungen und Standorte einnehmen kann, sodass der Normalfall der Wahrnehmung nicht die unbewegte Fixierung des Objektes, sondern sein bewegliches Abtasten aus verschiedenen Blickwinkeln, aus den ständig wandernden Gesichtspunkten unseres Leibes in der Welt heraus ist. Ich konstituiere wahrnehmend den vollständigen Gegenstand und verharre nicht bei der aktuell angezeigten Fläche, weil ich in meiner fungierenden Leiblichkeit das Potential habe, um das Objekt herumzugehen und die Folge der verschiedenen sinnlichen Eindrücke, die ich beim Herumbewegen gewinne, auf das kinästhetische Bewusstsein eines mit einer Identität zusammenstimmenden identifizierenden Bewegungsablaufes beziehen kann.

Richtet sich nun diese objektivierende Tätigkeit des Wahrnehmens auf meinen eigenen Leib, dann gilt dies alles genauso, jedoch mit dem charakteristischen Unterschied, dass eine vollgültige Objektivierung unmöglich ist. Der zum Objekt in Zuwendungsakten thematisierte Leib bleibt zugleich Ich, das Subjekt, das sich mit ihm beschäftigt. Das wirkliche Fremdwerden des eigenen Leibes im Körper, der man selbst nicht ist, zeigt ausschließlich den pathologischen Fall an. Das vorübergehend fühllos gewordene, ‚eingeschlafene' Körperglied liefert eine schwache Ahnung solcher verstörender Abtrennung von Subjekt und Objekt.

Die Körpererfahrung als pädagogische Deutungsmöglichkeit bewegungskultureller Aktivität

Was bedeuten Husserls Einsichten für das Thema Körpererfahrung im Sport (und bei weiteren bewegungskulturellen Aktivitäten). Es zeigt sich, dass der Begriff Körpererfahrung zu einfach ist, um durch sich selbst die verschiedenen Perspektiven und Dimensionen des damit Berührten und Gemeinten unmissverständlich auszudrücken. So einfach, wie er erscheint, und so griffig, wie er sich zur Verfügung stellt, ist er nicht. Er ist mehr Anzeigewort als wirklich Begriff. Deshalb hieß es bereits in der Beschreibung dessen, was von vornherein gemeint war, es ginge um Dreierlei, „die Erfahrungen mit dem Körper, die Erfahrung des Körpers und die Erfahrung des eigenen Körpers im Spiegel der anderen" (Funke 1983, 7-8).

Mit Husserl können wir das nun noch genauer fassen. Zu betrachten und pädagogisch zu würdigen sind im Zusammenhang des Sporttreibens und Sichbewegens folgende Aspekte des „Leibkörpers", so die Formel von Waldenfels für die komplexe und differenzierte Thematik (vgl. Waldenfels 2002, 36; 209, 211 u. 413):

> Der (fungierende) *Leib;*
> der *Körper* (als der objektivierte, thematisierte Leib, der ich bin),
> und in dieser Hinsicht der *wahrnehmende* und der *wahrgenommene* Körper;
> der wahrgenommene Körper Anderer, also das *Körpersymbol*, das mich spiegelt, und in dem ich mich spiegele.

Fungierender Leib

Sich bewegend intendiert der Mensch im Sport und bei anderen bewegungskulturellen Aktivitäten in häufigen Fällen nicht sich selbst, sondern Spielobjekte, Geräte, mit denen geschickt umgegangen, Funktionen und Aktionen, die es in der richtigen, regelgerechten und zielbestimmten Weise zu erfüllen und Partner und Gegner, die es einzubeziehen oder zu bezwingen gilt. Diese Intentionen verlangen zwar, objektiv gesehen, den oft sogar intensivsten Körpereinsatz, aber sie erscheinen als Kampf um den Ball, als Treffen oder Verfehlen des Ziels, als Überwinden der Höhe, Erreichen der Weite, Verwirklichung des Rhythmus, als Material- (z. B. Ball-) Gefühl, als vollbrachtes oder unerledigtes Werk der gemeinsamen Handlung.

Das Sporttreiben vermittelt in dieser Hinsicht *Bewegungsbildung als leibliche Bildung*. Sie bedeutet einerseits eine Auflösung des Befangenseins in Ungeschick, Hemmung, Furcht und räumlicher Einschränkung. Wer schwimmen kann, dem wird das todesdrohende Wasser eines Sees zu einer einladenden Gegend und Bewegungsgelegenheit, dem Schifahrer wandeln sich unzugängliche Gebirgsgegenden in Arenen voll lustvoller Gleiterlebnisse, dem ausdauernden Läufer gilt als nah, was andere nötigt, Fahrzeuge in Anspruch zu nehmen. Andererseits beschert leibliche Bildung Realismus: Jeder kann sich natürlich alles Mögliche einbilden und vorauseilende Phantasie ist sicher ein wichtiges Moment für die leibliche Emanzipation. Jedoch muss das erwünschte Können bewegungsdialogisch erübt werden. Das macht demütig, lehrt Geduld und zeigt gerade dem Kundigen, in welche Gefahren er sich begibt und wie sie zu vermeiden sind.

Leibliche Bildung erweitert Horizonte der individuellen Lebensführung ebenso wie sie Türen zu anderen Menschen und Kreisen öffnet: Das Mitmachen-Können ist die Eintrittskarte in Vereine und informelle Gruppen, die Anschluss und Bindung bieten. Tiefer noch: Leibliche Bildung ist die Grundlage der Sozialität (Funke-Wieneke 1997). Vor allem Verstehen des Anderen als einem individuellen Gegenüber mit eigenen Absichten, Motiven und Gedanken liegt die Verständigung in Aktion, der Austausch von Bewegungsbeziehungen im koordinierten Tun: der Pass in die Tiefe, der schon gespielt ist, bevor ein Gedanke daran verschwendet ist, die rhythmische Übereinstimmung im Tanz, beim hin und her Schlagen von Bällen oder beim Vorantreiben eines Ruderbootes, Zug und Ausweichen im Zweikämpfen, alles Handlungen, die nicht den Umweg über eine Erklärung, Absprache und Zustimmung nehmen, sondern agierte Beziehungen darstellen, welche in einem gemeinsamen Sozialleib aufgehoben sind, den sie ebenso vollziehen, wie sie ihn immer wieder herstellen. Die Theorie des Sozialen Lernens im Sport hat aus dieser Perspektive eine Bereicherung und Vertiefung erfahren, die sie – zuvor fokussiert auf den Umgang mit Regeln und das (mehr oder weniger kritische) Regelbewusstsein – noch nicht erreicht hatte.

Nicht zuletzt ist im Zusammenhang der Betrachtungen zum fungierenden Leib auf die *Leibatmosphäre* hinzuweisen, die im Begriff des fungierenden „kinästhetischen Bewusstseins" schon mit angesprochen worden ist. Hiermit können wir jenes uns eigentümliche Selbstgefühl zur Welt und ihren Aufforderungen und Erscheinungsweisen gefasst sehen, das als vorbewusste, ganz persönlich ausgeprägte Willens- und Könnensstruktur, als Spontaneität, Vertrauen und Selbstvertrauen, Unbefangenheit, Mut, Hoffnung auf Erfolg aber auch Furcht, Zurückhaltung, Bedrückung, Befangensein, Vorsicht und Antizipation unser Handeln regiert. Ihr besonderes leiblich-atmosphärisches „Lebensgefühl" ist es wohl auch, was Sportler immer wieder herzustellen versuchen und was in anderem theoretischen Zusammenhang als „Motivation zum lebenslangen Sporttreiben" zu fassen versucht wird.

Wahrgenommener Körper

Sportliches Handeln bringt unweigerlich nicht nur den fungierenden Leib ins Spiel, sondern auch als Körper immer wieder zum Vorschein. Die Aktions-Funktionsketten, die dazu führen, dass ein bestimmter sportlicher Effekt erzielt wird, das Werfen oder Schlagen eines Balles, das flüssige, ökonomische Laufen, das Springen über ein Hindernis usw. sind Gegenstand gesteigerter Selbst- und Fremd-Aufmerksamkeit im Techniktraining und objektivieren die leibliche Erfahrung im Bild des Körpers und seiner Teile, die geometrisch angeordnet und dynamisch zueinander in Beziehung gesetzt werden sollen (Göhner 1975a; 1975b; 1987; 1992). Das sportliche Training wird kontrolliert über physiologische Parameter, die den Leib als Körper vermessen und körperlichen Einsatz am Kriterium der Messwertbeeinflussung verlangen (Weineck 2007). Diesen Objektivierungen des Körpers entspricht eine eigentümliche Doppelperspektive, die der Sporttreibende einzunehmen hat: Sich selbst in der Aktion wahrnehmend, sich in Beziehung zu diesen physiologisch-physikalischen Bildern zu setzen, zugleich Leib seiend, auch noch den Körper bewusst als solchen zu handhaben: Diesen Hüftwinkel zu produzieren, jene Armabspreizung, Beinbeschleunigung oder Herzschlagfrequenz und dabei aufmerksam zu verfolgen, wie sich das privativ-persönlich anfühlt, was es objektiv gesehen zu erreichen gilt. Dies bildet die Grundlage der *Körperbildung*. Der bildungstheoretisch entscheidende Punkt in dieser *Körperbildung* liegt in der notwendiger Weise einzugehenden Entfremdung des Übenden von sich selbst. Das – oft mit schwerer narzisstischer Kränkung und Verzweiflung einhergehende – Fremdwerden des eigenen Leibes im Körper, den man nach äußeren Vorstellungen zu beeinflussen versucht, ist die Voraussetzung dafür, dass die emanzipierende Selbstüberschreitung des eigenen, gewohnten, eingelebten Status überhaupt möglich wird. Bildung bringt, als Übung und Erfahrung, das auf diese Weise auseinander Getretene allmählich wieder zusammen. Was als „Aneignung" einer „Körpertechnik" wie eine Hinzufügung eines weiteren Details zu einem Organismus erscheint, stellt eine Selbstaneignung mit vollkommenem Umbildungscharakter dar. Im Ansatz der Körpererfahrung wird also keineswegs einer naiven Ganzheitsideologie gehuldigt, sondern ein differenziertes, relationales Menschenbild zugrunde gelegt. Die relative Selbstentfremdung ist danach notwendige Bedingung der Bildung. Jedoch gilt ein kritischer Blick den Bildern und Leitvorstellungen von Körper und Bewegung, die als äußere Vorgaben diesen Bildungsvorgang orientieren sollen.

Unter *gesundheitlichen* Aspekten, denen die besondere Aufmerksamkeit von Gerhard Treutlein galt, muss die Objektivierung des Körpers zur physiologischen und informationellen Maschine abgelehnt werden. Dass es unter dem ethischen Prinzip menschlicher Selbstbestimmung nicht eben leicht fällt, hier eindeutige Grenzen zu ziehen, an denen sich abzulehnendes Maschinendenken von tolerierbarem Selbstentwurf trennt, spricht nicht dagegen, immer wieder eine Verständigung über solche Grenzen zu suchen, im Gegenteil. Auch daher suchte Gerhard Treutlein die Auseinandersetzung mit dem Doping, das von ihm nicht nur als ein Vergehen gegen den sportlichen Grundsatz des fairen Wettkampfes, sondern vor allem auch als eine wirklich gefährliche, die Gesundheit verletzende Fremdnutzung von Menschen für unaufgedeckte Ziele und Ideologien betrachtet und erwiesen wurde. Unter *Vermittlungsaspekten*, die ihm ebenso ein besonderes Anliegen waren, verfallen naive Bildvorstellungen, die den Übenden als feste Schablonen ‚richtiger Bewegung' vorgegeben werden, der Kritik und handlungstheoretische und gestalttheoretische Ansätze des Vermittelns werden unterstützt.

Wahrnehmender Körper

Ein dritter Aspekt der Körpererfahrung betrifft das, was Feldenkrais (1978) „Bewusstheit durch Bewegung" genannt hat: Es handelt sich um die eigentümliche Möglichkeit des Menschen, nicht nur wahrzunehmen, was man tut und wie man das tut, sondern auch wahrnehmen zu können, *dass* man wahrnimmt und wie man *das* tut, eine Metaperspektive. An einem Beispiel aus der Lehrpraxis von Gerhard Treutlein erläutert (Treutlein 1986, 97): Ein Läufer erhält die Aufgabe, in verschiedenen Umgebungen zu laufen: auf der Aschenbahn, im Gras, im Wald, im offenen Feld. Dabei soll er genau darauf achten, was er wahrnimmt. Die Erwartung wird natürlich erfüllt, dass der Läufer merkt, dass er jeweils etwas anderes wahrnimmt, hier den harten, dort den weichen Untergrund, hier den geschlossenen, dort den weiten Horizont, hier die pralle Sonne, dort den Schatten. Aber das ist noch nicht die Pointe: Aufmerksam geworden stellt der Läufer auch fest, dass sich nicht nur die Wahrnehmungsobjekte, sondern auch der Wahrnehmungsvorgang ändern, vom führenden Gesicht verschiebt sich die Zentrierung auf den fühlenden Kontakt mit der Umgebung, von der Fixierung auf ein Laufziel auf die breite verteilte Aufmerksamkeit. Und es geht noch weiter, dass sich das Laufen als Erfahrung verändert. Im Eindrücke suchenden Laufen in der Zentrierung auf den möglichst vielsinnigen Kontakt mit der Umgebung verschwinden Anstrengungsbewusstsein, Zieldrang und Selbstbeobachtung, die bis dahin das Lauferleben und die voraus greifenden Laufphantasien geprägt haben, und machen einem anderen Wert- und Selbstbewusstsein des Laufens Platz. Dem Sportler solche Möglichkeiten zu erschließen, sich im Bewegen eigene Akzente und Ziele zu setzen, die nicht im engeren Sinne allein sportliche Leistungsziele der Überbietung sind, sondern ihm ein Bewusstsein für das eigene Wahrnehmen und Erleben und die Möglichkeiten des Ausschreitens von unterschiedlichen Erlebensmöglichkeiten zu geben, führt zur Sinnesbildung oder *„Ästhetischen Bildung"*. Hier wird der Ansatz der Körpererfahrung anschlussfähig an das bildungstheoretische Denken, das Andreas Trebels (1990, 16) in der Figur des „Sinnenbewusstsein" nach Zur Lippe gefasst hat und das er als eine Möglichkeit betrachtet, der Geometrisierung und Entsinnlichung von Mensch und Welt wirkungsvoll zu begegnen. Wiederum zur Abgrenzung: Es geht nicht darum, Bäume zu umarmen und auf Wiesen zu liegen (Heemsoth 1989)[3], sondern die sinnli-

---

[3] Der Autor wollte (ohne sich dessen bewusst zu sein) nur die *fungierende* Leiblichkeit als Ansatz- und Zielpunkt für die bildungstheoretische und erziehungstheoretische Interpretation des Sporttreibens gelten

chen Möglichkeiten des Menschen umfassend und vielseitig anzusprechen und zu entwickeln auch und gerade durch eine Bereicherung des Sporttreibens als Möglichkeit zu vielfältiger Erfahrung.

Körpersymbol

Wer und wie ich – auch leibkörperlich – bin, entdecke ich im Entwicklungsgang nicht an mir selbst, sondern am Anderen außer mir, das mir zum Selbstsymbol wird (Bittner 1981). Eine reichhaltige, symbolisierungsfähige Um- und Mitwelt ist aus dieser Sicht eine wichtige Bedingung des Selbstwerdens des Menschen. Das Sporttreiben und sich Bewegen bietet ein entsprechendes Milieu: Am springenden Ball werde ich meiner eigenen Springlebendigkeit gewahr, am mächtigen Kletterberg meiner eigenen Macht. So auch bei anderen Menschen, die mir in ihren Bewegungsbildern den Spiegel vorhalten, aus dem ich mir selbst in idealisierender Weise entgegentrete, als ein eleganter Turner, ein kraftvoller Tennisspieler, ein asthenischer Hochspringer, ein fischgleicher Schwimmer oder gewandter Ballspieler. In dieser Hinsicht führt die Körpererfahrung im Sport zur *leiblichen Identitätsbildung*. Was hier stattfindet ist Mimesis: Das Ausdrücken des begehrten Anderen, das man entdeckt und für das man sich geöffnet hat, im Eigenen und als Eigenes. Mit dem Trikot des bewunderten Fußballspielers streift das Kind eben nicht nur ein Stück Textil mit Statusgeltung über, sondern es vollzieht sich der Zauber der Selbstverwandlung: „Ich bin Ronaldo!" (und bin nicht als solcher bloß kostümiert).

Vermitteln

Wenn der Ansatz, das Sich-Bewegen und Sporttreiben in der eben skizzierten Weise als „Körpererfahrung" zu betrachten, den bildungstheoretischen Sinn entfaltet, es als Bewegungsbildung (oder leibliche Bildung), Körperbildung, Ästhetische Bildung und Identitätsbildung verstehen zu können, dann muss hinzugefügt werden, dass das auch einen gewissen Zug im Hinblick auf die erzieherischen Umgangsformen ausübt. Es kann nicht vollkommen beliebig sein, von welchen Vermittlungsformen das Milieu gekennzeichnet ist, das diese Bildung ermöglichen und unterstützen will. Das gilt auch unter der selbstverständlichen Prämisse, dass diese Bildung dem Vorgang nach als Selbsterziehung zu kennzeichnen ist, in deren Rahmen der Mensch selbst die Aufforderungen und Appelle seines Milieus interpretiert, annimmt oder verwirft. Kritisch zu betrachten sind, wie oben schon angedeutet, aufdrängend-vorschreibende

---

lassen und entwickelte von daher seine anregende, aber nicht durchgehend überzeugende Polemik.

Lehrverfahren, die den Sich Bildenden auf Schablonen einzig richtiger Technikleitbilder verpflichten wollen und alles Abweichen davon sanktionieren. Charakteristisch für das Lernen in Sport und Bewegung (und auch darüber hinaus) sind, wie Scherer (1999) das nennt „selbstreferentielle Prozesse der Informationserzeugung", also das Experimentieren, Suchen, Variieren. Diese Prozesse können nicht technologisch durch vermeintlich „richtige" Vorgaben abgekürzt werden. Von daher gilt die Aufmerksamkeit des Ansatzes der Körpererfahrung all jenen „Lehr-Methoden", die die individuelle, aber auch die gemeinsame Erfahrungsbildung unterstützen (vgl. dazu ausführlicher Funke-Wieneke 2007, 75-104; 143-169): Das dialogische Vermitteln in Zusammenhängen von Arrangements und Absichtsangaben mit der entsprechenden fragendermutigenden Begleitung und den stützenden Umgebungs- und Tempohinweisen; die Ermöglichung von selbstbestimmten Nachahmungen guter Beweger; das sportartübergreifende Vermitteln, das sich auf die Ähnlichkeit von Bewegungsproblemen in verschiedenen Bewegungsfeldern bezieht und transferbegünstigende Arrangements auch durch Nachsinnen und Nachspüren schafft, genetische Lehrgänge, die nicht von fertigen Lösungen ausgehen, sondern die allmähliche Verfertigung von Lösungen angesichts sich spiralförmig entwickelnder Bewegungsprobleme und Einsichten in den Mittelpunkt stellen, gestalttheoretisch inspirierte Anleitungen zu Umbau und systematischer Erweiterung von bewegungsbiografisch bereits grundgelegten Kerngestalten.

Literatur

Ausschuss deutscher Leibeserzieher (Hrsg.) (1964). *Die Leistung.* Schorndorf: Hofmann.

Ausschuss deutscher Leibeserzieher (Hrsg.) (1973). *Sozialisation im Sport/VI. Kongress für Leibeserziehung, 10. - 13. Oktober 1973 in Oldenburg.* Schorndorf: Hofmann.

Balz, Eckart (1992). Fachdidaktische Konzepte oder: Woran soll sich der Schulsport orientieren? *Sportpädagogik* 16:2, S. 13-22.

Baumann, Norbert (1974). Überlegungen zur Sozialisationsfunktion des Spiels. *Sportunterricht* 23:3, S. 302-311.

Bielefeld, Jürgen (1986). *Körpererfahrung.* Göttingen: Hogrefe.

Bittner, Günter (1981). Die Selbstsymbolisierung des Kindes im pädagogischen Kontext. In ders. (Hrsg.), *Selbstwerden des Kindes. Ein neues tiefenpsychologisches Konzept.* Fellbach: Bonz, S. 200-205.

Bockrath, F. (2005). Bewegung – Erziehung – Habitusbildung. In Ralf Laging und Mike Pott-Klindtwordt (Hrsg.), *Bildung und Bewegung im Schulsport*. Butzbach-Griedel: Afra, S. 23–41.

Böhme, Jac-Olaf u. a. (1971). *Sport im Spätkapitalismus. Zur Kritik der gesellschaftlichen Funktionen des Sports in der BRD*. Frankfurt/M.: Limpert.

Brodtmann, Dieter/Trebels, Andreas (1976). Ziele des Sportunterrichts. In Erich Beyer und Peter Röthig (Hrsg.), *Beiträge zur Gegenstandsbestimmung der Sportpädagogik. 1. Internat. Symposium f. Sportpädagogik des ADL 29.9.-3.10.1975 in Karlsruhe*. Schorndorf: Hofmann, S. 181-194.

Feldenkrais, Moshé (1978). *Bewusstheit durch Bewegung: der aufrechte Gang*. Frankfurt/M.: Suhrkamp.

Funke, Jürgen (1980). Körpererfahrung. *Sportpädagogik* 4:4, S. 13 -20.

Funke, Jürgen (1983). *Sportunterricht als Körpererfahrung*. Reinbek: Rowohlt 1983.

Funke, Jürgen (1984). Einführung in die Tagung „Ganzheitlichkeit und Körpererfahrung in der Sporterziehung". In Christiana Baumann und Stefan Grössing (Hrsg.), *Ganzheitlichkeit und Körpererfahrung in der Sporterziehung*. Salzburg: Institut für Sportwissenschaft (= Salzburger Beiträge zum Sport unserer Zeit. Bd. 10).

Funke, Jürgen (1987). Von der methodischen Übungsreihe zur Differenzierten Erfahrungssituation. *Sportpädagogik* 11:5, S. 22-26.

Funke, Jürgen/Treutlein, Gerhard/Sperle, Nico (Hrsg.) (1986). *Körpererfahrung in traditionellen Sportarten*. Wuppertal: Putty 1986.

Funke, Jürgen/Treutlein, Gerhard/Sperle, Nico (Hrsg.) (1992). *Körpererfahrung im Sport. Wahrnehmen, Lernen, Gesundheit fördern*. Aachen: Meyer & Meyer 1992.

Funke-Wieneke, Jürgen (1993). Die pädagogische Bedeutung der Körpererfahrung im Kindesalter. *Die Grundschulzeitschrift* 7:70, S. 32-35.

Funke-Wieneke, Jürgen (1997). Soziales Lernen. *Sportpädagogik* 21:2, S. 28-39.

Funke-Wieneke, Jürgen (2008). Der Körper als Entdecker. In Leopold Klepacki und Eckart Liebau (Hrsg.) *Tanzwelten. Zur Anthropologie des Tanzens*. Münster u. a.: Waxmann, S. 11-28.

Gabler, Hartmut/Grupe, Ommo/Bergner, Klaus (1977). *Jugend trainiert für Olympia. Untersuchungsbefunde*. Köln: Bundesinstitut für Sportwissenschaft.

Göhner, Ulrich (1975a). Lehren und Lernen nach Funktionsphasen I. *Sportunterricht* 24:1, S. 4-8.

Göhner, Ulrich (1975b). Lehren und Lernen nach Funktionsphasen II. *Sportunterricht* 24:2, S. 45-50.

Göhner, Ulrich (1987). III. Die Analyse der ablaufrelevanten Bezugsgrundlagen. In U. Göhner, *Bewegungsanalyse im Sport.* Schorndorf: Hofmann, S. 70 – 115.

Göhner, Ulrich (1992). Richtiges Bewegen unter sportpädagogischer Perspektive. In Ulrich Göhner, *Einführung in die Bewegungslehre des Sports. Teil 1: Die sportlichen Bewegungen.* Schorndorf: Hofmann, S. 172–186.

Güldenpfennig, Sven (1973). *Grenzen bürgerlicher Sportpädagogik: zum Gesellschaftsbegriff in der Didaktik der Leibeserziehung und Sportcurriculum.* Köln: Pahl-Rugenstein.

Grupe, Ommo (1967). *Grundlagen der Sportpädagogik: anthropologisch-didaktische Untersuchungen.* München: Barth.

Grupe, Ommo (1984). *Grundlagen der Sportpädagogik.* Schorndorf: Hofmann.

Grupe, Ommo (1976). Sport und Erziehung zum Wohlbefinden. *Sportwissenschaft* 6:4, S. 355-373.

Hecker, Gerhard (1971). *Leistungsentwicklung im Sportunterricht: ein Beitrag zur Curriculumsentwicklung für den Sportunterricht der Grundschule.* Weinheim: Beltz.

Heemsoth, Klaus (1989). Der Spaß liegt nicht einfach auf der Aschenbahn – er liegt im Laufen, im Werfen, im Springen. In Werner Schmidt (Hrsg.), *Selbst- und Welterfahrung in Spiel und Sport.* Ahrensburg: Czwalina, S. 196-212.

Heinemann, Klaus (1974). Sozialisation und Sport. *Sportwissenschaft* 4:1, S. 49-71.

Kleine, Wilhelm /Hecker, Gerhard (1977). Zur Förderung der Leistungsmotivation und der Sportmotorik im Sportunterricht der Grundschule. *Sportwissenschaft* 7:1, S. 63-76.

Kondō, Tomoyasu (2006). *Die Entstehung und Entwicklung von Funkes Konzept der „Körpererfahrung" und die Einführungsprozesse in Lehrplänen des Bundeslandes Nordrhein- Westfalen.* Diss. Universität Hakuō, Präf. Tochigi, Japan.

Kurz, Dietrich (1975). Leistung im Nicht-Leistungssport. In Deutsche Olympische Gesellschaft u. a. (Hrsg.), *Sport, Leistung, Gesellschaft.* München: pro Sport, S. 35-39.

Lenk, Hans (1972). Leistungsprinzip und Sportkritik. In Hermann Rieder (Hrsg.), *Bewegung, Leistung, Verhalten. Festschrift für Otto Neumann.* Schorndorf: Hofmann S. 69-85.

Lenk, Hans (1975). Hat Leistung noch Zukunft? Zur Leistungsdiskussion – besonders am Beispiel des Sports. *Leistungssport* 5:5, S. 378-385; Teil 2. *Leistungssport* 5:6, S. 419-428.

Merleau-Ponty, Maurice (1966). *Phänomenologie der Wahrnehmung.* Berlin: de Gruyter.

Moegling, Barbara/Moegling, Klaus (1984). *Sanfte Körpererfahrung.* Kassel: Prolog 1984.

Scherer, Hans-Georg (1999). Lernen und Lehren von Bewegung. In Heinz Barb und Ralf Laging (Hrsg.), *Bewegungslernen in Erziehung und Bildung.* Hamburg: Czwalina 1999, S. 27-38.

Schierz, Matthias (1997). *Narrative Didaktik.* Weinheim/Basel: Beltz 1997.

Thiele, Jörg (1996). *Körpererfahrung - Bewegungserfahrung - leibliche Erfahrung.* Köln: Academia 1996 (= Schriften der Deutschen Sporthochschule Köln Bd.35).

Trebels, A. (1990). Bewegungsgefühl: Der Zusammenhang von Spüren und Bewirken. *Sportpädagogik* 14:4, S. 12-18.

Treutlein, Gerhard (1986). Faszinierende Leichtathletik – auch durch Körpererfahrung. In Jürgen Funke, Gerhard Treutlein und Nico Sperle (Hrsg.), *Körpererfahrung in traditionellen Sportarten.* Wuppertal: Putty, S. 31-97.

Waldenfels, Bernhard (2002). *Bruchlinien der Erfahrung. Phänomenologie, Psychoanalyse, Phänomenotechnik.* Frankfurt/M.: Suhrkamp.

Weineck, Jürgen (2007). *Optimales Training: leistungsphysiologische Trainingslehre unter besonderer Berücksichtigung des Kinder- und Jugendtrainings.* 15. Aufl. Balingen: Spitta.

Zahavi, Dan (2009). *Husserls Phänomenologie.* Tübingen: Mohr.

Perfekte Technik steht der Intuition näher als der Biomechanik! – „Vieles, was wir machen, ist ein Ausprobieren. Wir wissen zwar ungefähr, was passieren könnte, doch dann probieren wir es einfach aus...!"

Arturo Hotz

> *„Unter Intuition versteht man die Fähigkeit gewisser Leute, eine Lage in Sekundenschnelle falsch zu beurteilen."*
> *Friedrich Dürrenmatt* (1921-1990)
> Schweizer Schriftsteller

Sporttreiben fasziniert. Keine Frage. Welche Beweggründe bei jedem Einzelnen letztlich ausschlaggebend sind, wissen wir allerdings nicht (immer so exakt), doch wir hoffen zumindest, dass es vielleicht einmal möglich sein wird, die *Komplexität* des Sports erfassen oder sie gar reduzieren zu können: *„Überall geht ein früheres Ahnen dem späteren Wissen voraus"* erkannte schon der welterfahrene Naturforscher *Alexander von Humboldt* (1769-1859). Dass aber die *Rätsel der Faszination Schneesport* eher dank dem *Versuch-Irrtum-Erkenntnis-Prinzip* als aufgrund von wissenschaftlich durchdachtem Experimentieren gelüftet werden, ist wohl kaum zu leugnen, was auch dem Volksmund nicht entgangen ist: *„Probieren geht über studieren!"* ...und erfahrene Experten des Schneesports und anderer sog. *sensibler* Sportarten würden wohl einerseits *schmunzelnd* und anderseits mit einem *weisen Lächeln* hinzufügen:

> *Vieles, was wir machen, ist ein Ausprobieren. Wir wissen zwar ungefähr, was passieren könnte, doch dann probieren wir es einfach aus und hoffen einen kausalen Zusammenhang zwischen dem, was wir machen und dem, was wir tatsächlich erreichen, erkennen zu können!*

Es soll sogar erfolgsverwöhnte Athlet/innen ganz unterschiedlicher Sportarten geben, die eingestehen können, dass sie, sowohl bei *gelungenen* als auch nach *misslungenen* Wettkämpfen, eigentlich nicht genau begründen oder beschreiben können, auf welche kausale Zusammenhänge und internen *Bewegungsfunktionen* Erfolg und Misserfolg allenfalls zurückgeführt werden könn(t)en.

Wie auch immer: Gelingender (Schnee-)Sport verlangt (zumindest) aus der Sicht der Motorik in erster Linie eine *situativ-variable Verfügbarkeit* des Bewegungskönnens. Diese wiederum erfordert *geduldiges Üben,* eine gute Dosis *Timing,* das sich auf *vielfältige Bewegungsgefühle* und auf ein *sensorisches Differenzierungsvermögen* verlassen kann. Das Üben dieser *Bewegungsqualitäten* ist ein zielendes *Wiederholen,* und zwar – im Sinne von Bernstein (1896-1966) – ohne dass zweimal dasselbe getan wird, denn Klasse auf hohem Niveau verlangt vorerst vertrauensbildende *Stabilität* im *Kernbereich.* Und um diese Art *Standfestigkeit* – *Automatismen* gibt es nur bei Maschinen! – einmal *erlangen,* dann *erhalten* zu können, braucht es ein (fast) tägliches Trainieren. Auch der Tübinger Pädagoge, *Otto Friedrich Bollnow* (1903-1991) erkannte in seinem (zwar längst vergriffenen) Klassiker: *„Vom Geist des Übens"* trefflich, wenn auch ernüchternd, worauf es beim Üben letztlich ankommt… oder eben vielleicht doch nicht:

„Es kommt nicht darauf an, möglichst schnell zu aufweisbaren Erfolgen zu kommen. Die Übung erfordert vielmehr die vollkommene Gelassenheit. Das Entscheidende ist der ‚Geist', in dem das Üben geschieht und der allein zum vollen Gelingen führt" (Bollnow 1978, 116).

Wer also auf eine wünschenswerte *Nachhaltigkeit* hofft, wird rechtzeitig *günstige (Lern-)Voraussetzungen* schaffen, denn Üben im Sinne eines monotonen Wiederholens kann leicht in *Sturheit* erstarren, was dem nach *Passung* strebenden Variieren der Form widerspricht und auch das weiterentwickelnde Formen eines *fixen Kerns* arg beeinträchtigen kann.

Die heimliche Macht der Bauchentscheidungen...

> *„Das eigentlich Wertvolle*
> *ist im Grunde die Intuition.*
> Albert Einstein (1879-1955)

Erfolgreiches *Lernen* zielt auch auf intuitives *Gestalten*: Spielräume werden zuvor erfühlend *antizipiert* und dann im Hier und Jetzt endlich *inszeniert.* Naheliegenderweise verfügen ‚gute' Schneesportler/innen über eine Vielzahl von *Erfolgserlebnissen.* Mit einem solch positiv zu wertenden Orientierungshintergrund wird es leichter möglich sein, *Bewegungserfahrungen* einerseits intuitiv, anderseits auch konstruktiv in sein *Selbstwertgefühl* einzubauen und es auch auf diese Weise zu stärken. Die Mutter von Goethe soll in diesem Zusammenhang erkannt und geschrieben haben: *„Erfahrung macht Hoffnung!"* Auf eine solch positive Lebenseinstellung gestützt, kann die Kompetenz entwickelt werden, die jeweils *goldrichtigen Bauchentscheidungen* fällen zu können. Gigerenzer (2007) erkennt in dieser eher spontanen Entscheidungsform die Funktion einer *„Intelligenz des Unbewussten"* einerseits und anderseits einer *„Macht der Intuition"*. Bauchentscheidungen können – öfter als man vielfach denkt – die nicht immer rational *berechen-* und *antizipierbaren*, oft aber *maßgeblichen* Leistungskomponenten erfassen und beeinflussen. Die Verliebtheit ins eigene Spiel mit den aktuellen Gegebenheiten und die Gewissheit, auf solche Entscheidungen aufbauen zu können, erfordert eine wohl dosierte Portion *Selbstvertrauen*, das jedoch – als überaus zartes Pflänzchen! – bereits nach dem ersten Misslingen starken *Zweifeln* ausgesetzt ist und kaum je länger anhaltende Durststrecken überleben wird.

Die (Un-)Bestimmtheit des *Ringens* um ein *optimales Timen* im ‚richtigen' Hangabschwingen charakterisiert das stete *Bangen* um das *Gelingen* im Gleiten, Fahren und carvenden Kurven auf Ski oder Board und Piste und vor allem im Pulverschnee. Es ist ein ebenso intensives wie auch oft *unerklärliches Sehnen* nach einem harmonischen Vervollkommnen, ja nach einem *Einswerden* mit dem Fluss des gelingenden Schwungrhythmus'. Das Aufgehen im rhythmisch gefügten Aneinanderreihen von Schwüngen - *Auftakt! - Akzent! - Ausklang!* – ist und bleibt das überdauernde Momentum der auch für ältere Semester (und Festschrift-Kandidaten) motivierenden *Faszination Schneesport*!

Das zunehmend *ganzheitliche* Empfinden wird mit fortgesetztem Üben in unser bereits bestehendes *Körperschema* integriert. Dieses Nach-Empfinden drückt denn auch die aktuelle *Befindlichkeit* aus und kann als eine *re-agierende Antwort* auf die jeweilige Situation interpretiert werden, die durch ihre speziellen Rahmenbedingungen bestimmt wird. Diese *Einheit* zwischen Schneesportler/in und dem gleichsam im *Körperschema* verankerten Sportgerät (Ski, Snowboard u. ä.) erfüllt mehr und mehr die Funktion eines *verlängerten Fußes*, genau so wie dies auch bei exzellenten Golf- und Tennisspieler/innen mit ihrem Schläger/Club erkannt werden kann! Dieses *Eins-Werden* – von physischer und emotionaler *Selbstwahrnehmung* auf der einen Seite sowie der *Natur* und dem *Winterambiente* auf der andern Seite – stellt einen *Prozess* der *Gewahr-* und auch der *Bewusstwerdung* dar. Das *Körperschema*, verstanden als *Integrationsplattform* mit *Orientierungsfunktion*, kann Wesentliches zur stimmungsbedingten Faszination des Skifahrens und des Snowboardens beitragen.

Diese ganzheitlich empfundene und dadurch auch *Wohlbefinden* auslösende Bewegungshandlung wird maßgeblich von harmonisch empfundenen *Bewegungsgefühlen* geleitet und begleitet sowie endlich durch die Steuerungskompetenz *Timing* entscheidend definiert: Wie oft wird uns nach einer erfolgreichen *Schwungfolge* oder einem Lauf noch bewusster als zuvor, wie sehr die *dynamische Intensität* das *Rhythmus-Erleben* des Bewegungsgeschehens und das dadurch initialisierte *Gesamtempfin-*

den prägt: *Embodiment* heißt die neue Begrifflichkeit für dieses an sich als Phänomen längst bekannte *ganzheitliche Fühlen* (vgl. Tschacher 2006).

Die Ästhetik auch als Ausdruck der Reduktion des Komplexen

*„Willst du dich am Ganzen erquicken,
so musst du das Ganze im Kleinsten erblicken."*
Johann Wolfgang von Goethe (1749-1832)

Skifahren und Snowboarden mag zwar aus *isolierter biomechanischer Sicht* hoch *komplex* sein, doch Könner/innen stufen ihr *rhythmisch* getimtes Bewegen und ihr erfühltes Steuern von Handlungsabläufen auf Gerät und Schnee vielmehr als eine eher fast selbstverständliche *Natürlichkeit* ein. Und Natürliches pflegt oft durch ihre *Einfachheit* zu *verblüffen*. So kommt es, dass Laien vorerst *staunen*, denn für sie haben gekonnt ausgeführte Schwünge den Touch einer bestimmten – und für sie vorerst unerreichbaren – *Nonchalance*: Könner/innen wirken oft so, als gäbe es nichts *Selbstverständlicheres* auf dieser Welt. *Allein:* Exzellenz zeichnet sich durch *Gelassenheit* (als Voraussetzung) und *Leichtigkeit* (als mögliche Folge davon) aus! Zudem imponiert auch jener ökonomisch gestaltete *Fluss* in der Bewegung, der jene *Anstrengungslosigkeit* verströmt, die durch ihre eindrückliche *Souplesse* auch bleibende Eindrücke hinterlässt. Wer aber als Schneesport-Einsteiger/in diese hohe Kunst der Meisterschaft, gleichsam als *Formhülsen*, nachahmen will, wird vorerst kaum je konstante Fortschritte erzielen, noch technisch überdauernde Erfolge buchen können, umso häufiger aber an sich *zweifeln*, darob *ver*zweifeln und nach neuer Motivation förmlich lechzen...

> **Im Banne von Natur, Schnee, Technik und Ästhetik**
> *Die gefühlte* Formvollendung *in Schwungkombinationen wird von Könnern als geschmeidig erfahren, was den Schneesportler/innen den Sinn erfüllendes Tun in Fließ-Gleichgewichten vermittelt. Ein gelingendes und dann als gelungen empfundenes Gestalten des Hanges wird vom Außenstehenden als Bewegungsakt wahrgenommen, der durch* Eleganz *und auch durch den* Charme *der Leichtigkeit bestechen kann und entsprechend imponierend wirkt. In diesen erlebbaren Funktionszusammenhängen zwischen* Natur, Schnee, Technik, Ästhetik *und Beweger-Persönlichkeit gilt es ein zusätzliches Faszinosum des Schneesports zu orten!*

Die *stupende Einfachheit* ist faszinierender, vorerst auch unfassbarer Ausdruck ökonomischer *Reduktionskompetenz* des Könners: Durch die gekonnte Demonstration der *Leichtigkeit* wird den Schneesport-Novizen noch bewusster gemacht, wie eng gesteckt die eigenen Könnensgrenzen noch sind. Die (einmal) mit viel Zuversicht angestrebte Meisterschaft scheint noch weiter in die Ferne gerückt zu sein. Möglicherweise in seinem Erfahrungshintergrund als leidenschaftlicher *Segler* verankert, hat Albert

Einstein (1879-1955) das qualitativ entscheidende und auch philosophisch überzeugende *Selektionskriterium* erkannt: *„Alles muss einfach sein, nicht aber einfacher!"* Und der Autor des *Kleinen Prinzen*, Antoine de Saint-Exupery (1900-1944), lässt uns an seiner *weisen Einsicht* teilhaben...:

> *„Die Technik entwickelt sich immer vom Primitiven über das Komplizierte zum Einfachen."* (zit. nach: Zehetmeyer 2005, 9)

Dieses *Einfache*, als Phänomen (Erscheinungsbild) meist *visuell* wahrgenommen, ist eigentlich das, was in der beobacht- und interpretierbaren Ausführung vermeintlich so *ökonomisch* wirkt und somit auch diese *Leichtigkeit* ausdrückt, zumal ohne jegliche, oder zumindest ohne sichtbare, Kraftanstrengung. Doch inwiefern ist Beginner/innen in ihrem noch kläglich anmutenden Einsteiger-Dasein *wesentlich* weitergeholfen, wenn ihnen diese *Leichtigkeit* mit der Aufforderung, sie doch zu imitieren, vorgezeigt wird? Die *Eleganz* in der Ausführung, als Ausdruck einer *ästhetischen Kompetenz*, entspricht auch einer *Attitüde* der Beweger-Persönlichkeit und ist zwar an sich ein erstrebenswertes *Ziel* eines umfassenden Technikerwerbs, doch die noch immer erstaunliche *Mühelosigkeit* des Vollkommenen ist sicherlich nicht das vorerst *relevante* Lernziel eines Novizen auf seiner technikbezogenen Erwerbsstufe!

Zurück zu Saint-Exupery, der den oft auch steinigen Weg zur Meisterschaft vortrefflich im Spannungsbogen vom *Komplizierten* zum *Einfachen* charakterisiert hat: Besser und auch erfolgreicher werden zu können, erfordert fortschreitendendes Vervollkommnen, und dabei geht es dann vor allem darum, *unnötige Freiheitsgrade überwinden* (sensu Bernstein) und dadurch (auch) Energie *sparen* zu lernen: Der *Energieaufwand* muss in einem nutzbringenden Verhältnis ausbalanciert werden, das heißt auf ein noch *hinreichendes Minimum* reduziert und auf eine wirkungsbezogen maximale Wirksamkeit ausgerichtet werden, kurzum auf ein *effektives* und *effizientes* Maß! *Allein wie?*

In *methodischer* Hinsicht muss allerdings kritisch hinterfragt werden, ob die *Demonstration* eines gekonnten Bewegungsablaufes, der einen Schneesport-Novizen zu Beginn in besonderem Maße durch die *harmonisch* wirkende *Leichtigkeit* besticht, im lernwirksamen Sinne auch *‚vor-bildlich'* ist. Der Schneesport-Lehrling – eigentlich: *Lern-Ling* '! – kann sich mit seinem aktuellen Könnensstand lediglich an der *Bewegungsablauf-Außensicht* orientieren, die aber keineswegs zwingend die bewegungsbestimmenden *internen Funktionszusammenhänge* offenbart und erkennen lässt. Auch die Art und Weise, *wie* ein Bewegungsablauf *gesteuert* wird, bleibt dem, im Wortsinne: außenstehenden Beobachter *verborgen*, was den Grad einer wünschenswerten *Wirksamkeit* auch nicht zu intensivieren vermag... Dieses *Unbehagen* hängt bestimmt auch mit *(mess-)methodisch* bedingten *Defiziten* zusammen. Hinzu kommt, dass unsere *sprachlichen Möglichkeiten* für eine angemessene *Ausdrucksweise* der oft *nicht nur rational* beschreibbaren *Gefühle* kaum je ausreichend und zufriedenstellend sind... *Ergo:* Es lebe die anschauliche *metaphorische Instruktion*!

Aus *schneesport-methodischer Sicht* besteht die vordringliche Herausforderung (noch immer!) darin, inwiefern die *Steuerungskompetenz* der Lernenden am verhaltenswirksamsten durch Differenzierung von *Rhythmus* und *Timing* angeregt und gefördert werden kann. An weiterführenden theoretischen Konzepten fehlt es zwar nicht (vgl. u. a. Hotz 1997b, 70-82), allein: Lernangebote taugen nur dann, wenn sie über ihre Lernwirksamkeit hinaus auch *verhaltenswirksam* umgesetzt werden (können)!

> **Von der ‚*Notwendigkeit*' zur ‚*Möglichkeit*' über die ‚*Nützlichkeit*'!**
>
> - *Stichwort: Notwendigkeit:* Während des Lernprozesses gilt es auf der **ersten Lernstufe** vorerst umfassende *Sicherheit* zu schaffen: **Erwerben** des *Notwendigen* und **Festigen** *des soeben Erworbenen, unter vorerst erleichternden und zunehmend auch psycho-physischen Stressbedingungen!*
>   Nota bene: *Für die notwendige Orientierungssicherheit garantiert der fixe Bewegungskern!*
>
> - *Stichwort: Nützlichkeit:* Auf der **zweiten Lernstufe** gilt es, *nutzorientierten* und *gewinnbringenden Profit* zu ermöglichen: **Anwenden** und **Variieren** des gültigen Bewegungskerns, und zwar auf dem Weg zur Vervollkommnung in situations- und aufgabenbezogen *nützlichen Formen!*
>   Nota bene: *Das Prinzip „Variation" ist noch immer die geeignetste und somit auch nützlichste Methode zum Erwerb des zu erlangenden Lernfortschritts auf dem Weg zur erstrebenswerten Gestaltungsfreiheit!*
>
> - *Stichwort: Möglichkeit:* Die **dritte Lernstufe** öffnet schließlich Tür und Tor, und zwar auch zu *kreativen*, vor allem aber zu *individuellen Möglichkeiten*: **Gestalten** als souveräner Ausdruck in der *Inszenierungsfreiheit*, auch unter erschwerten Lernbedingungen! Und im Hinblick auf überdauernde Vervollkommnung beginnt mit dem **Ergänzen** die Wiederkehr des *Rhythmus' im Zyklus*, also die Wiederkehr im **Erwerben und Festigen**!
>   Nota bene: *Die Gestaltungsfreiheit, auch im Sinne einer ‚situativ-variablen Verfügbarkeit', nutzen zu können, ist vollendeter Gestaltungswillen hohen Könnens: Zu jeder Zeit in jeder Situation die (oder eine) jeweils passende Bewegungsantwort geben zu können, deutet auf eine in der Tat erstrebenswerte* motorische Schlagfertigkeit *(sensu* Bernstein*) hin!*

Zum Hiatus zwischen Bewusstsein und Motorik

> *„Würden wir auf Bretteln nur die Bewegungen beherrschen, die wir verstehen, dann wären wir arm dran."*
>
> Friedrich Hoschek (1904-1942)

Diese *kluge* Feststellung des österreichischen Skipioniers, Arztes und Sportpädagogen, Friedrich Hoschek (1904-1942; vgl. Hotz 1985, 133 ff.), stimmt uns eher nachdenklich: *„Würden wir auf Bretteln nur die Bewegungen beherrschen, die wir verstehen, dann wären wir arm dran."*

Dieser *Hiatus* zwischen *Bewusstsein* und *Motorik* kann leicht nachvollzogen werden: *Konzentration* ist zwar wichtig, doch auf zunehmend höherem Leistungsniveau entscheidet eine eher unbewusst funktionierende und entsprechend *verinnerlichte (Bewegungs-)Kontrolle* über das angestrebte Gelingen. Diese die Bewegungsqualität zweifellos optimierende Kontrollfunktion, so könnte man sich vorstellen, übernähme dann das (irrationale*) Bauchgefühl*, das möglicherweise im ohnehin komplexen *Bewegungsgefühl* (bereits) integriert ist oder einmal werden könnte. Schließlich wäre es, wenigstens in diesem eher etwas diffus scheinenden Kontext, denkbar, dass unsere (Bewegungs-)*Intuition* einen hier bedeutenden *Sukkurs* leisten könnte (vgl. Dürrenmatt-Zitat als Ingress!). Überhaupt lohnt es sich, öfters über den Tellerrand der (eigenen) Disziplin hinauszuschauen und sich vor allem in jenen Sportformen und -Varianten umzusehen, die in ihrer Bewegungsgestaltung ein ebenso vergleichbar differenziertes *Sensorium* für ein rhythmusgesteuertes Lernen aufweisen. Zumindest fällt auf, wie viele Schneesportler/innen auch vom *Golfsport* fasziniert sind: Beispielsweise könnten wir in diesen beiden Bereichen unseren *Röntgenblick* grundsätzlich(er) schärfen und auch unsere *Aha-Erlebnisse* maßgeblich mehren, denn *feinfühlige* Bewegungsliebhaber/innen beider Life-time-Sportarten (*Schnee-Sport* und *Golf*), *erahnen* spürend bestimmte (*Struktur-)Verwandtschaften,* die sie dann auch *nutzen* können, wenn es darum geht, wie im Hinblick auf eine optimierte Bewegungssteuerung *Bewegungsbalancen* besser erfühlt und kontrolliert werden könn(t)en.

Jedenfalls erkennt der Wiener Ski-alpin-Altmeister, Hans Zehetmayer (geb. 1927), in seinem lesenswerten Beitrag zur Skigeschichte: *„Zur Interdependenz von Skitechniken und Ski-Ideologien"*, dass das *„Kernproblem aller alpinen Skitechniken"* in der steten *Herausforderung* bestehe, mit den (meist komplexen!) Un-Gleichgewichten umgehen zu können:

> „(...) in sicherem Gleichgewichtszustand jederzeit die Fortbewegungsrichtung durch Kurvenfahren gezielt ändern zu können".
>
> Hans Zehetmayer (2005, 9)
>
> **Zum Konzept „Embodiment"**
>
> „(...) unter Embodiment (deutsch etwa ‚Verkörperung') verstehen wir, dass der Geist (also: Verstand, Denken, das kognitive System, die Psyche) mitsamt seinem Organ, dem Gehirn, immer in Bezug zum gesamten Körper steht. Geist/Gehirn und Körper wiederum sind in die restliche Umwelt eingebettet. Das Konzept Embodiment behauptet, dass ohne diese zweifache Einbettung der Geist/das Gehirn nicht intelligent arbeiten kann. Entsprechend kann ohne Würdigung dieser Einbettungen der Geist/das Gehirn nicht verstanden werden."
>
> Wolfgang Tschacher (2006, 15)

Präzises Timing dank klarer Bewegungsvorstellung und differenzierten Bewegungsgefühlen!

Techniklernen im Schneesport ist wie eine: *„Wissenschaft als etwas noch nicht ganz Gefundenes und nie ganz Auszufindendes".*
Wilhelm von Humboldt (1767-1835)
Mitbegründer der Uni Berlin (1810)

Die Frage, *wie* Techniktraining erfolgreich gestaltet werden könne, impliziert auch die Frage, wie ein dynamisch-stabiles *Gleichgewicht verhaltenswirksam* in (schneesport-bezogenen) Formen ausgedrückt werden könnte. Im Hinblick auf eine mögliche Antwort wird es ratsam sein, sich (wieder einmal!?) im Hinblick auf Optimierungsprozesse vor allem an einer *qualitativen Bewegungslehre* zu orientieren (u. a. Hotz 1997b, 132 ff.): Vorerst gilt es, im Dialog mit dem eigenen *Gleichgewicht* einen relevanten *Bewegungskern* zu erwerben und zu festigen, dann *erste Formen* aus der Anwendung entwickeln, diese wiederum vielfach variieren und endlich *individuelle Varianten* situativ-variabel und, wenn sinnvoll, auch kreativ auszugestalten. Für alle Lernprozesse ist es jedoch empfehlenswert, ...

- ...zuerst das Notwendige tun: Also im *Planungsbereich* die *Bewegungsvorstellung* zu präzisieren
- ...dann das Nützliche: Also im *Ausführungsbereich* die sensorische *Differenzierungskompetenz* zu mehren sowie das *Timing* zu vervollkommnen und
- ...schließlich das Souveräne: Also im *lehrmethodischen Bereich* vor allem das *Variationsprinzip* zu applizieren.

Lehrstufen strukturieren die Lernwege zur Bewegungsintuition!

- *Erste Lehrstufe (Notwendigkeit):* Schaffen von günstigen Voraussetzungen für das Bewegungslernen und das Techniklehren! Durch das Mehren des sensorischen *Orientierungs-* und *Differenzierungsvermögens* gilt es, vorerst gezielt möglichst vielfältige *Körper-* und *Bewegungsgefühle* auszubilden!
  Ziel: *Kernkonzepte fassen das Wesentliche des Lernens und Lehrens zusammen!*
- *Zweite Lehrstufe (Nützlichkeit):* Ermöglichen von sinnstiftender Vielfalt! Vielfalt bedingt vorerst einen gefestigten *Kern.* Zwischen der Sicht des Lehrenden (*Außensicht*) und einer erstrebenswert *ganzheitlichen Innensicht* (Sicht des Akteurs) erfüllt eine umfassende *Bewegungsvorstellung* (auf beiden Seiten!) die Funktion eines Referenzwertes: Die Bewegungsvorstellung, interpretiert als Relaisstation im nach *Gleichgewichtsfindung* strebenden Spannungsfeld zwischen *Außensicht* und *Innensicht* kann als *Äquilibrationsprozess* verstanden werden.
  Ziel: *Variationsreiche Formkonzepte erleichtern die Anwendungsvielfalt!*
- *Dritte Lehrstufe (Möglichkeit):* Kreativität fördern! Dank gekonntem *Reagieren* (lösungs-orientiertes Anpassen durch Raumschließen!) sowie sinnvollem *Rhythmisieren* (raumöffnendes Gestalten) kann durch vielfältiges und nicht immer bewusstseingesteuertes Üben die *Bewegungsintuition* als *Leit-* und *Orientierungssicherheit* vertieft werden!
  Ziel: *Souveränes Inszenieren dank individuellen Gestaltungskonzepten!*

Vgl. Hotz 1997b, 179

So könnte es am Ende gelingen, in verhaltenswirksamen *Lernangeboten* möglichst viele, qualitativ differenzierende *Gegensatzerfahrungen* sammeln und diese wiederum in die komplexe *Technik-Lernkompetenz* integrieren zu können.

- Aufforderung: *„Versuch' es das nächste Mal noch einmal genau so zu machen, doch danach genau das Gegenteil oder eben umgekehrt!"*

  Nachfrage: *„Wo erkennst du inwiefern welche Unterschiede? Wo allfällige Vor- & wo mögliche Nachteile des einen oder andern Vorgehens?"*

- Ratschlag: *„Mach' es (fast) genau noch einmal so, versuche jedoch, das Ausholen mit etwas mehr Spannung im Oberkörper zu initiieren und es dann etwas gefühlsvoller auszuführen!"*

  Nachfrage: *„Inwiefern hast du einen Unterschied zwischen der alten und neuen Bewegungserfahrung gespürt? – Was ist dir harmonischer, was inwiefern effizienter gelungen?"* (vgl. Hotz 2009; 25-29).

Gestaltungsfreiheit

[Figure: Diagram showing a coordinate system with "Qualitative Dimension" on the vertical axis and "Quantitative Dimension" on the horizontal axis. Three stages labeled "Einsteiger", "Fortgeschrittene", "Könner" progress diagonally. On the right side: "gestalten + ergänzen", "anwenden + variieren", "erwerben + festigen". A star symbol appears at the top right.]

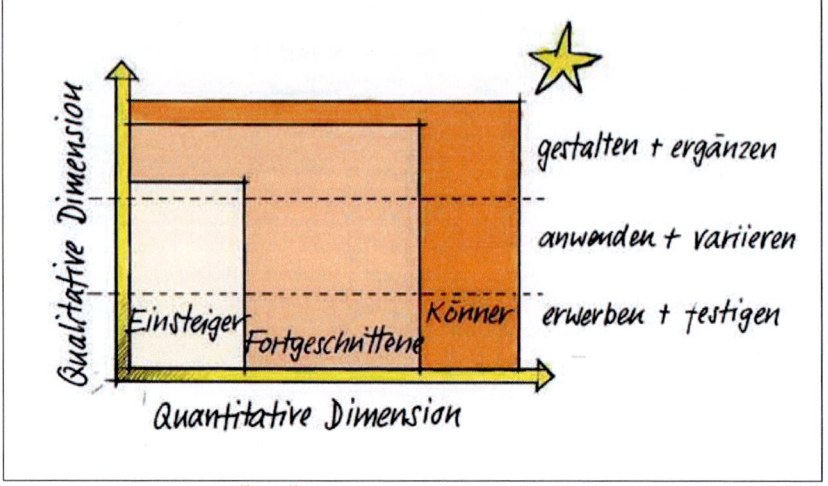

Orientierungssicherheit

Abb. 1: Die Lernstufen in den Spannungsfeldern zwischen Orientierungssicherheit und Gestaltungsfreiheit (nach Hotz) sowie zwischen einer qualitativen und einer quantitativen Dimension. Zur Modellgrafik: In Anlehnung an das entsprechende Modell (erstpubliziert in: Kern-Lern-Lehrmittel Schneesport Schweiz; 1998; Autoren: P. Disler/A. Hotz/U. Rüdisühli), hier in der Darstellung als „Modell des methodischen Konzepts", von Lucas Zbinden grafisch gestaltet. Aus: Baspo (Hrsg.): J+S-Kernlehrmittel, Magglingen 2008; S. 40.

Zu guter Letzt: Worauf es schließlich ankommt!

„Die Anzahl unserer Neider bestätigt unsere Fähigkeiten."
Oscar Wilde (1854-1900);
irischer Schriftsteller

Die Frage – *Was braucht es eigentlich, um facetten- und erfolgreich Schneesport treiben zu können?* – hat uns erneut darin bestätigt, dass solches Fragen auf zwar aussagekräftige, aber offenbar fehlende *Anforderungsprofile* zielt. *Les voilà:* Sportbezogenes *Lernen* und *Leisten* kann als Prozess dargestellt werden, der sich in den zwei folgenden *Spannungsfeldern* abspielt: Einerseits im den Menschen konstituierenden Spannungsfeld zwischen *Physis* und *Psyche* sowie anderseits im funktionsbezogenen Spannungsfeld zwischen *Energie* und *Steuerung*. Ein so gestaltetes *Technikkonzept* oder *Leistungsmodell* besticht durch seine konstruktive *Einfachheit*. Die zwei *Energiebereiche* können, auch philosophisch betrachtet, als *notwendige Voraussetzung* („con-

ditio"!) gewichtet werden, die als *konditionelle* und als *emotionale* Substanzen eine Art (Orientierungs-)*Sicherheit* garantieren. Im *Steuerungsbereich* hingegen, gewissermassen auf der *Gestaltungsebene*, artikulieren sich die (physisch-) *koordinative* und (psychisch-)*mental-taktische* Kompetenz, gleichsam als zwei *Agenten* der *(Gestaltungs-) Freiheit*:

„Die Technik ist die Präsentationsform der Leistung!"

Das Leistungsmodell

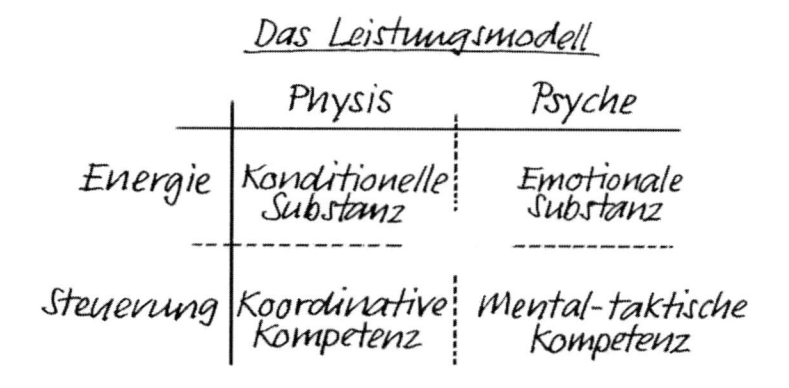

	Physis	Psyche
Energie	Konditionelle Substanz	Emotionale Substanz
Steuerung	Koordinative Kompetenz	Mental-taktische Kompetenz

Abb. 2: *In Anlehnung an mein Ur-Modell „Die Technik ist die Präsentationsform der Leistung" (Hotz 2000); hat „Magglingen" (Grafik: Lucas Zbinden) diese Darstellung eigenmächtig als „Leistungsmodell" umfunktioniert. Besser wäre es allerdings gewesen, wären die Interdependenzen zwischen diesen vier etwas isolierten Bereichen hier mit verbindenden Lemniskaten ausgedrückt worden. Cit. nach: Baspo (Hrsg.): J+S-KLM, Magglingen 2008; S. 40.*

Wünschenswert wäre zweifellos, wenn die Schneesportler/innen selbst, aber auch ihre Trainer/innen über eine Kompetenz des *intuitiven Hineinspürens* und *Fühlens* verfügen könnten. So wäre es ihnen dann auch möglich, einen sog. runden Bewegungsablauf differenzierter zu erspüren und so auch gezielter das Gliedern im Fügen einer komplexen Bewegung steuern und/oder begleiten zu können. Auch diese Aspekte sind Facetten jenes Schlüssels, der zum Erfolg führen kann und oft auch die Champions unter den Schneesportler/innen auszeichnet: Bei den Trainer/innen führt der Weg zum Ziel über den *Röntgenblick*, bei den Akteuren ist es das *Timing*, das den Raum erfolgreich inszeniert und die optimale Bewegungsantwort gestaltet. Als Leitschnur dieser Prozessgestaltung dient (natürlich!) mein Denkmodell *Koordination*, hier meinem *„O-D-I-Prinzip"* folgend (Hotz 2009):

- *Vorerst:* <u>O</u>rientieren *am Anforderungsprofil und bezüglich erfolgreicher Realisierung vor allem am Rhythmus: Der Rhythmus als „Principe animateur" erfüllt die eigentliche Funktion der Bewegungsgestaltung, die es dann timend zu strukturieren gilt (vgl. zum Thema:* Rhythmus: Senti-Schmidlin 2003)*!*
- *Danach:* <u>D</u>ifferenzieren *in zweierlei Hinsicht. Zum Einen: Differenzieren bezüglich der Dosierung der rhythmisch zu setzenden Akzente, die in ihrer Reihung die Struktur funktionserfüllend konstruieren und das Gerüst der Steuerung darstellen. Zum Andern: Differenzieren im Dienste der Ganzheitlichkeit: Alle leistungsbestimmenden Einflusskomponenten*
- *Zu guter Letzt:* <u>I</u>ntegrieren *in das eigene Handlungskonzept und in die entsprechende vom Gleichgewicht geleitete Präsentationsform! Das situative Reagieren sorgt für die notwendige Anpassung an die jeweilige Situation und andere postwendende Antworten auf intervenierende Variablen, während der Rhythmus schließlich alle Teilelemente im Gliedern und Fügen zu einem sinnvollen Ganzen einbettet, das in letzter Vollendung die Technik als Präsentationsform der Leistung versteht!*

Somit halten wir noch einmal fest: Auch beim Schneesport ist (wohl fast) alles eine Frage der *Koordination!* Dabei müssen im Rahmen des anspruchsvollen Anforderungsprofils und danach in der Realisierung auch die *Bewegungsgefühle* als Wirkungsausdruck der Befindlichkeit in den Prozess integriert werden; die *Flexibilität* der bereitgestellten Leistungsvoraussetzungen müssen zum Tragen kommen und in einer ihr angemessenen *Disponibilität* letztlich aufgaben-bezogen und auch lösungs-orientiert aufeinander abgestimmt (koordiniert!) ins *Timing* einfließen.

Die engen *Wirkungszusammenhänge* zwischen *Bauchgefühl* und bewusster *Entscheidung,* zwischen empathischer *Flexibilität* und *situativ-variabler Verfügbarkeit* der *motorischen* und *emotionalen* Substanzen bestimmen also die *Qualität* der angestrebten Bewegungshandlung. Und das *Timing,* naheliegenderweise stets ganzheitlich verstanden, kann – als *Metapher* dargestellt – mit *Motor* und *Steuerrad* verglichen werden, denn *Energie* und *Steuerung* harmonisieren das Ganze und so auch das *wechselseitige Abstimmen* der *Lehr-* und *Lernstufen,* die das Prozessgefüge strukturieren.

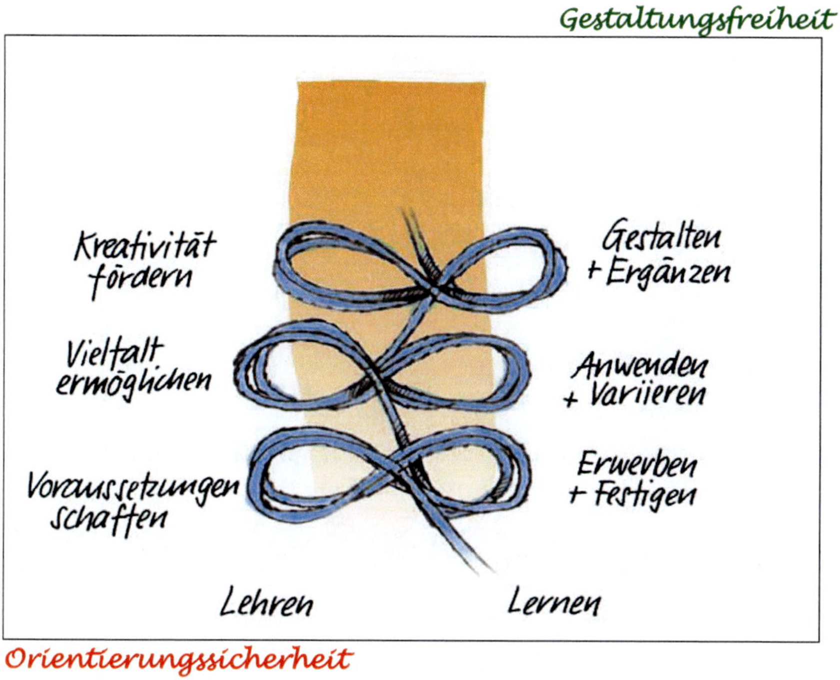

Gestaltungsfreiheit

Kreativität fördern

Vielfalt ermöglichen

Voraussetzungen schaffen

Gestalten + Ergänzen

Anwenden + Variieren

Erwerben + Festigen

Lehren   *Lernen*

Orientierungssicherheit

Abb. 3: In Anlehnung an ein entsprechendes Modell von Hotz (1998/99, 50; 2000, 20): „Lehren und Lernen im interaktiven Dialogverbund" und hier erneut im prozessbestimmenden Spannungsfeld zwischen Orientierungssicherheit und Gestaltungsfreiheit. In einer grafischen Darstellung von Lucas Zbinden als „Lehr- und Lernstufen im Rahmen des pädagogischen Konzepts" dargestellt. Aus: Baspo (Hrsg.): Kernlehrmittel Jugend+Sport, Magglingen 2008, S. 40.

Literatur

> „Was wir brauchen, sind ein paar verrückte Leute; seht euch an, wohin uns die Normalen gebracht haben."
>
> G. B. Shaw (1856-1950)

Baspo (Hrsg.) (2000). *Magglinger Kernlern-Lehrmittel Jugend+Sport*. Magglingen.

Baspo (Hrsg.) (2008). *Magglinger Kernlehrmittel Jugend+Sport*. Magglingen.

Bernstein, R. N. (1967). *The co-ordination and regulation of movement*. Oxford.

Bernstein, N. A. (1975; 2. Aufl. 1988). *Bewegungsphysiologie*. Leipzig.

Bollnow, O. F. (1978). *Vom Geist des Übens. Eine Rückbesinnung auf elementare didaktische Erfahrungen.* Freiburg i. Br. (vergriffen!).

Disler, P. (2005). *Wie viel Abstraktion erträgt die Lernwirksamkeit? Diskussion der Vermittlung einer modellgeleiteten Ausbildungsbotschaft an Sporthochschulen in der Schweiz im Spannungsfeld zwischen Reduktion und Komplexität.* Mskt. Diss. der Sozialwissenschaftlichen Fakultät der Uni Göttingen. Göttingen.

Dobel, R. (Hrsg.) (1999). Lexikon der Goethe-Zitate. München.

Döbler, H. (1993). Begriff: „Timing". In: G. Schnabel/G. Thieß (Hrsg.), *Lexikon Sportwissenschaft*, (Bd. 2). Berlin, S. 852 ff.

Dürrenmatt, F. Zitat. In: M. M. Ronner, *Zitate-Lexikon*. Zürich, S. 767.

Einstein, A. Kalenderspruch.

Fischer, K. (2003). Begriff: „Körperschema". In: P. Röthig/R. Prohl et al. (Hrsg.), *Sportwissenschaftliches Lexikon.* Schorndorf, S. 314 ff.

Gigerenzer, G. (2007). *Bauchentscheidungen. Intelligenz des Unbewussten und die Macht der Intuition.* München.

Grössing, S. (1993). *Bewegungskultur und Bewegungserziehung. Grundlagen einer sinnorientierten Bewegungspädagogik.* Schorndorf.

Hampe, M. (2001). Untiefen des Denkens. Die Rehabilitation der Gefühle in den Wissenschaften. *Neue Zürcher Zeitung* Nr. 58 vom 10./11. März 2001, S. 65.

Hegner, J./Hotz, A./Kunz, H. (2000; 2. Aufl. 2005). *Erfolgreich trainieren!* Zürich.

Hirtz, P./Hotz, A./Ludwig, G. (2000; 2. Aufl. 2005). *Bewegungskompetenz Gleichgewicht.* Schorndorf.

Hirtz, P./Hotz, A./Ludwig, G. (2003). *Bewegungskompetenz Bewegungsgefühl.* Schorndorf.

Hirtz, P./Hotz, A./Ludwig, G. (2010). *Bewegungskompetenz Orientierung.* Schorndorf.

Hoschek, F. (1985). „Das natürliche Skilaufen und seine Lehrweise" – anno 1935. In: A. Hotz (Red.), *Faszination „Ski" – auch in der Schule. Grundlagen – Ideen – Konzepte.* Kongressbericht „Braunwald '85". Stäfa, S. 134-140.

Hotz, A. (1991). *Praxis der Trainings- und Bewegungslehre.* Frankfurt/M, Aarau und Salzburg.

Hotz, A./Battanta, P. (1994). *Trilogien des Handelns – Sinfonien des Lernens* (Video). Magglingen.

Hotz, A. (1997a). Bernsteins „Motorische Schlagfertigkeit" im Schneesport auf den Punkt gebracht. In: P. Hirtz/F. Nüske (Hrsg.), *Bewegungskoordination und sportliche Leistung integrativ betrachtet.* Hamburg, S. 87-90.

Hotz, A. (1997b). *Qualitatives Bewegungslernen.* Bern.

Hotz, A. (2001). Das Päda-motorische Handlungsmodell – für praktisch tätige Sportlehrer/innen gedacht. In: J. Krug/C. Hartmann (Hrsg.), *Praxisorientierte Bewegungslehre als angewandte Sportmotorik.* Sankt Augustin. S. 212-217.

Hotz, A. (Red.) (2000). *Schneesport Schweiz* (SIVS; Hrsg.; 369 S.: Offizieller Schweizerischer Schneesport-Lehrplan). Belp/Bern.

Hotz, A./Battanta, P. (2002). *Rhythmus richtig getimt* (Video). Magglingen.

Hotz, A. (2003). Stichwort: „Timing". In: P. Röthig/R. Prohl et al. (Hrsg.), *Sportwissenschaftliches Lexikon.* Schondorf, S. 600.

Hotz, A. (2009). „Fixer Kern – flexible Form". Maßgebende Funktionen eines sportartenübergreifenden Methodik-Konzepts – philosophisch reflektiert. *Leistungssport* 6, S. 25-29.

Hotz, A. (2010). Ohne Vielseitigkeit keine sinnvolle Einseitigkeit. *Leichtathletiktraining* 2+3, S. 6-13.

Hotz, A. (2010). „Hirngerechtes" Bewegungslernen? – Techniktraining für Neu(ro)gierige im Leistungssport! *Leistungssport* 2; S. 53 f.

Hotz, A./Lange, H. (2003; 11. Aufl. 2009). Wie wird Bewegungskoordination trainiert? In: H. Lange (Red.)/R. Prohl/V. Scheid (Hrsg.), *Trainingslehre.* Wiebelsheim, S. 161-176.

Hotz, A./Weineck, J. (1983; 2. Aufl. 1988). Optimales Bewegungslernen. Anatomisch-physiologische und bewegungspsychologische Grundlagenaspekte des Techniktrainings. Erlangen.

Humboldt, W. von (o.J.). Zitat; gefunden in: Eingangshalle des Hauptgebäudes der Humboldt-Universität in Berlin (2009 entdeckt).

Humboldt, A. von (o.J.). Zitat; ex: Wikiquote.

Mathesius, R. (1993). Begriff: „Bewegungsgefühl". In: G. Schnabel/G. Thieß (Hrsg.), *Lexikon Sportwissenschaft*, (Bd. 1). Berlin, S. 156.

Meinel, K./Schnabel, G. (1998). *Bewegungslehre – Sportmotorik. Abriss einer Theorie der sportlichen Motorik unter pädagogischem Aspekt.* Berlin.

Pöhlmann, R. (1986). *Motorisches Lernen. Psychomotorische Grundlagen der*

Handlungsregulation sowie Lernprozessgestaltung im Sport. Berlin.

Saint-Exupery, A. (2005). Zitat; cit. nach: Zehetmeyer, H.: Zur Interpendenz von Skitechniken und Ski-Ideologien. In: A. Grüneklee/H. Heckers (Hrsg.), *Skifahren und Snowboarden heute.* Düsseldorf, S. 9.

Schnabel, G./Thieß, G. (Hrsg.) (1993). *Lexikon Sportwissenschaft.* Berlin.

Senti-Schmidlin, V. (2003). Der Rhythmus als „Principe animateur". Eine Begegnung Ferdinand Hodlers mit Emile Jaques-Dalcroze. *Neue Zürcher Zeitung* Nr.14 vom 18./19. Januar 2003, S. 69.

Tschacher, W. (2006). Wie Embodiment zum Thema wurde. In: M. Storch/B. Cantieni/G. Hüther/W. Tschacher (Hrsg.), *Embodiment. Die Wechselwirkung von Körper und Psyche verstehen und nutzen.* Bern, S. 11-34.

Wilde, O. (o. J.). Zitat. In: M. M. Ronner, *Zitate-Lexikon.* Zürich, S. 829.

Zehetmeyer, H. (2005). Zur Interpendenz von Skitechniken und Ski-Ideologien – Ein Beitrag zur Skigeschichte. In: A. Grüneklee/H. Heckers (Hrsg.), *Skifahren und Snowboarden heute.* Düsseldorf, S. 9-50.

Körpererfahrung und Bewegungskoordination: Schwimmen-Lernen als Thema einer schülerorientierten Vermittlungskonzeption

Harald Lange

Das Schreiben von Beiträgen, die in Festschriften erscheinen und den im Fokus stehenden Kollegen gewidmet sind, beginnt in aller Regel mit dem Suchen eines thematischen Ankers. Dieser ergibt sich naheliegenderweise aus dem Themenpool an Arbeiten und Projekten, die man mit dem zu Ehrenden geteilt hat bzw. immer noch teilt. Im vorliegenden Fall weiche ich ein kleinwenig von dieser Praxis ab und wähle ein Thema, das aus einem praxisverbundenen Bezug zwischen Autor und Leser heraus entstanden ist.

Ich habe Gerhard Treutlein Ende der neunziger Jahre durch die Auseinandersetzung mit seinen Schriften kennen gelernt. Dabei habe ich vor allem im Kontext meines Referendariats von seinen Überlegungen und Entwürfen zum Ansatz der Körpererfahrung profitiert. Neben dem hierzu erschienenen Grundlagenband (Treutlein, Funke und Sperle 1992) empfand ich vor allem auch seine Konkretisierungen im Kontext der Leichtathletik inspirierend (Treutlein 1986). Die Konzentration auf den Zusammenhang zwischen Spüren und Bewirken im Prozess des Bewegungslernens und die damit einhergehende Sensibilisierung für Aspekte des Erfahrens von Körperlichkeit schienen mir damals sowohl für schulische wie auch für leistungssportliche Lehrlernkontexte sehr einleuchtend und reizvoll. Ich habe seine Überlegungen daher in die Konzeption meiner Unterrichtsreihe einfließen lassen, die ich im Rahmen des Staatsexamens zum Thema „*Kraulschwimmen in der siebten Klasse*" konzipiert hatte.

Schwimmen lernen und Schwimmmethodik

In Sportarten, in denen die Bewegungsausführungen in hohem Maße standardisiert werden, neigen die Autoren lehrpraktischer Publikationen dazu, die objektiv fassbare Technikstruktur auch zum Maß aller Dinge der Methodik zu machen. Dies geschieht in der Praxis des Bewegungslernens in aller Regel auf Kosten der subjektiven Handlungsstruktur und führt zur Ausblendung der Interessen, Absichten und Betroffenheiten der Lernenden. Demgegenüber kommt es allerdings aus pädagogischer Sicht gerade darauf an, diese subjektive Dimension zum Ausgang der didaktischen Überlegungen zu wählen. Deshalb interessiert der Ansatz der Körpererfahrung im Kontext des Referendariats, wenn nämlich bewegungsbezogene Bildungsprozesse leibhaftig geplant und inszeniert werden sollen, ganz besonders. Im vorliegenden Zusammenhang wurde der Versuch unternommen, die fachdidaktische Dimension der Körpererfahrung über einen an der Logik von Sportarten und Techniken orientierten Zugang zum Thema zu machen. Der inhaltliche Fokus wurde auf das Kraulschwimmen orientiert.

Kraulschwimmen

Kraulschwimmen zählt, ebenso wie das Schwimmen in den anderen Lagen, Starts und Wenden, Wasserspringen und Wasserball zu den traditionellen Inhalten des Schwimmunterrichts. Diese Inhalte haben sich in der Praxis bewährt und wurden nicht zuletzt aus diesem Grund von der Schwimmdidaktik bis in die achtziger Jahre hinein mehr oder weniger kritiklos in das Zentrum konzeptioneller Vorschläge gestellt (vgl. u. a. Wilke 1983). Im Spektrum der Gegenpositionen fallen demgegenüber Forderungen auf, die für die Abwendung von sportiven Vorbildern zu Gunsten einer stärkeren Akzentuierung der Subjektbezogenheit plädieren. Die Vertreter gehen in ihren Konsequenzen für den Schwimmunterricht mitunter so weit, dass sie den im *traditionellen* Sinne als sportiv anzusehenden Bewegungsraum *Wasser* entfunktionalisieren wollen (Hildebrandt 1993, 199) und sich damit gegen die *klassische*, sportbezogene Thematisierung der einleitend angeführten Inhalte aussprechen. Beispielsweise sollen Kinder vor dem pädagogischen Hintergrund der Raumerfahrung *Spürsinn für das Wasser* entwickeln, anstatt schnell und/oder ausdauernd von Wand zu Wand in Bahnen zu schwimmen (vgl. Hildebrandt 1993, 199). In der Unterrichtspraxis wird diesen Vorschlägen oftmals skeptisch begegnet, denn die inhaltlichen Alternativen für die Neugestaltung des Schwimmunterrichts lassen auf den ersten Blick die Frage unbeantwortet, was sie noch mit dem zu tun haben, was man allgemeinhin unter Schwimmen versteht. Missverständnisse scheinen programmiert, zumal die Vielzahl der methodischen Vorschläge, beispielsweise in Hinblick auf die Realisierung eines *mehrperspektivischen Schwimmunterrichts* (vgl. u. a. Koch 1996), zwar deutlich werden lässt, welche Bewegungsmöglichkeiten auch für den Schwimmunterricht denkbar wären, was für den didaktischen Prozess einer am Bewegungssinn orientierten Themenkonstitution (vgl. Lange/Sinning 2008) jedoch noch keine konzeptionellen Reformen erwarten lässt. Doch gerade darauf kommt es an, wenn der Schwimmunterricht für die Kinder attraktiv gestaltet (Schülerorientierung) und trotzdem in seiner sachlichen Substanz (Schwimmen-Lernen und -Verbessern) erhalten bleiben soll. In der Umsetzung sollten allerdings keine didaktischen Kompromisse zwischen den vermeintlichen Polen der Subjektbezogenheit und der Orientierung an traditionellen Inhalten gefunden werden. D. h. es genügt keinesfalls, z. B. das schnelle und/oder ausdauernde Kraulschwimmen einfach durch andere Inhalte zu ersetzen oder irgendwelche Mischformen inhaltlicher Kompositionen zu kreieren. Es kommt vielmehr darauf an, den Prozess der Themenkonstitution zu fokussieren und die Frage nach der angemessenen Inszenierung der ausgewählten Inhaltsdimension zu beleuchten. Mit anderen Worten nachgefragt: Wie lässt sich das Thema Kraulschwimmen während des Unterrichts „in Szene" setzen, so dass die Thematisierung von den Schülern als Möglichkeit der schnellen und/oder ausdauernden Fortbewegung erkannt und als solche selbstbestimmt herausgefunden und vertieft wird? Diesem Anspruch folgend hatte ich meine zweite Staatsexamensarbeit im Lichte eines bewegungspädagogischen Zugangs zu einer sechs Doppelstunden umfassenden Unterrichtseinheit in der Sekundarstufe I (7. Klasse) konzipiert und realisiert. Ich habe den in diesem Umfeld entwickelten Methodenfundus am Thema „*Koordinationslernen*" ausgerichtet und dabei die Schnittmenge zwischen einer trainingstechnologisch orientierten Sachebene und der vom pädagogischen Standpunkt aus einzufordernden Offenheit konzeptionell übersetzt. Der hier zugrunde liegende fachdidaktische Zugang wurde bereits in verschiedenen Kontexten veröffentlicht und sukzessive weiterentwickelt (Lange 1999; 2001). Da die Ideen zum Körpererfahrungsansatz von Gerhard Treutlein (1986) hierbei eine gewisse Schrittmacherfunktion übernommen haben, möchte ich auch im Folgenden darauf zurückgreifen.

Zum Eigenwert der Unterrichtsinhalte

Die funktionellen Techniken der verschiedenen Schwimmlagen sollten im Unterricht kriteriengeleitet variiert werden, damit die notwendigen Freiheiten und Gestaltungsspielräume in der Praxis nicht in inhaltlicher Beliebigkeit ausufern. Auf diese Weise sollte die Erweiterung des individuellen „Schatzes" an Bewegungserfahrungen und darüber hinaus letztlich auch die der Bewegungskompetenz in einem Spannungsfeld zwischen anthropologisch notwendiger Freiheit und sachlogisch erforderlicher Struktur zum Thema gemacht werden. Die Notwendigkeit von Struktur ergibt sich unter anderem aus der pädagogischen Bedeutung des Eigenwertes der Unterrichtsinhalte. Dieser Wert wurde unter anderem von Herman Nohl (1879-1960), einem der führenden Vertreter der sogenannten „*Pädagogik vom Kinde aus*" hervorgehoben:

> „Die Qualität des Subjekts wird nur gewonnen, (...) indem es sich an die Qualität des Objekts hingibt. (...) Die innere Form des Subjekts ist nicht zu trennen von dem Gehalt, den sie birgt, und umgekehrt hat der Gehalt seinen lebendigen Sinn erst, wo er verinnerlichte

Form eines Subjekts geworden ist." (Nohl 1935, 78).

Vor dem Hintergrund zu einseitiger Schülerorientierung wird der Eigenwert der Unterrichtsinhalte unter Umständen weit zurückgestellt und kann deshalb nicht für den Lernprozess erschlossen werden. Beispielsweise hat sich das Kraulschwimmen als Technik bewährt, die es erlaubt, einem eigenen Rhythmus aus Anspannen und Entspannen, aus Abdrücken und Gleiten zu gestalten, mit dessen Hilfe man schließlich schnell und/oder ausdauernd schwimmt. In diesem Umfeld sind besondere (Bewegungs-)erfahrungen möglich, weshalb es in der didaktischen Analyse Sinn macht, für den Schwimmunterricht Lernziele zu formulieren, die auf die kriteriengeleitete Erweiterung der Bewegungskompetenz im Wasser zielen. Neben den funktionalen und leistungsbezogenen Erfahrungen ermöglicht die umfassende Erweiterung der aquatischen Bewegungskompetenz auch besondere Körpererfahrungen. Erlebnisse lassen sich im Sportunterricht (und anderswo) vor allem dann provozieren, wenn es gelingt, Wege zu finden, die beispielsweise den Kontakt zwischen den funktionellen Aspekten einer Kraultechnik und den subjektiven Bedürfnissen der Kinder herzustellen vermögen und damit imstande sind, die Unterrichtsinhalte zu *verlebendigen*. Bei dieser Lebendigkeit handelt es sich im Grunde genommen um etwas Selbstverständliches. Sie kennzeichnet unter anderem die Freude, die Kinder im und am Wasser erleben und lässt sich in jedem Schwimmbad beobachten: Wenn die ersten Turmsprünge, Bewegungskunststücke vom Beckenrand, langen Gleitphasen oder auch erstmals Kraulzüge ohne Hast gelingen, sind die Kinder den Bewegungserlebnissen zweifelsohne auf der Spur. Der erste Kopfsprung vom 1-m-Brett oder die erste Bahn im gelungenen Kraulschwimmen stehen als Beispiele für Erlebnisse, an die sich die Kinder noch lange erinnern.

Spüren und Bewirken – Körpererfahrung und Leistung

Wasser erlaubt aufgrund seiner Konsistenz (Temperatur, Widerstand, Auftrieb, Dichte) besondere Erlebnismöglichkeiten, die sich im Schwimmunterricht beispielsweise unter dem Aspekt des sogenannten „*Wasserbewegungsgefühls*" erfahren und auf der didaktischen Ebene im Rahmen körpererfahrungsorientierter Ansätze (vgl. u. a. Treutlein, Funke-Wieneke und Sperle 1992) vermitteln lassen. Trotz der notwendigen subjektbezogenen Orientierung soll der Sportunterricht allerdings nicht auf Dimensionen wie „*Spüren*" oder „*Erleben*" verkürzt werden. Im sportpädagogischen Interesse muss berücksichtigt werden, dass auch „*Anstrengen*" und „*Überbieten*" relevante Bedeutungen sind, die von Schülern auf den Schwimmunterricht ausgelegt werden (vgl. Scherler 1981, 15 ff.). Von daher sollten sich im Rahmen subjektbezogener schwimmdidaktischer Ansätze auch Aspekte der Körpererfahrung mit dem Anspruch auf *Leistung* verbinden lassen, es sei denn, man möchte den Schwimmunterricht in der Schule auf therapeutische Funktionen reduzieren. Die Qualität der Körpererfahrung geht über Körperempfindungen hinaus, sie gründet immer auch in Formen von Aktivität und lässt sich keineswegs ausschließlich über passives Spüren erschließen.

„(...) es geht darum zu lernen, uns und die Bewegungswelt in der Bewegung besser zu spüren, d. h. den Zusammenhang von Spüren und Bewirken im Aneignungsprozess stärker zu akzentuieren" (Trebels 1990, 17).

Bei der Auswahl der Unterrichtsinhalte müssen deshalb unter anderem Bewegungsmöglichkeiten berücksichtigt werden, die es den Schülern ermöglichen, Körpererfahrungen z. B. auch im Zusammenhang mit anstrengenden Belastungen zu sammeln. Hierfür bieten gerade die traditionellen Inhalte, wie z. B. das Schwimmen in den verschiedenen Lagen, vor allem wegen ihrer Funktionalität ausgezeichnete Möglichkeiten. Wie diese Funktionalität auch im Sinne der geforderten Schülerorientierung didaktisch-methodisch konkretisiert werden kann, soll im Folgenden skizziert werden.

Zum bewegungspädagogischen Ansatz des Fähigkeitsorientierten Fertigkeitserwerbs

Dass Kinder Subjekt ihrer eigenen Entwicklung sein können und deshalb Gelegenheiten für das Sammeln verschiedener Bewegungserfahrungen benötigen, wurde u. a. von Lange, Leist und Loibl (1986) für das motorische Lernen aufgegriffen, die in diesem Zusammenhang ganz konkret von *Aktionserfahrungen* sprechen (1986, 66 f.). Diese lassen sich vor dem philosophisch-phänomenologischen Hintergrund des Qualitativen Bewegungslernens (vgl. Hotz 1997) zu einem pädagogischen Konzept des subjektorientierten Bewegungslernens verdichten. Das Sammeln vielfältiger Bewegungserfahrungen führt letztlich zu einer stetigen Elaborierung des individuellen Bewegungskönnens. Dabei wird bei den Schülern neben der Entwicklung eines breiten Erfahrungsschatzes zudem die Kompetenz ausgebaut, die darauf zielt, dass Schüler mit ihrem „Bewegungsschatz" auch situativ-variabel umgehen können. Im Schwimmunterricht müssen deshalb Möglichkeiten bereitgestellt werden, vor deren Hintergrund Kinder eigene Bewegungsabsichten entwickeln, realisieren und vielfältig gestalten können.

Nach dieser bewegungspädagogischen Konzeption wird die Bedeutung idealtypischer Technikleitbilder für den Schwimmunterricht relativiert. D. h. Bewegungspädagogen fragen statt nach Eintauchwinkeln und Krafteinsätzen zuerst nach den Funktionen für die sich schwimmend bewegenden Kinder. Den aus diesem Umfeld abgeleiteten Methoden liegt ein ganzheitliches Menschenbild zugrunde, dass den Kindern vor allem Kreativität, Spontaneität und Selbsttätigkeit zugesteht und darüber hinaus darauf ausgerichtet ist, die Entwicklung dieser Fähigkeiten zu fördern. Die pädagogische Einsicht, dass Kinder vielfältige Bewegungserfahrungen sammeln und ihre Bewegungen selbstständig und kreativ gestalten sollen, stimmt mit der strukturalistischen kognitiven Entwicklungstheorie überein. Piaget (vgl. 1973, 61) ging davon aus, dass Kinder ihre Denkstrukturen im Verlauf ihrer Entwicklung selbsttätig konstruieren. „Piaget stellt den kognitiven Strukturen die kognitiven Funktionen gegenüber" (Zurek 1986, 521) und beschreibt den Vorgang der Strukturbildung als einem wechselseitigen Prozess zwischen Assimilation, d. h. Interpretieren und Deuten von Objekten der Außenwelt, und Akkommodation, d. h. Übernehmen äußerer Daten und Strukturen. Für die didaktisch-methodische Ebene des Schwimmunterrichts lässt sich hieraus die Konsequenz ableiten, dass das Bewegungslernen in einem Spannungsfeld zwischen Gestalten (Interpretieren und Deuten) und Üben (Übernehmen) stattfindet (vgl. Abb. 1).

Zur methodischen Verbindung zwischen Üben und Gestalten

Gestalten

Interpretieren/Deuten

Verlebendigen von Unterrichtsinhalten

Übernehmen

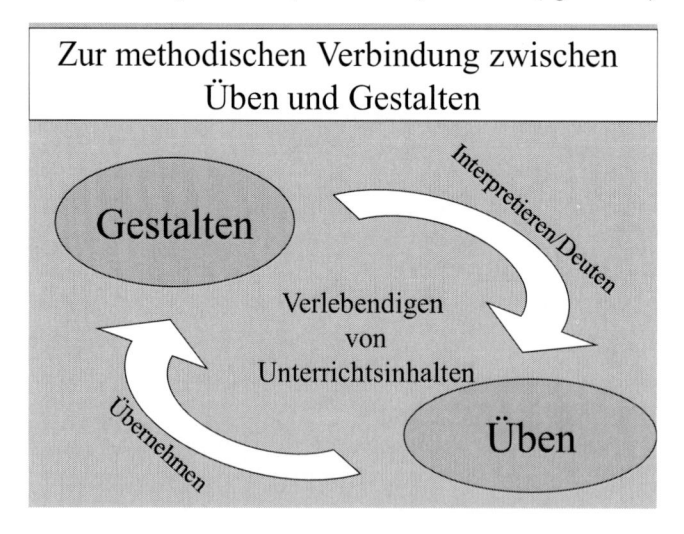

Üben

Abb. 1: *Zur Verbindung zwischen Gestalten und Üben*

Dieser Gedanke spiegelt sich bei Hotz (1992; 1997) für das Bewegungslernen wieder, wenn er im Rahmen seiner Qualitativen Bewegungslehre von der Theorie der Koordinativen Funktionen (vgl. Hotz 1992, 112) spricht. Dabei werden die faktorenanalytisch begründeten Koordinativen Fähigkeiten (vgl. Hirtz u. a. 1985) hinsichtlich ihres funktionalen, subjektiven Potentials in Hinblick auf die sich bewegenden und entwickelnden Kinder modelliert. Hotz (1991, 77) versteht unter dem Stichwort „Koordinative Befähigung" ein Leitkonzept, „das mit den drei Schlüsselbegriffen „Vielseitigkeit", „Variation" und „Kreativität" vielversprechend charakterisiert wer-

den kann." In Anlehnung an diese drei methodischen Schlüsselbegriffe können für die Schwimmpraxis sinnvolle, weil kindgerechte und lernwirksame, Unterrichtseinheiten abgeleitet werden, die sich für Kinder und Lehrer gleichermaßen freudvoll gestalten lassen.

Kraulschwimmen im Spiegel der Koordinativen Funktionen

Koordinationsübungen zählen mittlerweile zum festen Bestandteil des Schwimmtrainings in den Vereinen, weshalb darüber nachgedacht werden darf, ob und wie sich diese Übungen für den Sportunterricht in der Schule sinnvoll erschließen lassen. Gunther Frank (1996) hat vor dem Hintergrund des klassischen Fähigkeitskonzepts (vgl. Blume 1981) die *Koordinativen Fähigkeiten* im Schwimmen als Schlüssel zur perfekten Technik beschrieben und einen beachtlichen Fundus an Übungen zusammengestellt. Dieser garantiert für Abwechslung und fördert die Gestaltungsfähigkeit im Übungsprozess, was bereits für den Einsatz in der Schule spricht. Allerdings nicht ohne Einschränkung: Sportpädagogen interessieren sich zuerst für die kindliche Entwicklungsförderung durch Schwimmen und andere aquatische Bewegungsmöglichkeiten. Deshalb muss der Ansatz Franks an den Stellen relativiert werden, an denen die Aspekte des Techniktrainings im Vordergrund stehen. Die für die Schule konzipierte Bewegungspädagogik richtet sich schließlich nicht an Vereinsschwimmer, sondern an die Allgemeinheit der Kinder. Aus diesem Grund scheint es im Sinne des *Fähigkeitsorientierten Fertigkeitserwerbs* (s. o.) nur als konsequent, wenn das Konzept der faktorenanalytisch ermittelten Koordinativen Fähigkeiten (vgl. Blume 1981; Hirtz u. a. 1985) für die Schwimmdidaktik durch die Theorie der Koordinativen Funktionen (vgl. Hotz 1992, 112) ersetzt wird. Hierbei handelt es sich nicht um Wortklauberei, sondern um die Konsequenz der didaktischen Entscheidung, dass die Kinder und nicht die Technik im Zentrum des Unterrichtsgeschehens bzw. der zugrunde liegenden didaktischen Überlegungen gesehen werden.

Zur didaktischen Konkretisierung

Mit dem folgenden Modell sollen die fünf *Koordinativen Funktionen* im Sinne des bisher skizzierten didaktischen Konzepts (vgl. Hotz 1992; 1997) für eine Modellierung des Kraulschwimmens herangezogen werden (vgl. Abb. 2). Auf der Grundlage des Orientierens und Differenzierens werden das Erreichen und der Umgang mit dem Gleichgewicht als Basis dieser Bewegungslerntheorie (vgl. Hotz 1992; 1997) angesehen. Das kontrollierte Überwinden und Wiederfinden dieses Gleichgewichts betrifft die Schwimmer vor allem im Zusammenhang mit weitergehenden Lernfortschritten und lässt sich durch das Reagieren und vor allem Rhythmisieren ausdrücken.

Für die didaktische Konkretisierung rückt die Gleichgewichtsfunktion ins Zentrum. Diese findet in der Schwimmpraxis im Gleiten an bzw. knapp unter der Wasseroberfläche ihre Entsprechung, die wegen der Trägheit und Dichte der Masse (Untergehen) im Schwimmen jeweils nur als Versuch einer Annäherung an einen situativen Gleichgewichtszustand verstanden werden kann. In didaktischer Hinsicht basiert dieser auf den optimalen Funktionen des Orientierens (Raumerfahrung) und Differenzierens (Körperspannung/strömungsgünstige Lage). Im Verlauf des beschriebenen Annäherungsprozesses stellt der Schwimmer also bewusst und unbewusst – im Sinne der Orientierung – fest, wo er gerade ist und differenziert die Dosierung seiner Krafteinsätze, auch in Hinblick auf Beugen und Strecken verschiedener Gelenke. Konkret: Der Schwimmer muss durch den Aufbau von Körperspannung sowie das Einnehmen einer strömungsgünstigen Lage die Voraussetzungen schaffen, um dem gegenläufigen Wasserwiderstand Entsprechendes entgegensetzen, d. h. sich an Widerständen im Wasser abdrücken zu können. Um das Untergehen zu vermeiden, gilt es dem Wasserwiderstand und der Schwerkraft durch andere (vor allem rhythmisierende und reaktive) Kräfte entgegenzuwirken. Während Körperspannung und Korrigieren der Lage auf der Basis des Orientierens und Differenzierens hergestellt werden können und somit noch der Aufrechterhaltung des Annäherungsprozesses an den situativen „Gleit-Gleichgewicht-Zustand" dienen, erfordert das Abstoßen an Wasserwiderständen ein kontrolliertes, zeitweiliges Verlassen dieses Prozesses. Weil das Verlassen und Wiederfinden mehr oder weniger regelmäßig erfolgt, das Abstoßen gewissermaßen in diesen Prozess integriert wird, darf vom Rhythmisieren gesprochen werden. Der Gleichgewichtzustand wird auf der Basis des Orientierens und Differenzierens durch das Abdrücken situativ verlassen, wiedergefunden und fortgeführt, in der Summe also letztlich rhythmisiert. Der Unterschied zwischen Rhythmisieren und Reagieren lässt sich im Wesentlichen am Grad der Selbstbestimmung festmachen. D. h. beim Rhythmisieren werden die Bewegungen im Wasser nach dem eigenen Rhythmus selbstbestimmt gestaltet, während beim Reagieren lediglich auf einwirkende Kräfte (Schwerkraft, Wasserwiderstände) reagiert wird. Die Schwimmer plantschen zeitlich und dynamisch unkontrolliert ins Wasser und vergeuden Kraft, weil sie nach jedem Reagieren das Gleit-Gleichgewicht erneut wiederfinden müssen.

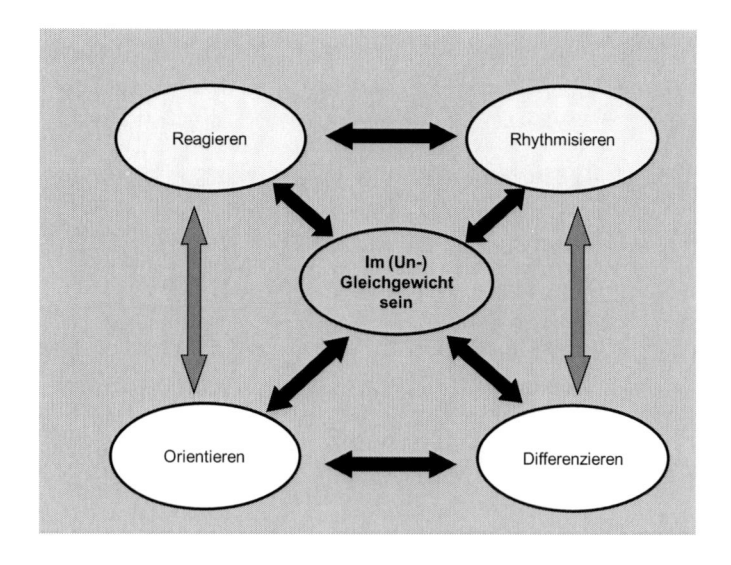

Abb. 2: Modell der Koordinativen Funktionen

Methodische Konkretisierung

Die Konkretisierung der Unterrichtsinhalte zum Kraulschwimmen lässt sich in drei didaktische Etappen unterteilen, in deren Verlauf ausgewählte Akzente zu den Schwerpunkten Orientieren und Differenzieren, zum Gleichgewicht und schließlich zum Rhythmisieren gesetzt werden (vgl. Abb. 3). Die methodischen Ansatzpunkte wechseln dabei im Sinne des kognitiven Strukturalismus im Spannungsbogen zwischen Gestaltungsfreiheit und methodologisch bedingter Struktur ab. D. h. die Schüler bekommen einerseits Gestaltungsaufgaben und andererseits kriteriengeleitete Übungsprogramme. Um die Phasen aus diesem Spannungsfeld miteinander zu verbinden, bietet es sich an, dass der Lehrer z. B. die Ergebnisse der freien Gestaltungsphasen zunächst notiert und anschließend zu Aufgaben (Koordinationsübungen) systematisiert, die die Schüler im Rahmen jeweils anschließender Adaptionsphasen üben sollen. In der Praxis zeigt sich, dass Schüler viele der in der Literatur beschriebenen Koordinationsformen im Rahmen der gegebenen Gestaltungsspielräume selbst erfinden. Dem Lehrer kommt in diesem Zusammenhang vor allem eine moderierende Funktion zu, d. h. er sollte einerseits zum Experimentieren anregen und andererseits die von den Schülern erarbeiteten Variationen für die Aufgaben (Arbeitsblätter/Arbeitskarten) in den Übungsphasen nutzen, wobei er den von den Schülern entwickelten Fundus durch die gezielte Hinzunahme von Koordinationsformen ergänzen kann. Durch dieses wechselseitige Vorgehen gelingt es den Schülern während weniger Unterrichtsstunden umfangreiche Bewegungserfahrungen zu sammeln, die sie darüber hinaus zu einem beachtlichen Bewegungsschatz (Koordinationsformen) ausbauen.

Bewegungslernen im Spannungsfeld zwischen Akkommodation und Assimilation

Adaptieren — Gestalten und Ergänzen — Elaborieren

Anwenden und Variieren

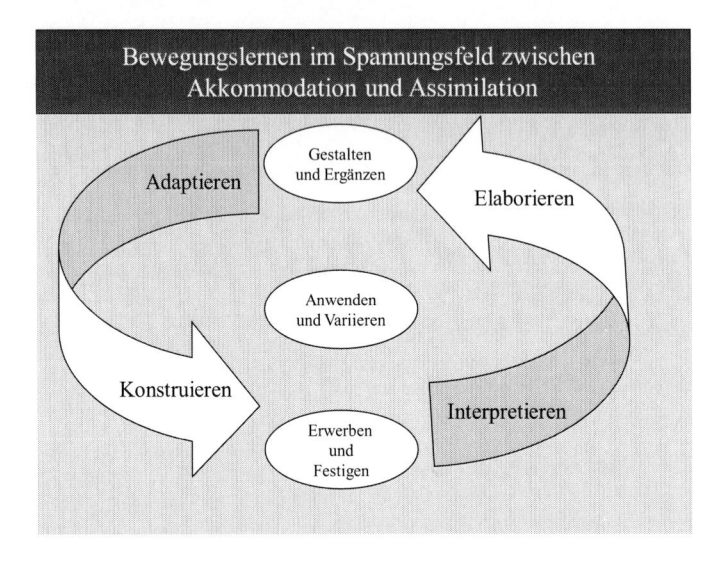

Konstruieren — Erwerben und Festigen — Interpretieren

Abb. 3: *Methodisches Konzept*

Vorschlag für die Inszenierung im Schwimmunterricht

In der ersten Unterrichtsstunde sollen die Schüler einen Zugang zu dem freien Gestalten und Variieren bekannter Schwimmtechniken finden. Wegen den zumeist fehlenden Erfahrungen bietet es sich an, dass die Schüler in Kleingruppen üben und die gegenseitigen Bewegungserfindungen nachmachen bzw. von anderen Gruppen abschauen. Darüber hinaus sollte der Lehrer die Gestaltungsaufgaben durch das Vorgeben verschiedener Kriterien im Sinne von Interpretationsaufgaben moderieren. Z. B. *„rückwärts schwimmen ohne den Einsatz des rechten Armes"* oder *„die Haltung/Stellung der Finger und Hände in allen Lagen verändern"*. Und falls die Schüler zu Beginn gar keinen Zugang zu den Möglichkeiten der Gestaltungsphasen finden können, bietet es sich an, verschiedene Koordinationsformen vorzumachen, die die Kinder als Vorbild für die Gestaltungsaufgaben nutzen können. In didaktischer Hinsicht sollte sich der Lehrer im Zuge der Unterrichtsvorbereitung sowie der Moderation zunächst an der Gestaltung von Erfahrungen zum Orientieren und Differenzieren ausrichten und den Schülern entsprechende Aufgaben und Übungen stellen. Diese Aufgaben zielen letztlich auf die Erweiterung der Kompetenz, sich dem bereits beschriebenen „*Gleit-Gleichgewichtzustand*" in den verschiedenen Lagen variationsreich anzunähern. Ein wichtiges Unterrichtsziel während dieser ersten Phase ist beispielsweise das sichere, ruhige Gleiten, das immer wieder durch die Einbeziehung von Orientierungs- und Differenzierungsaufgaben unterbrochen und wiedergefunden werden soll. Damit ist bereits der Übergang zur zweiten Etappe hergestellt, in der der Umgang mit dem situativen Gleichgewicht durch den Einsatz und das Gestalten von Koordinationsübungen gezielt variiert werden soll. Hierbei kommen vor allem differenzierte Spiel- und Übungsphasen („*Wasserski*") zum Einsatz. Beim Wasserski ziehen sich die Schüler in Kleingruppen mit einem langen Seil (25 m) vom Beckenrand aus durch das Wasser. Sie können auf diese Weise bei einer vergleichsweise hohen Geschwindigkeit das Gleiten, auch unter Berücksichtigung erschwerender Zusatzaufgaben zum Orientieren und Differenzieren, üben. Z. B.: Um die Körperlängsachse Rollen, zu zweit oder zu dritt am Seil hängen und gleiten, verschiedene Körperlagen beim Gleiten ausprobieren. Die in diesem Umfeld zu erfüllenden Konstruktionsaufgaben bauen letztlich auf den Bewegungserfahrungen auf, die die Schüler vor allem während der Gestaltungs- und Experimentierphasen zum Wasserski sammeln konnten.

Inhaltliche Übersicht zu den drei didaktischen Schwerpunkten eines möglichen Kursverlaufs

1. Einstimmung/ Orientieren und Differenzieren

- → Variationen bekannter Schwimmtechniken in Kleingruppen
- Vor- und Nachschwimmen der von Schülern ausgedachten Variationen
- → Kriteriengeleitete Gestaltungsphase zu bekannten Schwimmtechniken
- Aufgaben vom Lehrer. Z. B.: „Rückwärts schwimmen ohne den Einsatz des rechten Armes" oder „die Haltung/Stellung der Finger und Hände in allen Lagen verändern"
- → Gestaltungs- bzw. Übungsphase unter den Aspekten „Orientieren" und „Differenzieren" (vgl. u. a. Abb. 4)
- Aufgabenblatt mit Koordinationsformen zum Rücken und Kraulschwimmen, die die Schüler z. T. in der vorangegangenen Stunde elaboriert hatten.
- → Erster ganzheitlicher Versuch des Kraulschwimmens
- Jeder soll einmal versuchen durch das kleine Becken (14 m) zu kraulen.

2. Umgang mit dem situativen „Gleit-Gleichgewicht"

- → „Wasserski" in Kleingruppen unter den Aspekten Gleiten, Rollen und Atmen
- → „Wasserski" unter dem Schwerpunkt Rollen
- Arbeitsblatt mit Aufgabenbeschreibungen zum Thema Rollen
- → Zweiter ganzheitlicher Versuch des Kraulschwimmens (25 m – 50 m)
- → Gestaltungsphase zum Kraulschwimmen
- Die Kleingruppenarbeit wird vom Lehrer moderiert und teilweise durch Beispiele (Koordinationsformen) angeregt.
- → Übungsphase unter dem Aspekt „Abdruck im Kraulschwimmen"
- Kleingruppenarbeit mit Hilfe von Übungskarten, auf denen Koordinationsformen beschrieben sind, die die Schüler in der vorangegangenen Stunde elaboriert hatten.
- → Dritter ganzheitlicher Versuch des Kraulschwimmens in Kleingruppen
- Die Schüler ordnen sich selbständig verschiedenen Gruppen zu und versuchen dort, so lang und weit wie möglich Kraul zu schwimmen.

3. Rhythmus-bezogenes Überwinden des „Gleit-Gleichgewichts"

- → Gestaltungsphase zum Kraulschwimmen unter dem Aspekt „Rhythmisieren"
- → Wiederholung vorangegangener Gestaltungs- und Übungsschwerpunkte
- → Vierter ganzheitlicher Versuch zum Kraulschwimmen in Kleingruppen

Literatur

Blume, D. D (1981). Kennzeichnung koordinativer Fähigkeiten und Möglichkeiten ihrer Ausbildung im Trainingsprozess. *Wissenschaftliche Zeitschrift der DHfK* 3, S. 17 ff.

Frank, G. (1996. *Koordinative Fähigkeiten im Schwimmen. Der Schlüssel zur perfekten Technik*. Schorndorf: Hofmann.

Grupe, O. (1967). Bewegung und Bewegungsgestaltung in pädagogischer Sicht. In: ADL (Hrsg.), *Die Gestaltung. IV Kongress für Leibeserziehung*. Schorndorf: Hofmann, S. 39 ff.

Hildebrandt, R. (1993). „Schwimmen lernen" als Erschließung des Bewegungsraumes

Wasser. *Sportunterricht* 5, S. 199 ff.

Hirtz, P. (1985). *Koordinative Fähigkeiten im Schulsport. Vielseitig – variationsreich – ungewohnt.* Berlin: Sportverlag.

Hotz, A. (1997). *Qualitatives Bewegungslernen. Bewegungsspielräume erleben, erkennen und gestalten.* Bern: Verlag für Sport in der Schule (SVSS).

Hotz, A. (1992). Kindliches Bewegungslernen als Welterfahrung. In: H. Altenberger,/F. Maurer (Hrsg.), *Kindliche Welterfahrung in Spiel und Bewegung. Sportpädagogische Perspektiven.* Bad Heilbrunn: Klinkhardt, S. 95 ff.

Hotz, A. (1991). *Praxis der Trainings- und Bewegungslehre.* Aarau/Frankfurt/M./Salzburg: Diesterweg.

Koch, S. (1996). Schwimmen mehrperspektivisch unterrichten. *Körpererziehung* 6, S. 203 ff.

Lange, H. (2001). Schwimmen im Spannungsfeld zwischen alltäglicher Faszination und sportpädagogischer Resignation. Überlegungen zu einem didaktisch-methodischen Lösungsansatz. *Sportunterricht* 50:9, S. 267-272.

Lange, H. (1999). Selbständig, aber nicht beliebig! Das Kraulschwimmen (weiter-)entwickeln: Ein Vorschlag für eine subjektbezogene Realisierung auf der Basis der koordinativen Funktionen. *Sportpädagogik* 23:5, S. 35-39.

Lange, H. (1998). *Schwimmunterricht in der siebten Klasse. Eine körpererfahrungsbezogene Realisation des schuleigenen Arbeitsplanes.* 2. Staatsexamensarbeit. Eingereicht am Studienseminar Kassel II. Kassel.

Lange, H./Sinning, S. (2008). *Themenkonstruktion des Sport- und Bewegungsunterrichts. Pädagogische Analysen und Erläuterungen zum Implikationszusammenhang aus Zielen, Inhalten und Methoden.* Baltmannsweiler: Schneider.

Lange, H./Leist, K.-H./Loibl, J. (1986). Zur Bedeutung der Körpererfahrung für das motorische Lernen. In: J. Bielefeld (Hrsg.), *Körpererfahrung. Grundlage menschlichen Bewegungsverhaltens.* Göttingen/Toronto/Zürich: Verlag für Psychologie, S. 59 ff.

Nohl, H. (1935). *Die pädagogische Bewegung in Deutschland und ihre Theorie.* Frankfurt am Main: Schulte-Bulmke.

Piaget, J. (1973). *Der Strukturalismus.* Olten/Freiburg: Walter.

Scherler, K.-H. (1981). Schwimmen. *Sportpädagogik* 2, S. 14 ff.

Trebels, A. (1990). Bewegungsgefühl: Der Zusammenhang von Spüren und Bewirken.

Sportpädagogik 14, 12 ff.

Treutlein, G. (1986). Faszinierende Leichtathletik – auch durch Körpererfahrung. In: G. Treutlein/J. Funke/N. Sperle (Hrsg.), *Körpererfahrung im Sport. Wahrnehmen - Lernen - Gesundheit fördern.* Wuppertal: Putty, S. 31 ff.

Treutlein, G./Funke, J./Sperle, N. (Hrsg.) (1992). *Körpererfahrung im Sport. Wahrnehmen – Lernen – Gesundheit fördern.* Aachen: Meyer & Meyer Verlag.

Wilke, K. (1983). Die Entwicklung der Didaktik und Methodik des Schulschwimmens in den letzten 15 Jahren. *Sportunterricht* 2, S. 55 ff.

Zurek, A. (1986). Kognitive Theorie. In: G. Rexilius/S. Grubitzsch (Hrsg.), *Psychologie. Theorien, Methoden, Arbeitsfelder. Ein Grundkurs.* Reinbek: Rowohlt Verlag, S. 516 ff.

Gelingender Sportunterricht

Fritz Dannenmann

Vorbemerkung

In den frühen 80er Jahren des letzten Jahrhunderts fiel in der baden-württembergischen Landesregierung die Entscheidung, eine weitere lehrerbildende Hochschule zu schließen. Nachdem mit Lörrach und Esslingen bereits zwei kleinere Pädagogische Hochschulen zugemacht worden waren, musste es nun eine größere sein. Die Entscheidung fiel zwischen Heidelberg und Reutlingen. Es traf Reutlingen – und damit auch mich.

Gerhard Treutlein war zu diesem Zeitpunkt Professor für Sportpädagogik an der PH Heidelberg. Wir kannten uns eher oberflächlich von Landesdozentenkonferenzen und sportwissenschaftlichen Kongressen. Nicht lange nach dem Entschluss der Landesregierung, Reutlingen dicht zu machen, erhielt ich einen Anruf von Gerhard Treutlein, ob ich nicht zu ihnen nach Heidelberg kommen wolle, sie hätten eine entsprechende Stelle frei. Ich freute mich sehr, lehrte von 1984 ab für drei Jahre an beiden Hochschulen, bevor 1987 in Reutlingen der letzte Vorhang fiel.

In den folgenden fünfzehn Jahren hatten Gerhard Treutlein und ich unsere Arbeitszimmer nebeneinander, wir kämpften gemeinsam um Verbesserungen für unser Fach, saßen am Abend häufig zusammen und diskutierten Fachangelegenheiten – auch meine Idee, Videofilme für die Sportlehrerbildung zu produzieren. So entstanden in Zusammenarbeit mit weiteren Kollegen der (für manche zum „Kultfilm" avancierte) Film „Der gute Trainer" und Filme wie „Sportlehrertypen" oder auch „Kinder lernen Volleyball" und „Techniken des Volleyballspiels". Dabei ging es immer um die Frage: „Was ist zu tun, damit Sportunterricht (immer besser) gelingt?"

Pädagogen, auch Leibeserzieher, hatten sich zuvor bereits seit einem halben Jahrhundert bemüht, Aussagen darüber zu treffen, was „guten" Unterricht kennzeichnet. Namhafte Pädagogen wie Spranger (1928, zit. 1961, 96 ff.) äußerten sich früh zu dem Problem, was bedeutsam für guten Sportunterricht ist. Seit den sechziger Jahren befassten sich in der sich entwickelnden Sportwissenschaft verstärkt Fachdidaktiker damit, Merkmale guten Sportunterrichts zu formulieren. Dies war nach der Vereinnahmung der Leibesübungen durch die Nationalsozialisten, Stichwort: „Wehr- und

Gebärtüchtigkeit", und in einem geteilten Deutschland nicht einfach und oft auch widersprüchlich.

In der Bundesrepublik Deutschland setzten bildungstheoretisch orientierte Fachdidaktiker normative Kriterien, mit denen „guter" Sportunterricht gekennzeichnet wurde. Dies forderte Ende der 60er und in den frühen 70er Jahren lerntheoretisch fundierte Kollegen zu teils heftiger Kritik heraus, insbesondere die Senso- und Sensumotoriker. Sie legten eigene Vorstellungen dar. Die Vertreter eines körpererfahrungsorientierten Ansatzes der Fachdidaktik formulierten ebenfalls Aspekte guten Sportunterrichts.

Die Qualität von Klassenunterricht empirisch zu erforschen, ist schwierig. Noch problematischer ist es, dies im Unterrichtsfach Sport zu leisten, da die Ziele des Sportunterrichts in unterschiedlichen Bereichen angesiedelt und die äußeren Bedingungen ganz anders sind als im Klassenzimmer. Motorische Ziele werden nicht nur durch physische Ressourcen erreicht, kognitive, soziale und vor allem auch emotionale Einflüsse, z. B. Angst oder auch Überzeugung seiner Stärke, sind oft nicht nur bedeutsam, sondern konstitutiv. „In Form" zu sein und die persönlich bestmöglichste, äußerlich sicht- oder messbare Leistung zu erbringen, das gelingt nur im perfekten Zusammenspiel aller Bereiche.

In den letzten Jahrzehnten haben Unterrichtsforscher verschiedener Couleur Ergebnisse vorgelegt, welche unser Bild von dem, was guten Unterricht kennzeichnet, zunehmend konkreter werden lässt. Der Schulpädagoge Prof. Dr. Hilbert Meyer hat auf der Grundlage tragfähiger Erkenntnisse unterschiedlichster Forschungsbereiche zehn Merkmale publiziert, die seiner Meinung nach Orientierung für guten Unterricht bieten (2004^2). Wir haben mit unseren Überlegungen darauf aufgebaut, weitere Sportpädagogen berücksichtigt und eigene Erfahrungen aus drei Jahrzehnten Sportlehrerbildung eingebracht.

Zielsetzung

Der Präsident des Deutschen Sportlehrerverbandes (DLSV), Prof. Dr. Udo Hanke, hat 2006 nach seinem Amtsantritt der Kultusministerkonferenz, Kommission Sport, ein länderübergreifendes Projekt mit dem Titel „Good Practice im Schulsport" vorgeschlagen. Der Kommissionsvorsitzende sagte schriftlich seine Unterstützung zu.

Ziel ist, möglichst unterschiedliche exemplarische Unterrichtsbeispiele aus dem Bereich des Sports zu erarbeiten und so zu dokumentieren, dass Interessierte sich damit umfassend auseinandersetzen können. Die Beispiele sollten als „good practice" angesehen werden können. Um die personenspezifische Abhängigkeit von Unterrichtsbeurteilungen hervorzuheben, wurde der Begriff „gelingender Sportunterricht" gewählt. Realer Unterricht wird aus der Perspektive von Schülern, Lehrern, Eltern, Ausbildern, Schulaufsichtspersonen oder Prüfungskommissionen oft unterschiedlich bewertet. Und diese Unterschiede sind auch innerhalb der Gruppen festzustellen: was von dem einen Lehrer als gelungene Stunde angesehen wird, kann von einem Kollegen als missraten beurteilt werden. Diesen Divergenzen liegen immer unterschiedliche Auffassungen von Unterricht, Lehrerverhalten, Zielsetzung, Menschenbild und vieles andere mehr zu Grunde. Insofern sind gegenläufige Ansichten normal. Doch man muss sich darüber verständigen können. Und genau dazu sollen die Unterrichtsbeispiele beitragen.

Es wird also nicht zurückgefallen in eine „Meisterlehre": „Mach es so und es ist gut!". Ziel ist, Diskussionsmaterialien zur Verfügung zu stellen. Der Wunsch des DSLV-Präsidenten ist, dass alle Bundesländer eigene Materialien produzieren, die dann in allen Ländern genutzt werden können.

Vorgehen

In Baden-Württemberg habe ich, zusammen mit Udo Hanke, eine Arbeitsgruppe initiiert. Beteiligt waren die Institutionen Pädagogische Hochschule Heidelberg (Fach Sportwissenschaft/ Sportpädagogik, Audiovisuelles Medienzentrum), das Kultusministerium Baden-Württemberg, vertreten durch das Landesinstitut für Schulsport (LIS), der Landesverband des DSLV und die Forschungsgruppe Unterrichtsmedien im Sport. Die Arbeitsgruppe traf sich einige Male, um Ziele und Inhalte zu diskutieren und die organisatorischen Bedingungen zu regeln. Wie oben dargelegt, war die Zielsetzung relativ schnell geklärt. Nach eingehender Diskussion wurde entschieden, zunächst einen traditionellen Inhalt zu wählen: das Gerätturnen. Als Thema wurde „Überschlagbewegungen" gewählt. Um eine breite „Leserschaft" zu erreichen, wurde vereinbart, Sportunterricht in einer zweiten Grundschul-, einer siebten Mittelstufen- und einer gymnasialen Oberstufenklasse aufzuzeichnen. Danach wurden Lehrerinnen und Lehrer gesucht, Unterrichtsbeobachtungen mit den jeweiligen Klassen vereinbart, mit den Lehrenden eine Spezifizierung der Themen besprochen, die Hallen unter dem Aspekt der Aufzeichnungsbedingungen geprüft, die Schulleitungen informiert, das Einverständnis der Eltern eingeholt. Die Unterrichtsentwürfe der Lehrer wurden diskutiert und angepasst, grundlegende Verhaltensweisen wegen der Bild- und Tonaufzeichnung besprochen. Die Kameramänner und Tonfrau wurden schriftlich auf das Wesentliche konzentriert.

Die Aufzeichnung erfolgte mit drei hochwertigen Kameras, fünf bis sieben fest installierten Mikrophonen für den Raumton („Atmo") sowie zwei beweglichen: der Lehrende hatte ein Funkmikrophon am Trikot, Schüleräußerungen wurden mit einem mobilen Richtmikrophon erfasst. Die Regiezentrale, besetzt mit drei Experten für Regie, Bild- und Tonauswahl, war jeweils in einem Nebenraum aufgebaut. Kameramänner und Tonfrau waren mit der Regie über eine Gegensprechanlage verbunden. Die Aufzeichnung erfolgte jeweils ohne Unterbrechung des Unterrichts, alle Signale wurden fortlaufend festgehalten.

Abb.1: *Regiezentrale*

In der Postproduktion wurden die Aufzeichnungen komplett fortlaufend digitalisiert, danach mit einem leistungsfähigen Schnittprogramm (Pinnacle Liquid Ed. 7.1) im Multicam-Verfahren gemischt. Dabei stellten sich zahlreiche technische und inhaltliche Probleme. Hier sind vorrangig die inhaltlichen von Interesse. Bei der Diskussion der fertig dokumentierten Unterrichtsstunden in einer vierköpfigen Expertenrunde wurde festgestellt, dass eine der Unterrichtsstunden so viele handwerkliche Mängel aufwies, dass man sie nicht als „gelungen" bezeichnen konnte. Es wurde vereinbart, diese Stunde mit einer anderen Lehrerin an einer weiteren Schule nochmals aufzuzeichnen. Außerdem ergab sich eine enorme Perspektivenvielfalt. Um diese etwas zu bündeln, wurde beschlossen, eine orientierende Fachlehrerkonferenz aufzuzeichnen, in der fünf Sportlehrerinnen und Sportlehrer sich über Merkmale unterhalten, anhand derer eine Einordnung beobachteter Phänomene leichter möglich ist. Um Aufmerksamkeit zu erreichen, haben wir diese Diskussionsrunde provozierend tituliert: „Zehn Gebote" für gelingenden Sportunterricht.

1. ***Du sollst für Klarheit sorgen!***
   Ein- und Durchblick von allen ist für gelingenden Sportunterricht wichtig. Diese *strukturelle Klarheit* bezieht sich auf die Ziele, die angestrebt werden, auf die Inhalte und Themen, auf den organisatorischen Unterrichtsablauf wie auf die Beziehungen untereinander. *Regeln und Rituale können dazu beitragen, Klarheit zu schaffen.*
2. ***Du sollst den SchülerInnen viel Bewegungszeit geben!***
   Ein *hoher Anteil von Bewegungszeit* an der Unterrichtsgesamtzeit ist von großer Bedeutung. Lern-, Spiel-, Übungs- und Trainingsprozesse sind angewiesen auf umfangreiche Bewegungszeiten.
3. ***Du sollst dich partnerschaftlich verständigen!***
   Kinder und Jugendliche wollen wissen, weshalb etwas gemacht wird. Durch einsichtiges Erklären werden *partnerschaftliche Verständigungsprozesse* gefördert.
4. ***Du sollst für wechselseitigen Respekt und Akzeptanz sorgen!***
   Ein *lernförderliches Klima* entsteht nur aus der wechselseitigen Achtung des/der Anderen. Der Umgang mit- und untereinander muss allgemeine *Regeln des menschlichen Miteinanders in unserem Kulturkreis beachten und einüben.*
5. ***Du sollst die jeweils angemessene Methode wählen!***
   Sportunterricht verfolgt viele unterschiedliche Ziele und umfasst ganz verschiedene Inhalte. Erfolgreiches Unterrichten ist nur möglich, wenn SportlehrerInnen über eine *Vielfalt an Methoden* verfügen und diese angemessen auswählen und einbringen können.
6. ***Du sollst jedem Einzelnen gerecht werden!***
   Die verschiedenen Fähigkeiten der SchülerInnen gehen immer weiter auseinander. Deshalb ist *individuelles Fördern* heute wichtiger denn je: *den Schwachen muss geholfen, die Starken müssen aber auch gefördert werden.*
7. ***Du sollst den SchülerInnen sagen, was von ihnen erwartet wird!***
   Unterricht, und ganz besonders Sportunterricht, ist mit Leistungen in den verschiedensten Bereichen verbunden. Für SchülerInnen sind *transparente Leistungserwartungen* von großer Bedeutung.
8. ***Du sollst Dich kompetent halten!***
   Alle Lebensbereiche verändern sich zum Teil stürmisch. LehrerInnen müssen ihre *Kompetenzen* in allen Feldern des Unterrichts *weiter entwickeln.*
9. ***Du sollst zügig und flexibel unterrichten!***
   Unterricht gelingt, wenn die Zeit gut genutzt wird. Dies erfordert, dass die Lern-, Übungs- oder Trainingsumgebung sorgfältig vorbereitet wird, dass *zügig zielorientiert gesprochen und gehandelt* und dass *flexibel* auf wechselnde Situationen *reagiert wird.*
10. ***Du sollst dich vorbildlich verhalten!***
    LehrerInnen müssen sich bewusst sein, dass sie von SchülerInnen als *Vorbilder* genommen werden können. Deshalb müssen sie ihr *Handeln* entsprechend planen

und *kontrollieren*. Dies gilt kurz- wie langfristig, z. B. im Hinblick auf körperliche Fitness, auf fairen Umgang miteinander, auf jegliches Handeln im Unterricht.

Die 34 Minuten lange Konferenz wurde von dem Experten des Audiovisuellen Medienzentrums der Pädagogischen Hochschule Heidelberg, G. Pietsch, live abgemischt, in der Postproduktion jedoch ergänzt mit einem Off-Kommentar, der das jeweilige Merkmal („Gebot") klar benennt, und eingespielten Unterrichtssequenzen aus den drei dokumentierten Sportstunden. Die vier so entstandenen Filme liegen auf DVD gebrannt vor und können über den DSLV erworben werden. Außerdem können die Materialien über die Medienzentren vieler Städte und Länder ausgeliehen, teilweise auch im Internet angesehen werden.

Nach Abschluss dieser ersten Serie zum gelingenden Sportunterricht gab es zahlreiche Rückmeldungen. Dabei zeigte sich, dass aufgrund der Inhaltsauswahl, dem dominierenden Unterrichtskonzept und manch anderer Details die Zielsetzung nur zum Teil erreicht wurde. Deshalb beschlossen die Verantwortlichen, in Baden-Württemberg weitere Materialien zu erstellen, welche inhaltlich und konzeptionell einen anderen Ansatz verfolgen sollten. Es wurde entschieden, eine offene Unterrichtskonzeption zu verfolgen und die dokumentierte Sportstunde vor dem Hintergrund ausgewählter Merkmale („Gebote") in der Fachkonferenz zu diskutieren. Mit gleichem Verfahren wurde in einer vierten Grundschulklasse eine Stunde mit dem Thema „Erarbeitung einer Seilkür – schülerorientiert und ergebnisoffen" aufgezeichnet, danach geschnitten und den Lehrerinnen und Lehrern zur Verfügung gestellt. In einer weiteren Fachkonferenz wurde ein „Kollegialer Austausch über eine Sportstunde" vorgenommen und dokumentiert. Diese beiden Filme liegen ebenfalls auf DVD gebrannt und kassettiert vor, können gekauft oder geliehen werden. Auch darüber liegen erste Rückmeldungen, unter anderem in Form von Besprechungen vor.

Ergebnisse

Der DSLV und die Autoren der beiden Medienpakete zu gelingendem Sportunterricht haben zusammen mit den unterrichtenden Lehrern audiovisuelle Beiträge für die Fachdiskussion geliefert. Mehrere punktuelle Rückmeldungen über Ausleihen, Verkaufszahlen, Nutzungsformen und Verwendungsgebiete und –möglichkeiten vermitteln den Eindruck, dass mit den Materialien gewinnbringend gearbeitet wird. Wir wünschen uns einen kritischen Umgang mit den Dokumenten, da wir nicht den Anspruch erheben, dass – wenn man Unterricht so gestaltet, wie in den Filmen gezeigt – alles gut ist.

Verwendungsmöglichkeiten

Die Aufzeichnungen der Sportstunden und der Fachkonferenzen können von Sportstudierenden wie von Sportlehrenden im Selbststudium genutzt werden. Gewinnbringend können sie als Impulsvideo in Ausschnitten in Didaktik-Seminaren der sportlehrerbildenden Institutionen eingesetzt werden. Den meisten Gewinn versprechen wir uns von einer Verwendung der Materialien in der zweiten und dritten Phase der Sportlehrerbildung, wenn bereits reflektierte Eigenerfahrungen mit Unterrichten vorliegen und diese, zusammen mit anderen, bedacht und verglichen werden. Hier sind von Diskussionen spezifische Konkretionen zu erwarten. In der Sportlehrer-Fortbildung, wenn Lehrende zusammenkommen, bei denen Routinen offene Sichtweisen verstellen können, sehen wir ebenfalls große Chancen zur Perspektivenerweiterung durch die vorliegenden Materialien.

Ausblick

Die veröffentlichten Medienpakete visualisieren divergierende Unterrichtskonzepte und bieten inhaltliche Anstöße aus Gerätturnen und Gymnastik. Erste Überlegungen neuartige Schulsportinhalte in den Mittelpunkt zu stellen, z. B. „Le Parcours", oder auch bekannt Inhalte aus dem Freizeitsport, z. B. Tennis, im Hinblick auf schulische Einführungs- oder Umsetzungsmöglichkeiten zu bearbeiten, werden derzeit angestellt. Leitlinie wird bleiben, Materialien zur Verfügung zu stellen, die helfen können, Sportunterricht (immer besser) gelingend zu gestalten.

Literatur

Meyer, Hilbert (2004^2). *Was ist guter Unterricht?* Berlin: Cornelsen.

Spranger, Eduard (1961). Die Persönlichkeit des Turnlehrers (1928). In: Gerhard Klöhn (Hrsg.), *Leibeserziehung und Sport in der modernen Gesellschaft*. Weinheim: Beltz.

Anerkennung – Fundament einer tragfähigen Beziehungsebene

Michael Neuberger

> „Die Person des Lehrers steht im Mittelpunkt, wenn es um das Lernen der Schüler geht. Die Art und Weise, wie er Interaktion, Kommunikation und die Beziehungsebene gestaltet und vor allem mit kritischen Vorfällen umgeht, ist eine wichtige Bedingung, ob Lernen gefördert oder gar verhindert wird."
>
> Treutlein, Gerhard (1998). Veränderung der Bedeutung und Gestaltung der Beziehungsebene. Grundlage für einen zeitgemäßen Sportunterricht. In *Sportunterricht* 47:11, S. 436-443.

Volkamer (1980) äußerte bereits vor Jahren den Verdacht, dass ein großer Teil der Unterrichtsforschung Randphänomene untersucht, die möglicherweise für die praktische Unterrichtssituation kaum Bedeutung haben und kommt zu dem Schluss, dass für ein erfolgreiches Lernen und eine gelingende Erziehung die sozialen Vorgänge zwischen Lehrer und Schüler – also die Beziehung – entscheidend seien (vgl. S. 378).

Diese Vermutung wurde in den letzten Jahren durch zahlreiche Untersuchungsergebnisse gestützt. Mit unterschiedlicher Akzentuierung wurde dabei immer wieder auf die enorme Bedeutung der Lehrer-Schüler-Beziehung für pädagogische Einflussnahmen hingewiesen. Auch die DSB-Sprint-Studie (2005) stellt mit Hilfe einer umfangreichen Schülerbefragung fest, dass es weitgehend von der Qualität der Beziehungen abhängt, inwieweit Schüler ihrem schulischen Lernen Sinn beimessen, wie sie Schulsport und Sportunterricht beurteilen und wie wohl sie sich in ihm fühlen. Die Beziehungsebene ist – und in diesem Punkt herrscht weitgehend Einigkeit – das Fundament für eine fruchtbare Zusammenarbeit. Sie ist Dreh- und Angelpunkt des Unterrichts- und Schulklimas und spielt eine Schlüsselrolle für das Wohlbefinden und die Motivation der Schüler und auch des Lehrers. Meyer (2004) gibt diesbezüglich zu bedenken, dass Schule und das Lernen in ihr nur funktionieren können, wenn sich die Schüler darauf einlassen. Dafür sind *funktionierende Arbeitsbündnisse* eine wichtige Voraussetzung. Und für die Bildung solcher Arbeitsbündnisse ist eine tragfähige Beziehungsebene entscheidend.

Der vorliegende Beitrag unternimmt den Versuch, dem Begriff der Beziehungsebene Kontur zu verleihen (1), anhand aktueller Untersuchungsergebnisse der Sozialpsychologie, Neurowissenschaft und Bindungsforschung die Bedeutung von Anerkennung für Beziehungsprozesse herauszuarbeiten (2) und vor diesem Hintergrund Gestaltungshinweise für eine tragfähige Beziehungsebene abzuleiten (3).

1. Beziehungsverständnis

In Anlehnung an Watzlawick (1988, 43) wird davon ausgegangen, dass Beziehungen „Konstruktionen" über die zwischenmenschliche Wirklichkeit sind, die von den Partnern mehr oder weniger geteilt werden. Diese Grundannahme führt zur weiteren Vermutung, dass sowohl Lehrer als auch Schüler aufgrund ihrer sozialen Erfahrungen im Unterricht pragmatisch orientierte, verdichtete und verallgemeinerte Beziehungsbilder entwickeln, welche die Lehrer-Schüler-Beziehung maßgeblich bestimmen. In diesem Sinne werden Beziehungen als „personeninterne Generalisierungen über Interaktions- und Kommunikationsprozesse" (Hinde 1993, 13) aufgefasst, die ein System von Überzeugungen, Werthaltungen, Konventionen, Regeln, Normen, Einstellungen und Vorstellungen in Bezug auf das soziale Miteinander beinhalten. Beziehungsbilder werden in Interaktions- und Kommunikationsprozessen angelegt und durch weitere Erfahrungen im zwischenmenschlichen Umgang weiter ausdifferenziert und gefestigt. Dabei entstehen auch stabile Erwartungsmuster, wie Bezugspersonen auf Bedürfnisartikulationen reagieren. Für weitere Interaktionsprozesse bilden diese Muster ein internales Arbeitsmodell, das wichtige handlungsleitende Orientierungen beinhaltet und das ein beziehungsorientiertes Wahrnehmen, Denken, Handeln und Fühlen maßgeblich beeinflusst.

2. Bedeutung von Anerkennung für die Beziehungsebene

In der Sozialpsychologie, der Neurowissenschaft und der Bindungsforschung lassen sich neue Erkenntnisse finden, die nachdrücklich darauf hinweisen, dass menschliche Subjektivität in soziale Beziehungen eingebettet ist und Anerkennungsbeziehungen für die Entwicklung des Selbstempfindens, der Regulation des Selbstwertgefühls und damit für die Selbstentwicklung entscheidend sind. Darüber hinaus machen die Forschungsergebnisse darauf aufmerksam, wie wichtig Erfahrungen sozialer Zugehörigkeit und Anerkennung, Erfahrungen des Beachtet-, Respektiert- und Wertgeschätztwerdens für die Identitätsfindung und die Entwicklung von Selbstsicherheit sind. Im Folgenden werden aktuelle Auffassungen und Ergebnisse der drei genannten Forschungsrichtungen vorgestellt, die die besondere Bedeutung von Anerkennung für förderliche Entwicklungs- und Beziehungsprozesse stützen.

So kommt Keupp (2005) in seiner Analyse zu Bedingungen „gelingender Identitätsarbeit" zu dem Schluss, dass Anerkennungsprozesse eine ursächliche Bedingung für eine gelingende Ich-Entwicklung darstellen.

Dieser Auffassung folgend arbeitet Scherr (2009) aus sozialpsychologischer Perspektive den Zusammenhang von Anerkennungsprozessen und Persönlichkeitsentwicklung heraus. Dabei legt er die Kernannahme offen,

„dass sich die emotionalen und kognitiven Selbstbeziehungen von Individuen (Selbstwertgefühl, Selbstachtung, Selbstverständnis, Selbstbewusstsein, Selbstbestimmungsfähigkeit) in sozialen Beziehungen entwickeln, dass ihre jeweilige Ausprägung aus der Auseinandersetzung mit sozialen Erfahrungen resultiert und die Aufrechterhaltung positiver Selbstbeziehungen sozialer Bestätigung bedarf" (Scherr 2009, 23).

Damit wird deutlich, dass Prozesse einer förderlichen Persönlichkeitsentwicklung eng mit zustimmenden, anerkennenden Sozialerfahrungen in Verbindung stehen.

Auf neurowissenschaftlicher Seite hat Grawe (2004), auf der Suche nach Erkenntnissen über die Bedingungen des psychischen Funktionierens, empirisch gestützt, vier psychische Grundbedürfnisse identifiziert. Dabei handelt es sich um die Bedürfnisse „Orientierung/Kontrolle", „Selbstwertschutz", „Lustgewinn/Unlustvermeidung" und „Bindung". Die Befriedigung dieser vier Grundbedürfnisse ist ausschlaggebend dafür, ob ein Mensch psychische Konsistenz erlebt oder nicht. Dieser Befund hat insofern eine wichtige Bedeutung, als davon auszugehen ist, dass eine Verletzung oder eine dauerhafte Nichtbeachtung psychischer Grundbedürfnisse eine Ursache für Entwicklungsprobleme darstellen und eine förderliche Entwicklung erheblich beeinträchtigen. Nach Grawe ist die Befriedigung psychischer Grundbedürfnisse von Kindern und Jugendlichen deshalb als eine zentrale Entwicklungsaufgabe zu verstehen und Anerkennung ein wichtiges Mittel, um das Bindungsbedürfnis, aber auch das Bedürfnis nach Selbstwert(schutz) zu befriedigen, in denen er eine Schlüsselressource für die Entwicklung von Kindern und Jugendlichen sieht.

Diese Annahme stützen auch die Beiträge von Hüther (2004), die verdeutlichen, dass das menschliche Gehirn wesentlich durch die Beziehungen und die Beziehungserfahrungen mit anderen Menschen geformt und strukturiert wird. Ergebnisse der Bindungsforschung zeigen, dass bindungssichere Kinder und Jugendliche eine günstigere Entwicklung nehmen als bindungsunsichere, weil ihnen die Metaressource Bindungssicherheit die notwendige Stärke, Stabilität und Aktivität verleiht, um weitere Ressourcen hinzuzugewinnen (vgl. Grossmann und Grossmann 2004, 515).

Aus dieser bindungsorientierten Perspektive ist das Sicherheitsgefühl die entscheidende Basis dafür, dass weitere Motivationssysteme aktiv werden können, die für Entwicklungs-, Bildungs- und Sozialisationsprozesse notwendig sind. Zudem bildet es einen fundamentalen Protektivfaktor gegenüber emotionalen Belastungen, Entwicklungskrisen und Verunsicherungen. Darüber hinaus erlaubt die Bindungsforschung auch einen differenzierenden Einblick in Bindungsprozesse und eröffnet einen Zugang zu dem, was für eine sichere Bindung bzw. die Entwicklung eines sicheren inneren Arbeitsmodells von Bindung von Bedeutung ist. Die Bedeutung von Anerkennung bringt in diesem Zusammenhang Richartz (2009) auf den Punkt:

„Anerkennung im Szenario persönlicher Bindung führt bei Gelingen zu einer fraglosen Sicherheit von Zugänglichkeit und Unterstützung wichtiger Anderer. Sie ist damit gleichbedeutend mit einem sicheren Gefühl der Zugehörigkeit und des Willkommen-Seins" (Richartz 2009, 66).

Damit rückt Richartz die besondere Bedeutung des sozialen Eingebundenseins in den Mittelpunkt. Annerkennung kennzeichnet er als

„die bestätigende Wahrnehmung von Affekten, die individualisierte Kontaktaufnahme und situational passende, Sicherheit vermittelnde Zuwendung, die interessierte Anteilnahme, die Wahrnehmung der Absichten und Wünsche und ihre situationsangemessene Respektierung" (Richartz ebd.).

3. Anforderungen an die Gestaltung von Beziehungen

Die pädagogische Aufgabe, Schülerinnen und Schüler als Person zu stärken, ihre individuellen Ressourcen zu fördern, ihr Selbstwertgefühl zu entwickeln und damit ihre Persönlichkeitsentwicklung zu unterstützen, ist ohne soziale Beziehung, worin Kinder emotionale Zuwendung, Beachtung und Wertschätzung erfahren, nicht vorstellbar (vgl. Scherr 2002). In diesem Sinne gilt es, Beziehungen aufzubauen, die es den Schülerinnen und Schülern ermöglichen, sich als eigenständige und eigenverantwortliche Subjekte erfahren zu können, die von anderen in ihrer Individualität und Besonderheit geachtet, respektiert und wertgeschätzt werden. Ganz im Sinne des von Ryan und Lynch (1989) entwickelten Konzepts der „Autonomie in Verbundenheit", das reflektierte Beziehungen fordert, in denen jeder die Autonomie des anderen respektiert und trotzdem Verbundenheit signalisiert.

Vor den Hintergrund der vorgestellten Forschungsergebnisse wird deutlich, dass die Grundlage für eine tragfähige Beziehung das Gefühl der Verbundenheit und Zugehörigkeit ist und dass über ein anerkennendes und wertschätzendes Beziehungsangebot die emotionalen Voraussetzungen für ein konstruktives Arbeitsbündnis geschaffen werden.

In einer Atmosphäre der Anerkennung wird demnach die Sicherheit stiftende Basis für eine gelingende Zusammenarbeit geschaffen und die Ausbildung eines internen Arbeitsmodells gefördert, das von der Vorstellung getragen ist, eine liebenswerte und wertvolle Person zu sein, die es verdient, dass man ihr hilft, wenn sie Hilfe braucht (vgl. Grossmann und Grossmann 2004, 79).

Im Hinblick auf die Gestaltung der Beziehungsebene verleiht diese nachgewiesene prägende Wirkung von Anerkennungsprozessen dem Grundsatz *den anderen als Person anzuerkennen* enormen Nachdruck. Dabei ist Anerkennung zunächst einmal eine Frage der inneren Haltung, da die Einstellung zum Gegenüber sich unmittelbar im Verhalten äußert und den Umgang miteinander maßgeblich lenkt. Für pädagogische Kontexte ist dabei eine Grundhaltung wünschenswert, die die Person akzeptiert und wertschätzt und deren Entwicklung unterstützen möchte. Eine Haltung orientiert an den Facetten Klärung und Stärkung, die um fachliche Hilfe *und* persönliche Zuwendung bemüht ist.

Sie erst ermöglicht einen Umgang, bei dem das Gefühl der Verbundenheit gestärkt wird und bei dem die Interaktionspartner sich angenommen fühlen. „So, wie du bist, bist du gut!". Diese Einstellung bewirkt eine beziehungswirksame und entwicklungsförderliche Resonanz, indem sie wichtige emotionale Erfahrungen eröffnet. Die Gefühle, zugehörig zu sein, bedeutsam zu sein, ernst genommen und geschätzt zu werden, sind wichtige Katalysatoren bei der Entwicklung eines positiven Identitätsbildes und beim Aufbau positiver Beziehungen zu sich selbst und zu anderen.

Eine solche Grundhaltung legt auch einen Umgangsmodus nahe, der dadurch gekennzeichnet ist, dass

- gegenseitiger Respekt vorherrscht
- Offenheit und Echtheit die Interaktion bestimmen
- Achtung und Rücksichtnahme besteht
- Zutrauen und Vertrauen geschenkt wird
- bei Bedarf Hilfe und Unterstützung gegeben wird
- Mitbestimmung eingeräumt wird

Ein derartiger Umgang fördert eine konstruktive Zusammenarbeit und wirkt ermutigend. Er drosselt das weit verbreitete menschliche Grundgefühl nicht zu genügen bzw. nicht gut genug zu sein und verleiht stattdessen das Gefühl als Mensch wertvoll zu sein und geschätzt zu werden. Das schafft Selbstvertrauen und sollte darum Grundlage für alle Erziehungs-, Entwicklungs- und Lernprozesse sein.

Bleibt festzuhalten: So lange es an wechselseitiger Anerkennung fehlt, greifen alle Bemühungen zur Gestaltung einer tragfähigen Beziehungsebene ins Leere.

Literatur

DSB/DSJ (Hrsg.) (2005). *DSB-Sprint-Studie*. Aachen: Meyer & Meyer

Grawe, K. (2004). *Neuropsychotherapie*. Göttingen: Hogrefe.

Grossmann, K./Grossmann K. E. (2004). *Bindungen: Das Gefüge psychischer Sicherheit*. Stuttgart: Klett-Cotta.

Hinde, R. (1993). Auf dem Weg zu einer Wissenschaft zwischenmenschlicher Beziehungen. In: A. E. Auhagen/M. von Salisch (Hrsg.), *Zwischenmenschliche Beziehungen*. Göttingen: Hogrefe.

Hüther, G. (2004). Die Bedeutung sozialer Erfahrungen für die Strukturierung des menschlichen Gehirns. *Zeitschrift für Pädagogik* 4, S. 487-495.

Keupp, H. (2002). *Identitätskonstruktionen. Das Patchwork der Identitäten in der Sportmoderne*. Reinbek: Rowohlt.

Klemenz, B. (2007). *Ressourcenorientierte Erziehung*. Tübingen: dgvt.

Meyer, H. (2004). *Was ist guter Unterricht?* Berlin: Cornelson.

Richartz, (2009). „Die Frau Schmidt beim Schwimmen, die guckt durch mich hindurch!" Anerkennung als feinfühlige Herausforderung in der Sportpädagogik. In U. Gebken/N. Neuber (Hrsg.), *Anerkennung als sportpädagogischer Begriff*. Hohengehren: Schneider, S. 53-72.

Ryan, R. M./Lynch, J. H. (1989). Emotional autonomie versus attachment: Revisting the vicissitudes of adolescence and young adulthood. *Child Development* 60, S. 340-356.

Scherr, A. (2002). Subjektbildung in Anerkennungsverhältnissen. In: B. Hafeneger/P. Henkenborg/A. Scherr (Hrsg.), *Pädagogik der Anerkennung*. Bad Schwalbach: Wochenschau-Verlag.

Scherr, A. (2009). Grundlagen und Implikationen einer Pädagogik der Anerkennung. In: U. Gebken/N. Neuber (Hrsg.), *Anerkennung als sportpädagogischer Begriff*. Hohengehren: Schneider, S. 21-30.

Volkamer, M. (1980). Die Angst des Lehrers. *Sportunterricht* 29:10, S. 377-380.

Watzlawik, P. (1988). *Münchhausens Zopf oder Psychotherapie und Wirklichkeit*. Bern: Piper.

Ressourcenorientierung als Grundlage des Aufbaus nachhaltiger Motivation zum Sport

Wolfgang Knörzer

Problemaufriss

Die Bedeutung von lebenslangem Sporttreiben für die Entwicklung des Einzelnen wird sowohl in der sportpädagogischen Diskussion (Stichwort: Handlungsfähigkeit im Sport, Erziehung zum, im und durch Sport, Balz und Kuhlmann 2003) wie auch in politischen und verbandspolitischen Erklärungen (vgl. KMK, DSB und SMK 2005; DOSB, DSLV und dvs 2009) als zentral herausgestellt. Voraussetzung für die Beteiligung des Einzelnen am Sport ist die grundsätzliche Motivation, überhaupt Sport zu treiben und dies dann nachhaltig auch lebenslang zu tun.

Im folgenden Beitrag wird es darum gehen, auf der Grundlage aktueller motivationspsychologischer und persönlichkeitspsychologischer Theorien die generelle Frage zu klären, wie sich nachhaltige Motivation zum Sport entwickeln lässt. Dabei werden folgende weitere Fragestellungen untersucht:

1. Welche Rolle spielt bei diesem Prozess die Befriedigung der psychischen Grundbedürfnisse?
2. Wie wirken bewusste und unbewusste Prozesse der Psyche zusammen?
3. Welche Rolle spielen Körperwahrnehmung und Körpererfahrung?
4. Was bedeutet dies für die sportpädagogische Praxis?

1. Die Bedeutung der Befriedigung der psychischen Grundbedürfnisse für eine nachhaltige Motivation im Sport

Bei der Darstellung der Rolle der psychischen Grundbedürfnisse beziehe ich mich im Folgenden in erster Linie auf die Konsistenztheorie, wie sie Klaus Grawe (2000; 2004) formuliert hat. Ausgehend von der "Cognitive-Experiental Self Theory (CEST)" von Seymour Epstein (1993) formuliert Grawe auf der Grundlage aktueller Erkenntnisse aus der neurowissenschaftlichen und psychologischen Forschung die

Konsistenztheorie als „ein Modell des normalen seelischen Funktionierens" (Grawe 2000, 449).

Mit dieser Theorie möchte er v.a. zur Klärung folgender Frage beitragen: „Was sind die spezifischen Grundbedürfnisse des Menschen, deren Erfüllung gewährleistet sein muss, damit er sich wohl fühlen und gut entwickeln kann?" (Grawe 2004, 183) Die Konsistenztheorie beantwortet diese Frage mit folgenden vier Grundbedürfnissen:

- Ein Bedürfnis nach Orientierung und Kontrolle
- Ein Bedürfnis nach Bindung
- Ein Bedürfnis nach Selbstwerterhöhung/-schutz
- Ein Bedürfnis nach Lustgewinn/Unlustvermeidung

Werden diese vier Grundbedürfnisse im Lebenskontext einer Person befriedigt, so entwickelt diese motivationale Annäherungsschemata – bestehend aus Zielen, Plänen und Verhaltensweisen, die der weiteren Grundbedürfnisbefriedigung dienen. Werden die Grundbedürfnisse nachhaltig nicht befriedigt oder sogar verletzt, so entwickelt die Person entsprechend motivationale Vermeidungsschemata – bestehend aus Zielen, Plänen und Verhaltensweisen, welche die Person vor weiteren Verletzungen und Enttäuschungen schützen sollen.

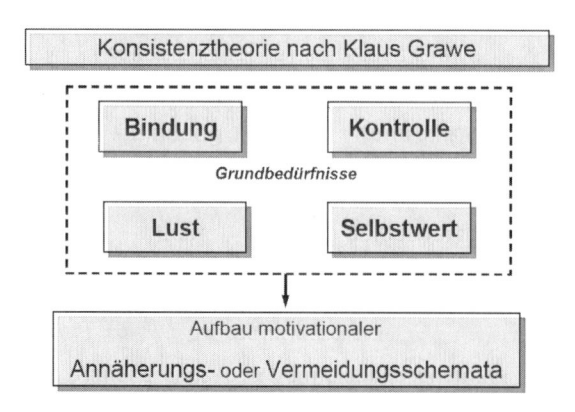

Abb. 1: *Modell der Konsistenztheorie nach Klaus Grawe (2004)*

Diese vier psychischen Grundbedürfnisse stellen nun grundlegende Bedingungen dar, die erfüllt sein müssen, damit sich ein Mensch „optimal entwickeln" und ein „gutes Leben" führen kann. Für diese Aussagen gibt es eine breite empirische Evidenz, die Grawe teils aus umfangreichen eigenen Untersuchungen, teils aus der Durchsicht der aktuellen psychologischen und neurowissenschaftlichen Literatur gewinnt.

Seine Befunde werden darüber hinaus durch Forschungen zur „Self-Determination Theory (SDT)" (Deci und Ryan 2000) breit bestätigt. Die Autoren dieser Grundbedürfnistheorie, die in der Pädagogik schon seit längere Zeit rezipiert wird (vgl. Deci und Ryan 1993), postulieren auf der Basis empirischer Befunde aus Labor- und Felduntersuchungen die Existenz von drei psychischen Grundbedürfnissen und kommen zu folgendem Befund: „the degree of basic psychological need satisfaction influences development, performance, and well-being. In short, needs specify the conditions under which people can most fully realize their human potentials" (Deci und Ryan 2000, 263). Dabei sind die hier postulierten Grundbedürfnisse nach Autonomie/Selbstbestimmung, Kompetenz/Wirksamkeit und nach sozialer Eingebundenheit sehr gut vereinbar mit Grawes Grundbedürfnissen nach Kontrolle (entspricht Autonomie und Kompetenz), Bindung (entspricht soz. Eingebundenheit) und Selbstwerterhöhung, die sich letztlich aus Autonomie-, Kompetenz- und Zugehörigkeitserlebnissen ergibt (Grawe 2004, 187).

Mit der zusätzlichen Berücksichtigung eines Bedürfnisses nach Lustgewinn und Unlustvermeidung repräsentiert die Konsistenztheorie aber einen noch weiter reichenden Ansatz, der stärker als die Selbstbestimmungstheorie „auch auf die emotionalen Aspekte des Handelns eingeht, sich mit den Ursachen von Annäherungs- und Vermeidungsverhalten sowie mit der Entwicklung von motivationalen Zielen beschäftigt" (Klemenz 2007, 69).

Die Entwicklung von motivationalen Annäherungs- und Vermeidungsschemata spielt bei der Betrachtung nachhaltiger Motivation eine entscheidende Rolle. Werden die vier Grundbedürfnisse in bestimmten Lebenskontexten einer Person – in unserem Falle dem Sport – befriedigt, so entwickelt diese motivationale Annäherungsschemata, welche die Person auch zukünftig annähernd auf diesen Kontext – den Sport – ausrichten, um weitere bedürfnisbefriedigende Erfahrungen machen zu können. Werden die Grundbedürfnisse dagegen in diesem Kontext nachhaltig nicht befriedigt oder sogar verletzt, so entwickelt die Person entsprechend motivationale Vermeidungsschemata, welche die Person zukünftig diesen Kontext – in unserem Falle den Sport – meiden lässt, damit sie sich vor weiteren Verletzungen und Enttäuschungen schützen kann. Das Konzept der SDT findet in jüngster Zeit auch im Rahmen der deutschsprachigen sportpsychologischen Diskussion zunehmend Beachtung (Stoll, Pfeffer und Alfermann 2010). Empirische Untersuchungen hierzu fehlen im deutschsprachigen Raum allerdings bisher im Bereich der Sportwissenschaft. In der englischsprachigen Literatur findet sich eine Fülle von Studien, die auf der Grundlage der SDT von Deci und Ryan die Bedeutung der Bedürfnisbefriedigung für die nachhaltige Motivation zum Sport in unterschiedlichen Feldern (Schulsport, Leistungssport, Gesundheitssport etc.) empirisch untersucht und bestätigt haben (Hagger und Chatzisarantis 2007; Ryan et al. 2009).

In Beantwortung von Frage 1. halten wir zusammenfassend fest:

> **Nachhaltige Motivation zum Sporttreiben ist immer abhängig vom Grad der Befriedigung der psychischen Grundbedürfnisse, die ein Mensch im Kontext Sport erfährt.**

Der Prozess der Entwicklung motivationaler Annäherungs- bzw. Vermeidungsschemata ist dabei nur zu einem Teil bewusst steuerbar, ein Großteil verläuft weitgehend unbewusst und entzieht sich der Steuerrung durch unseren logisch rationalen Verstand. Dies zeigt sich vor allem dann, wenn wir versuchen, vorhandene Vermeidungsschemata in Annäherungsschemata zu wandeln, etwa im Bereich des Gesundheitssports. Um dies näher zu betrachtet, soll nun das Zusammenspiel bewusster und unbewusster Prozesse der Psyche näher betrachtet werden.

2. Das Zusammenwirken bewusster und unbewusster Systeme

Die theoretisch fundierte Darstellung des Zusammenwirkens bewusster und unbewusster psychischer Prozesse erfolgt im Bezug auf die Persönlichkeits-System-Interaktions-Theorie (PSI-Theorie) von Julius Kuhl (2001). Kuhl geht in seiner Theorie davon aus, dass dem Menschen vier Systeme zur Verfügung stehen, die miteinander interagieren und es so ermöglichen, die Welt zu erfassen und zu verarbeiten. Für unsere Fragestellung sind zwei dieser Systeme von besonderer Relevanz. Das Intentionsgedächtnis (IG) und das Extensionsgedächtnis (EG). Das IG ist zuständig für unsere bewussten logisch-analytischen Denkprozesse. In ihm werden Pläne und Absichten gespeichert und geplante Handlungsschritte vorbereitet. Kuhl sieht das IG als intelligentes System, dessen bewussten und sprachlichen Anteile durch den linken präfrontalen Cortex unterstützt werden (Kuhl und Strehlau 2009). Das EG umfasst ein ausgedehntes assoziatives Netzwerk, das alle biografischen Erfahrungen, Bedürfnisse, Normen, Ziele einer Person enthält. Seine Verarbeitungsform ist parallel und ganzheitlich und ermöglicht so die gleichzeitige Berücksichtigung und Integration vieler Einzelaspekte. Seine Arbeitsweise ist weitgehend nichtsprachlich und unbewusst. Kuhl weist ausdrücklich darauf hin, dass es sich bei dem EG um ein hochintelligentes System handelt, das auf der höchsten erreichbaren Integrationsebene arbeitet und für alle menschlichen Handlungs- und Entscheidungsprozesses unabdingbar ist. Aufgrund seiner nichtsprachlichen Arbeitsweise ist der Zugang zu ihm jedoch ein anderer als der zum IG. Er kann nur über die körperlich-emotionale Ebene erfolgen.

Zusammenfassend lassen sich in Anlehnung an Maja Storch (2009) IG und EG folgendermaßen darstellen:

	IG	EG
Verarbeitungsebene	Bewusst	Unbewusst
Funktion	Denken	Fühlen
Code	Verbal	Somato-affektiv
Bewertung	Analytisch	Ganzheitlich
Arbeitsgeschwindigkeit	Langsam	Schnell
Veränderungsgeschwindigkeit	Schnell	langsam

Für das Verständnis von Lern- und Motivationsprozessen – und damit Entwicklungsprozessen – ist es hilfreich, sich die Unterschiede bei der Arbeits- und Veränderungsgeschwindigkeit von IG und EG zu verdeutlichen. Bei der Einschätzung neuer Situationen arbeitet das IG aufgrund seiner analytisch sequenziellen Arbeitsweise eher langsam, während das EG aufgrund seiner ganzheitlichen simultanen Arbeitsweise sehr schnell zu einer emotionalen Einschätzung kommt. Umgekehrt kann das IG sich relativ schnell neue Sachverhalte erarbeiten, während die Veränderung der affektiven konnektionistischen Netzwerke des EG wesentlich langwieriger ist, wenn sie überhaupt gelingt.

Lernprozesse finden also immer sowohl im IG wie im EG statt. Während im IG sich all die Prozesse abspielen, die wir herkömmlich mit Lernen in Verbindung bringen (einordnen, reflektieren, verstehen etc.), kommt dem EG vor allem die emotionale Bewertung zu. Diese erfolgt im Sinne eines binären Codes als positive oder negative emotionale Einschätzung. Neurobiologisch betrachtet, ist daran vor allem das limbische System beteiligt (Roth 1997, 178 ff). Die emotionale Bewertung erfolgt blitzschnell und wird im EG verankert. Im Sinne motivationalen Primings (Grawe 2004, 266) beeinflusst sie von hier aus alle weiteren Lernprozesse, die im gleichen Kontext erfolgen, nachhaltig. Zusammenfassend halten wir fest:

> **Beim Lernen sind bewusste kognitive und eher unbewusste emotionale Prozesse untrennbar miteinander verbunden. Die im EG gespeicherten affektiven Bewertungen beeinflussen dabei den Motivationsprozess nachhaltig. Positive Bewertung führt zu Annäherungsmotivation, negative zu Vermeidungsmotivation**

Bezieht man in die bisherigen Überlegungen die Rolle der Befriedigung bzw. Nichtbefriedigung der psychischen Grundbedürfnisse mit ein, so lässt sich damit die Entstehung positiver und negativer emotionaler Bewertung erklären.

Grundlegend für beide Prozesse ist der Grad der Bedürfnisbefriedigung. Werden die psychischen Grundbedürfnisse umfassend befriedigt, so entwickelt sich ein motivationales Annäherungsschema, werden sie verletzt, ein motivationales Vermeidungsschema. Beide werden stabil im EG verankert und beeinflussen nachhaltig den weiteren Lernprozess. Im nachfolgenden Modell ist dies schematisch dargestellt:

```
                    Lernen
        IG                          EG
┌─────────────────────┐  ┌─────────────────────────┐
│ + Wdh.              │  │  + +                    │
│   Inhaltsbegegnung  │  │  Motivationales   +     │
│                     │  │  Annäherungsschema      │
│   Neuer Inhalt      │  │                         │
│                     │  │  Motivationales   -     │
│ - Wdh.              │  │  Vermeidungsschema      │
│   Inhaltsbegegnung  │  │  - -                    │
└─────────────────────┘  └─────────────────────────┘
```

Befriedigung der psychischen Grundbedürfnisse			
Bindung/ Beziehung	Lust/ Unlustvermeidung	Orientierung/ Kontrolle	Selbstwerterhöhung/-schutz

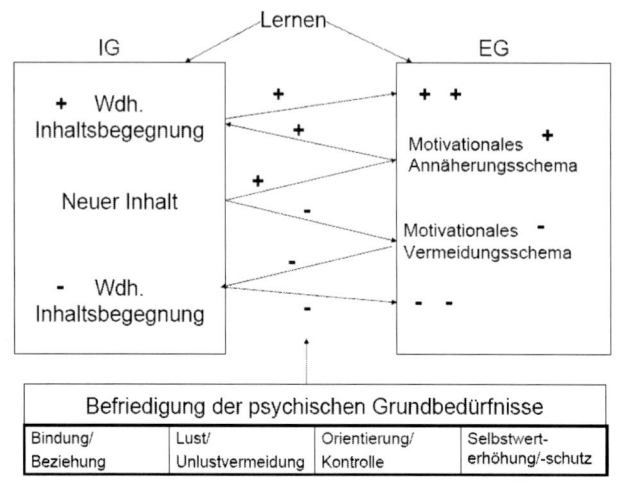

Abb. 2: *Entwicklung motivationaler Annäherungs- und Vermeidungsschemata (vgl. Knörzer und Rupp 2010)*

Zur Veranschaulichung soll der hier dargestellte Prozess an einem idealtypischen Beispiel erläutert werden. Nehmen wir einmal an eine Person fährt erstmals im Winterurlaub in die Berge und möchte dort das Skifahren erlernen. Unsere fiktive Person begegnet also erstmals dem Inhalt „Skifahren".

Variante a) Sie entschließt sich einen Skikurs zu buchen. Die Skilehrerin begrüßt die Gruppe sehr freundlich und nach einer lustigen Vorstellungsrunde kommen die Skischüler schnell miteinander in Kontakt. Anschließend gibt die Skilehrerin einen Überblick, was die Gruppe an diesem Tag und in der Kurswoche erwartet. *(Befriedigung des Beziehungs- und Orientierungsbedürfnisses).* Den ganzen ersten Tag probieren die Skischüler mit ihren kurzen Ski im flachen Gelände die Möglichkeiten, die das Gleiten auf Schnee ihnen bietet. Die Skilehrerin greift nur ein, um den einen oder anderen Tipp zu Variationsmöglichkeiten zu geben, ansonsten gibt sie häufig positives Feedback, wenn eine Bewegungsvariante besonders gelungen ist und ermuntert auch die Gruppenmitglieder, sich gegenseitig zu unterstützen *(Bedürfnis nach Selbstwerterhöhung).* Am Ende des ersten Tages macht unsere Person schon die ersten Gleiterfahrungen und ahnt, was der Reiz des Skilaufs sein könnte *(Befriedigung des Lustbedürfnisses).* In gleicher Weise verläuft die weitere Woche, unsere Person macht täglich kleine

Fortschritte, die von der Skilehrerin und den anderen in der Gruppe immer wieder positiv verstärkt werden, die Phasen des kontrollierten Gleitens werden immer länger, die unterstützende wohlwollende Atmosphäre in der Gruppe rundet die gelungen Woche ab. Als sie nach Hause fährt ist unsere Person überzeugt, Skifahren ist spitze, sie freut sich schon auf die nächste Gelegenheit, ihre neuen Fertigkeiten weiter zu entwickeln *(positives motivationales Priming)*.

Variante b) Auch hier bucht unsere Person einen Kurs. Am ersten Tag wartet sie zusammen mit anderen deutlich jüngeren Skianfängern auf den Lehrer. Als dieser reichlich verspätet endlich kommt, teilt er der Gruppe mit, dass kurzfristig eine Kollegin ausgefallen sei und er deshalb die Gruppe übernehmen müsse, obwohl er schon lange keine Anfänger mehr gehabt hätte. Ohne weitere Erklärungen geht es gleich los. Das Hinauffahren mit dem Übungslift klappt erst nach einigen gescheiterten Versuchen mit Mühe. Dann soll gleich die erste Abfahrt beginnen. Den „Idiotenhügel schafft ihr schon", meint der Skilehrer *(Verletzung des Selbstwertbedürfnisses)*. Er erklärt kurz, dann geht es los. Unsere Person hat trotz der Bewegungserläuterung des Lehrers keine bzw. nur eine sehr diffuse Bewegungsvorstellung. *(Verletzung des Kontrollbedürfnisses)*. Bei der ersten Abfahrt stürzt sie mehrfach und ist schon nach 20 Minuten ganz außer Atem und von der ungewohnten Anstrengung ganz geschafft *(Verletzung des Kontrollbedürfnisses und des Bedürfnisses nach Unlustvermeidung)*. Die anderen Kursmitglieder müssen immer wieder warten, einmal hört unsere Person einen Kommentar: „Wenn wir weiterhin so lange rumstehen müssen, lernen wir nie etwas." *(Verletzung des Beziehungs- und Wertschätzungsbedürfnisses)*. So geht das auch die nächsten Tage weiter, nach dem dritten Tag, an dem ihr scheinbar gar nichts gelingt, meldet sich unsere Person schließlich vom Kurs ab, für sie steht fest, Skifahren ist nichts für sie, zukünftig wird sie Wintersport besser meiden. *(negatives motivationales Priming)*.

In unserem idealtypischen Beispiel gingen wir von einer Situation aus, in der unsere Person dem neuen Inhalt affektneutral begegnet. Auch wenn man davon ausgeht, dass diese Person tatsächlich noch keine Wintersporterfahrungen gemacht hat, kommt es jedoch aufgrund der bisherigen sportlichen Bewegungsbiografie unserer Person zu einer blitzschnellen affektiven Einschätzung der Gesamtsituation. Ist unsere Person davon überzeugt, und zwar sowohl logisch-rational vor allem aber auch affektiv-emotional, dass sie bewegungsbegabt ist und Sport für sie grundsätzlich positiv besetzt ist –in der Begrifflichkeit unseres obigen Modells gesprochen verfügt sie über stabile motivationale Annäherungsschemata in Bezug auf sportliche Aktivitäten -, so wird sie die neuen Bewegungsformen leicht lernen, Lernprobleme leichter verkraften und sich auch von weniger guten Rahmenbedingungen, wie in Beispiel B, wenig beeindrucken lassen. Ist unsere Person aufgrund ihrer biografischen Vorerfahrungen allerdings eher im Zweifel über ihre motorische Lernfähigkeit – sind ihre motivationalen Schemata also ambivalent oder sogar in Richtung Vermeidungsschemata ausgeprägt –, so wird sie sich von Schwierigkeiten und Rückschlägen leicht entmutigen lassen.

Der Grad und die Richtung der Ausprägung der motivationalen Schemata sind also entscheidend für den aktuellen wie für den zukünftigen Lernerfolg. Die Richtung der Ausprägung der motivationalen Schemata wiederum wird entscheidend davon geprägt wie es gelingt im Handlungskontext Sport, die psychischen Grundbedürfnisse zu befriedigen. Gelingt dies, so sind die Voraussetzungen für den Aufbau eines motivationalen Annäherungsschemas und damit für nachhaltiges Lernen gegeben (vgl. Schüßler 2008). Werden Grundbedürfnisse nachhaltig verletzt, so entstehen motivationale Vermeidungsschema. Eine lebenslange Beteiligung am bewegungskulturellen Kontext Sport wird gemieden, die Chancen, die hier im persönlichkeitsbildenden, gesundheitlichen und sozialen Bereich liegen, bleiben ungenutzt.

Daher sollte bei jeder sportpädagogischen Intervention, unabhängig von ihrer didaktischen Position, das Grundprinzip der Bedürfnisbefriedigung mit verwirklicht werden, um so die Voraussetzung zu schaffen für die Verstärkung vorhandener positiver Annäherungsschemata bzw. die Umkehrung vorhandener Vermeidungs- in Annäherungsschemata (vgl. hierzu auch Grawe 2004, Klemenz 2007, Knörzer und Rupp 2009 und 2010).

Wie oben dargestellt, wird der Grad der Befriedigung der Grundbedürfnisse weniger als logisch-rationaler Entscheidungsprozess im IG festgelegt, vielmehr spielen hier die Prozesse, die im EG ablaufen, eine entscheidende Rolle. Der Zugang hierzu erfolgt nicht über logisch-analytische Denk- und Sprachstrukturen. Der „Königsweg" zum EG erfolgt über „somato-affektive" Bahnen. Dies soll im Folgenden näher betrachtet werden.

3. Körperwahrnehmung und somatische Marker als Zugangsweg zum Extentionsgedächtnis

Nachhaltige Motivations- und Lernprozesse sind auf einen gelungenen Dialog zwischen den beiden zuvor beschriebenen Gedächtnisarten angewiesen (vgl. Storch 2009; Kuhl 2001, 139 ff). Hierfür ist es notwendig, den Zugang zur jeweiligen Gedächtnisart zu finden. Beim IG ist dies insofern einfach, da dessen Verarbeitungscode die Sprache ist. Ein Zugang über die Sprache ist also grundsätzlich möglich. Beim EG ist der Verarbeitungscode somato-affektiv. Für einen optimalen Entwicklungsprozess, ist es notwendig, sowohl die Prozesse im IG wie die im EG gleichermaßen zu berücksichtigen. Logik und Affekte sind untrennbar miteinander verbunden, wie der Schweizer Psychiater Luc Ciompi (1997) in seiner Theorie der „fraktalen Affektlogik" ausführlich darstellt und dabei durch die Ergebnisse der Gehirnforschung bestätigt wird (vgl. Spitzer 2000; Roth 2001). Dabei kommt den Affekten auf einer eher unbewussten Ebene eine zentrale Funktion bei der Steuerung der Kognitionen zu. Jeder Lernprozess hat somit immer einen kognitiven und einen affektiven Anteil. Wobei der bewusste kognitive Prozess im IG und der vielfach unbewusste affektive Prozess im EG zu verorten ist. Für die im EG stattfindenden Prozesse gilt es, einen Zugang über die körperlich-emotionale Ebene zu finden.

Dies gelingt über „somatische Marker" (Damasio 1994), d. h. körperlich-affektive Wahrnehmungen. Über sie bekommen wir einen bewussten Zugang zu dem reichen Erfahrungsschatz des EG. Charakteristisch für die Affekte ist, dass diese im Sinne eines binären Codes entweder als positiv oder als negativ wahrgenommen werden (vgl. Storch 2009).

Der Wahrnehmung der somatischen Marker kommt also eine zentrale Bedeutung zu. Dies setzt eine erhöhte Sensibilität gegenüber körperlichen Wahrnehmungsprozessen voraus[1]. Je sensibler die Körperwahrnehmung ist, desto ausdifferenzierter werden Signale der somatischen Marker erlebt. Verbinden wir diese Überlegungen mit denen zur Bedeutung der Befriedigung bzw. Verletzung der psychischen Grundbedürfnisse so gilt:

> **Der Grad der Befriedigung bzw. Verletzung der psychischen Grundbedürfnisse kann über somatische Marker aus dem Extensiongedächtnis erfahren werden. Je sensibler die Körperwahrnehmung ausgeprägt ist, desto ausdifferenzierter gelingt diese Wahrnehmung.**

Über differenziert wahrgenommene somatische Marker erhalten wir also wichtige Hinweise über den Aufbau motivationaler Annäherungs- bzw. Vermeidungsschemata. Der Entwicklung körperlicher Wahrnehmungs- und Erlebnisfähigkeit kommt somit auch für den Aufbau nachhaltiger Motivation eine zentrale Bedeutung zu.

Zusammenfassend halten wir fest:

- Beim Aufbau nachhaltiger Motivation sind bewusste logisch-rationale und unbewusste somato-affektive Prozesse gleichermaßen beteiligt. Beide verhalten sich gerade umgekehrt bezüglich ihrer Arbeits- und Veränderungsgeschwindigkeit.

---

[1] Körperwahrnehmung und Körpererfahrung spielen eine zentrale Rolle im sogenannten „Körpererfahrungsansatz" in der Sportpädagogik, der von Gerhard Treutlein gemeinsam mit Jürgen Funke-Wieneke und anderen maßgeblich entwickelt wurde (Treutlein, Funke und Sperle 1992) ebenso im Bereich der Gesundheitserziehung (Knörzer 1991).

- Eine zentrale Rolle beim Aufbau nachhaltiger Motivation spielt der Grad der Befriedigung der psychischen Grundbedürfnisse.
- Wichtige Hinweise über den Grad der Bedürfnisbefriedigung geben die somatischen Marker. Ihrer sensiblen Wahrnehmung kommt eine zentrale Bedeutung zu.

Abschließend wird der Frage nachgegangen, welche Folgerungen für die sportpädagogische Praxis daraus gezogen werden können

4. Umsetzungsanregungen für die sportpädagogische Praxis

Betrachtet man, wie eingangs aufgezeigt, lebenslanges Sporttreiben als übergeordnetes Ziel sportpädagogischen Bemühens so kommt der Entwicklung nachhaltiger Motivation eine zentrale Bedeutung zu. Wie aufgezeigt wurde, geschieht dies über den Aufbau stabiler motivationaler Annäherungsschemata. Bei ihrer Ausprägung spielt der Grad der Befriedigung der psychischen Grundbedürfnisse die entscheidende Rolle. Nur wenn eine Person Sport immer wieder als Ursache für Bedürfnisbefriedigung erlebt, werden solche stabilen motivationalen Annäherungsschemata aufgebaut. Sport wird für die Person dann zur Ressource[2] für ihre Bedürfnisbefriedigung, sie bildet Ziele, Pläne, Verhaltensweisen aus, die sie auch zukünftig annähernd auf den Sport hin ausrichtet. Wird dieses Grundprinzip der Bedürfnisbefriedigung konsequent verwirklicht sprechen wir von einer „ressourcenorientierten Sportpädagogik". Für sie wird postuliert (Knörzer und Rupp 2010, 26): *„Jede sportpädagogische Intervention muss unabhängig von den gewählten Zielen, Inhalten, Methoden und Medien immer die Befriedigung der psychischen Grundbedürfnisse der Educanden mit anstreben".*

Die Grundbedürfnisse sollen dabei als evaluierbare Standards gelten, an denen sich das pädagogische Geschehen ausrichten kann. Ihre Befriedigung und Nichtbefriedigung unterliegt der persönlichen Einschätzung des Educanten. Diese gilt es transparent zu machen, beispielsweise über Skalenabfrage in Form von Affektbilanzen (Storch 2009) oder Bedürfniserfüllungsbilanzen (Knörzer 2010). Neben einer breiten fachlichen und methodischen Kompetenz erfordert dies von den sportpädagogisch Handelnden umfangreiche soziale und personale Kompetenzen. Diese gilt es in Aus- und Fortbildung zu entwickeln.

Die hier nur skizzenhaft aufgezeigten Möglichkeiten einer ressourcenorientierten Sport- und Bewegungserziehung müssen nun weiter ausdifferenziert werden. Erste

---

[2] Der Ressourcenbegriff orientiert sich dabei an Smith und Grawe (2003, 111). *„Unter dem Begriff „Ressourcen" werden alle Möglichkeiten subsumiert, die einem Menschen zur Befriedigung seiner Grundbedürfnisse zur Verfügung stehen.*

Ansätze hierzu sind gemacht (vgl. Knörzer und Rupp 2009 und 2010). Schließlich muss ein solcher Ansatz sich auch der empirischen Überprüfung stellen. Hier könnten die Untersuchungen, die im englischsprachigen Raum auf der Basis der SDT durchgeführt wurden zahlreiche Anregungen geben.

Literatur

Balz, E./Kuhlmann, D. (2003). *Sportpädagogik, ein Lehrbuch in 14 Lektionen.* Aachen: Meyer& Meyer.

Ciompi, L. (1997). *Die emotionalen Grundlagen des Denkens. Entwurf einer fraktalen Affektlogik.* Göttingen: Vandenhoeck&Ruprecht.

Damasio, A. (1994*).* *Descartes' Irrtum. Fühlen, Denken und das menschliche Gehirn.* München: List.

Deci, E. L./Ryan, R. M. (1993). Die Selbstbestimmungstheorie der Motivation und ihre Bedeutung für die Pädagogik. *Zeitschrift für Pädagogik* 19, S. 223-238.

Deci, E. L./Ryan, R. M. (2000). The "What" and "Why" of Goal Pursuits: Human Needs and the Self-Determination of Behavior. *Psychological Inquiry* 11, S. 277-268.

DOSB/DSLV/dvs (2009). Memorandum zum Schulsport 1, beschlossen von DOSB, DSLV und dvs im September 2009, Deutscher Olympischer Sport Bund, Frankfurt am Main.

Epstein, S. (1993). Cognitive-experiental self-theory for personality and developmental psychology. In D. C. Funder, R. D. Parke, C. Tomlinson-Keasy und K. Widaman (Hrsg.), *Studying lives through time. Personality and development.* Washington, D.C.: American Psychological Association, S. 399-438.

Grawe, K. (2000). *Psychologische Therapie* (2., korrigierte Auflage). Göttingen: Hogrefe.

Grawe, K. (2004). *Neuropsychotherapie.* Göttingen: Hogrefe.

Hagger, M. S./Chatzisarantis, N. L. D. (Hrsg.) (2007). *Intrinsic Motivation and Self-Determination in Exercise and Sport.* Champaign, IL: Human Kinetics.

Klemenz, B. (2007). *Ressourcenorientierte Erziehung.* Tübingen: dgvt-Verlag.

KMK, DSB, SMK (2005). Die Bedeutung des Schulsports für lebenslanges Sporttreiben. Gemeinsame Erklärung der Präsidentin der

Kultusministerkonferenz, des Präsidenten des Deutschen Sportbundes und des Vorsitzenden der Sportministerkonferenz. Karlsruhe, 12. Dezember 2005.

Knörzer, W. (1991). Körperliche Erlebnisfähigkeit - Eine Grundlage der Gesundheitserziehung. In: Sepp Redl, Raimund Sobotka, und Alexandra Russ (Hrsg.), *Sport an der Wende*. Wien: Österreichischer Bundesverlag, S. 232-244.

Knörzer, W. (2010 in Druck). Ressourcenorientierte Gesundheitspädagogik. In W. Knörzer und R. Rupp (Hrsg.), *Gesundheitheit ist nicht alles!? – Was ist sie dann? – Gesunheitspädagogische Antworten*. Baltmannsweiler: Schneider.

Knörzer, W./Rupp, R. (2009). Ressourcenorientierte Sport- und Bewegungserziehung, in: Zt. Perspektiven zur pädagogischen Professionalisierung 77/2009, „Gesundheit: Last oder Lust!? – Gesundheitförderung in der Schule". Landau: Verlag Empirische Pädagogik e.V., S. 35-41.

Knörzer, W./Rupp, R. (2010). Ressourcenorientierung als Grundprinzip sportpädagogischen Handelns. In: W. Knörzer und M. Schley (Hrsg.), *Neurowissenschaft bewegt*. Hamburg: Edition Czwalina, Feldhaus Verlag, Reihe Sportwissenschaft und Sportpraxis Bd. 156, S. 19-34.

Kuhl, J. (2001). *Motivation und Persönlichkeit. Interaktionen psychischer Systeme.* Götttingen: Hogrefe.

Kuhl. J./Strehlau, A. (2009). Handlungspsychologische Grundlagen des Coaching: Anwendung der Theorie der Persönlichkeits-System-Interaktionen (PSI). In B. Birgmeier (Hrsg.), *Coachingwissen. Denn sie wissen nicht, was sie tun?* Wiesbaden: Verlag für Sozialwissenschaften, S 171-182.

Roth, G. (1997): *Das Gehirn und seine Wirklichkeit*. Frankfurt/M.: Suhrkamp.

Roth,G. (2001): *Fühlen, Denken, Handeln*. Frankfurt/M: Suhrkamp.

Ryan, E. M./Williams,G. C./Patrick, H./Deci, E. L. (2009). Self-Determination theory and physical activity: The dynamics of motivation in development and wellness. *Hellenic Journal of Psychology* 6, S. 107-124.

Schüßler (2008). Die emotionalen Grundlagen nachhaltigen Lernens. In R. Arnold und G. Holzapfel (Hrsg.), *Emotionen und Lernen*. Hohengehren: Schneider, S. 181-214.

Smith, E./Grawe, K. (2003). Die funktionale Rolle von Ressourcenaktivierung für therapeutische Veränderungen. In H. Schemmel und J. Schaller (Hrsg.), *Ressourcen. Ein Hand- und Lesebuch zur therapeutischen Arbeit*. Tübingen: dgvt-Verlag, S. 111-122.

Spitzer, M. (2000). *Geist im Netz. Modelle für Lernen, Denken und Handeln.* Heidelberg: Spektrum.

Stoll, O./Pfeffer, I./Alfermann, D. (2010). *Lehrbuch Sportpsychologie.* Bern: Huber.

Storch, M. (2009). Motto Ziele, S:M:A:R:T:-Ziele und Motivation. In: B. Birgmeier (Hrsg.), *Coachingwissen. Denn sie wissen nicht, was sie tun?* Wiesbaden: Verlag für Sozialwissenschaften, S 183-205.

Treutlein, G./Funke, J./Sperle, Nico (Hrsg.) (1992). *Körpererfahrung im Sport.* Aachen: Meyer& Meyer.

Wie Sportlehrer und Trainer wahrnehmen, denken, fühlen und handeln

Udo Hanke

Festschriften sind Anlass zum Feiern. Aufgefordert zum Schreiben werden meist diejenigen, die den Jubilar zu unterschiedlichen Zeiten und zu verschiedenen Themen seines beruflichen oder privaten Lebens begleitet haben, es sind Weggefährten eines erfüllten Lebens, die den Anlass nutzen, innezuhalten und zurückzublicken.

Um meine Zusammenarbeit mit Gerhard Treutlein zu verstehen, bedarf es der Schilderung ihrer Vorgeschichte, die weit zurück bis in meine Studienzeit von 1968 bis 1973 am Institut für Leibesübungen, später Institut für Sport und Sportwissenschaft (ISSW) in Heidelberg reicht. Es war die Zeit, in der in Vorbereitung auf die Olympischen Spiele in München 1972 in Heidelberg das Bundesleistungszentrum (BLZ) entstand. Die Räumlichkeiten (Hallen, Schwimmbecken, Kraft- und Lehrräume, Arbeitszimmer und zahlreiche weitere Funktionsräume) wurden aus Bundes- und Landesmitteln finanziert. Aus Gründen der Nachhaltigkeit zogen das Fach Sport der Pädagogischen Hochschule (PH) Heidelberg ebenso wie ein Teil des ISSW in den Gebäudekomplex ein. Somit rückten die beiden Sportlehrer bildenden Institutionen, PH und ISSW, zumindest räumlich näher zusammen.

Mein damaliger Entschluss, nach dem Referendariat die sichere Beamtenstelle gegen die Unsicherheit eines befristeten Bundesinstitut-Projekts zum Thema *Microteaching in der Sportlehrerausbildung* aufzugeben, war damals für viele unverständlich, aber in dieser Entscheidung manifestierte sich meine Unzufriedenheit mit der damaligen Situation der gymnasialen Sportlehrerausbildung: Im Gegensatz zu den PH-Studierenden, die während der ersten Ausbildungsphase mehrere Orientierungs-, Block-, und studienbegleitende Praktika absolvieren konnten, sahen die Gymnasialstudierenden damals ihren ersten Schüler erst im Referendariat, für mich völlig unverständlich und mit Blick auf die stärker schulpraktisch konzipierte Ausbildung der PH-Kollegen zwingend verbesserungsbedürftig. Erste Veränderungen am ISSW schuf damals Eberhard Bucke, der den Studierenden an einem benachbarten Gymnasium die Möglichkeit zur Hospitation anbot und ihnen die Gelegenheit gab, kurze und einmalige Lehrproben durchzuführen. Dieser Sonderstatus bedurfte einer kultusministeriellen Sondergenehmigung und war eher geduldet als erwünscht. Bei diesen Praktika war das

ISSW Heidelberg in Deutschland wohl eines des ersten Institute, das das „Hochschulinterne Fernsehen" zur Dokumentation von Sportunterricht einsetzte und so Sportunterricht in den Hörsaal transportierte, zur Veranschaulichung von Unterricht und zur Diskussion methodisch-didaktischer Vorgehensweisen. Aus meiner Sicht aber mit zu wenig systematischer und individueller Möglichkeit zum Aufbau und zur Festigung konkreter unterrichtsrelevanter Lehrfertigkeiten.

Wie lange die in mehreren Veröffentlichungen und Initiativen angemahnte Einführung studienbegleitender Praktika für Studierende des Lehramts Sport an Gymnasien dann doch noch dauerte, ist rational nicht nachvollziehbar. Es sollten 30 (!) Jahre vergehen, bis im Rahmen der neuen modularisierten Studiengänge im Jahre 2005 ein verpflichtendes „Praxissemester" in Baden-Württemberg eingeführt wurde.

Ein Ausweg aus der unbefriedigenden Situation war damals die Entwicklung und Einführung von Microteaching-Seminaren, 1975 bis 1977 unterstützt durch das Bundesinstitut für Sportwissenschaft, die mich erstmals inhaltlich-thematisch mit Gerhard Treutlein zusammenführten, der an der PH in Heidelberg auch mit den Arbeiten von E. Becker zum Lehrtraining vertraut war. Diese Trainingsseminare gaben den Studierenden Gelegenheit, ihr Lehrverhalten, unterstützt durch Videoaufzeichnungen, systematisch zu analysieren und zu trainieren, wobei das Erlernen eines Kategoriensystems zur Analyse des beobachtbaren Lehrer- und Schülerverhaltens eine wichtige Rolle spielte. Die empirische Überprüfung der Effektivität solcher Seminare führte aber zu einem unerwarteten Ergebnis: Die Kontrollgruppe, die kein Lehrverhalten trainiert, sondern nur das Kategoriensystem gelernt hatte, zeigte im Nachtest gleich starke, beobachtbare Verhaltensänderungen wie die Trainingsgruppe mit Videoanalyse und zweimaliger Wiederholung von Kurzlektionen. Worauf konnte dies zurückführbar sein? Offensichtlich hatte die kognitive Auseinandersetzung mit kategorial definierten und im didaktischen Kontext als eher „wünschenswert" oder als „weniger geeignet" identifizierten Verhaltensweisen ausgereicht, um beobachtbare Veränderungen zu erzeugen.

Als Konsequenz daraus lag es nahe, nach Rekonstruktionsmethoden Ausschau zu halten, mittels derer es möglich sein könnte, die Denk- und Entscheidungsprozesses im Kontext konkreter und selbst erlebter Unterrichtssituationen zu analysieren. Die räumliche Nähe zu dem in Heidelberg im Umfeld von Groeben und Scheele sowie Wahl und Dann entwickelten Forschungsprogramm „Subjektive Theorien" erleichterte den Zugang zu neuesten Forschungsergebnissen. Dies führte dazu, dass Gerhard Treutlein Anfang der achtziger Jahre beim Bundesinstitut für Sportwissenschaft ein Forschungsprojekt mit dem Titel *Entwicklung von Methoden zur Erfassung handlungsleitender Kognitionen bei Lehr- und Lernprozessen im Sport* beantragte, das zusätzlich von der PH Heidelberg finanziell unterstützt wurde. Mit der Genehmigung dieses Projekts kam ein über siebenjähriger Forschungsprozess in Gang, dessen Tragweite und Umfang an wissenschaftlichen Publikationen (vgl. die nachfolgende, 67 Titel umfassende Veröffentlichungsliste) wohl für keinen der Projektmitarbeiter damals vorstellbar war. Mit diesem, von Gerhard Treutlein geleiteten Projekt verband sich für mich die Perspektive zur Habilitation, was aber eine erneute Aufgabe meines damaligen Beamtenstatus am Institut für Sportwissenschaft in Stuttgart bedeutete. Beide Schritte in die Unsicherheit zeitlich befristeter Arbeitsverhältnisse erweisen sich nachträglich als richtig.

Was war das Besondere in der Zusammenarbeit mit Gerhard Treutlein und den anderen, teilweise wechselnden Mitgliedern der Projektgruppe? Basierend auf den langjährigen Erfahrung der PH-Kollegen in der Lehrerbildung und angespornt durch die positive Resonanz aus der „scientific community", in der wir gemeinsam über 30 Weiterbildungsveranstaltungen durchführten, war es möglich, sehr praxisorientierte Materialien zu entwickeln, mittels derer interessierte (und natürlich zur Selbstreflexion bereite) Sportlehrerinnen und Sportlehrer – in einem zweiten Band auch Trainerinnen und Trainer – im Selbststudium ihre Denk- und Entscheidungsprozesse im Umfeld von selbst erlebten „kritischen Situationen" analysieren konnten. Das besondere Verdienst von Gerhard Treutlein in dieser sehr produktiven Zeit lag in seiner Fähigkeit, die wechselnden und in ihrer Arbeitsweise unterschiedlichen Projektmitarbeiter zu einem Forschungsteam zusammenzubinden und das Forschungsziel konsequent, sachorientiert und praxisbezogen zu verfolgen.

Die Thematik *Wie Sportlehrer (bzw. Trainer) wahrnehmen, denken, fühlen und handeln* stieß nicht nur national, sondern auch international auf großes Interesse. Gerhard Treutlein verbreitete sie bei seinen Aktivitäten in Frankreich. Im englischen Sprachraum wurde sie über die Kongresse der AIESEP bekannt gemacht, die AIESEP honorierte meine aus dem Projekt entstandene Habilitationsschrift *Analyse und Modifikation des Sportlehrer- und Trainerverhaltens* mit der Verleihung des J. A. Samaranch-Preises im Jahre 1990. In Italien erschien 1992 die italienische Fassung des Trainerbands mit dem verkaufsfördernden Titel *L'allenatore vincente* (Der erfolgreiche Trainer), gefolgt von einem DAAD-Projekt am IUSM in Rom zu einem Vergleich der subjektiven Theorien von ausgebildeten und fachfremden Sportlehrerinnen und Sportlehrern an römischen Grundschulen. In Portugal wurde der Ansatz im Rahmen einer Promotion und einer Habilitation in den Handball-Spitzensport übertragen. Außerdem fand das Projekt eine Fortführung durch die ebenfalls vom Bundesinstitut für Sportwissenschaft (BISp) geförderten Projekte zum Trainerwissen und zum Feedbackverhalten von Trainern in der Rhythmischen Sportgymnastik und in der Leichtathletik.

Die von Gerhard Treutlein federführend geleiteten und mit Hilfe des Audiovisuellen Zentrums (AVZ) der PH Heidelberg ermöglichten Produktionen von Videomaterialien zu kritischen Vorfällen im Sportunterricht und in ausgewählten Sportarten dürfen nicht unerwähnt bleiben.

Ob und wie stark sich, trotz wesentlich vereinfachter Videotechnik, die alltägliche Praxis der Betreuung von angehenden Sportlehrerinnen und Sportlehrern während der Praktika in der 1. Phase oder von Referendaren in der zweiten Phase durch unsere Veröffentlichungen verändert hat, ist schwer zu beurteilen. Hierzu bedarf es verstärkter Anstrengungen durch die Schulsportforschung, wie sie kürzlich wieder im Memorandum zum Schulsport gefordert wurden. Ebenso wie Hermann Rieder hat mich Gerhard Treutlein an den Schlüsselstellen meines beruflichen Werdegangs maßgeblich und immer kollegial fördernd begleitet. Dafür möchte ich ihm hiermit aufrichtig danken.

Veröffentlichung von Mitgliedern der Heidelberger Forschungsgruppe sowie darauf aufbauende Veröffentlichungen zum Themenbereich: **Analyse und Modifikation des Sportlehrer- und Trainerhandelns.**

(In zeitlicher Chronologie von 1975 bis 2009)

Hanke, U. (1973). Hochschulinternes Fernsehen (HIF) zum Training des Lehrverhaltens. *Sportunterricht, 22*(7), S. 232-238.

Hanke, U./Bucke, E. (1975). Microteaching in der Sportlehrerausbildung. *Sportunterricht* 24:5, S. 152-159.

Hanke, U. (1976). The importance of evaluation in modeling and feedback for the acquisition of teaching skills. *FIEP-Bulletin* 46:3, S. 66-72.

Hanke, U. (1977). Psychologische Grundlagen verschiedener Trainingsprogramme zum Lehrverhalten. In: ADL (Hrsg.), *Sport – Lehren und Lernen.* Schorndorf: Hofmann, S. 237-242.

Hanke, U. (1979). Handlungsorientiertes Lehrtraining. Die Bedeutung kognitiver Bedingungen der Lehrer-Schüler-Interaktion für die Auswahl von Trainingsverfahren zum Lehrverhalten. In: H. Eberspächer/A. H. Trebels (Red.), *Sportwissenschaftliche Forschung als Praxisproblem.* Bad Homburg: Limpert, S. 106-111.

Hanke, U. (1977). *Abschlussbericht an das Bundesinstitut für Sportwissenschaft in Köln über das Forschungsprojekt „Microteaching in der Sportlehrerausbildung".* Heidelberg: Institut für Sport und Sportwissenschaft.

Hanke, U. (1980). *Training des Lehrverhaltens von Sportstudenten. Ein Vergleich* zweier Trainingsverfahren auf der Basis des Microteaching. Unveröffentlichte Dissertation, Institut für Sport und Sportwissenschaft, Universität Heidelberg.

Treutlein, G./Hanke, U. (1982). *Erster Zwischenbericht über das Forschungsprojekt: Entwicklung von Methoden zur Erfassung handlungsleitender Kognitionen bei Lehr- und Lernprozessen im Sport.* Heidelberg: Pädagogische Hochschule/ Institut für Sport und Sportwissenschaft.

Hanke, U. (1982). Verhaltensmodifikation von Sportlehrern. Trainingsverfahren und ihre kognitionspsychologischen Grundlagen. In: H. Allmer/J. Bielefeld (Hrsg.), *Sportlehrerverhalten.* Schorndorf: Hofmann, S. 213-232.

Hanke, U. (1983). Verhaltensänderungen von Sportlehrern – Fremdbestimmung oder Selbststeuerung? In: D. Kayser/W. Preising (Hrsg.), *Aspekte der Unterrichtsforschung im Sport.* Schorndorf: Hofmann, S. 70-95.

Hanke, U./Treutlein, G. (1983). What P. E. teachers think: Methods for the investigation of P. E. teacher cognitions in teaching process. In: R. Telama/V. Varstala/J. Tiainen/L. Laakso/T. Haajanen (Eds.), *Research in school physical education.* Jyväskylä, Finland: Gummerus, pp. 31-37.

Treutlein, G./Hanke, U./Janalik, H./Sprenger, J. (1983). Konfliktgenese und Konfliktbewältigung in Großmannschaften. *Hochschulsport* 10:5, S. 7-15.

Janalik, H./Hanke, U./Sprenger, J./Treutlein, G. (1983). *Zweiter Zwischenbericht über das Forschungsprojekt: Entwicklung von Methoden zur Erfassung handlungsleitender Kognitionen bei Lehr- und Lernprozessen im Sport.* Heidelberg: Pädagogische Hochschule/ Institut für Sport und Sportwissenschaft.

Hanke, U. (1984). Schulpraktische Studien oder Lehrertraining? Konventionelle Lehrerausbildungsformen im Vergleich mit Trainingskonzeptionen. In: H. Altenberger/G. Köppe (Hrsg.), *Schulpraktische Studien – Modelle und ihre Verwirklichung.* Bad Homburg: Limpert, S. 151-186.

Hanke, U./Janalik, H./Sprenger, J./Treutlein, G. (1984). Entwicklung von Methoden zur Erfassung handlungsleitender Kognitionen bei Lehr- und Lernprozessen im Sport. In: ADL (Hrsg.), *Schüler im Sport, Sport für Schüler.* Schorndorf: Hofmann, S. 417-419.

Janalik, H./Sprenger, J./Treutlein, G./Hanke, U. (1984). Schülerperspektiven im Sportunterricht – Nebensächlichkeiten oder bedeutsame Faktoren im Unterrichtsgeschehen? In: ADL (Hrsg.), *Schüler im Sport, Sport für Schüler.* Schorndorf: Hofmann, S. 246-251.

Sprenger, J./Treutlein, G./Janalik, H./Hanke, U. (1984). Störungen im Sportunterricht -

Möglichkeiten der Analyse und Bewältigung. In: ADL (Hrsg.), *Schüler im Sport, Sport für Schüler*. Schorndorf: Hofmann, S. 251-258.

Sprenger, J./Hanke, U./Janalik, H./Treutlein, G. (1984). Wie Lehrer und Schüler im Sport wahrnehmen, denken, erleben und handeln. In: W. Brettschneider (Hrsg.), *Alltagsbewusstsein und Handlungsorientierungen des Sportlehrers*. Schorndorf: Hofmann, S. 50-77.

Treutlein, G./Hanke, U./Janalik, H./Sprenger, J. (1984). *Abschlussbericht über das Forschungsprojekt: Entwicklung von Methoden zur Erfassung handlungsleitender Kognitionen bei Lehr- und Lernprozessen im Sport*. Heidelberg: Pädagogische Hochschule/ Institut für Sport und Sportwissenschaft.

Treutlein, G./Hanke, U./Janalik, H./Sprenger, J. (1985). Sportunterrichtliches Alltagshandeln in auffälligen Situationen. In: G. Hagedorn/H. Karl/K. Bös (Red.), *Handeln im Sport*. Clausthal-Zellerfeld: DVS, S. 257-262.

Treutlein, G./Hanke, U./Janalik, H./Sprenger, J. (1985). Lehrhandeln im Hochschulsport – zukunftsorientiert oder traditionsverhaftet? (Kurzfassung). In: G. Hagedorn/H. Karl/K. Bös (Red.), *Handeln im Sport*. Clausthal-Zellerfeld: DVS, S. 316-321.

Treutlein, G./Hanke, U./Janalik, H./Sprenger, J. (1985). Lehrhandeln im Hochschulsport – zukunftsorientiert oder traditionsverhaftet? (Langfassung). In: N. Sperle/H.-J. Schulke (Red.), *Handeln im Hochschulsport*. Ahrensburg: Czwalina, S. 128-148.

Janalik, H./Treutlein, G./Hanke, U./Sprenger, J. (1985). Zur Führung von Großmannschaften, Konfliktsituationen und Möglichkeiten ihrer Bewältigung. *Leistungssport* 15:3, S. 25-30.

Hanke, U./Ingenkamp, F./Janalik, H./Treutlein, G. (1985). Lehrer- und Schülerperspektiven im Unterricht. *Bildung und Erziehung* 38:4, S. 483-508.

Hanke, U./Treutlein, G./Janalik, H./Sprenger, J. (1985). Diagnostik des Lehrerhandelns mit Hilfe des strukturierten Dialogs. In: K. Egger (Hrsg.), *Unterrichtsdiagnostik*. Bern: Institut für Leibeserziehung und Sport der Universität Bern, S. 26-36.

Janalik, H./Hanke, U./Treutlein, G./Sprenger, J. (1985). Diagnostik des Schülerhandelns als Hilfe für sportunterrichtliche Entscheidungen. In: K. Egger (Hrsg.), *Unterrichtsdiagnostik*. Bern: Institut für Leibeserziehung und Sport der Universität Bern, S. 106-117.

Janalik, H./Sprenger, J./Hanke, U./Treutlein, G. (1985). Möglichkeiten zur Erfassung von Schülerperspektiven im Sportunterricht. In: G. Köppe (Red.), *Schülerperspektive in der sportpädagogischen Unterrichtsforschung*. Clausthal-Zellerfeld: DVS, S. 28-59.

Hanke, U. (1986). Methodological considerations on teacher education training. In: C. Paré/M. Lirette/M. Piéron (Eds.), *Research methodology in teaching physical education and sports*. Université du Québec à Trois-Rivières, Trois-Rivières, Canada: Département des sciences de l' activité physique, pp. 123-140.

Ingenkamp, F./Hanke, U./Janalik, H./Treutlein, G. (1985). *Erster Zwischenbericht über das Forschungsprojekt: Entwicklung von Trainingsmaterialien zur Veränderung von handlungsleitenden Kognitionen bei Lehrern und Trainern.* Heidelberg: Pädagogische Hochschule/ Institut für Sport und Sportwissenschaft.

Ingenkamp, F./Treutlein, G./Janalik, H./Hanke, U. (1986). *Zweiter Zwischenbericht über das Forschungsprojekt: Entwicklung von Trainingsmaterialien zur Veränderung von handlungsleitenden Kognitionen bei Lehrern und Trainern.* Heidelberg: Pädagogische Hochschule/ Institut für Sport und Sportwissenschaft.

Treutlein, G./Ingenkamp, F./Janalik, H./Hanke, U. (1986). Belastende Situationen in der sportunterrichtlichen Lehrer-Schüler-Interaktion. Zum Problem der Verknüpfung und Veränderung von subjektiver Situationswahrnehmung und Handlungswahl. In: H. Letzelter/W. Steinmann/W. Freitag (Red.), *Angewandte Sportwissenschaft*. Clausthal-Zellerfeld: DVS, S. 235-241.

Hanke, U./Treutlein, G./Ingenkamp, F./Janalik, H. (1986). Handlungsleitende Kognitionen in sportunterrichtlichen Lehr- und Lernprozessen und ihre Veränderung. In: M. Amelang (Hrsg.), *Bericht über den 35. Kongress der Deutschen Gesellschaft für Psychologie in Heidelberg*. Göttingen: Hogrefe, S. 67.

Hanke, U. (1987). Cognitive aspects of interaction in physical education, In: G. T. Barrette/R. S. Feingold/C. R. Rees/M. Piéron (Eds.), *Myths, models, methods in sport pedagogy*. Champaign, IL: Human Kinetics, pp. 135-141.

Hanke, U./Janalik/H., Ingenkamp, F./Treutlein, G. (1987). Handeln von Sportlehrern in belastenden Unterrichtssituationen. In: ADL (Hrsg.), *Sport. Planen – Durchführen – Auswerten*. Schorndorf: Hofmann, S. 161-166.

Ingenkamp, F./Treutlein/G., Janalik, H./Hanke, U. (1987). Handlungsunterbrechungsstrategien (HUS) – eine Möglichkeit zur Veränderung des Lehrverhaltens im Sport. In: ADL (Hrsg.), *Sport. Planen – Durchführen – Auswerten*. Schorndorf: Hofmann, S. 252.

Treutlein, G./Hanke, U./Ingenkamp, F./Janalik, H. (1988). Handeln von Sportlehrern unter Handlungsdruck: Handlungsunterbrechungsstrategien – eine Möglichkeit zur Veränderung von Lehrhandeln im Sport. In: H. Rieder/U. Hanke (Hrsg.), *Sportlehrer und Trainer heute* (Band 2). Köln: Strauß, S. 447-451.

Treutlein, G./Janalik, H./Hanke, U. (1989a). *Wie Sportlehrer wahrnehmen, denken, fühlen und handeln* (1. Auflage). Köln: Sport und Buch Strauß.

Treutlein, G./Janalik, H./Hanke, U. (1989b). *Wie Trainer wahrnehmen, denken und fühlen*. Köln: Sport und Buch Strauß.

Hanke, U. (1990). Teacher and pupil cognitions in critical incidents. In: C. Day/M. Pope/P. Denicolo (Eds.), *Insight into teachers' thinking and practice*. London, New York, Philadelphia: The Falmer Press, pp. 189-197.

Hanke, U. (1991). *Analyse und Modifikation des Sportlehrer- und Trainerhandelns. Ein Integrationsentwurf*. Göttingen: Hogrefe.

Treutlein, G./Janalik, H./Hanke, U. (1991, April/Mai). Handlungsleitende Kognitionen in der Trainer-Athletik-Interaktion im Basketball: Diagnose und Veränderung von Trainerverhalten im Basketball. In: DBB (Hrsg.), *Internationaler Basketball-Kongress*. DBB: Eigenverlag.

Hanke, U. (1992). *Beyond dichotomy. An integrative model of teacher education*. Toronto: Hogrefe International. (Ausgezeichnet mit dem von der AIESEP verliehenen Samaranch Award)

Treutlein, G./Janalik, H./Hanke, U. (1992). *L'allenatore vincente - Guida pratica per la diagnosi ed il miglioramento del comportamento individuale dell'allenatore*. Roma: Società Stampa Sportiva.

Treutlein, G./Hanke, U./Janalik, H., (1992). Das Heidelberger Verfahren zur Diagnose und Veränderung von Trainerverhalten (HDVT). *Leistungssport* 22:6, S. 59-64.

Hanke, U. (1992, April). Il Rapporto Allenatore-Atleta. *SDS-Rivista di cultura sportiva* 11:25, pp. 23-29.

Treutlein, G./Janalik, H./Hanke, U. (1993). Videounterstützte Analyse und Modifikation des Lehrerverhaltens. *Mitteilungen aus der Forschungsgruppe Unterrichtsmedien im Sport e.V.* Nr. 6, Februar, S. 3-10.

Treutlein, G./Janalik, H./Hanke, U. (1994). Sportlehrer als Balanceure – zwischen Routinen und Veränderung. *Sportunterricht* 43:10, S. 403-412.

Hanke, U. (1995). The importance of congruent subjective theories on feedback in motor learning. In: R. Lidor/E. Eldar/I. Harari (Eds.), *Bridging the gap between disciplines, curriculums and instruction*. Wingate Institute: Israel, pp. 589-601.

Treutlein, G./Janalik, H./Hanke, U. (1996). *Wie Sportlehrer wahrnehmen, denken, fühlen und handeln* (4., überarbeitete und erweiterte Auflage). Köln: Sport und Buch Strauß.

Hanke, U. (1996). Zur Bedeutung kongruenter subjektiver Feedbacktheorien von Trainerinnen und Rhythmischen Sportgymnastinnen im motorischen Lernprozess. In: A. Conzelmann/H. Gabler/W. Schlicht (Hrsg.), *Soziale Interaktionen und Gruppen im Sport*. Köln: bps, S. 40-47.

Hanke, U./Schmitt, K. (1998). *Abschlussbericht über das Forschungsprojekt: Feedbackkongruenz in der Rhythmischen Sportgymnastik*. Landau: Institut für Sportwissenschaft.

Hanke, U./Schmitt, K. (1999). *Feedbackoptimierung in der Rhythmischen Sportgymnastik*. Köln: Strauß.

Schmitt, K./Hanke, U. (1999). Selbstaussagen und objektives Verhalten – Eine Analyse des Feedbacks im motorischen Lernprozess. In: D. Alfermann/O. Stoll (Hrsg.), *Motivation und Volition im Sport – Vom Planen zum Handeln*. Köln: bps, S. 137-142.

Treutlein, G./Janalik, H./Hanke, U. (1999, April). Matériel concernant les comportements des enseignants d'EPS. Poster presented at the International AIESEP Congress IUFM de Franche-Comté, Besançon.

Schmitt, K./Hanke, U. (2001). Anwendungsorientierte Methodologie zur Rekonstruktion subjektiver Feedbacktheorien und subjektorientierten Feedbackhandelns. In: J. R. Nitsch/H. Allmer (Hrsg.), *Denken – Sprechen – Bewegen*. Köln: bps, S. 106-110.

Schmitt, K./Hanke, U. (2001). Feedback im Techniktraining – Eine Methode zur Überprüfung kongruenter und inkongruenter Trainer-Athlet-Interaktion. In: R. Seiler/D. Birrer/J. Schmid/S. Valkanover (Hrsg.), *Sportpsychologie. Anforderungen – Anwendungen – Auswirkungen*. Köln: bps, S. 143-145.

Schmitt, K./Hanke, U. (2001). Subjektorientiertes Feedbackhandeln aus kommunikativer Perspektive. In: J. R. Nitsch/H. Allmer (Hrsg.), *Denken – Sprechen – Bewegen*. Köln: bps, S. 192-197.

Hanke, U. (2002). Critical incidents in coaching. A cognitive approach to analyse and modify subjective coaching theories. *Desporto. Investigação & Ciência* 1, pp. 3-19.

Schmitt, K./Hanke., U. (2002). Verstehen und Missverstehen in der Trainer-Athlet-Interaktion. In: G. Friedrich (Hrsg.), *Sportpädagogische Forschung – Konzepte*

– *Ergebnisse – Perspektiven*. Hamburg: Czwalina, S. 157-161.

Schmitt, K./Hanke, U. (2003). Subjektive Feedbacktheorien von ExpertentrainerInnen und ihren AthletInnen in der Leichtathletik [32 Absätze]. *Forum Qualitative Sozialforschung / Forum: Qualitative Social Research* 4:1, Art. 13. http://nbn-resolving.de/urn:nbn:de:0114-fqs0301133

Hanke, U. (2004, August). *Critical incidents in teaching and coaching. A cognitive approach to analyze and modify subjective teaching theories*. Paper presented at the Preolympic Congress, Thessaloniki, Greece.

Schmitt, K./Hanke, U. (2004, August). *Subjective theories on feedback of high level athletics coaches and their athletes*. Paper presented at the Preolympic Congress, Thessaloniki, Greece.

Sequeira, P./Hanke, U./Rodrigues, J. (2006). O Comportamento do Treinador de Alta Competição de Andebol no Treino e na Competição. *Itinerários – Revista de Educação. Instituto Superior de Ciências Educativas* 2:2, pp. 81-99.

Hanke, U./Ringeling, S./Schuhmacher, J. (2007). Perceiving and reacting to stressful situations in PE classes. In: P. Heikinaro-Johansson/R. Telama/McEvoy (Eds.), *The role of physical education and sport in promoting physical activity and health*. Proceedings of the 2006 AIESEP World Congress held on 5-8 July 2006 in Jyväskylä, Finland. Jyväskylä: University of Jyväskylä, Department of Sport Sciences Research Reports No. 4/2007, pp. 182-185.

Sequeira, P./Hanke, U./Rodrigues, J. (2008, July). *Pre-decisions, post-decisions and behavior of top handball coaches during games*. Paper presented at the 13th Annual Congress of the European College of Sport Science, Estoril, Portugal.

Balz, E./Doll-Tepper, G./Hanke, U./Miethling/W.-D./Ungerer-Röhrich, U. (2009). *Memorandum zum Schulsport*. Frankfurt: DOSB.

Balz, E./Doll-Tepper, G./Hanke, U./Miethling, W.-D./Ungerer-Röhrich, U. (2009). *Memorandum on Physical Education and School Sports*. Frankfurt: DOSB.

Sportpädagogik und olympische Erziehung – zwei flüchtige Bekannte?

Helmut Altenberger

Beobachtet man die Diskussion der verschiedenen Schwerpunktthemen in der deutschsprachigen Sportpädagogik, so fällt auf, dass das Thema der „olympischen Erziehung" in dieser Diskussion eine völlig untergeordnete Rolle spielt. Exemplarisch möge hier der Hinweis stehen, dass im Vorfeld der Verabschiedung des „Memorandums zum Schulsport" durch die drei Dachverbände (DOSB, DSLV und dvs) im September 2009 erhebliche Meinungsunterschiede zu Tage getreten sind, ob allein schon die Bezeichnung „olympische Erziehung" in einem solchen programmatischen Text angebracht sei. (An einer Stelle jedenfalls taucht die Bezeichnung „Olympische Erziehung", S. 5 auf) Mit der Neugliederung des DOSB im Jahr 2006 wurde das Ressort der Vizepräsidentin mit „Bildung und Olympische Erziehung" in dieser Bezeichnung neu eingeführt. Dies erscheint insofern konsequent, als die DOSB-Spitze strukturell festgelegt hat, dass die Vizepräsidentin für „Bildung und Olympische Erziehung", Frau Prof. Dr. Dr. h.c. Gudrun Doll-Tepper, gleichzeitig die Vorsitzende des Vorstandes der Deutschen Olympischen Akademie Willi Daume e. V. (DOA) ist (seit Mai 2007).

Ein erster Blick auf den satzungsmäßigen Zweck der DOA bestätigt die Auffassung, dass eine Reihe von Aufgaben genuin der Sportpädagogik bzw. – in einem weiteren Verständnis – der Sportwissenschaft zugeordnet werden können: Beispielhaft seien hier genannt:

- Beschäftigung mit Sinn- und Grundsatzfragen des olympischen Sports
- Erforschung der verschiedenen Aspekte der Olympischen Bewegung
- Maßnahmen und Projekte zur olympischen Erziehung
- Entwicklung von Unterrichtsmaterialien für Schulen und Sportvereine
- Durchführung von akademischen Olympiaseminaren für Studierende und Dozenten an Hochschulen
- Seminare für die Lehrerfort- und –Weiterbildung
- Vergabe von Stipendien und Durchführung von wissenschaftlichen Wettbewerben

- Herausgabe von Publikationen und Materialien

An der Realisierung und praktischen Umsetzung dieser Aufgaben ist nicht nur die DOA, sondern in vielfältiger Weise ein Kreis von zahlreichen Schulen, engagierten Lehrkräften sowie von Hochschullehrerinnen und Hochschullehrern befasst.

Nach Auffassung des Autors ist es unstrittig, dass in der beispielhaften Aufzählung der Aufgaben der DOA explizit Bildungs- und Erziehungsansprüche formuliert sind, die sportpädagogisch bzw. sportwissenschaftlich relevant sind, d. h., der akademischen Arbeit im Bereich Forschung, Lehre und Weiterbildung (Wissenstransfer) zuzuordnen sind.

Was könnten die Gründe sein, weshalb DOA und Sportwissenschaft sich auf weitgehend getrennten Entwicklungslinien bewegen? Empirische Befunde hierzu liegen nicht vor. Dennoch gibt es Signale und Beobachtungen, die für dieses „Nebeneinander" eine Rolle spielen könnten:

- Der Olympische Sport ist wohl für einen Teil der Sportwissenschaftler (einschließlich von Lehrkräften an Schulen) ein Feld des organisierten Sports, das zu sehr mit einem negativen Image besetzt ist. Schlagwörter sind: Gigantismus, Kommerzialisierung, Doping, Werteverfall. Gemeint sind dabei vor allem die Entgleisungen im Zusammenhang mit den „großen" Olympischen Spielen. Kritisch hat sich damit die Sportsoziologie, Sportpolitik oder die Sportpsychologie auseinanderzusetzen. Die Sportpädagogik geht bei solchen Entgleisungen eher auf Distanz; dies ist nicht ihr Feld, auf dem sie ein pädagogisches Potential sieht.

- Coubertin hat den olympischen Sport wohl und vor allem pädagogisch begründet und die Olympischen Spiele der Neuzeit als ein gesellschaftlich-pädagogisches Feld gesehen, mit denen die politischen Wirren und schulischen Umbrüche am Übergang vom neunzehnten zum zwanzigsten Jahrhundert überwunden werden sollten. Der olympische Hochleistungssport hat sich zunehmend von diesen pädagogischen Argumenten entfernt und von vielen wurden diese nur mehr als Alibi eingestuft. D. h., die pädagogische Idee als Motor der olympischen Bewegung wurde über die Olympischen Spiele kaum mehr transportiert und die pädagogisch intendierte Vorbildwirkung musste auf der Strecke bleiben. Auch diese Entwicklung dürfte dazu beigetragen haben, dass die pädagogische Botschaft auch die Basis (Schulen, Sportvereine) nicht mehr erreichte, zumal die „Faszination Olympia" vieles überdeckte. Der olympische Sport, so wie er massenmedial vermittelt wird, verkommt zur Unterhaltungsware. Die Anliegen der olympischen Erziehung sind sowohl in den öffentlich-rechtlichen wie in den privaten Massenmedien so gut wie nicht präsent. Warum ist wohl dieses pädagogische Anliegen der olympischen Erziehung in den Köpfen der für die Berichterstattung Verantwortlichen kein (!!) Thema?

- Eine Analyse der Lehrpläne für das Fach Sport zeigt, dass das Thema „olympische Erziehung" nicht vorkommt, sieht man einmal von den Richtlinien und Fachlehrplänen für die gymnasiale Oberstufe und für Sport als Abiturfach einmal ab. Aufgrund der zentralen Steuerungsfunktion der Lehrpläne in den einzelnen Bundesländern (Kulturhoheit?) ist es nicht verwunderlich, wenn sich die Lehrerinnen und Lehrer durch die Lehrpläne gebunden fühlen und in der Konsequenz das Thema und die Inhalte der olympischen Erziehung einfach vernachlässigen. Insofern wird man verstehen, wenn die fachdidaktische Reflexion der olympischen Erziehung (auf der wissenschaftlich-akademischen Ebene) – bis auf wenige Ausnahmen – kaum eine nennenswerte Rolle spielt. Inwieweit man der olympischen Erziehung den Rang eines eigenen sport(fach)-didaktischen Ansatzes beimisst oder die olympischen Themen mittels der bekannten fachdidaktischen Ansätze bearbeitet, unterrichtlich aufbereitet und vermittelt, sei dahingestellt und ist wohl an dieser Stelle zweitrangig.

Zusammenfassend kann festgehalten werden, dass das Thema „Olympia" in all seinen Facetten in der Lebenswelt von Jungen und Mädchen eine große Rolle spielt. Im Sinne einer pädagogisch-kritischen Auseinandersetzung mit all den Chancen und Problemen des olympischen Sports muss es Aufgabe des Schulsports sein und bedarf einer verbindlichen Verankerung in der sportbezogenen Jugendarbeit der Sportvereine. Wo, wenn nicht in diesen beiden Einrichtungen, sollten die Wertfragen des Sports geklärt werden und für junge Menschen Orientierungen gegeben werden? Die positiven wie die negativen Erscheinungen des olympischen Sports verlangen nach einer pädagogischen Bearbeitung, die mit dem Ziel eines bewussten und verantwortlich betriebenen Sporttreibens insbesondere für den einzelnen Jugendlichen verbunden ist. So gesehen, kann das pädagogische Potential des Sports um den olympischen Sport erweitert werden. Er eröffnet weitere Perspektiven – und mögen diese noch so widersprüchlich sein. Für die Urteilsbildung über einen humanen Sport und für einen lebenslang von Jugendlichen betriebenen Sport, der immer nur individuell bedeutsam und individuell gestaltet werden kann, ist die pädagogisch geführte Auseinandersetzung unerlässlich. Dieser Anspruch ist sowohl für den Sport an der Schule wie auch für den Jugendsport in den Sportvereinen eine große Herausforderung, wenn der olympische Sport nicht nur als großes Spektakel mit medialem Unterhaltungswert wahrgenommen wird.

Seit die Sportgeschichte als sportwissenschaftliche Disziplin an den Universitäten und Hochschulen weitgehend verschwunden ist, spielt das Thema „Olympia" weder in Forschung noch in Lehre – sieht man von den Interessen der Trainingswissenschaft und der Sportmedizin einmal ab – eine völlig untergeordnete Rolle. Insofern ist es höchst bedauerlich, dass ein so mächtiges und gesellschaftlich so bedeutsames Thema wie die Olympischen Spiele oder die olympische Bewegung allgemein in der akademischen Arbeit so sehr zurückgedrängt wurde. Vor dem Hintergrund dieser Entwicklung hat der Sport an den Hochschulen kein historisches Fundament mehr, wobei klar sein muss, dass dieses Defizit weder durch die Sportpädagogik noch durch die Sportsoziologie, die zunehmend auch ein Schattendasein führt, ausgeglichen oder kompensiert werden kann. Der Wissensstand von Schülerinnen und Schülern zum Thema „Olympia" ist beschämend gering und droht auf ein ähnlich geringes Niveau bei Studierenden abzusinken. Zur Präzisierung sei festgehalten, dass es nicht um die Glorifizierung und Idealisierung der Olympischen Spiele oder der olympischen Bewegung allgemein geht. Gerade die Ambivalenz, Vielschichtigkeit und Widersprüchlichkeit dieses Themenkomplexes ist die Herausforderung und die Chance für eine konstruktive Weiterentwicklung und subjektive, kritische Meinungsbildung für den einzelnen Jugendlichen. Wenn wir diese Vision im Auge haben, dann wird einsichtig, dass die Qualifizierung des pädagogischen Personals – für die Schule wie auch für den Verein – eine äußerst zentrale Rolle spielt. Ein nur flüchtiger Blick in diese Einrichtungen zeigt sehr schnell, dass hier ein hoher Handlungsbedarf besteht. Ein Verständnis, das den Sport primär als „Spaßfaktor" sieht, steht im Widerspruch zu dieser Vision! Olympischer Sport und olympisches Sportverständnis verlangen geradezu eine pädagogische bzw. fachdidaktische Bearbeitung, vor allem, wenn wir diesen mit Bildungs- und Erziehungszielen begründen. Mit diesem Appell wird nicht einer bloßen Vermittlung und Anhäufung von Wissen das Wort geredet. Die modernen, digitalen Medien bieten hierzu eine große Hilfe und Erleichterung an. Wenn olympische Erziehung Wirkung zeigen soll, dann werden vor allem erlebnis- und handlungsorientierte Vermittlungsweisen und Unterrichtsmethoden in den Vordergrund treten müssen wie z. B. Projektwochen, Projekttage, Exkursionen, Erkundungen, Sportwochen, Schullandheimaufenthalte mit olympischen Themenschwerpunkten, Sportcamps u. ä. Die olympischen Themen tragen das Potential in sich, es muss nur genutzt werden!

Coubertin hat von der olympischen Idee als einer Lebensphilosophie gesprochen. Die Werte, die der Sport vermitteln kann und die in ihm von seinem Wesen her stecken, sollen auf die Lebenssituationen der jungen Menschen übertragen werden können. Mit dieser Vorstellung ist ein Zweifaches gemeint: Einmal sollte der Sport als Handlungsfeld nicht nur der Leistungsverbesserung und der körperlichen Ertüchtigung dienen, sondern verstärkt im Bewusstsein eines wachen Werteverständnisses ausgeübt werden. Zum Anderen geht es um die Übertragung der im Sport erworbenen und praktizierten Werte und Wertschätzungen in den Alltag von Jugendlichen. Das geht nicht automatisch, sondern bedarf einer pädagogischen Begleitung, Vorbereitung und Auseinandersetzung, vor allem aber einer systematischen Reflexion. Dieser pädagogisch ausgerichtete Transferprozess bedarf einer systematischen Verankerung im didaktischen Konzept und ist in den Praxisfeldern Schulsport bzw. Vereinssport „auf weiter Flur" nicht erkennbar. Diese Feststellung trifft allerdings nicht nur auf die olympischen Themen des Schul- oder Vereinsjugendsports zu. Erst wenn wir dies erreicht haben, können wir von nachhaltigen Wirkungen, die der pädagogisch ausgerichtete Sport zu leisten vermag, sprechen. Auch mit dieser Forderung wird ein Anspruch aufgebaut, der nur mit gut ausgebildetem Personal zu bewältigen sein wird.

Was könnte für die Sportpädagogik an der olympischen Erziehung oder für die olympische Erziehung an der Sportpädagogik interessant sein? – das Beispiel „Youth Olympic Games" (YOG)

Im Jahre 2007 hat das Internationale Olympische Komitee (IOC) die Entscheidung getroffen, im Jahr 2010 in Singapur die ersten Olympischen Jugendspiele auszutragen. Nach dem Vorbild der sog. „großen" Olympischen Spiele sollten alle über 200 NOKs auf der ganzen Welt jugendliche Spitzensportlerinnen und Spitzensportler entsenden können, allerdings mit dem großen Unterschied, dass die Teilnehmerinnen und Teilnehmer nur zwischen 14 und 18 Jahre alt sein dürfen. Ein weiteres Profilmerkmal ist die verpflichtende Teilnahme – neben den Wettkämpfen – an einem Kultur- und Erziehungsprogramm (Cultural and Educational Program, CEP). Mit den beiden Säulen – dem sportlichen Wettkampf- und dem Kultur- und Erziehungsprogramm – erfolgt für die jugendlichen Leistungssportlerinnen und Leistungssportler die inhaltliche Verzahnung beider Schwerpunkte und damit wird dem olympischen Jugendsport in der internationalen Begegnung ein völlig neues Profil gegeben. Das inhaltliche Konzept des Kultur- und Erziehungsprogrammes sieht für die jugendlichen Teilnehmerinnen und Teilnehmer verschiedene Formate und Veranstaltungen vor, die verpflichtend wahrzunehmen sind. Das sportliche Wettkampfprogramm wurde für die YOG in Teilen abgeändert und damit den Bedürfnissen der Jugendlichen angepasst.

Aus den ersten Erfahrungen der YOG in Singapur 2010 lassen sich eine Reihe von sportpädagogischen Überlegungen anstellen, die für den großen Kreis der unmittelbar Beteiligten aber auch darüber hinaus von Bedeutung sind:

1. Das inhaltliche Programm:
   Zunächst ist bemerkenswert, dass zwei bisher nebeneinander stehende Bereiche (Wettkampf und Kultur) konzeptionell aufs Engste verschränkt werden. Damit ist die Idee verbunden, die internationale Begegnung zwischen den jugendlichen Athletinnen und Athleten systematisch zu vertiefen und die Jugendlichen Sportlerinnen und Sportler zu einer bewussten Auseinandersetzung mit kulturellen Themen zu animieren und damit an die Ansprüche der interkulturellen Erziehung heranzuführen. Dies setzt die Kenntnis über deren Ziele und Themen voraus wie auch die jugendgemäße Umsetzung.

2. Die Vorbereitung:
   Der Schwerpunkt der Vorbereitungsarbeiten richtet sich an die eigentliche Zielgruppe, nämlich die jugendlichen Teilnehmerinnen und Teilnehmer, die sich alleine damit begründen lässt, dass die Teilnehmer sehr wohl Vertreter des eigenen Landes sind aber mit Gleichaltrigen aus der ganzen Welt für einen begrenzten Zeitraum zusammentreffen. Neben einem Grundwissen über die Gastgeberstadt sind Offenheit für fremde Kulturen, Interesse am Fremden sowie Fremdsprachenkenntnisse wesentliche Voraussetzungen, um am sog. Kulturprogramm teilnehmen bzw. mitwirken zu können. (Das IOC übernimmt für die teilnehmenden Mannschaften die Teilnehmerkosten unter der Voraussetzung einer verpflichtenden Teilnahme bis zum Ende der Spiele.) Je nach den vermutlich unterschiedlichen internationalen Vorerfahrungen der Jugendlichen bei sportlichen Wettkämpfen und der schulischen Behandlung von interkulturell relevanten Themen können die Teilnehmer schnell überfordert sein, bzw. bleiben auf der Stufe der Konsumenten- oder Zuschauerrolle stehen. Bei der Vorbereitung für die YOG in Singapur setzten die Veranstalter auf die elektronischen medialen Kommunikationsmöglichkeiten bereits im Vorfeld der Jugendspiele. Konflikte sind dadurch entstanden, dass die für eine sinnvolle Vorbereitung erforderliche Zeit nicht oder nicht früh genug zur Verfügung steht bzw. für die Teilnehmer erhebliche Restriktionen und Stress entstehen kann durch Qualifikationswettbewerbe im Vorfeld der olympischen Jugendspiele. Oft scheinen sich die sportliche Wettkampfvorbereitung und die Vorbereitung auf die interkulturelle Begegnung zu behindern. Nach dem traditionellen Muster vieler Kadertrainer dürfte die Wettkampferwartung die höhere Priorität haben im Vergleich zum Engagement für interkulturelle Fragen und Probleme. Allerdings könnte im Laufe der Jahre ein Umdenkungsprozess stattfinden zu Gunsten einer besseren Ausgewogenheit beider Bereiche. Dies setzt natürlich voraus, dass sowohl die indirekt und di-

rekt beteiligten Trainer und weiteres Betreuungspersonal aber auch die Eltern der Sportlerinnen und Sportler bzw. deren Sportvereine über die inhaltlichen Anforderungen dieses neuen Ansatzes der olympischen Jugendspiele bestens informiert sind und damit erkennen, dass mit den YOG ein völlig neues Konzept - im Idealfall - zur Realisierung kommen soll. Es ist mehr als wünschenswert, diesen Personenkreis einzubeziehen und deren Anteil an der Vorbereitungsarbeit sowie deren Mitverantwortung abzuklären. Derzeit liegen hierzu noch keine unterstützenden Materialien und Informationen vor. Sobald für die YOG empirische Begleitstudien mit den entsprechenden Ergebnissen vorliegen, können weitergehende Überlegungen angestellt werden. In jedem Fall ist zu wünschen, dass Sportpädagogen für Evaluationsstudien beteiligt werden, um daraus Empfehlungen abzuleiten für ev. Verbesserungen und Optimierungen. Unter systematischen Gesichtspunkten wird es erforderlich sein, diesen neuen Ansatz der YOG im Kontext der olympischen Erziehung ganz allgemein zu verorten und dessen Entwicklungspotential kritisch zu diskutieren.

3. Auswertung und Nachhaltigkeit:
Im Anschluss an die Teilnahme ist es naheliegend, eine Auswertung mit einem Feedback möglichst zeitnah einzuplanen. Dabei geht es nicht nur um einen unverbindlichen Erfahrungsaustausch, sondern um eine gründliche Betrachtung und einen Vergleich der Ziele der YOG mit den tatsächlichen Erfahrungen und Erlebnissen vor Ort. Wichtig ist hierbei die Ausgewogenheit beider Bereiche. Da die Gestaltung und die Wirkungen des Erziehungs- und Kulturprogrammes eher neu sein dürften, sollte hierauf größere Aufmerksamkeit gerichtet sein. Es sollte in jedem Falle vermieden werden, dass sich die Auswertung nur auf den sportlichen Wettkampfteil beschränkt. Vor allem aus der Auswertung der individuellen Rückmeldungen der Teilnehmerinnen und Teilnehmer können wertvolle Schlüsse gezogen werden für die zukünftige Gestaltung der Vorbereitungsphase, alleine schon deshalb, weil die YOG alle zwei Jahre im Wechsel mit YOG Winter (2012 Innsbruck) und YOG Sommer (Nanjing 2014) stattfinden werden. Von besonderem Interesse können sog. „Nachtreffen", z. B. nach einem Jahr oder später sein. Bei solchen Gelegenheiten kann festgestellt werden, was nach einem größeren zeitlichen Abstand „geblieben" ist und in welchen Bereichen besondere Wirkungen erkennbar sind. Auch bei solchen Feedbackrunden ist es sinnvoll, beide Aspekte – den sportlichen und den interkulturellen Teil – gleichrangig zu berücksichtigen. Vor allem von den älteren, reiferen Jugendlichen können hierzu wertvolle Rückmeldungen erwartet werden, die für die weitere Planung von

großer Bedeutung sein können. Für die weitergehende Gestaltung der Vorbereitungsphase kann es sehr zweckmäßig sein, wenn für weitere nachfolgende Jugendspiele bewährte ältere Teilnehmer als Mentoren bzw. als Multiplikatoren ausgebildet werden, die sowohl für Vorbereitungs- als auch für Betreuungsaufgaben eingesetzt werden können. Ehemalige Teilnehmerin-nen und Teilnehmer können verstärkt als Botschafter und Förderer für zukünftige YOG herangezogen werden, um die positiven Werte und die persönlichen Erfahrungen an Jugendliche und die Gesellschaft weiterzugeben. Auch dieser Personenkreis bedarf einer Betreuung und Vorbereitung für diese soziale Aufgabe. Die Fragen einer olympischen Werteerziehung und die damit verbundenen Lebenserfahrungen können wichtige Bausteine für eine solche Aufgabe sein. Die Sportvereine, die sich in diesem Feld besonders engagieren möchten, können hierbei ein wichtiges, neues Wirkungsfeld sehen. Sie werden dies nur dann leisten können, wenn sie qualifiziertes Personal haben, das sich mit den Themen und pädagogischen Absichten der YOG auseinandergesetzt hat. Dies kann nur dann sichergestellt werden, wenn eine entsprechende Verankerung der YOG im Zusammenhang mit olympischer Erziehung gewährleistet ist.

4. Weitere Partner und Entwicklungsmöglichkeiten:
Die YOG können als Modell für Schulen und Sportvereine dienen. In modifizierter Form kann die Grundidee, den sportlichen Wettkampf mit interkulturellen Themen zu verbinden, in unterschiedlicher Weise übernommen werden. Die multikulturelle Gesellschaft wird die Zukünftige sein und deshalb steht es dem Sport insgesamt gut an, ihn als Medium für die interkulturelle Begegnung und für das interkulturelle Lernen stärker als bisher zu nutzen. Es versteht sich von selbst, dass die Beitragserwartungen an die verschiedenen Fächer in der Schule hinsichtlich der interkulturellen Erziehung sich nicht nur auf das Fach Sport beschränken dürfen. Vielmehr ist zu fordern, dass in der Schule generell die Ziele und die Themen der interkulturellen Erziehung verbindlicher eingefordert werden und damit weggeholt werden von der Stellung einer unwürdigen Alibifunktion. Insofern kann an dieser Stelle auch der Hinweis stehen, dass sich olympische Erziehung nicht zwangsläufig einengen lässt auf den Schul- oder den Vereinssport, sondern sich im Sinne Coubertins auf den gesamten Lebenszusammenhang (als Lebensphilosophie) von Schule und Freizeit zu beziehen hat.

Den Sport „nur" als sozialen und gesellschaftlichen Integrationsfaktor zu postulieren und politisch anzumahnen, reicht nicht aus. Demgegenüber ist es wirkungsvoller, die Potentiale des Sports für die sportpädagogisch ausgerichtete Arbeit zum interkulturellen Lernen zu identifizieren und didaktisch aufzubereiten. Für den Schulsport sollte dies bereits selbstverständlich sein, wenn man an die in den Fachlehrplänen formulierten Zielsetzungen und Ansprüche zur interkulturellen Erziehung erinnert. Eine Analyse zum gegenwärtigen Stand der Umsetzung von interkulturell relevanten Themen innerhalb des schulischen Sportunterrichts ist längst überfällig und mit Nachdruck einzufordern. In ähnlicher Weise ist dies auch für den organisierten Jugendsport in den Sportvereinen zu erwarten. Olympische Erziehung wird damit zu einem Anspruch und zu einer neuen Herausforderung für die pädagogisch ausgerichtete Jugendarbeit im organisierten Sport der Vereine und Verbände. Je mehr der organisierte Sport – neben den bereits bekannten Kooperationen im Rahmen des außerunterrichtlichen Schulsports – auch als Partner in der schulischen Ganztagsbetreuung beteiligt werden soll, wird er sein inhaltliches Angebot an den Zielen der interkulturellen Erziehung zu orientieren haben. Wenn „neue" Partner in die schulische Arbeit einbezogen werden sollen, dann muss der schulpädagogische Anspruch ausgetauscht und mit allen Partnern diskutiert werden. Nur so ist zu gewährleisten, dass die „Externen" sich zu einem von allen gemeinsam getragenen Profil einfügen können. Die Schule und der Verein können dann zu einem pädagogisch durchgestalteten Lebensraum für Kinder und Jugendliche werden, der aber noch genügend Freiräume lässt für Familie, Privatem und Freizeit.

Literatur

Altenberger, H./A. Horn (2010). Youth Olympic Games – überzogener Anspruch oder pädagogische Chance? *Alpheios* 9, 2009/2010, S. 55-61.

Grupe, O. (2008). Die olympische Idee ist eine „Erziehungsidee" – das sollte sie auch bleiben. *Olympisches Feuer* 4-5, S. 54-60.

Krüger, M. (2003). Olympismus und Sportpädagogik in Deutschland. In *Sportunterricht* 52:7, S. 196-200.

Nationales Olympisches Komitee für Deutschland (Hrsg.) (2004). *Olympische Erziehung – eine Herausforderung an Sportpädagogik und Schulsport*. Sankt Augustin: Akademia.

Memorandum zum Schulsport. Beschlossen von Deutscher Olympischer Sportbund (DOSB), Deutscher Sportlehrerverband (DSLV), Deutsche Vereinigung für Sportwissenschaft (dvs) im September 2009.

Naul, R. (2010). Der Doppelauftrag der Olympischen Erziehung im Schulsport.

Alpheios 9, 2009/2010, S. 62-67.

Naul, R./R. Geßmann/ U. Wick (2008). *Olympische Erziehung in Schule und Verein. Grundlagen und Materialien.* Schondorf: Hofmann.

Willimczik, K. (2002). Olympische Pädagogik zwischen theoretischer Vergessenheit und praktischer Anerkennung. *Sportunterricht* 51:1, S. 3-8.

Fair play – ein Modell für gerechtes Handeln in komplexer Gesellschaft?[1]

Elk Franke

Der folgende Beitrag in der Festschrift für Gerhardt Treutlein nimmt eine gesellschaftliche Situation zum Ausgangspunkt, in der dieser seinen Weg als Aktiver, Trainer und Organisator im Sport und schließlich als Wissenschaftler des Sports begann. Dabei entwickelte sich die Frage, in welcher Weise die sportlichen Handlungsbedingungen von gesellschaftlichen Umständen abhängig sind oder u.U. diese in gewisser Weise auch beeinflussen können, zunächst zur Richtschnur und später zur Grundlage seines Handelns im Kampf für einen dopingfreien Sport[2].

Wer versucht, die vielfältigen Veränderungen in der Gesellschaft der Bundesrepublik seit dem Ende der 1960er Jahre angemessen darzustellen, läuft Gefahr, durch die Komplexität der Ereignisse erdrückt zu werden. Von den Produktionsabläufen, Kommunikationsstrukturen über Arbeits- und Freizeitmustern bis hin zu privaten Lebensentwürfen hat sich vieles verändert, was oft erst im Nachhinein wahrgenommen wird. Mit der vermehrten Dynamik, die diese Prozesse kennzeichnet, wächst nicht nur die Unsicherheit des Einzelnen, sich im öffentlichen Leben falsch zu platzieren, auf Veränderungen nicht genügend vorbereitet zu sein, letztlich in metaphorischer Weise „zu spät zu kommen", sondern es entsteht auch ein Bedarf an Orientierung und Überblickswissen, an „Wegweisern", die es einem erlauben, jene vielfältigen Veränderungen zu klassifizieren und ggf. zu analysieren.

Das 1986 erstmals erschienene und mehrfach neu aufgelegte Buch von Ulrich Beck „Risikogesellschaft. Auf dem Wege in eine andere Moderne" scheint diesen Erwartungen zu entsprechen. Es liefert Stichworte und Argumentationsfiguren, die es nicht nur zu einem der meist zitierten Bücher in der soziologischen Fachliteratur der vergangenen zwei Jahrzehnte werden ließen, sondern es beeinflusste auch den populärwissenschaftlichen Diskurs der Journalisten. Im Folgenden soll zunächst auf diese, vereinfachende, Darstellung Beck'scher Gedanken etwas näher eingegangen werden[3], wobei eine Frage zum Leitfaden des folgenden Beitrags wird:

---

[1] Überarbeiteter Text von Franke (1999).
[2] Treutlein (1991/1994), Singler und Treutlein (2001), Knörzer, Spitzer und Treutlein (2006).
[3] Soziologische Analysen führen nicht nur zum fachwissenschaftlichen Diskurs über ihre Angemessenheit hinsichtlich der untersuchten Praxis, sondern sie leisten häufig auch Vorschub bei der Ausbildung von

In welcher Weise sind Gesellschaften, die sich zunehmend als individualisierte, konkurrenzorientierte Systeme entwickeln, weiterhin in der Lage, so etwas wie Gerechtigkeitsvorstellungen, Schemata sozialer Verantwortung und Bedingungen für Chancengleichheit zu entwickeln?

Die Beantwortung erfolgt in sechs Thesen:

1. These: Die kritische Analyse der modernen Gesellschaft durch Ulrich Beck begünstigt, insbesondere durch ihre resignativen Konsequenzen, die Renaissance der werthaltigen Dichotomie von „Gemeinschaft und Gesellschaft" wie sie Ferdinand Tönnies vor 100 Jahren erstmals entwickelte.

Zu den am häufigsten verwendeten Stichworten der Beck'schen Analyse gehören die Begriffe der „Individualisierung" und des sich daraus ergebenden sogenannten „Wertewandels". Holzschnittartig prägt sich im populären Gesellschaftsdiskurs eine Argumentationsfigur ein, die durch ihre Griffigkeit Deutungsqualität für viele Lebensläufe und Schicksale erhält. Danach sind moderne Gesellschaften im Wesentlichen gekennzeichnet durch:

- den Verweis auf den zunehmenden Bedeutungsverlust klassischer Legitimationsinstanzen (Kirche, Beruf, Schule, Familie),
- den Verlust von überdauernden Statuszuweisungen (z. B. Ausbildungszeiten, Berufsabschlüsse),
- neue Formen der Spezialisierung und Weiterqualifikation, mit der Forderung nach vermehrter Mobilität und Flexibilität,
- die zu einer bisher nicht gekannten Art von Individualisierung der Gesellschaft führt,
- die gekennzeichnet ist durch eine vermehrte Mutation von Sozialbeziehungen zu Konkurrenzbeziehungen,
- mit der Folge, dass Gesinnungsbeziehungen immer häufige zu zeitlich befristeten Interessenbeziehungen werden,
- was zu einer Bedeutungsverschiebung des Freiheitsbegriffs führt: Individuelle Freiheit heißt häufig nur noch, auf dem sich immer schneller drehenden „Karussell der Moden" mitzufahren,

---

Deutungsmustern für gesellschaftspolitische Alltagsdiskussionen. – Das ist ein Vorgang der „Verwissenschaftlichung von Handlungspraxis", der im Rahmen einer selbstreflexiven soziologischen Wirkungsforschung differenzierter erfasst werden müsste.

- wodurch es zu einer zunehmenden Auflösung werthaft geprägter Weltvorstellungen kommt, (die Welt der Arbeit, der Freizeit, des Urlaubs, des Wochenendes etc. sie sind nicht nur andere Handlungswelten, sondern man nimmt sich das Recht, am Abend, im Urlaub auch ein anderer Mensch zu sein).[4]

Mit dieser klassifikatorischen Trennung in Sozialbeziehungen versus Konkurrenzbeziehungen, Gesinnungsbeziehungen versus Interessenbeziehungen, authentisches Ich versus sozialisiertes Ich leistet Beck traditionellen Deutungen Vorschub:

„In den fünfziger Jahren haben die Menschen auf die Frage, welche Ziele sie anstreben, klar und eindeutig geantwortet: In Kategorien eines 'glücklichen' Familienlebens, mit Plänen für das Einfamilienhaus, das neue Auto [...] heute sprechen viele eine andere Sprache, die - zwangsläufig vage - um 'Selbstverwirklichung', die 'Suche nach der eigenen Identität' kreist [...] . Dies trifft keinesfalls auf alle Bevölkerungsgruppen gleichermaßen zu. Dieser Wandel ist wesentlich ein Produkt [...] der besseren Ausbildung, des höheren Einkommens, während die älteren, ärmeren weniger gut verdienenden Teile der Bevölkerung deutlich an das Wertsystem der fünfziger Jahre angebunden bleiben [...] . Die Konsequenz ist, dass die Menschen immer nachdrücklicher in das Labyrinth der Selbstverunsicherung, Selbstbefragung und Selbstvergewisserung hineingeraten" (Beck 1986, 156).

Die Folge dieses selbstkritischen Individualismus ist die Auflösung traditioneller Gemeinschaften und ihre Ersetzung durch situationsabhängige Zweckbündnisse.

„Koalitionen sind in diesem Sinne situations- und personenabhängige Zweckbündnisse im individuellen Existenzkampf auf den verschiedenen gesellschaftlich vorgegebenen Kampfschauplätzen" (Beck 1986, S. 159).

Bei allem Respekt vor dem analytischen Bemühen bereitet Beck mit solchen Aussagen und funktionalistischen Begrifflichkeiten den Weg in eine soziologische Sackgasse, da er einerseits gesellschaftliche Bezüge anschaulich verdeutlicht, jedoch andererseits nur abstrakt Konsequenzen andeutet. So lösen sich seiner Auffassung nach die bis in die sechziger Jahre entwickelten „Gemeinschaftlichkeiten" immer mehr auf und

„das gelebte Bewusstsein dieser Einheit in gemeinschaftlichen Bedingungen und Kontaktnetzen (wird) durch wachsende Bildungsabhängigkeit, Zwänge und Chancen zur Mobilität, Ausdehnung von Konkurrenzbeziehungen usw. aufgelöst" (Beck 1986, 137)

Da weiterführende Explikationen hinsichtlich neuer „Binnendifferenzierungen, die zwar die alten, traditionalen Milieulinien aufnehmen" sehr vage bleiben und ihre „Bedeutung für die Lebensführung – und Perspektiven der Menschen noch nicht rich-

---

[4] Vgl. dazu insbesondere Beck (1986, 67-219).

tig erkannt werden" (Beck 1986, 137), kann Becks Analyse als eine Fortsetzung dessen erscheinen, was Tönnies in „Gemeinschaft und Gesellschaft" herausarbeitete, wenn er betonte, dass die *Gesellschaft* in der Tradition von Thomas Hobbes nicht nur als eine „künstliche" Form des individuellen Lebens, sondern auch als spezifisch antisolidarisch zu deuten sei, als eine funktional-rationale Interessengesellschaft, im Sinne eines mechanistischen Aggregats, in dem nur Konkurrenz- und Klassensysteme ausgebildet werden können, die ein „Verhältnis der Indifferenz oder der Feindseligkeit" schaffen (Tönnies 1925, 30).

In deutlicher Absetzung zur anonymen, funktionalistischen Gesellschaft zeigt sich *Gemeinschaft* nach Tönnies in den besonderen Beziehungen zwischen Personen in Familien, gestaltet an überschaubaren Orten, zusammengehalten durch die eine gemeinsame Gesinnung einer Volksgemeinschaft. Ohne hier weiter auf die bedenkliche lebensphilosophische Auslegung des Gemeinschaftsbegriffs durch Tönnies einzugehen, die in ihrer zeitgebundenen Deutung sicherlich keine Affinität zu Beck'schen Argumenten erkennen lässt, ist ein Aspekt von besonderer Bedeutung: Die Frage nach den Bedingungen und Möglichkeiten von Gerechtigkeit in sozialen Systemen.

2. These: *Durch die implizite Renaissance des Stereotyps „Gesellschaft versus Gemeinschaft", vermittelt über funktionalistische Analysen, wird der Vorstellung Vorschub geleistet, als ob eine Ethik als Theorie sozialer Gerechtigkeit nur in solchen sozialen Systemen möglich ist, die die Struktur von „Gemeinschaften" haben, bzw. wird umgekehrt der Eindruck erweckt, als ob konkurrenzorientierte Gesellschaften keine Gerechtigkeitsvorstellungen entwickeln können.*

Für Tönnies kann nur in einer Gemeinschaft auch eine ethische Kultur entwickelt werden. Denn im Gegensatz zur antisolidarischen, anonymen, funktional-rationalen Gesellschaft setzt eine Gemeinschaft eine sogenannte „Bejahung" voraus, eine gegenseitige Anerkennung, einen Raum, in dem sich ein ethischer Interaktionismus entwickeln kann. Dabei geht er davon aus, dass man nicht nur rückwärtsgewandt nach verlorengegangenen Gemeinschaften suchen soll, sondern der Gemeinschaftsgedanke als wesentliche Voraussetzung von Gerechtigkeitsvorstellungen auch eine Zukunftsvision sein kann. Das bedeutet: Die Offenheit der Gemeinschaftsvorstellung, die Unterstellung, nur sie könne durch gegenstandsspezifische Interaktionsnormen per se auch einen Gerechtigkeitsauftrag erfüllen, sowie ihre werthaltige Zukunftshoffnung, die bessere Sozialform für den Menschen zu sein, hat – zumindest in der populären Gesellschaftsdiskussion - zu einem eigenartigen Paradox geführt:

- einerseits wird im Sinne einer Realanalyse die Zunahme an Interessen- und konkurrenzorientierten Gesellschaftsformen mit ihren verschiedenen Auswüchsen des ungerechten Lebens herausgearbeitet,
- andererseits wird die Frage, ob und wie diese Umstände verändert werden können, nicht als eine Frage angesehen, die *innerhalb* des konkurrenzorientierten Systems beantwortet werden könnte. Vielmehr wird der Vorstellung Vorschub geleistet, Gerechtigkeitsformen können nur dann ausgebildet werden, wenn auch das soziale System sich als „Gemeinschaft" formiert.[5]

Da die Bilder christlicher oder humanistischer Gesinnungsgemeinschaften immer mehr verblasst sind und insbesondere in Deutschland auch das Bild einer Gemeinschaft in Form von Gefolgschaft, Genossenschaft oder Volksgemeinschaft durch zwölf Jahre deutscher Geschichte nicht ohne zusätzliche Erklärungen bzw. Relativierungen gebraucht werden kann, scheint die Vorstellung einer *gelebten Gemeinschaft*, die sich sogar in einem konkurrenzorientierten System bewähren könnte, eine immer größere Bedeutung zu erhalten: Das Bild von der *fairen Sportgemeinschaft*. Mit dem moralischen Zeigefinger im Verweis auf den „Geist des Sports" wird häufig in der konkurrenzorientierten Gesellschaft etwas normativ kompensiert, was eigentlich selbstkritisch analysiert werden müsste.[6]

Am Fair-play-Gebot im sportlichen Wettkampf lässt sich explizieren, welche ideologischen Argumentationsmöglichkeiten sich ergeben, wenn strukturelle Implikationen eines konkurrenzorientierten Systems in moralisch normativer Weise gedeutet werden. Dies bedeutet:

- Zum einen kann die traditionelle Fair-play-Argumentation im Sport als ein Musterbeispiel dafür gelten, welche doppelbödige Moralität etabliert werden kann, wenn trotz der interessen- und konkurrenzorientierten Handlungsbedingungen gemeinschaftsrelevante, wertethische Gerechtigkeitsvorstellungen eingeklagt werden.[7]
- Zum anderen lässt sich am gleichen Thema aber auch zeigen, wie bei veränderter Forschungsperspektive das Fair-play-Gebot im Wettkampfsport zum Bei-

---

[5] Im Rahmen der aktuellen Kritik an der Gerechtigkeitsidee des uneingeschränkt wirksam werdenden Liberalismus, die sich insbesondere in Amerika entwickelt hat, kommt es auch zu einer Renaissance des Gemeinschaftsbegriffs u. a. im Kommunitarismus. Seine Kritik am Liberalismus ist jedoch differenzierter als die schlichte Dichotomie von guter Gemeinschaft und böser Gesellschaft (vgl. dazu Brumlik und Brunkhorst 1993, S. 11 f. sowie Walzer 1990, Kloppenberg, 1987 u. a.).

[6] Entsprechend ist der Appell des Bundeskanzlers nach dem Sieg der deutschen Fußball-Nationalmannschaft bei der EM 1996 in England an die deutschen Arbeitnehmer, sie sollten nicht lamentieren, sondern sich ein Beispiel am Mannschaftsgeist unserer Fußballer nehmen, nicht nur ein gesellschaftspolitischer Akt, sondern hinsichtlich der aus politischer Sicht unterstellten Modellfunktion des Sports auch gefährlich.

[7] Vgl. dazu Diem (1960), Grupe (1985), Kuchler (1969), Rösch (1979), Sontheimer (1986) u. a.

spiel für die Ausbildung von Gerechtigkeitsvorstellungen *innerhalb* eines konkurrenzorientierten Systems werden kann.[8]

Die Vorstellung, dass man nur dann von einem „echten" sportlichen Wettkampf sprechen kann, wenn auch sichergestellt ist, dass es dabei fair zugeht, gehört zum Allgemeinverständnis des Sports. Bei weiterem Nachfragen zeigt sich, dass der positive Begriff „Fair play" meist nur über die Negativbestimmung dessen, was als nicht fair angesehen wird, Bedeutung erhält. Ähnlich wie die Begriffe „Freizeit" oder „Frieden", die lange nur über die Negativinterpretation bestimmt wurden, und es erst in jüngster Zeit Ansätze zur inhaltlichen Füllung sogenannter „positiver" Freizeit- oder Friedensbegriffe gibt, verhält es sich mit dem Fairnessbegriff. Dabei wird oft übersehen, dass eine solche positive Begriffsexplikation grundsätzlich in zweifacher Weise versucht werden kann:

- Fairness gedeutet als ein *wertethischer* Begriff, der den Handlungen im sportlichen Wettkampf einen bestimmten moralischen Gehalt gibt, oder
- Fairness gedeutet als ein *konstitutives* Merkmal des Handlungssystems sportlicher Wettkampf im Sinne der strukturellen Andersartigkeit sportlicher Handlungen, z. B. gegenüber Alltagshandlungen.

Bezugnehmend auf die erste Deutungsmöglichkeit ergibt sich die dritte These:

3. These: *Die Etablierung des Fair-play-Begriffs als wertethischer Handlungsbegriff innerhalb des konkurrenzorientierten Wettkampfsystems suggeriert einen Zustand, der für die Akteure eine Überforderung und für das System eine permanente Legitimationskrise darstellt.*

Nach der Fußballmeisterschaft 1954 berichtete Fritz Walter über seine Gefühle bei der Siegerehrung und beschrieb damit einen Zustand, der gern als das Idealbild einer Sportgemeinschaft angesehen wird.

Unwillkürlich habe ich das Bedürfnis, Tuchfühlung zu nehmen, und ich greife nach Toni Tureks Hand. Ganz von selbst finden sich auch die Hände der anderen, und der Kreis [...] ist, nur für uns sichtbar, wieder da [...] Nie zuvor und nie danach hat einer von uns intensiver gespürt, was es heißt, zu einer Mannschaft zu gehören" (Leinemann 1996, 20).

Bezieht diese Solidarität der Gleichgesinnten auch den sportlichen Gegner mit ein, ergibt sich ein wertethischer Katalog von Tugenden, wie Toleranz, Ritterlichkeit, Aufrichtigkeit, Bescheidenheit, Selbstzucht, Gerechtigkeit etc., der in der klassischen Sporttheorie unter den Begriff des „Fair play" zusammengefasst wird.

---

[8] Dazu Court (1994), Franke (1989, 1994), Franke und Bockrath (1995), Heringer (1990).

Im folgenden soll sichtbar werden, welche Möglichkeiten sich ergeben, wenn der Fairness-Begriff nicht im Sinne einer individuellen wertethischen Handlungsmoral, sondern als *konstitutives Merkmal* der – wie ich es nennen möchte – *Sonderweltlichkeit des Wettkampfsports* expliziert wird. Um dies zu verstehen, ist ein kurzer Exkurs über die Struktur des Wettkampfsports aus analytischer Sicht notwendig.

Exkurs

Am vielfach gebrauchten Bild des 400-m-Läufers, der dort wieder ankommt, wo er losgelaufen ist, lässt sich verdeutlichen, warum der Wettkampfsport nicht nur eigenen Regeln folgt, sondern auch spezifische Sinndimensionen entwickelt. Aus alltagsweltlicher Sicht ist eine solche Handlung sinnlos, und versucht man, die individuellen Motive eines Aktiven als Anhaltspunkte für eine Bedeutungszuordnung zu nehmen, ergibt sich ein Warenhauskatalog an Handlungsbedeutungen. Sinn-voller, im wörtlichen Sinne, ist es dagegen, die Bedingungen der Möglichkeiten des Wettkampfsports zu analysieren. Dabei zeigt sich, wie an anderer Stelle ausführlicher begründet wurde,[9] dass man den Wettkampfsport als einen quasi „ästhetischen" Vorgang ansehen kann, wobei der Ästhetikbegriff bewusst als ein *formaler* verstanden wird und ihm damit gerade nicht eine inhaltsorientierte, sondern eine wahrnehmungs- und erkenntnistheoretische Bedeutung zugewiesen wird. Strukturverwandt mit dem Phänomen der Kunst und dennoch deutlich von ihm unterschieden, zeichnen sich wettkampfsportliche Handlungen durch mehrere formal-ästhetische Konstitutionskriterien aus wie u. a. raum-zeitliche Ausgrenzung aus Alltagskontexten, spezifische Handlungsbedingungen, Rückverweisung des Handlungs-Sinns auf die Handlungen selbst als eine „Zweckmäßigkeit ohne Zweck" (Kant, 1968), die man „*Handlungsreflexivität*" nennen könnte.

Wichtig für die weitere Argumentation ist, dass die Handlungsreflexivität nicht als Wesensmerkmal einer Sporthandlung, sondern als Kennzeichen einer *bestimmten Perspektive* interpretiert wird. Ähnlich wie bei einer psychologischen Springfigur (z. B. Hase/Entenkopf)[10]

---

[9] Vgl. dazu Court (1994), Franke (1978; 1994) sowie Franke und Bockrath (1995), Heringer (1990).
[10] Vgl. Wittgenstein (1967, 228).

kann eine wettkampfsportliche Handlung demnach immer aus zwei Perspektiven analysiert werden: der sogenannten *Konstitutions*perspektive (a) und der *Verwertungs*perspektive (b).

- Die *Konstitutions*-Bedeutung zeigt sich immer dann, wenn die konstitutiven Regeln, die spezifischen Handlungsmerkmale bezogen auf Raum, Zeit etc. beachtet werden und damit eine Eigenwelt des Sports, die ihren Handlungssinn zunächst „reflexiv" in sich selbst hat (analog zum künstlerischen Œuvre), konstituiert wird.

- Ein auf diese Weise geschaffenes „athletisches Œuvre" kann jedoch auch eine *Verwertungs*-Bedeutung erhalten. Das heißt, analog zur Zweckfreiheit von Kunstwerken, die meist auch einen Kunstmarkt schaffen, erhält auch ein „athletisches Œuvre" durch die Ökonomisierung und Instrumentalisierung des modernen Wettkampfsports – gleichsam parallel zu seiner immanenten Konstitutionsbedeutung – eine Verwertungs-Bedeutung. Entscheidend für die weitere Argumentation ist die Feststellung, dass zunächst immer eine *konstitutive* Deutungsperspektive eingenommen werden muss, damit man von *sportlichen* Handlungen sprechen kann (darin liegt z. B. der Unterschied zwischen einem agonalen Boxkampf und einer Catch-Showveranstaltung). Aber diese Deutungsperspektive kann immer auch überlagert werden von der (zweiten) *Verwertungs*-Bedeutung. D. h. der eigentlich „zweckfreie, reflexiv auf sich selbst verweisende Tennissieg" ermöglicht einen Werbevertrag oder dem 800-m-Lauf kann „gleichzeitig" vom Akteur und/oder Rezipienten eine gesundheitserhaltende Funktion zugeschrieben werden.

Eine wesentliche Rolle bei der Konstitution der reflexiven Eigenwelt des Sports spielen also die Wettkampf*regeln*, durch ihre zweifache Funktion: Zum einen *konstituieren* sie den spezifischen Handlungsrahmen mit seinen besonderen Zielen. Zum anderen regulieren sie die Handlungsabläufe innerhalb der konstitutiven Handlungswelt. Durch diese doppelte Funktion erhalten Wettkampfregeln nicht nur eine *formalästhetische* (Ausgrenzungs-) Bedeutung gegenüber der Alltagswelt für die durch sie bestimmten Handlungen, sondern immer auch eine *ethische* Bedeutung. Sie fokussiert sich im sogenannten „*agonalen* Prinzip":[11]

Spezifisch für die auf diese Weise konstituierte Eigenwelt des Sports ist der gleichsam schizophrene Auftrag an die Akteure, einerseits sich permanent zu bemühen, besser zu sein als die anderen und gleichzeitig diesen anderen Gerechtigkeit wi-

---

[11] Vgl. dazu auch Franke (1994, 76-96).

derfahren zu lassen. Ein Tatbestand, der den Wettkampfsport als ein besonderes *ethisches* Handlungssystem kennzeichnet, denn einerseits schafft es in weitem Maße die Möglichkeit, persönliche Leistungen zum Nachteil anderer (explizit) herauszustellen und favorisiert damit den Eigennutz, andererseits nimmt es für sich in Anspruch, weitgehend Chancengleichheit und Gerechtigkeit für jeden Teilnehmer garantieren zu können und verlangt damit Sozialverantwortung. Das heißt, das agonale Prinzip ist ein wesentliches *ethisches Konstitutionsmerkmal* wettkampfsportlicher Eigenwelt. Es zeigt sich als *Paradoxon* zwischen *Überbietungsgebot* (mit Sieg-Postulat) und *Gleichheitsgebot* (mit dem Postulat Chancengleichheit).

4. These: *Fair play im Wettkampfsport setzt die prinzipielle Bereitschaft voraus, in konkurrenzorientierten Systemen Regeln anzuerkennen, auch wenn sie zu keiner Optimierung der eigenen Glücksbilanz führen.*

Die Tatsache, dass man die Wettkampfregeln nicht immer wieder neu erschaffen, sondern sie nur beachten muss bzw. dies schon tut, wenn man aktiv an einem Wettkampf teilnimmt, verdeckt den dabei implizit immer auch involvierten „Vertrags-Akt", den jeder vornimmt, der bereit ist, einen als „Aus" gegebenen Ball, einen „dritten Fehlstart", eine „gelbe Karte" für sich in Hinsicht auf seine Handlungen als *sinnvoll* zu akzeptieren, d. h. die Konstitution der Sonderweltlichkeit anzuerkennen.

Diese Akzeptanz beinhaltet, dass wir uns mit der Einhaltung der Regeln nicht nur innerhalb einer Art Leitplanke, die der Wettkampf vorgibt, „richtig" oder „falsch" verhalten, sondern die symbolvermittelte Re-Konstruktion des Verhaltensereignisses als sportliche Handlung schließt immer auch den Abschluss eines „Sozialvertrages" ein. Er gilt immer dann, wenn die spezifische Sinnhaftigkeit der konstitutiven Regel-Normenvorgaben grundsätzlich anerkannt wird, das heißt eine Sinnhaftigkeit in der Sinnlosigkeit z. B. des 400 m-Laufes als gegeben angenommen und die daraus erwachsenen Handlungsauflagen vom Akteur und Rezipient als berechtigt angesehen und respektiert werden. Kennzeichnend für diesen „Vertrag" ist, dass er die einzelne Person nicht nur über bestimmte Normenvorgaben an die Institution Wettkampfsport bindet, sondern dass diese Normen erst auf dem Hintergrund von *allgemeinen Vertrags-Werten* und *wettkampfrelevanten Werten* ihren Sinn erhalten.[12]

Dabei erscheint die Tatsache wichtig, dass durch die prinzipielle (konstitutive), „sinnlose Sinnhaftigkeit" des geregelten Wettkampfsports aus alltagsweltlicher Sicht, jede Beachtung von Wettkampfvorgaben durch einen Akteur, auch immer dessen *de facto-Zustimmung* zu dieser Eigenwelt impliziert – sie also einen freiwilligen Vertragsakt darstellt.

---

[12] Vgl. Drexel (1990), Bourdieu (1993, 123 f.), Franke (2010).

Am Beispiel des konkurrenzorientierten Wettkampfsports, der insbesondere in Deutschland auf Grund der traumatischen Geschichte von Gemeinschaftsideologien nicht zufällig zum Modell zeitgemäßer Gemeinschaftserfahrungen werden konnte, kann zweierlei expliziert werden: Zum einen wird am Beispiel des Fair play deutlich, zu welchen realitätsfernen moralischen Überfrachtungen es kommen kann, wenn einem System (wertethische) gemeinschaftsrelevante Interaktionsziele normativ zugewiesen werden, obwohl sie in der Realität keine handlungssteuernde Bedeutung haben. Zum anderen kann am gleichen Thema skizziert werden, welche Möglichkeiten sich ergeben, wenn Gerechtigkeitsvorstellungen in konkurrenzorientierten Systemen nicht über wertethische *Ziel*-Projektionen, sondern über regelorientierte (formal-ästhetische) *Mittel*-Vorgaben angestrebt werden.

5. These: *Moderne Gesellschaften sind immer weniger über gemeinsame Ziele, eher jedoch über gemeinsam akzeptierte Mittel miteinander verbunden.*

Das bedeutet, die *Ziele*, die jeweils im Leben angestrebt werden, sind durch die Komplexität moderner Gesellschaften immer vielfältiger geworden und müssen in ihrer Vielfalt als Ausdruck pluralistischer Lebensvorstellungen auch akzeptiert werden. Was jedoch aus normativer Sicht noch regelungsfähig erscheint, sind die Wege, die *Mittel* zur Erreichung dieser verschiedenen Ziele.

„Bürger haben trotz unterschiedlicher Ziele gemeinsame Interessen, weil jeder einzelne zur Verwirklichung seines individuellen Lebensentwurfs des allgemeinen Friedens (Th. Hobbes) und einer möglichst leistungsfähigen Gesellschaftsordnung bedarf. Konsensfähig sind also nicht die Ziele – hier ist der Pluralismus unwiderrufbar – wohl aber jene Regeln, die mittelbeschränkend festlegen, was jeder einzelne zur Verfolgung seiner Ziele einsetzen kann, ... ohne die Umstellung von Ziel- auf Regelkoordination, kann eine moderne Gesellschaft nicht funktionieren" (Homann und Pies 1994, 95).

Dies bedeutet, dass viele Mittelvorgaben, die in traditionalen Gesellschaften häufig noch über die gemeinsamen Ziele informell mit bedacht wurden, heute formalisiert werden müssen, woraus folgt: Die Bedeutung formeller Sanktionsinstitutionen ist in modernen Gesellschaften grundsätzlich größer geworden.

„Verhandlungen müssen aus Eigeninteresse erfolgen können ... werden (jedoch) durch sanktionsbewährte Regeln im Sinne des Gemeinwohls kanalisiert" (Homann und Pies 1994, 8).

Entscheidend ist, dass das Gemeinwohl, die pragmatische Vorstellung von Gerechtigkeitsannahmen in sozialen Kontexten, nicht mehr durch wertethische Setzungen angestrebt wird, sondern durch die „*Sicherstellung von Spielräumen für ein gelingen-*

des Leben" (Seel 1993, 255), woraus sich in Anlehnung an Seel (1993) eine sechste, abschließende These ergibt.

6. *These:* *Spielräume für ein gelingendes Leben sind Ausdruck von Freiheit. Und Freiheit ist der moderne Begriff des Guten. Da diese Form des Guten nur erreicht werden kann, wenn Richtlinien gerechten Handelns entwickelt werden, bedingt eine moderne Ethik des Guten eine Ethik des Gerechten.*

Wie dies zu verstehen ist, soll wiederum mit Bezug auf den Wettkampfsport expliziert werden. Er kann als Modell für eine Interaktionsform gelten, bei der sich wichtige Handlungs- und Entscheidungsspielräume gerade erst aus der Beachtung institutioneller Regelvorgaben ergeben. Sie ermöglichen im Sinne Seels die organisatorische Sicherstellung einer *spezifischen Lebensform* zwischen „sinnstiftenden Gemeinschaften" und „subjektbestimmenden offenen Gesellschaften". Kennzeichnend für diese „spezifischen Lebensformen" innerhalb der pluralen Gesellschaften ist nach Seel, dass sie bestimmte partikulare Existenzformen eröffnen, die sich – und dies zeigt sich besonders deutlich am Beispiel des Wettkampfsports – durch zeitliche, räumliche, wissens- oder könnensmäßige Mitgliedsbedingungen von anderen „spezifischen Lebensformen" abgrenzen.

„Universale Lebensformen kann es nicht geben; ihnen wäre das Telos abhanden gekommen, aus dem sich die Bindung an eine bestimmte Lebensform ergibt" (Seel 1993, 246).

Entscheidend ist nun, dass sich Gerechtigkeitsvorstellungen nur entwickeln können, wenn sich die Akteure in solchen „spezifischen Lebensformen" deren Spezifik bewusst sind und *sie nicht zu einer globalen sinnstiftenden Lebensvorstellung erweitern*, wie es z. B. für die „Gesinnungs-Gemeinschaften" des traditionellen Sportvereins typisch ist. Nur wenn die „spezifischen Lebensformen" als partielle Interaktionsformen verstanden werden, Akteure sich deren Relativität bewusst sind und die eigene Existenz als Koexistenz mit anderen Lebensformen begreifen, ergibt sich jene prinzipielle Freiheit, aus der sich auch die Bedingungen für das Gute und Gerechte entwickeln.

„Das Telos moderner Lebensformen liegt in der Eröffnung von Freiheit nicht allein in ihren Formen, sondern zugleich gegenüber allen ihren Formen" (Seel 1993, 250).

Ein Prüfstand für den „Grad an Freiheit" ist dabei nicht die Frage, ob es für den einzelnen eine permanente, situationsunabhängige Handlungsfreiheit in einer Lebensform gibt, denn dies würde jede Art von Institutionalisierung ausschließen, sondern es ist eine Frage der *Teilnahme* des einzelnen an einer Lebensform. Im Unterschied zur Gemeinschaft, der man in der Regel nach einer gewissen Zeit in umfassender Weise angehört, ist die Bindung an eine zeitlich, räumlich etc. ausgegrenzte Lebensform immer nur eine besondere Form von „Zugehörigkeit". Man nimmt zwar meist über typische Handlungen an dieser Lebensform teil, bleibt aber nur in einer gleichsam äußerlichen Weise zugehörig. Dabei ist von Bedeutung, dass jene freiheitsstiftende Lebensform nur so lange garantiert ist, *wie sie sich gerade nicht in Form einer Gemeinschaft etabliert*, d. h. solange, wie distanzformierend so etwas wie eine „Abstandspraxis" bewusst kultiviert wird.

„In der Position der abstandnehmenden Zugehörigkeit werden sich ihre Mitglieder der Besonderheit ihres Angehörigseins zu einer historischen, konsistenten, von Alternativen umgebenden Lebensform gewahr" (Seel 1993, 249).

Bezogen auf die Fair-play-Frage im Wettkampfsport bedeutet das gleichsam eine Umkehrung traditioneller Interpretationen. Nicht das Einklagen einer gesinnungsethischen Sportler-Gemeinschaft mit bestimmten wertethischen Idealen wie denen der Ritterlichkeit, Fairness und Toleranz garantiert auch Gerechtigkeitsvorstellungen in der ausgegrenzten Lebensform des modernen Wettkampfbetriebs, sondern das Umgekehrte gilt: Erst wenn die Institution keine gesinnungsethischen Gemeinschaftsrituale einklagt, sondern der Eintritt in die Sonderweltlichkeit des Wettkampfes und damit die Akzeptanz der Sinnhaftigkeit der Sinnlosigkeit des eigenen Handelns permanent als ein subjektiv freiwilliger, prinzipiell korrigierbarer Akt angesehen wird, können sich situationsgemäße Gerechtigkeitsvorstellungen entwickeln.

Resümee

Mit dem hier skizzierten Deutungsansatz wurde die traditionelle deontologische Argumentation, nach der ein ethischer Universalismus auch alle partikularen Formen umfassen muss, relativiert. Es scheint vielmehr, insbesondere unter den Bedingungen moderner Gesellschaften, angemessen zu sein, eine universalistische Ethik als einen Prozess zu kennzeichnen, der die formale Kategorie von Gerechtigkeitsvorstellungen über die Frage nach den Freiheitsgraden der subjektiven Teilhabe an *verschiedenen* „spezifischen Lebensformen" konstituiert. Der Wettkampfsport kann dafür als ein Modell angesehen werden.

Literatur

Beck, U. (1986). *Risikogesellschaft. Auf dem Wege in eine andere Moderne.* Frankfurt/M.: Suhrkamp.

Bickel, C. (1991). *Ferdinand Tönnies: Soziologie als skeptische Aufklärung zwischen Historismus und Rationalismus.* Opladen: Westdeutscher Verlag.

Bockrath, F./Franke, E. (1995). Is there any Value in Sports? About the Ethical Significance of Sport Activities. *International Review for the Sociology of Sport* 30: 3/4, S. 283-310.

Bourdieu, P. (1993). *Sozialer Sinn. Kritik der theoretischen Vernunft.* Frankfurt, M.: Suhrkamp.

Brumlik, M./Brunkhorst, H. (Hrsg.) (1993). *Gemeinschaft und Gerechtigkeit.* Frankfurt /M.: Fischer.

Court, J. (1994). *Kritik ethischer Modelle des Leistungssports.* Köln: Sport und Buch Strauss.

Diem, C. (1960). *Wesen und Lehre des Sports und der Leibeserziehung.* Berlin: Weidmann.

Drexel, G. (1990). Bewegung im Wettkampfsport als „performative" Handlung – ein Rahmenkonzept zur Erzeugung realer sowie moralisch defekter Bewegungs-Welten im Wettkampfsport. In: K. Cachey, G. Drexel und E. Franke (Hrsg.), *Ethik im Sportspiel.* Clausthal-Zellerfeld: Hans Richarz, S. 127-166.

Franke, E. (1978). *Theorie und Bedeutung sportlicher Handlungen - Voraussetzungen und Möglichkeiten einer Sporttheorie aus handlungstheoretischer Sicht.* Schorndorf: Karl Hofmann.

Franke, E. (1989). Sportler-Ethik als Charakter-Ethik oder Handlungsfolgen-Ethik? Skizze für den medienrelevanten Hochleistungssport. In: H. Allmer & N. Schulz (Hrsg.), *Sport und Ethik – Grundpositionen Brennpunkte der Sportwissenschaft 3,* S. 34-53.

Franke, E. (1994) Semiotik des Sports – Eine übersehene Variante in der Theoriediskussion. In: G. Friedrich, E. Hildenbrandt und J. Schwier (Hrsg.), *Sport und Semiotik.* St. Augustin: academia.

Franke, E. (1994). Dopingdiskurse: Eine Herausforderung für die Sportwissenschaft. In: K.-H. Bette (Hrsg.), *Doping im Leistungssport – sozialwissenschaftlich betrachtet.* Stuttgart: Stephanie Naglschmid, S. 67-100.

Franke, E. (1999). Gerechtigkeit und Fairplay – oder wie der Wettkampfsport zum Modell wird" (überarbeitet 2010). In: R. Mokrosch & A. Regenbogen (Hrsg.), *Was heißt Gerechtigkeit?* Denanwörth: Auer.

Franke, E. (2010). Doping im Wettkampfsport. Eine sportethische Herausforderung. *Zeitschrift für Kulturphilosophie* 4:1, S. 17-28.

Franke, E./Bockrath, F. (1995). Special Issue. Ethics and Sport. *International Review for Sociologie of Sport* 30:3/4, S. 244-456.

Grupe, O. (1985). Hat der Spitzensport (noch) eine Zukunft? Versuch einer Standortbestimmung - Bericht des 23. Magglinger Symposiums. In: G. Anders und G. Schilling (Hrsg.), *Hat der Spitzensport (noch) eine Chance?* Magglingen: Taschenbuch.

Hering, J. (1990). Regeln, Fairneß, Gerechtigkeit. In: K. Cachay, G. Drexel und E. Franke (Hrsg.), *Ethik im Sportspiel*. dvs-Bd. 43. Clausthal-Zellerfeld: dvs.

Homann, K./Pies, J. (1994). Wirtschaftsethik in der Moderne: Zur ökonomischen Theorie der Moral. *Ethik und Sozialwissenschaften* 1, S. 3-108.

Kant, I. (1968). *Kritik der Urteilskraft. Erster Teil: Kritik der ästhetischen Urteilskraft. In: Kants gesammelte Schriften.* Berlin 1908. Zitiert nach Abdruck Akademie-Textausgabe (Bd. V). Berlin.

Kloppenberg, J. (1987). The Virtues of Liberalism: Christianity, Republicanism and Ethics in Early American Political Discourse. *Journal of American History* 74, S. 9-33.

Knörzer, W./Spitzer, G./Treutlein, G. (2006). *Dopingprävention in Europa.* Aachen: Meyer & Meyer.

Kuchler, W. (1969). *Sportethos.* München: J. A. Barth.

Leinemann, J. (1996). Deutsche bleiben deutsch. Spiegel spezial 6, S. 18-23.

Lenk, H. (1985). *Die achte Kunst. Leistungssport - Breitensport.* Osnabrück/Zürich: Fromm.

Rawls, J. (1975). *Eine Theorie der Gerechtigkeit.* Frankfurt/M.: Suhrkamp.

Rehberg, K.S. (1993). Gemeinschaft und Gesellschaft – Tönnies und Wir. In: M. Brumlik und H. Brunkhorst (Hrsg.), *Gemeinschaft und Gerechtigkeit.* Frankfurt/M.: Fischer, S. 244-260.

Rösch, H.-E. (1979). *Sport ohne Ethos?* Mainz: M. Grünewald.

Schulze, G. (1995). *Die Erlebnisgesellschaft. Kultursoziologie der Gegenwart.* Frankfurt/New York: Campus Bibliothek.

Seel, M.(1993). Ethik und Lebensform. In: M. Brumlik und H. Brunkhorst (Hrsg.), *Gemeinschaft und Gerechtigkeit.* Frankfurt /M.: Fischer, S. 244-260.

Singler, A./Treutlein, G. (2001). *Doping – von der Analyse zur Prävention.* Aachen: Meyer & Meyer.

Sontheimer, K. (1986). Fair miteinander leben. In: DSB (Hrsg.), *Deutscher Sportbund 1982-1986. Bericht des Präsidiums*. Frankfurt: Selbstverlag, S. 136-145.

Tönnies, F (1925). *Soziologische Studien und Kriterien*. 1. Sammlung. Jena: Gustav Fischer.

Trebels, A. (1990). Zur moralischen Relevanz von Spielethos und Fair Play. In: K. Cachey, G. Drexel und E. Franke (Hrsg.), *Ethik im Sportspiel*. Clausthal-Zellerfeld: dvs, S. 43-63.

Treutlein, G. (1991). Doping bei Minderjährigen. *Sportpädagogik* 15, S. 6-14.

Treutlein, G. (1994). Zwischen Wertorientierung und Zweckrationalität. Handlungsdilemmata im Leistungssport. In: K.-H. Bette und U. Schimank, *Doping im Leistungssport – sozialwissenschaftlich betrachtet*. Stuttgart: Verlag Stephanie Naglschmid, S.153-166.

Walzer, M. (1990). The Communitarian Critique of Liberalism. *Political Theory* 19, S. 6-23.

Wittgenstein, L. (1967). *Philosophische Untersuchungen*. Frankfurt: Academia.

Zur Ausdifferenzierung der Sportsoziologie: Einflüsse und Antriebskräfte

Karl-Heinrich Bette

Unterstützt wurde die Ausdifferenzierung der Sportsoziologie durch den sich in den fünfziger und sechziger Jahren des letzten Jahrhunderts anbahnenden Bedeutungswandel ihres Objektbereichs. Der Sport erfuhr nach dem Wechsel von einer Mangel- und Knappheitsgesellschaft in eine Überfluss- und Freizeitgesellschaft eine immense Nachfrage. Er inkludierte immer mehr Bevölkerungsschichten für aktive Betätigungen im Breitensport und erhielt durch Entwicklungen im Bereich der Kommunikationstechnologie zudem ein besonderes Profil als Zuschauersport. Erstmals gab es für breite Bevölkerungsschichten einen bezahlten Urlaub sowie längere Freizeitquanten nach der Arbeit, die sich für unterschiedlichste Betätigungen nutzen ließen. Und nachdem das Fernsehen 1936 bei den Olympischen Spielen in Berlin lediglich in ausgewählten Fernsehstuben zum ersten Einsatz gekommen war, und insofern noch kein Massenmedium im engeren Sinne darstellte, wurde es seit den 1950er Jahren in den entwickelten Industriegesellschaften integraler Bestandteil privater Lebenswelten. Eine eigenständige, bildorientierte Unterhaltungsindustrie entstand und lernte langsam, im Sport einen ihrer wichtigsten Themenschwerpunkte zu finden. Insbesondere der durch seine spezifische Dramaturgie und Inszenierung spannungsträchtige Leistungssport passte mit seinen nationalen und internationalen Großereignissen wie den Olympischen Spielen, Fußball-Weltmeisterschaften, Länder- und Erdteilkämpfen sowie den diversen Ligaspielen in das Ereignisprofil des Fernsehens besonders gut hinein und befriedigte fortan die Unterhaltungs- und Identifikationsbedürfnisse eines breiten Publikums in höchst effektiver Weise.[1]

Infolge des Ressourcenzuflusses von außen durch wirtschaftliche und politische Instanzen und der weltweiten Verbreitung sportlicher Wettkämpfe mit Hilfe der Massenmedien und der hierdurch hervorgerufenen Publikumsnachfrage konnte der Sport eine eigenständige Autonomie gewinnen und zu einem global wahrgenommenen Phänomen expandieren. Die Asymmetrie zwischen der öffentlichen Aufmerksamkeit, die der Sport einerseits wirtschaftlich, politisch und medial hervorrief, und seiner akademischen Durchdringung andererseits wurde durch diese Entwicklung immer größer

---

[1] Die Fußball-Bundesliga begann ihren Spielbetrieb in der Saison 1963/64.

und augenscheinlicher. Sich mit dem Sport jenseits journalistischer Analyse und geselliger Stammtisch-Interaktion wissenschaftlich auseinanderzusetzen wurde immer dringlicher und führte schließlich zur Ausdifferenzierung der Sportwissenschaft, in der auch die Sportsoziologie zeitversetzt und stellenärmer nach Sportpädagogik, Sportgeschichte, Sportdidaktik, Sportpsychologie, Trainings- und Bewegungslehre und Sportmedizin ihre institutionelle Heimat fand. Die Sportsoziologie profitierte dabei nicht nur von dem gewachsenen Bedarf an Orientierungswissen bezüglich des Massenphänomens Sport, sondern auch von dem Nimbus der Soziologie als Planungswissenschaft, der zumindest bis in die 1970er Jahre noch vorhanden war.

Die Sportwissenschaft, und damit auch die Sportsoziologie, nutzte insbesondere den Bedeutungszuwachs des Sports im Kontext der nationalen und internationalen Politik für ein eigenes Größenwachstum. Ausschlaggebend für die politische Situation, die sich nach dem Ende des Zweiten Weltkrieges ergeben hatte, war die Polarisierung zwischen den westlichen Demokratien und den staatssozialistischen Ländern des Ostens. Die sozialistischen Länder Europas begannen sehr bald damit, den Leistungssport gezielt für ihre innen- und außenpolitischen Zielsetzungen einzusetzen. In der UDSSR beispielsweise wurden die einheitsstiftenden Rituale des Leistungssports dafür instrumentalisiert, die latenten Konflikte dieses Vielvölkerstaats, die die überstülpende sozialistische Einheit stets gefährdeten, kleinzuhalten (Riordan 1976; 1977). In der DDR wurde der Leistungssport benutzt, insbesondere die jüngere Generation zur Identifikation mit der künstlich geschaffenen Nation – und insofern immer auch mit der SED – zu bewegen. Internationale sportliche Erfolge dienten innenpolitisch als Surrogat für fehlende wirtschaftliche Erfolge in der selbstpropagierten „Systemkonkurrenz" zwischen Sozialismus und Kapitalismus (vom Stein 1988, 157-164).

Der Ost-West-Konflikt wurde demnach nicht nur kriegerisch – Beispiele: Korea, Vietnam – ausgetragen, sondern fand vornehmlich auch in „kalter" Form auf dem symbolträchtigen und global sichtbaren Gebiet des Sports statt (Wagg/Andrews 2007). Dieser war durch seine agonale Grundstruktur und Ausrichtung auf Sieg und Niederlage in besonderer Weise für eine stellvertretende, regelgeleitete und relativ harmlose Konfliktübernahme geeignet. Bei internationalen Wettkämpfen wollten sich die westlichen und östlichen Staaten und Staatenblöcke als die jeweils Besseren darstellen und Reputationsgewinne für ihre wirtschaftlichen und politischen Verfassungen erringen. In der Bundesrepublik entstand eine wechselseitige Nutzeninterdependenz im Verhältnis von Sport und Politik: Der organisierte Sport instrumentalisierte die Politik, um an knappe Ressourcen heranzukommen und eine eigene Expansion auf den Weg zu bringen; und die Politik nutzte den Sport, um über sportliche Erfolge einerseits Wir-Gefühle nach innen bei den eigenen Gesellschaftsmitgliedern in Gestalt von Massenloyalität hervorzurufen und andererseits eine möglichst effektive nationale Repräsentation nach außen durchzusetzen. Nicht nur militärisch, auch sportlich wurde in den einzelnen Nationalgesellschaften entsprechend aufgerüstet (Bette 1984). Die Ausscheidungswettkämpfe zwischen den Sportlern und Sportlerinnen der Bundesrepublik und der DDR zur Beschickung einer gemeinsamen Olympiamannschaft waren symbol- und prestigeträchtige Ereignisse mit einem hohen Öffentlichkeits- und Spannungswert.

Bereits bei den Olympischen Spielen 1960 begann sich die Vormachtstellung des Ostblocks im Medaillenspiegel abzuzeichnen. Im Westen setzte sich infolge dessen die Erkenntnis durch, dass sportliche Höchstleistungen nur durch langjährige intensive Trainingsmaßnahmen zu erreichen wären. Nachdem man von den Ostblockländern, vornehmlich der Sowjetunion und der DDR, die Folgen einer systematisch betriebenen Talentselektion und -förderung bei internationalen Wettkämpfen augenscheinlich vorgeführt bekommen hatte, stellte man innerhalb des Deutschen Sportbundes Überlegungen an, um dieses offensichtliche Leistungsgefälle aufzufangen. Bereits 1961 wurde auf Initiative eines aus dem NOK für Deutschland ausgegliederten „Ausschuss(es) zur wissenschaftlichen und methodischen Förderung des Leistungssports „Fragen zur Trainingsmethodik, Talentsuche und -förderung, Trainer- und Übungsleiterausbildung aufgegriffen und mit einem Katalog von möglichen Maßnahmen zu beantworten versucht. Nachdem sich die hauptsächlich von den Vereinen getragene Leistungsförderung bei den Olympischen Spielen 1964 als wenig konkurrenzfähig erwiesen hatte und die traditionelle Schulungsorganisation nicht die erwarteten sportlichen Erfolge hervorbrachte, war es ein Jahr später „eine politische Entscheidung, ‚den Fehdehandschuh (Willi Daume) aufzunehmen' und das Fördersystem für den Spitzensport hierzulande umzustellen" (Gieseler 1980, 33). Der Bau von Bundesleistungszentren, die Einrichtung von Fördergruppen bei der Bundeswehr, die Anstellung hauptamtlicher Bundestrainer und das Aufkommen des Diskussionsthemas „Sportgymnasium/Sportinternat" zeugen von den ersten, hauptsächlich zentralen Anstrengungen, die man innerhalb der Bundesrepublik in dieser Phase der Leistungsförderung mit der Zielsetzung an den Tag legte, eine Chancengleichheit mit denjenigen Ländern herzustellen, in denen der Sport staatlich finanziert und gesteuert wurde oder in denen der Sport hauptsächlich im Rahmen von Bildungseinrichtungen betrieben wurde. Das NOK für Deutschland selbst konnte dem neuartigen Regelungs-, Steuerungs- und Finanzierungsbedarf der Fachverbände nicht mehr entsprechen und differenzierte einen Arbeitskreis aus, aus dem 1969 der sog. Bundesausschuss Leistungssport (BA-L) hervorging.

Die DDR setzte ihre internationalen leistungssportlichen Erfolge gezielt ein, auf eine diplomatische Anerkennung als eigenständiger deutscher Staat neben der Bundesrepublik hinzuarbeiten (Strenk 1979, 129 f.). Für diesen Zweck investierte sie knapp 2% ihres Bruttosozialprodukts in den Sport, womit sie international weit an der Spitze lag. Tatsächlich wurde sie nicht zuletzt aufgrund ihres sportlich errungenen internationalen Prestiges seit Ende der 1960er Jahre von immer mehr Staaten formell anerkannt und konnte so die von bundesrepublikanischer Seite aufgestellte Hallstein-Doktrin, der gemäß einem Staat, der die DDR anerkannte, der Abbruch der diplomatischen Beziehungen vonseiten der Bundesrepublik angedroht wurde, erfolgreich und sichtbar außer Kraft setzen (Bette 1984, 25 ff; Taylor 1988, 550). Die Konkurrenz zwischen beiden deutschen Staaten verschärfte sich, nachdem das Internationale Olympische Komitee 1965 beschlossen hatte, nicht mehr, wie zwischen 1956 und 1964, eine gesamtdeutsche Mannschaft für die Olympischen Spiele zu akkreditieren, sondern zwei getrennte deutsche Teams mit unterschiedlichen Flaggen und Nationalhymnen an den Start zu schicken. Sie stellte damit eine öffentliche Vergleichbarkeit her und eröffnete damit einen Wettstreit, der erst Jahrzehnte später durch die Wiedervereinigung beendet wurde.

Der „Sputnik-Schock" des bundesdeutschen Sports erfolgte im Jahre 1968 bei den Olympischen Spielen in Mexico City, als die Athleten und Athletinnen der DDR unter den neuen Startbedingungen die höhere Medaillenausbeute vorweisen konnten und überschwänglich die Überlegenheit des Sozialismus feierten. Mit Blick auf die anstehenden Olympischen Spiele in München 1972 und die damit drohende „Gefahr", im eigenen Land als das sportlich unterlegene Gesellschaftssystem vorgeführt zu werden, antichambrierte der organisierte Sport in der Politik und konnte eine Neugründungs- und Umwidmungswelle sportwissenschaftlicher Einrichtungen erreichen – in der Hoffnung, die Erfolgsquote und Medaillenausbeute der eigenen Sportler und Sportlerinnen hierdurch signifikant steigern zu können. Im Schatten dieses Demand-pull konnte sich die Sportsoziologie an den sportwissenschaftlichen Instituten mit zeitlicher Verzögerung etablieren.

Die gegenüber anderen Disziplinen vorhandenen retardierenden Momente in der universitären Ansiedlung lagen darin begründet, dass die Sportsoziologie Ende der sechziger und Anfang der siebziger Jahre des letzten Jahrhunderts keinen starken Rückhalt im organisierten Sport besaß, sondern – ganz im Gegenteil – als eine subversive Disziplin galt, die an den Grundfesten des organisierten Sports zu rütteln beabsichtigte. Die „Neue Linke im Sport", die sich zu jener Zeit im Gefolge der Studentenproteste gebildet und die Sportverbände bis in die zweite Hälfte der siebziger Jahre mit einer vehementen Leistungskritik überzogen hatte,[2] vermittelte ein einseitiges Bild von der Sportsoziologie, das in der Folgezeit erst langsam mit Hilfe substanzreicher und ideologisch unverdächtiger Studien verdrängt werden konnte und dem organisierten

---

[2] Rigauer (1969; 1979), Vinnai (1970; 1972), Böhme et al. (1971), Prokop (1971), Güldenpfennig (1973, 1974).

Sport ein alternatives Bild von der Leistungskraft der Sportsoziologie zeigte. Die „Neue Linke" artikulierte einen pauschalen Manipulationsvorwurf, sah den Leistungssport im Würgegriff des kapitalistischen Wirtschaftssystems und leitete hieraus einen Entmenschlichungsverdacht ab. Als Gegenposition entstand im organisierten Sport das Bild vom „mündigen Athleten". Es wird bis heute von Sportfunktionären, auch kontrafaktisch, als Legitimationsfloskel benutzt, wenn es um die Verteidigung des Spitzensports in der Öffentlichkeit geht.

Hilfreich für die Etablierung der Sportsoziologie als universitäre Wissenschaftsdisziplin erwies sich die akademische Rückendeckung aus dem Bereich mutterwissenschaftlicher Sportliebhaber. Diese formulierten nicht nur wichtige Beiträge, sondern steigerten auch die Reputation der Sportsoziologie durch die Einbindung in den Kommunikationszusammenhang der universitären Soziologie. Außerdem halfen sie bei der Definition ihrer Standards. Wichtige Impulse erhielt die Sportsoziologie durch international renommierte soziologische Theoretiker wie Norbert Elias (1939, 263 ff.) und Pierre Bourdieu (1978; 1985; 1992; 1996; 1998, 123 ff.). Beide rekurrierten in ihren Studien immer wieder auf den Sport, um die Tragfähigkeit ihrer theoretischen Ansätze zu testen. Vor allem brachten sie Schüler hervor, die an ihre Arbeiten anknüpften und mit denen sie wichtige Folgeanalysen publizierten (Elias/Dunning 1970; 1983; 2003). Hierzu zählen für den Fall der Zivilisations- und Figurationssoziologie die in Leicester durchgeführten Arbeiten zum Fußball, Rugby oder zum Hooligan-Phänomen. Norbert Elias (1970, 75 ff.) verdeutlichte seine Idee von der unaufhebbaren Verstrickung des Individualhandelns in soziale Figurationen typischerweise mit Beispielen aus der Welt von Sport und Spiel und leitete hieraus die Autonomie der Soziologie gegenüber der Biologie und Psychologie ab. In Loïc Wacquant (2003) fand Bourdieu einen akademischen Schüler, der sich selbst sportlich betätigte und Interessantes über die Welt eines Chicagoer Box-Gyms zu berichten hatte.

Auch der in den USA bekannte Gregory P. Stone (1955; 1972), ein Symbolischer Interaktionist, fügte immer wieder bemerkenswerte Beiträge in den Wissenskorpus der Sportsoziologie ein und knüpfte dabei an die Spiel- und Spaßanalysen von Erving Goffman (1961, 17 ff.) an, die dieser bereits in seinen Studien über „Encounters" durchgeführt hatte. Auch in anderen Arbeiten stellte Goffman immer wieder Bezüge zu Sport und Spiel sowie zur Dramaturgie sozialer Situationen her. So begann er seine im Jahre 1967 publizierte Analyse über „Interaktionsrituale" interessanterweise mit dem existentialistisch anmutenden Zitat eines berühmten Hochseilartisten, das sich heute wie der Sinnspruch für den zeitgenössischen Abenteuer- und Risikosport liest: „Auf dem Seil sein ist Leben, der Rest ist Warten". Und das letzte Kapitel seiner Interaktionsstudie (ebd., 164 ff.) platzierte Goffman unter der Überschrift "where the action is". Hier versammelte er Einsichten über sportliche Wettbewerbe, „Charakterwettkämpfe" und den Nutzen von Sekundärerfahrungen: „Gerade in Momenten von *action* hat man das Risiko und die Gelegenheit, vor sich selbst und manchmal auch vor anderen zu zeigen, wie man sich verhält, wenn die Würfel gefallen sind. [...] Kurz, das Selbst kann sich freiwillig einer Neuschöpfung unterwerfen" (ebd., 257). Außerdem verwies Goffman (ebd., 9) in diesem Werk auf den für die Analyse des Sports durchaus bedeutsamen Zusammenhang zwischen Kontext und Handeln, den er in komprimierter Form wie folgt auf den Begriff brachte: „Es geht hier also nicht um Menschen und ihre Situationen, sondern um Situationen und ihre Menschen."

Bezüglich der Unterstützung der Sportsoziologie durch namhafte Soziologen denke man weiterhin für den Fall der deutschen Entwicklung an die wohlwollende Hilfe durch etablierte Soziologen wie René König, Helmuth Plessner, den Politikwissenschaftler und Soziologen Christian Graf von Krockow (1974; 1982) oder an die Arbeiten von Günther Lüschen, Kurt Hammerich, Hans Lenk (1964; 1969), Klaus Heinemann (1980; 1989), Michael Klein (1984), Friedhelm Neidhardt (Bette und Neidhardt 1985), Rudolf Stichweh (1990; 1995; 2005) und Uwe Schimank (1988; 1992; 2005), die alle ihre Berufssozialisation auch in der allgemeinen Soziologie absolviert hatten.

Literatur

Bette, Karl-Heinrich (1984). *Strukturelle Aspekte des Hochleistungssports in der Bundesrepublik. Ansätze für eine System-Umwelt-Theorie des Hochleistungssports.* Sankt Augustin: Verlag Hans Richarz.

Bette, Karl-Heinrich/Friedhelm Neidhardt (1985). *Förderungseinrichtungen im Hochleistungssport. Strukturen und Probleme.* Schorndorf: Hofmann.

Böhme, Jac-Olaf/Gadow, Jürgen/Jensen, Jörn/Pfister, Gertrud (Hrsg.) (1971). *Sport im Spätkapitalismus. Zur Kritik der gesellschaftlichen Funktionen des Sports in der BRD.* Frankfurt a. M: Limpert.

Bourdieu, Pierre (1978). Sport and Social Class. *Social Science Information* 17:6, pp. 819-840.

Bourdieu, Pierre (1985). Historische und soziale Voraussetzungen modernen Sports. *Merkur* 39:7, S. 575-590.

Bourdieu, Pierre (1992). Programm für eine Soziologie des Sports. In: ders., *Rede und Antwort.* Frankfurt a. M.: Suhrkamp, S. 193-207 (ursprünglich Paris 1987).

Bourdieu, Pierre (1996). Wie kann den Olympischen Spielen ihre internationalistische Bedeutung wiedergegeben werden? In: Gunter Gebauer (Hrsg.), *Olympische Spiele – die andere Utopie der Moderne. Olympia zwischen Kult und Droge.*

Frankfurt a. M.: Suhrkamp, S. 270-275.

Bourdieu, Pierre (1998). *Über das Fernsehen.* Frankfurt a.M.: Suhrkamp.

Elias, Norbert (1939). *Über den Prozess der Zivilisation. Soziogenetische und psychogenetische Untersuchungen.* 2 Bände. Frankfurt a. M.: Suhrkamp, 5. Auflage 1978.

Elias, Norbert (1970). *Was ist Soziologie?* München: Juventa (zitiert nach der 7. Auflage 1993).

Elias, Norbert/Dunning, Eric (1970). The Quest for Excitement in Unexciting Societies. In: Günther Lüschen (Hrsg.), *The Cross-Cultural Analysis of Sport and Games.* Champaign, Illinois, pp. 31-51.

Elias, Norbert/Dunning, Eric (1983). *Sport im Zivilisationsprozess. Studien zur Figurationssoziologie.* Münster: Lit Verlag.

Elias, Norbert/Dunning, Eric (2003). *Sport und Spannung im Prozess der Zivilisation.* Frankfurt a. M.: Suhrkamp.

Gieseler, Karlheinz (1980). Das freie Spiel der Kräfte. In: Rolf Andresen/Heinz Fallak/Karlheinz Gieseler/Harald Pieper/Stephan Starischka (Hrsg.), *Schneller, Höher, Stärker... Chancen und Risiken im Leistungssport.* Niedernhausen: Schors Verlag, S. 23-43.

Goffman, Erving (1961). *Encounters. Two Studies in the Sociology of Interaction.* Indianapolis. Indiana: The Bobbs-Merrill Company.

Güldenpfennig, Sven (1973). *Grenzen bürgerlicher Sportpädagogik.* Köln: Pahl-Rugenstein.

Güldenpfennig, Sven (1974). Erweiterte Reproduktion der Arbeitskraft. In Sven Güldenpfennig/Walter Volpert/Peter Weinberg (Hrsg.), *Sensomotorisches Lernen und Sport als Reproduktion der Arbeitskraft.* Köln: Pahl-Rugenstein, S. 11-59.

Heinemann, Klaus (1980). Einführung in die Soziologie des Sports. Schorndorf: Hofmann.

Heinemann, Klaus (1989). The Situation of Sport Sociology in the Federal Republic of Germany. *International Review for the Sociology of Sport* 24:1, pp. 65-80.

Klein, Michael (Hrsg.) (1984). *Sport und Körper.* Reinbek bei Hamburg: Rowohlt.

Lenk, Hans (1964). *Werte, Ziele, Wirklichkeit der modernen Olympischen Spiele.* Schorndorf: Hofmann.

Lenk, Hans (1969). Top performance despite internal conflict: an antithesis to a functional proposition. In: John W. Loy/Gerald S. Kenyon (eds.), *Sport, Culture and Society*. London: The Macmillan Company, pp. 392-397.

Prokop, Ulrike (1971). *Soziologie der Olympischen Spiele. Sport und Kapitalismus*. München: Carl Hanser.

Rigauer, Bero, (1969). *Sport und Arbeit. Soziologische Zusammenhänge und ideologische Implikationen*. Frankfurt a. M.: Suhrkamp.

Rigauer, Bero (1979). *Warenstrukturelle Bedingungen leistungssportlichen Handelns. Ein Beitrag zur sportsoziologischen Theoriebildung*. Achenbach: Lollar.

Riordan, James (1976). Sport in Soviet Society. Some Aspects of the Development of Sport in the USSR. *Stadion* 2, pp. 90-120.

Riordan, James (1977). Political Functions of Soviet Sport. With Reference to Ritual and Ceremony. *Stadion* 3, pp. 148-172.

Schimank, Uwe (1988). Die Entwicklung des Sports zum gesellschaftlichen Teilsystem. In: Renate Mayntz et al. (Hrsg.), *Differenzierung und Verselbständigung. Zur Entwicklung gesellschaftlicher Teilsysteme*. Frankfurt a. M.: Campus, S. 181-232.

Schimank, Uwe (1992). Größenwachstum und soziale Schließung. Das Inklusionsdilemma des Breitensports. *Sportwissenschaft* 22:1, S. 32-45.

Schimank, Uwe (2005). Der Vereinssport in der Organisationsgesellschaft: organisationssoziologische Perspektiven auf ein spannungsreiches Verhältnis. In: Thomas Alkemeyer/Bero Rigauer/Gabriele Sobiech (Hrsg.), *Organisationsentwicklungen und De-Institutionalisierungsprozesse im Sport*. Schorndorf: Hofmann, S. 21-44.

Stichweh, Rudolf (1990). Sport – Ausdifferenzierung, Funktion, Code. *Sportwissenschaft* 20, S. 373-389.

Stichweh, Rudolf (1995). Sport und Moderne. In: Jürgen Hinsching/Frederik Borkenhagen (Hrsg.), *Modernisierung und Sport*. Sankt Augustin: Richarz, S. 13-28.

Stichweh, Rudolf (2005). Der Wettkampfsport und sein Publikum: Risikoverhalten und Selbstbegrenzung im modernen Hochleistungssport. In: ders., *Inklusion und Exklusion. Studien zur Gesellschaftstheorie*. Bielefeld: transcript, S. 113-129.

Stone, Gregory P. (1955). American Sports: play and display. *Chicago Review* 9:2, S. 83-100.

Stone, Gregory P. (Hrsg.) (1972). *Games, Sport and Power*. New Brunswick, New Jersey: transaction books.

Strenk, Andrew (1979). What Prize Victory? The World of International Sports and Politics. *Annals of the American Academy of Political and Social Science* 445:1, S. 128-140.

Taylor, Trevor (1988). Sport and World Politics: Functionalism and the State System. *International Journal* 43, S. 551-553.

Vinnai, Gerhard (1970). *Fußballsport als Ideologie*. Frankfurt a. M.: Europäische Verlagsgesellschaft.

Vinnai, Gerhard (Hrsg.) (1972). *Sport in der Klassengesellschaft*. Frankfurt a. M.: Fischer.

vom Stein, Artur (1988*). Massenmedien und Spitzensport. Theoretische Konkretisierungen und ausgewählte empirische Analyse von Wirkungen der Mediensportrealität auf den Spitzensport in der Bundesrepublik Deutschland.* Frankfurt a. M.: Lang.

von Krockow, Christian (1974). Sport. Eine Soziologie und Philosophie des Leistungsprinzips. Hamburg: Hoffmann und Campe.

von Krockow, Christian (1982). Sport und Industriegesellschaft. München: Piper.

Wacquant, Loïc (2003). *Leben für den Ring. Boxen im amerikanischen Ghetto.* Konstanz: UVK.

Wagg, Stephen/Andrews, David L. (Hrsg.) (2007). *East plays West. Sport and the Cold War.* London/New York: Routledge.

Zum Problem von Abhängigkeit und Fremdbestimmung in der Frauen-Leichtathletik

Gerhard Treutlein

1. Zur Relevanz des Themas – Was Leichtathletinnen dazu meinen

Abhängigkeit und Fremdbestimmung stellen in unserer Gesellschaft kein Problem dar, das besondere Aufmerksamkeit genießt. Abhängigkeit und Fremdbestimmung gelten besonders im Alltag der Frau als normal, auch im Subsystem Sport (Klein 1982; Hahn 1979; Holz 1982) und ebenso in der Frauenleichtathletik scheint dies der Fall zu sein. Nur einige wenige Sportlerinnen, die eine längere leistungssportliche Karriere hinter sich haben, finden sich offensichtlich nicht mit dieser „Normalität" ab, wie folgende Ausschnitte aus Gesprächen und Briefen zeigen:

- „Der Bundestrainer wollte betreffende Probleme nur mit dem Heimtrainer besprechen."
- „Ich hatte aber keinen. Als Medizinstudentin war ich doch sicher mündig genug, lapidare Probleme ohne Vormund in meinem Interesse zu regeln."
- „Ich fühlte mich als unmündiges kleines Mädchen behandelt."
- „Trainer können sich nicht vorstellen, dass Frauen allein konsequent etwas durchziehen. Mein Trainer war bewusst darauf aus, uns abhängig zu halten, nicht reflektieren zu lassen, uns unmündig zu halten."
- „Als ich nach der Operation wieder mit dem Training anfing und weiterhin bei der Erstellung des Trainingsprogramms mitreden wollte wie während der Zeit meiner Verletzung, bekam ich folgende Antwort: ‚Denk nicht so viel, trainiere lieber, hab mal ein bisschen Vertrauen zu mir.'"
- „Viele Verletzungen wurden durch das Trainingsprogramm verursacht, das mir mein Trainer vorgeschrieben hat. Dabei habe ich oft meine Körpersignale außer Acht gelassen, nach denen ich oftmals hätte ruhiger trainieren sollen."
- „Da ich heute für mein Training selbst verantwortlich zeichne, identifiziere ich mich stärker mit meinen Aktivitäten und werde stärker angespornt,

meine Laufbahn auf diesem Wege fortzusetzen."
- „Ich hatte den Eindruck, dass wir für den Trainer vor allem gut geölte Maschinen waren, die auf Knopfdruck zu funktionieren hatten."
- „Ich verlor langsam die Lust an der ganzen Sache. Außerdem kam noch eine feindliche Haltung der Mädchen hinzu, da ich gewagt hatte, den Trainer zu kritisieren."
- „Ich lasse meinen Trainer erzählen, was er will und mache dann doch, was ich will. Ich muss unter einem Trainer trainieren, ich schaffe mir halt so einen Freiraum."

In den Auffassungen zur Gestaltung des Trainer-Athletinnen-Verhältnisses zeigen sich Diskrepanzen zwischen manchen Trainern und Leistungssportlerinnen. Zumindest einige Leichtathletinnen fühlen sich durch Nichtberücksichtigung ihrer Wahrnehmungen, Einstellungen, Bedürfnisse, Handlungsorientierungen, eigenen Fähigkeiten, Erfahrungen und Körpererfahrungen unterdrückt und unverstanden. Bei ihrem Versuch, sich aus nicht begründeten und nicht notwendigen Abhängigkeiten zu lösen, treffen sie offensichtlich auf enorme Schwierigkeiten. Die angestrebte oder realisierte veränderte Rollengestaltung ruft bei manchen Trainern und Funktionären Abwehrmechanismen hervor. Sie versuchen offenbar, die Selbständigkeitsentwicklung von Athletinnen zu verhindern. Oder die gewachsene Kompetenz wird nicht anerkannt oder akzeptiert. Das Streben nach größerer Eigenständigkeit wird zusätzlich dadurch erschwert, dass Mädchen, die ihre bisherige Rollengestaltung beibehalten wollen, gegen ihre Kameradinnen aggressiv reagieren.

2. Zur Relevanz des Themas für Trainer und Funktionäre

Wie wenig relevant das Thema „Abhängigkeit und Fremdbestimmung in der Frauen-Leichtathletik" manchen Trainern und Funktionären erscheinen mag, kann der Ausspruch eines Bundestrainers zeigen: „Das Verhältnis Trainer/Sportlerin kann erst dann richtig leistungsfördernd sein, wenn es in der Grundstruktur dem des Zuhälters zur Prostituierten entspricht" (Klein 1983: 114). Zumindest für diesen Trainer und tendenziell wohl auch für einige andere Trainer und Funktionäre ist eindeutig, wie die Gestaltung der Beziehungsebene aussehen soll: Entsprechend dem Verhältnis Zuhälter/Prostituierte wird eine völlige Unterordnung der Frau unter den Mann, der Sportlerin unter den Trainer oder Funktionär erwartet. Damit ergibt sich eine offensichtliche Divergenz zwischen den Erwartungen der von mir zitierten Athletinnen einerseits und mancher Trainer und Funktionäre andererseits. Beziehungsprobleme zwischen beiden

Seiten sind damit vorprogrammiert: „Beziehungsprobleme ergeben sich bei mangelnder Fähigkeit zweier Personen, über ihre individuellen Definitionen dieser Beziehung zu (meta-)kommunizieren" (Sonnenschein und Christen 1983, 36). Es ist davon auszugehen, dass sich Beziehungsprobleme leistungsbeeinträchtigend auswirken. Ohne Bearbeitung solcher Probleme bleibt es bei der Leistungsbeeinträchtigung einiger Athletinnen oder kommt es zum vorzeitigen Karriereabbruch.

3. Die Abwehr wachsender Autonomiebestrebungen von Athletinnen – eine soziale Falle

Die abhängige Elite, die manipulierbare und funktionierende Elite ist ein Wunschbild mancher Trainer und Funktionäre, wegen des weiblichen Geschlechtsrollenstereotyps besonders in der Frauen-Leichtathletik. Sozialisationsbedingt sind Leistungssportlerinnen im Durchschnitt weniger auf die Übernahme von Verantwortung und das Treffen von Entscheidungen vorbereitet als männliche Leistungssportler. Sie weisen mehr Angst vor Freiheit und Unabhängigkeit auf (Klein 1983, 187). Sie wissen, was Weiblichkeit in unserem Kulturkreis bedeutet, nämlich „Abhängigkeit, ein Mangel an Durchsetzungsvermögen, die Neigung, in anderen und durch andere zu leben, kurz: sich mehr auf Beziehungen zu anderen zu stützen als auf ein ausgeprägtes Selbstbewusstsein" (Hammer 1977, 45). Von daher ist es nicht verwunderlich, wenn auch Spitzenleichtathletinnen den Wunsch nach Sicherheit, Wärme und Umsorgtwerden, nach dem direkten Weg zum Erfolg ohne Misserfolg und unangenehme Erfahrungen verspüren. Ihre von manchen Trainern und Funktionären geforderte und ausgenützte Angst, unabhängiges Verhalten sei unweiblich, schränkt Leistungssportlerinnen in ihrer Persönlichkeits- und Leistungsentwicklung ein. In Anbetracht der im Wettkampf notwendigen Entscheidungsfreude, Aktivität und Aggressivität handelt es sich bei der Abwehr und fehlenden Förderung von Autonomiebestrebungen um eine soziale Falle.

Der Wunsch nach Lösung aus nicht begründeter und nicht notwendiger Abhängigkeit wird von abwehrorientierten Trainern und Funktionären als Norm-Abweichung empfunden, als nicht „normal". Die Ursache für die Normabweichung wird nicht im sozialen Bezugsrahmen, sondern in Form einer externen Schuldzuweisung in der Person der Athletin gesucht. Wo liegt die Ursache dafür, dass versucht wird, Autonomiebestrebungen von Athletinnen zu unterbinden, die bisher den Rollenerwartungen hinsichtlich Abhängigkeit, Anpassung und Fremdbestimmung entsprachen? Sie entspringt eher dem Bedürfnis nach Handlungssicherheit, nach Dominanz und Macht, nach Stabilität der über die Erwartungen der anderen definierten Rolle, als aus einem sicheren Wissen, die Athletinnen seien auf einem falschen Wege. Eine Problembewältigung über eine Analyse und „Behandlung" von selbstbestimmungssuchenden Sportlerinnen greift deshalb zu kurz. Vorrangig erscheint die Analyse von widerstrebenden Trainern und Funktionären. Sie müssen sich fragen lassen, ob

- *die Angst vor Selbstbestimmung ihrer (wichtigsten?) Bezugsgruppe, die der Athletinnen, in der eigenen Biographie verankert ist (tiefenpsychologische Probleme),*
- *ihr Dominanz-/Führungs-/Machtmotiv im Hinblick auf die längerfristige Leistungs- und Persönlichkeitsentwicklung der betreuten Sportlerinnen notwendig und legitim oder eher egoistisch begründet ist,*
- *ihre Gestaltung der Beziehungsebene in Training und Wettkampf dafür verantwortlich ist, dass manche Athletinnen ihren sachlich begründeten Anspruch auf Selbstbestimmung nicht durchstehen oder ihre Karriere abbrechen,*
- *ihr Selbstverständnis der Trainerrolle den Aspekt der pädagogischen Führung zu Selbstfindung und Mündigkeit ausschließt oder ausschließen darf,*
- *sie der Ansicht sind, dass Abhängigkeit und Fremdbestimmung mit dem Gedanken des humanen Leistungssports vereinbar sind und eine unabdingbare Leistungs- und Erfolgsvoraussetzung darstellen,*
- *eine Weitergabe ihres Wissens und ihrer Kompetenz an die Sportlerinnen beiden Seiten dienen kann (z. B. bei Erkrankung des Trainers oder bei der Bewertung und Diskussion oder Findung anderer Trainingsmethoden),*
- *manche Sportlerinnen in ihrer Leistungs- und Persönlichkeitsentwicklung behindert werden, da nicht einsichtige Normen für sie zum Problem werden,*
- *viele Leichtathletinnen durch die nicht verarbeitete Diskrepanz zwischen Verhaltenserwartungen in und außerhalb von Wettkämpfen verunsichert werden,*
- *manche Spitzensportlerinnen die Diskrepanz zwischen eigenen Bestrebungen und an sie gerichteten Verhaltenserwartungen mit einer Art innerer Emigration verdecken (Problem der Identifikation),*
- *sie ihre Handlungsweisen nicht weit stärker von denjenigen unterscheidbar machen müssten, die durch autoritäre Gesellschaftsstrukturen geprägt sind, d. h. muss sich ein bundesrepublikanischer Trainer z. B. von einem DDR-Trainer unterscheiden?*

- *sie die anvertrauten Athletinnen verdinglichen, wie Objekte behandeln, mit deren Hilfe sie selbst zu Erfolgstrainern und -funktionären avancieren können.*

4. Zum Umgang mit Selbstbestimmungserwartungen und -zielen

Eine wesentliche Schwierigkeit für Trainer und Funktionäre besteht darin, dass sie es nicht mit einer homogenen Bezugsgruppe „Leichtathletinnen" zu tun haben, sondern mit Individuen mit unterschiedlichem Persönlichkeitsentwicklungs- und Erfahrungsstand. Wenn davon ausgegangen wird, dass Lernende dort abgeholt werden sollen, wo sie derzeit stehen (Prinzip der Passung) – mit dem Ziel der Weiterentwicklung ihrer Persönlichkeit und Leistung innerhalb einer demokratischen Gesellschaft notwendigerweise hin zur konkreten Utopie der Mündigkeit – dann ist jeder derzeitige Standort einer Athletin legitim und damit der Wunsch nach Abhängigkeit ebenso wie das Bedürfnis nach Unabhängigkeit. Die Konzeption für die Beziehungsebene darf deshalb Sportlerinnen weder über- noch unterfordern. Voraussetzung für die Umsetzung dieser Forderung nach Passung sind die Fähigkeiten der Empathie und Ambiguitätstoleranz: Über ein Hineinfühlen muss versucht werden, verheimlichte, verleugnete, verdrängte und verschüttete Perspektiven der Sportlerinnen zu entdecken und sensibel mit ihnen umzugehen. Die Forderung nach einfühlendem, erschließendem und advokatorischem Verstehen muss ergänzt werden um klare Zielvorgaben des Verbandes für die Persönlichkeitsentwicklung der Sportlerinnen. Für Persönlichkeitsreifung und Leistung im Wettkampf sind eine ausgeprägte Ich-Identität und eine Balance zwischen personaler und sozialer Identität sicher förderlich. Bei manchen Trainern und Funktionären scheinen Zielvorstellungen und Verhaltensrepertoire für diesen Bereich bisher nicht ausreichend entwickelt zu sein.

Entsprechend dem Entwicklungsstand und der Erfahrung einer Athletin – aber auch abhängig von der Struktur der Sache – sind unterschiedliche Interaktionsformen nötig (Neber 1982, 90). Lenkende und dirigierende Verhaltensweisen können je nach Voraussetzung, Ziel und Situation konstruktiv sein, wenn sie passen. Aber gerade hier müssen sich die Verantwortlichen in Frage stellen lassen. Sie müssen ihren Anspruch aufgeben, als Amtsautorität selbstverständlich alle relevanten Entscheidungen selbst treffen zu wollen. Sie müssen ihre Forderungen begründen, ihre Planung zur Diskussion stellen und als Konsequenz Alternativen akzeptieren. Das erfordert auf der Seite der Verantwortlichen Ich-Stärke und Frustrationstoleranz. Die Athletinnen müssen die Chance erhalten, sich von unreflektierten und nicht näher begründeten Zwängen freimachen zu können. Ein Gewähren dieser Chance bringt für Sportlerinnen die Möglichkeit mit sich, von sich aus bejahend die einsichtigen Normen, Werteinstellungen und Verpflichtungen annehmen zu können, eine wesentliche Voraussetzung voller Identifikation mit dem eigenen Leistungssporttreiben.

5. Defizite und Ausblick

Aus einem Mangel an pädagogischen Zielsetzungen und einem Defizit an führungspsychologischen Kenntnissen heraus verstehen sich manche Trainer primär als Spezialisten für die Sache, obwohl sie in ihrer Funktion auch Spezialisten für zwischenmenschliche Beziehungen sein müssten (Holz 1982, 25). Wenn das Kriterium Erfolg absolut gesetzt und die Förderung der Persönlichkeitsentwicklung außer Acht gelassen wird, geraten die Verantwortlichen leicht in Versuchung,

- *solche Athletinnen bevorzugt zu fördern, die ihren Erwartungen an Unterordnung, Komplimentarität und Unselbständigkeit entsprechen,*
- *sich selber nicht weiter zu entwickeln in Richtung auf eine offener qualifizierte Persönlichkeit, die zur Führung jüngerer (abhängiger) Menschen erst berechtigt ist.*

Wenn das Kriterium Erfolg vorrangig ist, erscheint auch der skrupellose Trainer tragbar, der z. B. seine Athletinnen zum Verwenden von Drogen zwingt. Hier bleibt zu fragen, wie das Sittengesetz des Verbandes aussieht und wie von daher vernünftiges Handeln aller am Spitzensport Beteiligten definiert werden kann. Da vom Prinzip der Passung her Abhängigkeit und Fremdbestimmung zum Teil positiv bewertet werden können, muss von den betroffenen Trainern und Funktionären ein hohes Verantwortungsbewusstsein und ein Vermeiden von Schaden an Leib und Seele verlangt werden. Ohne das Ziel der Mündigkeit verhalten sich Trainer und Funktionäre Sportlerinnen gegenüber verächtlich, sie sprechen ihnen höhere Formen von Vernunft und Erkenntnis ab und machen sie damit zu verfügbaren Untertanen.

Dem DLV stehen Verbandsärzte und Verbandsmasseure zur Verfügung, und auch Biomechaniker und Trainingswissenschaftler finden ein offenes Ohr. Zu fordern ist eine Ergänzung dieser Kompetenz um die sozialwissenschaftliche Richtung. Hier sollte aber nicht der Kontakt zu irgendwelchen Wissenschaftlern gesucht werden, sondern zu solchen, die mit dem Leistungssport und den in ihm gegebenen pädagogischen, individual- und sozial-psychologischen sowie systemstrukturell bedingten Problemen vertraut sind.

Literatur

Hahn, E. (1979). Mädchen und Frauen im Hochleistungssport. In: H. Gabler et al. (Hrsg.), *Praxis der Psychologie im Leistungssport*. Berlin, S. 225-236.

Hammer, S. (1977). *Töchter und Mütter*. Frankfurt.

Holz, P. (1979). Betreuung von Leistungssportlerinnen – Oder wie gehe ich als Trainer mit meinen Athletinnen um? In: Württembergischer Landessportbund (Hrsg.), *Frau und Sport*. Stuttgart, S. 22-48.

Klein, M. (1982). Einige Aspekte von Identitätsproblemen von Frauen im Sport. *Zeitschrift für Hochschulsport* 9:9/10, S. 6-9.

Klein, M. (1983). Frauen im Leistungssport – ein Weg zur Emanzipation. In: M. Klein (Hrsg.), *Sport und Geschlecht*. Reinbek, S. 105-122.

Neber, H. (1982). Selbstgesteuertes Lernen. In: B. Treiber/F. E. Weinert (Hrsg.), *Lehr-Lern-Forschung. Ein Überblick in Einzeldarstellungen*. München/Wien/Baltimore, S. 89-112.

Sonnenschein, I/Christen, H. J. (1983). Die Trainer-Athlet-Beziehung als leistungsbestimmender Faktor. *Leistungssport* 13:2, S. 36-38.

Anmerkung: Der Beitrag geht auf einen Vortrag Gerhard Treutleins beim Internationalen DLV/IAAF-Fortbildungskongress „Frauenleichtathletik" zurück und erschien zuerst in: Müller, Norbert/Augustin, Dieter/Hunger, Bernd (Redaktion) (1984). *Frauenleichtathletik. Arbeitsbericht des Internationalen DLV/IAAF- Fortbildungskongresses „Frauenleichtathletik" vom 9. bis 11.12.1983 am Fachbereich Sport der Johannes Gutenberg-Universität in Mainz*. Niedernhausen/Taunus: Schors-Verlag, S. 404-409.

„Und Anja ist völlig durchgeknallt!" – Zum Problem der Fremdbestimmung in der Rhythmischen Sportgymnastik

Alexandra Ivanova

1. Frauenemanzipation als Ziel im Sport

Die Emanzipation von Frauen ist in Deutschland als Grundgedanke und Leitwunsch im Sport verankert. Mit Aktionen und Äußerungen in der Öffentlichkeit wird die Ernsthaftigkeit dieses Zieles immer wieder unterstrichen und durch die Politik unterstützt. So hat Bundeskanzlerin Angela Merkel Rahmen des „Jahres der Frauen im Sport" des Deutschen Olympischen Sportbundes (DOSB) 2009 die Schirmherrschaft übernommen. Unter dem Motto „Sei du selbst!" wird vom DOSB auch die Gestaltung des Mädchenkalenders „Kalendrina" gefördert, für den weibliche Jugendliche aufgefordert sind, sich kreativ mit konfliktreichen Themen wie etwa sexualisierten Übergriffen im Training zu beschäftigen. Die Aktion wird von Seiten der Politik, so auch von der nordrhein-westfälischen Ministerin für Emanzipation, Barbara Steffens, ausdrücklich gelobt[1]. Das Bundesministerium des Inneren (BMI) teilt immerhin mit, es nehme „zur Stärkung der Rolle der Frauen im Sport (...) zusammen mit Vertretern des deutschen Sports an internationalen und europäischen Konferenzen teil[2]. Emanzipation und personale Unabhängigkeit sind damit als Kernanliegen der Frauenförderung im Sport gekennzeichnet.

Dieses durchaus glaubwürdig postulierte Ziel der Stärkung weiblicher Identität im Sport (und durch Sport) scheint jedoch mit der Realität in einem nicht geringen Widerspruch zu stehen. Gerhard Treutleins Hinweis auf die Problematik von Fremdbestimmung und Abhängigkeit in Trainer-Athletinnen-Beziehungen in der Leichtathletik (Treutlein 1984; siehe Neuabdruck in diesem Band) scheint nach wie vor aktuell zu sein. Treutlein versammelte im Rahmen eines Vortrages beim IAAF-Kongress „Frauenleichtathletik" 1983 Aussagen von Sportlerinnen, die diese Diskrepanz zwischen politisch wünschenswerter und realer Praxis im Verhältnis von Athletinnen zu ihren Trainern belegten. Deutlich gemacht wurde dabei, dass im Sport (bzw. im Leistungs-

---

[1] www.dosb.de/de/sportentwicklung/frauen-und-gleichstellung/news/detail/news/maedchensportkalender
_kalendrina_sei_du_selbst//cHash/c31ff695256a388a2b2cac824fe5e930/ (Zugriff am 16.12.10).
[2] www.bmi.bund.de/cln_156/SharedDocs/Standardatikel/DE/Themen/PolitikGesellschaft/ohneMarginalspalte/
InternationaleSportpolitik.html?nn=102980 (Zugriff am 16.12.10).

sport) Athletinnen hauptsächlich mit Verhaltenserwartungen konfrontiert werden, die an tradierten Rollenmustern ausgerichtet sind (Treutlein 1984, 405). Bette et al. (2002) bestätigen diesen Eindruck für den Mädchensport nachdrücklich.

Diesen Hinweisen soll anhand einer Einzelfallstudie nachgegangen werden, die in gewisser Weise einer teilnehmenden Beobachtung zu verdanken ist: In meinem Beitrag möchte ich anhand von eigenen früheren Tagebucheinträgen die Trainerin-Athletin-Beziehung in der Rhythmischen Sportgymnastik (RSG) auf die Frage der *Fremdbestimmtheit* hin untersuchen.

2. Material und Biographie

Wenn ein erwachsenes Ich seinem elfjährigen Ich begegnet, dann ist das unangenehm und wenig bequem. So ist dies auch in meinem Fall. Es handelt sich bei dem vorgestellten Datenmaterial um persönliche Tagebucheinträge zwischen 1999 und 2001, die meine sportliche Laufbahn als Kaderathletin in der Rhythmischen Sportgymnastin widerspiegeln. Um der Subjektivität des Materials Rechnung zu tragen, möchte ich zunächst auch einige biografische Anmerkungen vornehmen. 1988 geboren, begann ich 1994 im Alter von sechs Jahren mit der RSG auf Leistungssportebene. Zunächst war ich im kleineren Heimatstadtverein aktiv, 1998 wechselte ich in den Kaderstützpunktverein. 2002 beendete ich aufgrund einer dauerhaften Rückenverletzung und in wiederholten Konflikten mit meiner Trainerin meine Tätigkeit. Bis 2006 blieb ich allerdings als Sportbühnentänzerin leistungssportlich aktiv.

Während der gesamten Zeit als Leistungssportlerin habe ich zwischen drei und fünf Mal in der Woche zumeist dreistündige Trainingseinheiten absolviert. Hinzu kamen Trainingslager und Trainingswochenenden sowie zahlreiche nationale und internationale Turniere und Lehrgänge. Das Tagebuch hat hauptsächlich die intensive Vorbereitung auf die Wettkampfphase zum Thema.

3. Zur Wahrnehmung der Trainerin in der Rhythmischen Sportgymnastik

Die meisten hier zu besprechenden Textpassagen beschäftigen sich mit der Rekapitulation von Trainingseinheiten, so dem Durchführen von Küren bei bestimmten Trainerinnen. Die Reaktion der jeweiligen Trainerin scheint im Mittelpunkt des Trainingserlebens zu stehen:

1./2.10.99 Freitag: Ich habe Seil (*d. h. Seilkür*) (wie gewöhnlich) bei Ina geturnt, und mir richtig viel Mühe gegeben. Aber wann hört man von Ina ein gutes Wort?! Antwort: Niemals. Naja, danach hab ich BAND bei Anja geturnt. Sie hat gemeint, es wäre ziemlich gut, bis auf einige Fehler.

Samstag: Maria aus K.[3], meine größte Rivalin, war da, und wir, also Stella, Maria, Klaudia aus I. und ich, trainierten für den Bundeskader. Das war ziemlich ätzend. Davor hatten auch noch Stella und ich Ballett bei Nadja. Aber Anja („Ein Lob") hat mir gesagt, ich würde besser sein als Fr. (*d. h. Freitag*).

Nicht so sehr die jeweiligen individuellen Erfolge werden vermerkt, sondern die Kritik der Trainerin. Diese Fixierung auf Lob und Tadel in der textlichen Aufarbeitung des Trainings an sich kann bereits als Ausdruck eines psychischen Abhängigkeitsverhältnisses verstanden werden. Nicht eigenes Empfinden stellt das Kriterium für die spätere Bewertung von Trainingsleistungen dar, sondern der Kommentar der Trainerin – etwa wenn sie einen als „ätzend" empfundenen Trainingspart lobt. Zumeist werden positive oder motivierende Kommentare jedoch als prekär empfunden („Wann hört man von Ina ein gutes Wort?!"). Im Zentrum aller Überlegungen steht immer die Person der Trainerin:

4.10.99 Heute beim Training gab ich mir echt Mühe, obwohl wir in der STG Halle, die schrecklichste Halle, die es gibt, waren. Der Anfang zumindest verlief ziemlich gut: Beim Ballett hat mich INA sogar mal GELOBT!!! Naja, dann kam der schlechte Teil: Anja hat mir am Samstag gesagt, ich soll heute mit Stella Bundeskader üben. Ich hab's vergessen und sie wurde sauer. Aber dann hat noch was net gestimmt und Anja ist völlig durchgeknallt. So ist sie halt! Was soll's.

Wiederum ist die persönliche Bewertung eines Trainingsteils an die Kritik der Trainerin gekoppelt. Das Lob der Trainerin Ina ist deshalb so wertvoll, weil sie es so sparsam einsetzt. Das unausgeglichene Verhalten der Trainerin Anja – „sauer sein", „durchknallen" – wird relativiert: So sei sie eben, damit müsse man sich nicht weiter auseinandersetzen („was soll's"). Insgesamt erscheint das Klima konfliktreich für die Athletin. Das beginnt mit den äußeren Trainingsbedingungen, hier der Halle, die als „schrecklichste Halle" empfunden wird, und reicht bis zur Wahrnehmung, dass die Stimmung der Trainerin durch persönliches Verschulden – hier das Vergessen einer Anweisung – kippt. Während gelungenes Training nur dann als solches kategorisiert werden kann, wenn es mit einem Trainerinnenlob verknüpft worden ist, werden negative Ergebnisse als eigenes Verschulden attribuiert. Das „Sauersein" der Trainerin ist ein gefürchteter Zustand.

5./6.10.99 Also, soweit ich mich erinnern kann, ist es mir noch nie im Leben wegen „RSG" so schlecht gewesen. Irgendwie bin ich total weg. Gestern war Ina voll sauer auf mich. Aber ich hab meine Seil (*d. h. Seilkür*) auch zum Kotzen geturnt. (Bei) Babsi war

---

[3] Zu Zwecken der Anonymisierung wurden Ortsnamen nicht genannt bzw. abgekürzt.

ich wie immer und wieder einmal völlig am A... (auch ein Problem übrigens) und nur Anja war halbwegs zufrieden. Eigentlich nichts besonderes, ich müsste mich eigentlich schon längst dran gewöhnt haben. Aber es stört mich „immer noch".

Das Trainingsklima, in hohem Maße abhängig von dem Verhalten der Trainerinnen, wird eingangs als emotional sehr belastend geschildert. Überzogene Selbstkritik („Ich hab meine Seil auch zum Kotzen geturnt." – „Ich war wie immer und wieder einmal völlig am A...") ist ein prägendes Element der jugendlichen Situationsanalyse. Mit „eigentlich nichts Besonderes" versucht die Athletin auch hier, das Erlebte – ganz im Rahmen fremdgesteuerten Erlebens – zu relativieren und zu beschwichtigen. Die nachfolgende Sequenz mag dies weiter verdeutlichen:

> (Undatiert) Heute war es schrecklich. Stella war nicht da, und so musste ich bei Anja alleine Bundeskadertest machen. Anja verlor dann in der Mitte des Trainings die Geduld und schrie mir ins Gesicht, dass alles hoffnungslos sinnlos wär, alles umsonst und absurd. Ich konnte net mehr und hab so, halt, irgendwie schon geflennt. Ina war am Anfang eigentlich sauer, aber dann war ich total daneben und hab richtig losgeheult. Da hat mir Ina viel erklärt. Gesagt, warum sie „sauer" wär und hat sich von mir versprechen lassen, dass ich wirklich anfange zu arbeiten. Sie hat gemeint, dass ich vieles kann und es einfach nicht mache. Darüber hat Anja dumm gelacht. Aber irgendwie war sie (Anja) dann eben nicht mehr so sauer. Ich verstehe sie nicht.

In diesem Eintrag überdeckt die Emotionalität in der Auseinandersetzung mit den Trainerinnen jede andere Facette des Trainings. Auffallend ist die Produktorientierung des Trainings, Prozessziele scheinen kaum eine Rolle zu spielen. Außer der Beschreibung des Trainingsziels Bundeskadertest gibt es keine nähere Beschreibung zum Trainingsinhalt. Stattdessen werden die Dynamik der Trainerinnen-Athletin-Beziehung und ihre Wahrnehmung deutlich. Alleine mit der Trainerin Anja trainieren zu müssen, scheint demnach von einem Gefühl des Ausgeliefertseins begleitet zu sein. Die Trainerin ist in der Situation die Mächtige, die dann auch die gefürchtete Machtdemonstration über Schreien, Schimpfen und Auslachen vollzieht. Mehr Verständnis äußert zwar die Trainerin Ina, und doch ist sie in der (hierarchischen) Position, der Athletin „erklären" zu können, warum sie „sauer" sei, und sie lässt sich – von einer ohnehin bereits häufig physisch wie psychisch ermüdeten, wenn nicht überforderten – Jugendlichen das „Versprechen" geben, künftig härter zu arbeiten. Diese Beziehungsebene ist auch während einer Wettkampfphase sichtbar, die von einer Niederlage (wenn man das Ergebnis denn so bezeichnen möchte!) geprägt ist.

> 26.3.00 Ich kann es nicht glauben. Es kann gar nicht wahr sein. Es ist UNMÖGLICH! Ich habe nicht gewonnen, es ist alles wie immer und Maria ist vor mir. Für immer und ewig.

Klaudia ist dritte. Es ist scheußlich. Abartig. Unrealistisch. Klar, ich bin zwar weitergekommen – aber nicht weit genug. All das Training – ganz umsonst. Dazu noch Krach – Anja und I., Klaudia und ich.

Zur als vernichtend empfundenen Zweitplatzierung bei einem Wettkampf kommen Auseinandersetzungen, in die die Trainerin Anja und eine Konkurrentin involviert sind. Aufzeichnungen über ein Feedback der Trainerin oder zu künftigen Trainingsinhalten wurden nicht gemacht. Vielleicht, weil das Training hier ausschließlich als Mittel zum Ziel gefasst und weil alles „umsonst" gewesen ist, wenn dieses Ziel nicht erreicht wird. Dies kann durchaus als Ausdruck enormen Leistungsdrucks gewertet werden.

Die Kombination aller konfliktreichen Ausprägungen des Trainings- und Wettkampfklimas führt wohl letztlich dazu, dass die Lust am praktizierten Sport mit der Zeit schwindet:

> (Undatiert) Ach, irgendwie habe ich gar keine Lust mehr viel zu schreiben. Mittlerweile ist es Januar 2001 und RSG macht keinen Spaß. Da gibt es viel, sehr viel sogar, was ich hätte schreiben können, aber ich will nicht. Es tut weh.

So endet das „Sporttagebuch", und so endet wenig später auch die sportliche Laufbahn.

4. Zusammenfassung: Sozialisierungsrealität im Mädchensport

Emanzipation und eine Entwicklung hin zur Selbstbestimmung von weiblichen Jugendlichen werden seit langem und weithin als Ziele des Sports postuliert. Zweifel daran, dass wünschenswerte kulturelle Werte im Sport bzw. im Leistungssport tatsächlich auch realisiert werden, konnten durch die hier vorgestellte Einzelfallstudie für den Bereich der Rhythmischen Sportgymnastik plausibilisiert werden. Es wurde gezeigt, dass leistungssportliche Sozialisierung im Mädchensport keineswegs automatisch zu mehr Mündigkeit, Selbstbestimmung bzw. einem Aufbau von jugendlichem Selbstbewusstsein führen. Im Gegenteil: Althergebrachte Rollenmuster scheinen im Jugendleistungssport bei Mädchen eher tradiert und sogar bewusst als Ressource der Leistungsproduktion rekrutiert zu werden.

Die psychische Unterordnung der jugendlichen Athletin und die Akzeptanz eines Abhängigkeitsverhältnisses werden über drei Techniken realisiert, die sich als *überzogene Selbstkritik* („Ich war daneben." – „Ich war völlig am A..."), *Relativierung* („So ist sie halt, was soll's." – „Eigentlich nichts Besonderes.") und *Emotionalität* („Ich hab geflennt." – „Anja war sauer.") kategorisieren lassen. Die Emotionalität ist das auffälligste Druckmittel der Trainerinnen, das durch die Verknüpfung einer formalen Trainerinnenrolle mit der persönlichen Mutterrolle, wie ich sie nennen möchte, konstituiert zu werden scheint.

Es mag noch nachvollziehbar erscheinen, dass Trainerinnen aufgrund des niedrigen Alters ihrer Sportlerinnen zunächst eine „durchgängige *autoritäre Lenkung"* (Bette et al. 2002, 321) praktizieren. Allerdings ist dann über Jahre hinweg keinerlei Entwicklung hin zu einer Erziehung zu Mündigkeit und Selbstbestimmung im Sinne der häufig postulierten Emanzipationsversprechen des Sports zu beobachten. Dies verweist – längst nicht bei Trainerinnen, sondern auch bei Trainern (siehe Treutlein 1984) – auf eine Sozialisierung-Realität des Sports, die gerade nicht das hält, was sie verspricht, sondern die auf tradierte Rollenmuster zu setzen scheint. Wenn aus einer fremdbestimmten jugendlichen Athletin später eine selbstbewusste und selbstbestimmte Frau geworden ist, liegt dies auch heute anscheinend weniger daran, *dass* sie Sport trieb – sie ist es geworden, *obwohl* sie Sportlerin war.

In der Rhythmischen Sportgymnastik mit ihren hohen technischen Anforderungen werden ehemalige Athletinnen häufig später Trainerinnen, die ihre eigenen Erfahrungen dann perpetuieren. Um diesen Kreislauf zu durchbrechen, wäre die Thematisierung der in diesem Beitrag beschriebenen Problematik z. B. in der Trainer/innen-Ausbildung sinnvoll.

Literatur

Bette, Karl-Heinrich/Schimank, Uwe/Wahlig, Dominik/Weber, Ulrike (2002). *Biographische Dynamiken im Leistungssport. Möglichkeiten der Dopingprävention im Jugendalter.* Bonn: Sport und Buch Strauß.

Treutlein, Gerhard (1984). Zum Problem von Abhängigkeit und Fremdbestimmung in der Frauen-Leichtathletik. In: Norbert Müller/Dieter Augustin/Bernd Hunger (Redaktion), *Frauenleichtathletik. Arbeitsbericht des Internationalen DLV/IAAF-Fortbildungskongresses „Frauenleichtathletik"* vom *9. bis 11.12.1983 am Fachbereich Sport der Johannes Gutenberg-Universität in Mainz.* Niedernhausen/Taunus: Schors-Verlag, S. 404-409.

The Beauty and the Beast – Marion Jones und ihre „Doping-Beziehungen": Eine qualitative Inhaltsanalyse der Olympiaberichterstattung 2000 und 2004 in dänischen Boulevardzeitungen

Gertrud Pfister

Vorwort – ein Märchen

Um ein Versprechen ihres Vaters einzulösen, lebte ein schönes junges Mädchen im Schloss eines Ungeheuers, das sehr hässlich war, aber das Mädchen gut behandelte. Als die junge Frau bereit war, das Ungeheuer zu heiraten, verwandelte es sich in einem schönen Prinzen. Der Prinz war von einer Hexe verwünscht worden, und nur die Liebe einer schönen Frau konnte ihn erlösen.

Die Schöne und das Ungeheuer ist ein französisches Märchen aus dem 18. Jahrhundert, das sich in verschiedenen Versionen in vielen Ländern verbreitete. Die Geschichte bot auch den Stoff für Theaterstücke und Filme, u. a. einen berühmten Disney-Film, der 1991 gedreht wurde.

Einleitung

In einer neuen Version des Märchens könnten die Schöne und das Biest als Metapher für den Sport dienen. Die Schönheit, der Sport, hat im Kontakt mit dem Ungeheuer, Doping, ihre Unschuld verloren, wobei das Hässliche zunehmend mehr Platz in den Medien und damit auch in der öffentlichen Wahrnehmung und Diskussion des Sports einnimmt. Doping ist inzwischen ein zentrales Thema der Sportberichterstattung geworden.

Dabei stellt sich die Frage, warum Doping für Journalisten, aber auch die Medienkonsumenten so interessant ist. Es könnte sein, dass dieses Interesse auch durch die Art und Weise, wie Doping-Fälle und Doping-Verdächtigte dargestellt werden, geweckt und geschürt wird. Dies ist die zentrale Fragestellung dieses Beitrags.

Die Geschichte der Schönheit und des Ungeheuers basiert nicht nur auf dem Gegensatzpaar schön und hässlich, sondern auch auf der Geschlechterdichotomie. Von daher liegt eine weitere Frage nahe, und zwar die nach Wechselwirkungen zwischen

Doping und Geschlecht. Der Frage, ob Athleten und Athletinnen in unterschiedlicher Weise mit Doping umgehen, kann hier nicht nachgegangen werden. Es geht vielmehr um die mediale Präsentation von Dopingverdächtigen oder Dopingfällen. Werden des Dopings verdächtige Athletinnen in anderer Weise wahrgenommen, beschrieben und beurteilt als Athleten? Bestimmte Formen des Dopings haben bei Frauen stärkere Auswirkungen auf die Leistungen, aber auch auf die Gesundheit als bei Männern. Geht die Sportberichterstattung auf diese Unterschiede ein? Präsentiert sie Athletinnen, die des Dopings überführt wurden, anders als gedopte Athleten?

Die Berichterstattung über Marion Jones bietet sich zur Beantwortung der oben gestellten Fragen in besonderer Weise an. Ihre Geschichte ist in vieler Hinsicht spektakulär: wegen ihrer sportlichen Höchstleistungen, ihres Aussehens, ihres Bekanntheitsgrades und nicht zuletzt wegen ihrer langen „Doping-Beziehungen". Damit meine ich nicht nur ihren Drogenkonsum, sondern auch die Beziehungen zu ihren Partnern C. J. Hunter und Tim Montgomery.

Theoretische Überlegungen

Die Frage nach den Inhalten und Wirkungen von Massenmedien kann auf der Folie unterschiedlicher theoretischer Ansätze diskutiert werden.

Zunächst ist zu betonen, dass nur ein winziger Bruchteil aller Begebenheiten die Chance hat, in den Medien behandelt zu werden. Medienberichte sind das Resultat von Auseinandersetzungen und Verhandlungen, wobei zahlreiche und verschiedene Beteiligte (mit unterschiedlichen Interessen und Machtmitteln) versuchen, ihre Sichtweisen und Ideen, ihre Versionen der Wirklichkeit, zu verbreiten. Bei allen Berichten, sei es über Parlamentsdebatten oder Erdbeben, Fußball oder Olympische Spiele, sind die Journalisten/innen zu einer enormen Selektion und Kondensierung der Ereignisse gezwungen. Gleichzeitig müssen sie die zahllosen Aktionen, beispielsweise bei einem Fußballkampf, in spannende Geschichten verwandeln. Daher können Medien niemals die Wirklichkeit abbilden, sie schaffen vielmehr ihre eigene Realität, eine Medienrealität, die Ereignissen eine spezifische Bedeutung verleiht. Medien spielen "a pivotal role in organizing images and discourses through which the people make sense of the world" (Fenton 2000, 298).

Diese Diskurse folgen dabei einer bestimmten Logik und zielen letztendlich auf Unterhaltung: "This logic – or the rationale, emphasis, and orientation promoted by media production, processes, and messages – tends to be evocative, encapsulated, highly thematic, familiar to audiences, and easy to use. (...) Specifically, when media logic is employed to present and interpret institutional phenomena, the form and content of those institutions are altered" (Altheide 2006, 116). Dies gilt auch für den

Sport, der sich den Erwartungen und Ansprüchen der Medien anpassen muss, wenn er im Wettbewerb um Zeitungsseiten oder Fernsehzeiten mithalten will.

Journalisten folgen, bewusst oder unbewusst, den Prinzipien, Regeln und Konventionen der Medienlogik. Sie wählen Themen aus, setzen sie auf die Tagesordnung (agenda), stellen sie in einen aktuellen Kontext und beschreiben sie in einer Weise, dass sie zu Debatten und Interessen ihrer Leser/innen passen. Dabei können ihre Botschaften durchaus ambivalent, sogar widersprüchlich und offen für verschiedene Interpretationen sein (u. a. McCombs 2004).

Untersuchungen zum "agenda setting" wiesen nach, dass Massenmedien ihre Leser beeinflussen. Je mehr Zeit oder Platz ein Thema einnimmt, desto mehr Bedeutung gewinnt es in der Öffentlichkeit. Die Agenda der Medien wird zur Agenda ihrer Leser/innen und letztendlich zur Agenda großer Teile der Bevölkerung. Das gilt auch für das Doping, das in den Medien und damit auch in der Öffentlichkeit zunehmend Bedeutung gewinnt.

Allerdings können Medien nicht einfach Meinungen „produzieren" oder Einstellungen verändern, u. a. auch deswegen, weil die Leser Medien und Botschaften wählen, die zu ihren Denk- und Deutungsmustern passen. "The media doesn't tell us what to think; it tells us what to think about", meinte der Politikwissenschaftler Bernard C. Cohen[1]. Weil die Erwartungen der Leser wiederum die Medieninhalte beeinflussen, führt der Kreislauf des "agenda setting" zur Etablierung weniger dominanter Themen im öffentlichen Diskurs[2].

Journalisten beschreiben nicht einfach Ereignisse (in kondensierter Form), sie präsentieren sie in einem Kontext, einem Rahmen (frame), der ihnen Sinn und Bedeutung verleiht. Empirische Studien zeigten, dass die Rahmung (framing) das Denken und die Urteile der Leser/innen beeinflusst (Fairhurst/Sarr 1996). Berichte über Doping benutzen beispielsweise häufig Kriegsmetaphern und verweisen so auf die Bedrohung, die vom Gebrauch illegaler leistungssteigernder Mittel ausgeht.

Dabei sind die Sportkonsumenten, hier die Leser/innen, aktiv an der Auswahl und an der Deutung der Botschaften beteiligt. Sie bilden imaginäre Gemeinschaften, beispielsweise Fußballfans, die durch ihren „Geschmack" (im Sinne Bourdieus 1984) miteinander verbunden sind, auch wenn sie niemals direkt miteinander kommunizieren. Sie sind auf die Informationen, aber auch auf die Kontextualisierung der Ereignisse durch die Medien angewiesen und setzen durch ihre Nachfrage ihrerseits den Sport, seine Heroen und seine Schurken auf die Tagesordnung. Mediensport ist deshalb nicht

---

[1] http://en.wikipedia.org/wiki/Agenda-setting_theory
[2] Overview of agenda setting research in *Journal of Communication* (1993). Symposium: agenda setting revisited. 43:2, S. 58-127.

eine Wiedergabe von Sportereignissen, beispielsweise der Spielzüge auf einem Fußballfeld, sondern eine Konstruktion, die den Regeln der Medienlogik folgt.

Journalisten nehmen für sich in Anspruch, die Erwartungen der Leser/innen zu „bedienen" und gleichzeitig die Interessen der Athleten und des Sports wahrzunehmen. Sie passen sich den imaginierten Erwartungen der Werbeindustrie, der Sponsoren und der Leser/innen an, im Fall des Sports sind das mehrheitlich Männer. Sie produzieren vermarktbare „Events" und Stars, die gleichzeitig Unterhaltung und Identifikationsmöglichkeiten bieten.

Dabei muss berücksichtigt werden, dass sich die Beziehungen zwischen Journalisten, Athleten, Lesern und Sponsoren in einer komplexen Weise gegenseitig beeinflussen. Medien reagieren nicht nur auf die Erwartungen der Konsumenten, sie schaffen diese Erwartungen auch. Der „Geschmack" der Leser/innen – im Sinne Bourdieus (1984) – auch im Hinblick auf Sport und Doping, ist Teil des Habitus und Produkt von Sozialisationsprozessen und daher abhängig vom kulturellen Umfeld, das auch den Umfang und Art des Medienkonsums bestimmt.

Wie oben beschrieben, orientieren sich Medien am Konsumenteninteresse. Es ist daher zu vermuten, dass Berichte über Doping für die Leser/innen attraktiv sind. Dafür gibt es mehrere Gründe. Zum einen sind Dopinggeschichten eine Abwechslung oder besser Zugabe zu den „normalen" Sportberichten, die immer nach dem gleichen Schema ablaufen. Dopingfälle bieten ein Schauspiel, bei dem es um Moral und Sünde geht, um Jäger und Gejagte, Hintermänner und Geschäftemacher. Dopinggeschichten gleichen in vieler Hinsicht Kriminalromanen (Sefiha 2010, 216). Derzeit liegen allerdings keine Untersuchungen über die Auswirkungen von Doping auf das Leserinteresse vor. BT (26.9.2000) stellte einen Rückgang des Interesses an den Olympischen Spielen fest und vermutete einen Zusammenhang mit Dopingfällen, konnte aber diese Annahme nicht beweisen. Sind die Sportkonsumenten wirklich ausschließlich an einem doping-freien Sport interessiert?

Wie Roland Barthes in "The World of Wrestling" (1957) betonte, ist es den Zuschauern gleichgültig, dass es sich beim Ringen/Catchen nicht um sportliche Wettkämpfe, sondern um choreographierte Shows handelt. Sie bewundern die Ringer gerade deshalb, weil sie die Grenzen des „Natürlichen" überschreiten und den Sieg der Helden über die Bösewichte inszenieren[3].

Doping wirft jedenfalls die Frage nach Gut und Böse auf, nach Betrug und Fairness, nach den Grundwerten des Sports, und das sind Fragen, die nicht nur die Fans interessieren. Carstairs (2003) vermutet, dass Skandale dem Publikum "an additional frisson of excitement" bieten, "that of catching the dopers and deciding who is

---

[3] In der Version von Barthes, Roland (1982). The World of Wrestling. In Susan Sontag (ed.), *A Barthes Reader*. New York: Hill and Wang, pp. 18-30.

guilty". Dopingberichte könnten daher auch Leser/innen ansprechen, die sich normalerweise nicht für den Sport interessieren, die aber Skandale oder auch die grundlegenden mit dem Doping verbundenen Fragestellungen spannend finden. Eine ähnliche Vermutung äußerte Sefiha (2010, 215): "Drug related deviance is presented as commodified entertainment, a depoliticized slice of modern consumer culture where inequalities and contradictions are submerged beneath titillating story lines (...)."

Die Dramaturgie der Doping-Geschichten verlangt nach Heroen und Verbrechern. Es verwundert daher nicht, dass in den Medienberichten die Athleten/Athletinnen im Zentrum stehen und dass Doping als eine individuelle Entscheidung dargestellt wird. Die Hintergründe des Doping, u. a. der Hochleistungssport, seine Prinzipien und Institutionen, werden dagegen oft gar nicht oder in eigenen Artikeln thematisiert.

Die Geschichte von der Schönen und dem Biest ist auch eine Geschichte der Beziehungen und der Unterschiede zwischen den Geschlechtern, die im Sport in besonderer Weise inszeniert werden. Obwohl Männer und Frauen heute in fast allen Sportarten antreten können, sind viele Disziplinen nach wie vor „typisch" für das eine oder das andere Geschlecht. „Typisch" sind auch die Dominanz von Männern und die unterschiedliche Darstellung von Frauen und Männern im Mediensport. Athleten und Athletinnen präsentieren sich auch auf dem Sportplatz als Männer und Frauen, und die Medien greifen diese Inszenierungen auf, auch in ihren Dopingberichten. Die Inszenierung von Geschlecht, das *doing gender*, steht in konstruktivistischen Gendertheorien im Zentrum der Überlegungen. Gender is not something we are or we have (Connell 2002; Lorber 2005), sondern nach Rakow (1986, 19) und anderen Konstruktivisten, "something we do and something we think with, both a set of social practices and a system of cultural meaning". Durch das *doing gender* und das Denken in Geschlechterkategorien reproduzieren wir Geschlechterunterschiede und "once the differences have been constructed, they are used to reinforce the 'essentialness' of gender" (West/Zimmermann, 1991, p. 24). Die Medien, vor allem auch die Sportberichterstattung, tragen entscheidend zur Re-Produktion von Geschlecht bei, wobei sich, wie oben erwähnt, die Präsentation der Athleten und Athletinnen mit den Wahrnehmungen, Interpretationen und Urteilen der Journalisten vermischen.

Fragen und Methode

Dieser Beitrag konzentriert sich auf eine Athletin, Marion Jones, auf zwei Zeiträume, die Olympischen Spiele 2000 und 2004 und auf ein Thema: Doping. Die beiden Olympischen Spiele wurden gewählt, weil sie die wichtigsten Ereignisse in der Karriere von Jones waren und weil die Athletin bei beiden unter Dopingverdacht geriet. Die Quellen sind zwei dänische Boulevardzeitungen: Extrabladet (EB) und BT. Es wurden Beiträge während der Spiele und jeweils eine Woche vorher und nachher in die Untersuchung einbezogen. Die relevanten Artikel in Extrabladet und BT waren über die Mediendatenbank Infomedia zugänglich. An dieses Material wurden folgende Fragen gestellt:

Wie sind die „Doping-Beziehungen" von Marion Jones konstruiert und kontextualisiert (framed), wie werden sie begründet und beurteilt? Welche Botschaften, Interpretationen und Urteile tauchen generell im Zusammenhang mit Doping auf? Welche Rolle spielen das Geschlecht der Athletin und ihr *doing gender* im Kontext der Dopingdiskurse?

Die relevanten Artikel wurden einer qualitativen Inhaltsanalyse unterzogen. Dabei wurden vor allem die im Zusammenhang mit Jones und ihren Partnern benutzten Adjektive, Metaphern, Beschreibungen und Urteile analysiert und interpretiert (Mayring 2007). Darüber hinaus wurden die im Kontext von Doping präsentierten Bilder und Botschaften untersucht.

Doping – Bilder, Botschaften und Kontexte

In beiden Jahren, 2000 und 2004, war Doping ein zentrales Thema der Olympia-Berichte; beide Zeitungen setzten das Thema eindeutig auf ihre Agenda.

EB brachte im Umfeld der Spiele 2000 (während der Spiele und jeweils eine Woche davor und danach) 32 Artikel zum Thema Doping, BT sogar 67 Beiträge. 2004 berichtete BT in 38 und EB in 31 Beiträgen im Kontext der Olympischen Spiele über Doping.

Obwohl sich die Journalisten in erster Linie auf die Sportler/innen und ihre Dopingfälle konzentrierten, brachten beide Blätter auch Hintergrundberichte, u. a. über die Wirkungen verschiedener Drogen, über (sport)politische Dopingdebatten, über Sportorganisationen und Anti-Doping-Institutionen und – 2004 – über die BALCO-Affäre. BT brachte längere und detailliertere Informationen als EB, u. a. auch über medizinische und juristische Sachverhalte oder Probleme des Sportsystems, vor allem im Hinblick auf die „Verschleierungspraktiken" in den USA oder auch die Dopingpolitik des IOC (z. B. BT 20.9.2000 über Gesundheitsgefahren für Frauen; BT 14.9.2000). Allerdings wurden in beiden Medien die in den Hintergrundberichten präsentierten Informationen in den Artikeln über die „Dopingfälle" so gut wie gar nicht verwendet. Dort ging es beispielsweise kaum um die Gesundheitsgefährdungen durch Doping, mit einer Ausnahme: So verweisen die Journalisten auf die mit „Sex-Hormonen" gedopten DDR-Athletinnen und ihre gesundheitlichen Probleme (BT

25.5.2000). Im „Marion-Jones-Fall" wurden die negativen Auswirkungen von Steroiden auf ihre Gesundheit oder ihr Aussehen allerdings nicht erwähnt.

Die meisten „Doping-Artikel" fokussierten auf die Athleten, ihre Leistungen und die Art und Weise ihres Drogen-Missbrauchs. EB und BT "framed" ihre Geschichten über Dopingverdächtige oder überführte Doper mit ethisch/moralischen Argumenten. Ihr Dopingdiskurs war um die Dichotomie rein und unrein, sauber und schmutzig konstruiert (z. B. BT 25.9.2000). So sollten die Olympischen Spiele 2000 „saubere Spiele" sein, das gleiche gilt für die Wettkämpfe und alle Beteiligten (BT 25.9.2000). Athleten, die des illegalen Drogenkonsums überführt waren, wurden als Sünder und Betrüger gebrandmarkt, als Verbrecher, die Schuld auf sich geladen und das Image des Sports beschmutzt hätten (z. B. EB 24.9.2000). Doping ist für die dänischen Medien eine Schande, verwandelt den sauberen Sport in ein schmutziges Geschäft, raubt den Olympischen Spielen ihre Unschuld und Glaubwürdigkeit (BT 13.8.2000). Eine Metapher, die ähnliche Bedeutungskomponenten enthält, ist die der Krankheit, vor allem des Krebses, der außer Kontrolle gerät und den ganzen Körper befällt. Auf jeden Fall ist Doping dunkel, unheimlich und bedrohend: eine Wolke oder ein Schatten, die das Image des Sports und der Athleten verdunkeln.

Beide Medien setzen zudem häufig Kriegsmetaphern ein und erzeugen so den Eindruck von Gefahr oder gar Desaster (EB 25.9.2000). In diesem symbolischen Kontext wird die Aufdeckung eines Dopingfalles zu einer Bombe, die plötzlich explodiert und das ganze Umfeld zerstört.

BT und EB reihen sich in die Linien der Doping-Bekämpfer ein, sie unterstützen ausdrücklich und vehement Anti-Doping Kampagnen. Allerdings sind ihre Berichte und Urteile nicht immer ganz stringent. So lange noch Zweifel bestehen, behalten doping-verdächtige Topathleten ihren Status als Stars.

Der „Superstar": Marion Jones 2000

Die Olympischen Spiele 2000 waren der Höhepunkt der Karriere der 25jährigen Marion Jones, einer ehemaligen College-Basketballspielerin und -Leichtathletin. Im Jahr 2000 war sie auf den Sprintdistanzen die schnellste Frau der Welt[4].

Für die Medien war Jones der Star der Spiele; sie konnten gar nicht genug Superlative für die Wunderläuferin finden: First Lady, Superfrau, Sprinterstar, Königin, Heldin, Laufphänomen usw.

---

[4] Ihre Zeiten über 100 und 200 m wurden nur von den 1988 von Griffith-Joyner gelaufenen Zeiten übertroffen.

Ihre Leistungen schienen übermenschlich zu sein, und sie schien sogar die legendären (und verdächtigen) Rekorde von Florence Griffith Joyner erreichen oder sogar überbieten zu können.

Medienberichten zufolge hatte Jones schon als Kind geträumt, später einmal fünf Goldmedaillen zu gewinnen. Sie wurde als ehrgeizig und zielbewusst beschrieben, getrieben von ihren Visionen (EB 23.9.2000). Ihr Talent und ihr Training ließen ihren Traum – beinahe – in Erfüllung gehen. Sie errang 5 Medaillen, drei Gold- und zwei Bronzemedaillen, und erbrachte damit eine Leistung, die keine Frau vor ihr erzielen konnte.

Der Superstar im Spiegel der Medien

Aus der Perspektive der untersuchten Medien sind Sportlerinnen in erster Linie Athletinnen, sie sind aber auch Frauen und als solche Angehörige des „schwachen Geschlechts", dessen sportliche Leistungen nicht an die der Männer heranreichen.

Marion Jones stärker und schneller als andere Frauen, die beste Athletin des „schwachen Geschlechts" (EB 23.9.2000). BT verglich nicht ihre Leistungen, aber ihre Erfolge mit den Erfolgen von Michael Johnson bei den Spielen 1996 und gewährte ihr symbolisch Zutritt zur heroischen Welt des Männersports (BT 29.9.2000).

Aber Marion Jones fiel nicht nur durch ihre Leistungen, sondern auch aufgrund ihres Aussehens auf. Die Journalisten preisen sie als Schönheit; sie gilt als attraktiv trotz ihres muskulösen Körpers (EB; BT 29.9.2000). Im Gegensatz zum Sieger im 100-m-Lauf der Männer verhielt sie sich bei ihrem Sieg „typisch weiblich", sie zeigte Emotionen und weinte vor Freude (EB 24.9.2000).

Jones' Leistungen übertrafen die der „osteuropäischen Hormon-Sexbomber" (BT 29.9.2000) und reichten fast an die Zeiten der des Doping verdächtigen Griffith-Joyner heran (BT 29.9.2000). Sie schien der lebendige Beweis dafür zu sein, dass Spitzenleistungen auch ohne Doping erzielt werden können.

Die Schönheit und das Ungeheuer – erster Akt

Jones war mit dem Kugelstoßer C. J. Hunter verheiratet, der nicht an den Spielen teilnahm, angeblich wegen einer Verletzung. Er war aber als Trainer seiner Frau in Sydney. Hunter beeindruckte die Journalisten mit seinem Körperumfang: Er wird als Koloss beschrieben, 150 kg schwer, ein „Kugelstoß-Teddybär". „Sie ist das schöne Gesicht der Spiele, er ist einer der schwersten Athleten", schrieb die BT über das gegensätzliche Paar (BT 25.9.2000).

Die Ehe zwischen der schönen „Sprinterkönigin" und dem massigen Kugelstoßer gab zu zahlreichen Fragen, Spekulationen und Kommentaren Anlass. Warum ließ sich Marion Jones auf die Ehe mit Hunter ein, der, soweit die Journalisten das beurteilen konnten, abweisend und aggressiv war? War sie auf der Suche nach einer übermächtigen Vaterfigur (BT 25.9.2000)? Einige Journalisten nannten die beiden aufgrund des Aussehens die Schönheit und das Ungeheuer; die schöne Sportlerin an der Seite des hässlichen Kolosses schien die Assoziation mit dem archetypischen Märchen nahe zu legen (BT 25.9.2000). Eine andere Deutung war, dass Hunter als Biest galt, weil er auf Pressekonferenzen seine Frau wie ein Habicht beschützte und die Journalisten beschimpfte, wenn sie Jones interviewen wollten (EB 27.9.2000; BT 25.9.2001). Allerdings hatten die Dänischen Medien kein "copy right" für diese Metapher, Jones und Hunger firmierten auch in amerikanischen und deutschen Medien als "Beauty and Beast". Wie das Ungeheuer im Märchen hatte Hunter aber auch sympathische Seiten. Jones beschreibt ihn als emotionalen Familienmenschen, der immer für sie da war (BT 25.9.2000).

Am 25.9.2000 wurde bekannt, dass Hunter im Jahr 2000 mehrmals getestet und dabei des Dopings überführt worden war. Es wurde ein tausendfach erhöhter Nandrolon-Wert in seinem Urin festgestellt (EB 25.9.2000). Er war, und die Medien wurden nicht müde, dies zu betonen, ein Betrüger.

Gleichzeitig tauchten auch Zweifel an der „Sauberkeit" von Marion Jones auf (EB 26.9.2000; BT 25.9.2000). Hunter war schließlich nicht nur der Ehemann, sondern auch ihr Trainer. Trotz der Verdachtsmomente, u. a. auch aufgrund ihrer herausragenden Leistungen, hielten die Medien an der Unschuldsvermutung der Sprinterin fest. Sie warnten davor, sie mit ihrem Ehemann in einen Topf zu werfen und bemitleideten die „arme" Athletin, die unverschuldet in einen schlechten Ruf geraten war (EB 29.9.2000; BT 29.9.2000).

Hunter war einer von vielen gedopten Athleten bei den Spielen 2000. Das Medieninteresse an dem Kugelstoßer, der nicht einmal an den Wettbewerben teilnahm, wurde in erster Linie durch seine Verbindung mit Marion Jones geschürt, die in Sydney im Zentrum der öffentlichen Aufmerksamkeit stand und einem enormen Medienrummel ausgesetzt war (BT 25.9.2000).

Ein Doping Drama – Zweiter Akt

Das Drama der Schönen und des Ungeheuers wurde, so EB (27.9.2000), nach „Hollywood-Manier" von Hunter und Jones gespielt und von den Medien in Szene gesetzt. So brach Hunter während einer Pressekonferenz in Tränen aus, bekannte sich zu seiner „Dummheit" und betonte, dass er ein liebender Ehemann und guter Vater sei

(z. B. EB 26.9.2000; BT 27.9.2000). Obwohl er seine Akkreditierung verloren hatte, gelang es ihm, ins Stadion zu kommen und seiner Frau zum Sieg über im 200-m-Lauf zu gratulieren. Dies veranlasste die Journalisten zu Überlegungen, wie er wohl in Zukunft trotz seines Bekanntheitsgrades und seiner auffälligen Gestalt zu den Olympischen Wettkampfstätten gelangen könne (EB 29.9.2000).

Die "reality show" von der Schönen und dem Biest ging weiter, jeden Tag mit einer neuen Folge: Jones verteidigte ihren Ehemann, hoffte auf Aufklärung, Widerlegung des Dopingvorwurfes und die Freisprechung Hunters (z. B. EB 29.9.2000). Gleichzeitig kämpfte sie für die Verwirklichung ihres Traumes, die fünf Goldmedaillen. Sie glaubte an einen Erfolg, obwohl ihr Partner als ein des Dopings überführter „Kugelstoßbär" diskreditiert war und obwohl sie jetzt selbst unter Doping-Verdacht stand. Dieser Verdacht erhielt neue Nahrung, als norwegische Journalisten herausfanden, dass Jones während ihrer Karriere als Collegeathletin in einen Dopingfall verwickelt gewesen war, der nur mit Hilfe eines Rechtsanwalts geklärt werden konnte (EB 29.9.2000).

Allerdings ließen Jones Erfolge und ihr Status als beste Leichtathletin aller Zeiten wenig Raum für Verdächtigungen. Obwohl es, wie die Medien feststellten, sehr wahrscheinlich war, dass sie über die Praktiken ihres Ehemannes und Trainers informiert war und sie ebenfalls anwandte, waren die Journalisten nicht unbedingt an einer Aufklärung interessiert (z. B. BT 27.9.2000). Sie wollten ihre herausragenden Erfolge feiern und das Fest nicht durch Dopingvorwürfe verderben (EB 25.9.2000).

Die Metapher von der Schönen und dem Biest weckt zahlreiche und ambivalente Assoziationen über das Paar und sein Verhältnis zueinander, vor und nach den Dopingenthüllungen. Das Ungeheuer im Märchen ist ein verkleideter Prinz, der die Schöne liebt und sie gut behandelt. Hunter wird ebenfalls als Beschützer seiner Frau dargestellt, als weinender Gigant und als ein guter Vater (BT 25.9.2000). Auch der Spitzname Teddybär lässt das Biest als harmlos und sympathisch erscheinen. Zudem warf der Ruhm der schönen Sprinterin ein positives Licht auf Hunter, obwohl die Presse ihm den Verstoß gegen die Ethik des Sports nicht verzieh.

Eine erste Schlussfolgerung: Trotz der Hinweise auf ein Dopingvergehen blieb Jones auf dem Thron der Sprinterkönigin, auf den die Medien sie gesetzt hatten. Zweifel an ihrer „Sauberkeit" beeinträchtigten ihre Glorifizierung nicht; sie war und blieb die Superfrau und die Ausnahmeathletin: Sie schrieb olympische Geschichte. Ihr Partner Hunter profitierte von der Verbindung mit der schönen Athletin. Er wurde in ambivalenter Weise portraitiert, als ein Betrüger, aber durchaus mit positiven Zügen. Er gleicht dabei dem Ungeheuer im Märchen, das ebenfalls unterschiedliche Assoziationen weckt. Auf den ersten Blick erschreckt sein Äußeres, das in scharfem Kontrast zum Aussehen der Schönen steht. Auf den zweiten Blick kommt aber durchaus ein gewisses Verständnis für das Ungeheuer auf, zumal Doping in den USA kein Kapitalverbrechen zu sein schien (BT 27.9.2000).

Die Jones-Story 2004

2004 hatte sich die Situation entscheidend verändert: Jones hatte einen neuen Partner, Tim Montgomery, Weltrekordhalter im 100-m-Lauf (2002) und Vater ihres 2003 geborenen Sohnes. Die Presse bezeichnete die beiden als das „schnellste Ehepaar der Welt". Ihr Ruhm verlor allerdings seinen Glanz, als Montgomery im Kontext der BALCO-Affäre des Dopings überführt wurde. Er gestand, Steroide und Wachstumshormon von BALCO, einem Laboratorium in der Nähe von San Francisco, bezogen und benutzt zu haben. Der so genannte BALCO-Skandal war eines der wichtigsten Themen in der Berichterstattung über die Spiele in Athen 2004, die in BT als Spiele der Heroen und der Bösewichte charakterisiert wurden. Dabei stellte sich erneut die Frage, ob Jones ebenfalls eine Betrügerin war.

Die Angaben von Victor Conte, dem Eigentümer der Firma, im Mai 2004[5] waren eindeutig: Er gab an, dass Jones bereits 2000 Steroide genommen habe. Allerdings gab es keinen positiven Doping-Test, und Jones drohte mit Klagen, wenn ihr die Teilnahme an den Olympischen Spielen verwehrt werde (EB 29.8.2004).

Trotz der Verdachtsmomente nahm Jones an den Spielen in Athen teil, konnte aber nicht an ihre Erfolge von 2000 anknüpfen. Sie hatte sich nicht für die Sprint-Wettbewerbe qualifiziert und trat daher nur zum Weitsprung und zum 4 x 100-m-Staffellauf an. Im Weitsprung wurde sie Fünfte, beim Staffellauf verlor sie den Stab und vergab so den sicheren Sieg des US-Teams. Die Enttäuschung über ihre Leistungen und der Doping-Verdacht verringerten das Interesse der Medien und führten auch zu einer Veränderung des "framings" der Berichterstattung, wobei die Erfolge von Jones in Sydney die Folie der Berichterstattung waren. Die Medien erinnerten ihre Leser/innen, dass Jones ein Star, eine Königin, der Liebling der Medien, die berühmteste Athletin und eine Schönheit trotz ihres knabenhaften Körpers war, dass „Super-Marion" 2000 fünf Medaillen gewonnen hatte (EB 10.8.2004).

Allerdings war das Image von Jones von Anfang an durch Dopingvorwürfe getrübt. Bereits vor den Spielen hatte ihr Ex-Ehemann gestanden, Jones mit Drogen versorgt und sie auch beim Injizieren von Steroiden während der Spiele 2000 beobachtet zu haben (BT 25.8. 2004; EB 29.8. 2004). Obwohl Jones dies vehement bestritten hatte, verloren die Journalisten das Vertrauen in die Aussagen der Athletin (EB

---

[5] Zu Conte und seinen Aussagen: http://sportsbiznews.blogspot.com/2006/08/ode-to-joy-imminent-fall-of-queen.html

29.8.2004), zumal immer mehr Informationen über die Beziehungen von Jones und Montgomery zu BALCO bekannt wurden und auch die Gerüchte über Dopingverstrickungen während ihrer Karriere als College-Athletin nicht verstummten. Obwohl nach wie vor keine positiven Doping-Tests vorlagen, gab es nach den Medienberichten zahlreiche Beweise dafür, dass Jones mit THG gedopt hatte. Die Journalisten reagierten auf diese Tatsache mit einer Mischung aus Enttäuschung und Beschuldigungen, der aber immer noch Verehrung und Bewunderung beigemengt waren.

Obwohl ihre Leistungen in Sydney jetzt in einem neuen Licht erschienen, galt Jones nach wie vor als Star und Superathletin. Allerdings war die Berichterstattung jetzt ambivalent: Die Journalisten betonten nach wie vor die Erfolge und den Ausnahmestatus der berühmten Sportlerin, bezogen sich dabei aber auf die Vergangenheit. Sie bezeichneten Jones als entthronte Königin, als verblassenden Stern, als Ex-Sprinterstar oder als ehemalige Super-Athletin (BT 25.8.2004). Aufgrund ihrer Rolle in einem Doping-Drama falle es ihr, so die Journalisten, zunehmend schwer, ihren Glorienschein als beste Sportlerin zu erhalten.

Die Suche nach Beweisen wurde von den Journalisten als Drama mit mehreren Akten oder als Jagd beschrieben, bei der sich das Netz immer enger zusammenzog. Die Dopingvorwürfe wurden mit einem Alptraum oder einer dunklen Wolke verglichen, die Aufdeckung des Falls mit einer Bombe, die den guten Ruf und die Zukunft der Betroffenen zerstörte (z. B. BT 12.7.2004). Jones schien den Niedergang der Leichtathletik zu verkörpern, einer Sportart, die wie die Athletin zunehmend negativ wahrgenommen und beurteilt wurde.

Obwohl Jones nach wie vor behauptete, unschuldig und „sauber wie das Bettlaken einer Prinzessin" zu sein, konnte sie dem „Doping-Gespenst", das sie während der gesamten Spiele verfolgte, nicht entkommen. Zunehmend frustriert beschuldigte sie die Medien, eine Verleumdungskampagne gegen sie inszeniert zu haben, und bestand immer wieder darauf, unschuldig zu sein (EB 12.7.2004). Der Liebling der Medien hatte sich in ein mürrisches und bekümmertes Mädchen verwandelt (EB 12.7.2004).

Wie C. J. Hunter beeinflusste auch ihr zweiter Partner Tim Montgomery, „Marions Monty", die Berichterstattung über die Sportlerin. Ihre Beziehung zu Montgomery wurde immer wieder als Indiz für ihre Verwicklung in die BALCO-Affäre und ein Dopingvergehen herangezogen. Sie schien sich zum zweiten Mal mit einem Biest eingelassen zu haben.

Trotz zahlreicher Verdachtsmomente nutzten die Journalisten den Bekanntheitsgrad der Athletin, um die Neugier der Leser/innen zu erregen und wach zu halten. Möglicherweise waren mehr Menschen an der Dopingaffäre als an den relativ schwachen Leistungen von Jones interessiert. Marion Jones blieb, bis sie 2006 positiv auf EPO getestet wurde[6], ein Star, obwohl gegen sie zahlreiche Verdachtsmomente oder sogar Beweise des Drogenmissbrauchs vorlagen.

Resümee

Sowohl 2000 als auch 2004 lagen den Journalisten genügend Hinweise auf Dopingvergehen vor und auch genug Wissen über die negativen Auswirkungen des Dopings auf die Sportler/innen und auf den Sport. Trotzdem nutzten sie ihre Erkenntnisse relativ wenig bei der Berichterstattung über die Stars. In einem Artikel in Extrabladet (4.9.2000) heißt es, dass in 98 Prozent der Berichte die Sportler/innen positiv dargestellt werden. EB kritisierte die grenzenlose Bewunderung von Sportlern und Sportlerinnen, fragte aber gleichzeitig, ob die Dopingdiskussion wirklich die Faszination der Wettkämpfe und der Höchstleistungen zerstören solle (EB 4.9.2000). Wie die Geschichte von der Schönen und ihren Partnern zeigt, kann allerdings auch eine Dopingstory einen besonderen Reiz ausstrahlen.

Eine verbreitete Strategie der Medien war es, Doping in zwei voneinander getrennten Kontexten zu präsentieren: zum einen in informativen Beiträgen u. a. über Hintergründe und Auswirkungen des Dopings, und zum anderen in „Fallgeschichten". Diese Trennung machte es möglich, die „Fälle" in einem Ethikdiskurs zu verorten und Doping als ethisches Problem, die falsche Wahl der Sportler/innen und als Betrug zu interpretieren, ohne dabei die gesellschaftlichen Hintergründe oder die Prinzipien des Sports in den Blick nehmen zu müssen.

Bei den Olympischen Spielen 2000 überstrahlten die Erfolge von Marion Jones jeden Dopingverdacht. Schuldig war dagegen das Biest Hunter, der Bösewicht in einer Beziehung, die als Gut-Böse-Dichotomie konstruiert wurde. Wie im Märchen hatte das Ungeheuer auch in der Jones-Story gute Seiten: Es liebte und beschützte die Heldin, so lange ihre Beziehung Bestand hatte.

Das Märchen vom Ungeheuer und der Schönheit basiert auf traditionellen Geschlechterbeziehungen. Es betont Geschlechterdifferenzen, wobei der kolossale Körper von Hunter vergessen ließ, dass Jones keineswegs im traditionellen Sinn weibliche Körperformen aufwies. Der knabenhafte, muskulöse und definierte Körper von Jones könnte das Ergebnis von Steroiden gewesen sein, eine Vermutung, die die Journalisten allerdings nicht in Erwägung zogen, obwohl sie das Doping in der DDR und seine Auswirkungen auf den Körper und die Geschlechtsidentität von Frauen durchaus kannten und auch kommentierten (BT 20.9.2000 über Doping und Gesundheit; BT 25.5.2000 über die Opfer des Dopings in der DDR). Allerdings fehlten den deutschen

---

[6] http://www.buzzle.com/editorials/8-19-2006-106002.asp

von „Sexhormonen" gezeichneten Mannweibern der Charme und die Schönheit einer Marion Jones.

Nicht nur die Körper von Jones und Hunter, sondern auch ihre Beziehung spiegelt traditionelle Geschlechterrollen wider. Hunter, sieben Jahre älter als seine Frau, ist ihr Trainer, Beschützer und, zumindest bei Pressekontakten, der dominante Partner, in dem Jones möglicherweise eine Vaterfigur sieht (BT 25.9.2000).

2004 war der Ruhm von Marion Jones verblasst, aber sie wurde immer noch als Superstar oder zumindest als Ex-Star adressiert. Die Berichterstattung nutzte 2004 als Kontext/Frame die Jones-Story der Spiele in Sydney, und dies machte sie interessant trotz ihrer Misserfolge. Die Gerüchte und Hinweise auf ihre Dopingverstrickungen machten ihre Geschichte sogar noch spannender, sie war ein Drama mit offenem Ausgang. Ihre Beziehung zum schnellsten Mann der Welt, einem überführten Doper, war ein weiterer spannender Aspekt in ihrer Biographie.

Es ist auch zu vermuten, dass die Presse 2004 gute Geschichten brauchte, um das Interesse der Leser/innen an den Spielen ohne große Stars wachzuhalten. Jones war immer noch ein Star, und zog möglicherweise gerade weil sie gefehlt hat, Interesse auf sich. Sie lieferte eine Kriminalgeschichte, die sich später zu einem Drama entwickeln sollte und 2010 mit einer Läuterung und einem Neubeginn zu enden scheint.

Literatur

Altheide, D. (2006). *Terrorism and the Politics of Fear*. Lanham: Altamira

Altheide, D. (2004). Media Logic and Political Communication. *Political Communication* 21:3, pp. 293-296.

Bourdieu, P. (1984). *Distinction: a social critique of the judgement of taste*. Cambridge, Mass: Harvard University Press.

Carstairs, C. (2003). The Wide World of Doping: Drug Scandals, Natural Bodies, and the Business of Sports Entertainment. *Addiction Research & Theory* 11:4, pp. 263-281.

Connell, R. (2002). *Gender*. Cambridge: Polity.

Denham, B. E. (2004). Hero or Hypocrite? United States and International Media Portrayals of Carl Lewis Amid Revelations of a Positive Drug Test. *International Review for the Sociology of Sport* 39:2, pp. 167-185.

Fainaru-Wada, M./Williams, L. (2006). *Game of shadows: Barry Bonds, BALCO, and the steroids scandal that rocked professional sports*. New York: Gotham Books.

Fairhurst, G/Star, R. (1996). *The art of Framing*. San Francisco: Jossey-Bass.

Fenton, N. (2000): Mass Media. In: S. Taylor (ed.), *Sociology. Issues and debates*. New York. Palgrave, pp. 297-320.

Jones, M. (2004). *Life in the Fast Line*. New York: Warner.

Lorber, J. (2005). *Breaking the Bowls: Degendering and Feminist Change*. New York: W.W. Norton & Company.

Mayring, P. (2007). *Qualitative Inhaltsanalyse. Grundlagen und Techniken* (9. Ed.). Weinheim: Deutscher Studien Verlag.

McCombs, M. (2004). *Setting the agenda: the mass media and public opinion*. Cambridge: Polity.

Rakow, L. (1986). Rethinking Gender Research in Communication. *Journal of Communication* 36, pp. 18-34.

Sefiha, O. (2010). Now's when we throw him under the bus: Institutional and occupational identities and the coverage of doping in sport. *Sociology of Sport Journal* 27:2, pp. 200-218.

Semetko, H. A./Valkenburg, P. M. (2000). Framing European politics: A content analysis of press and television news. *Journal of Communication* 50, pp. 93-109.

West, C./Zimmermann, D. H. (1991) Doing Gender. In: J. Lorber/ S. A. Farrell (eds.), *The Social Construction of gender*. California: Sage Publications, pp. 13-37.

Züchten wir Monstren?

Brigitte Berendonk

Seit Mexiko und Athen kann man es auch beim besten Willen nicht mehr vornehm vertuschen: Die Hormonpille (oder -spritze) gehört anscheinend ebenso zum modernen Hochleistungssport wie Trainingsplan und Trikot, wie Spikes und Spesenscheck. Nach meiner Schätzung treffen sich bei großen Wettkämpfen bald mehr Pillenschlucker als Nichtschlucker. Olympia nach dem Motto: Dianaboliker aller Länder, vereinigt euch! Nahezu alle Zehnkämpfer der Weltklasse nehmen die Pille, 90 Prozent der Werfer, Stoßer und Gewichtheber, etwa die Hälfte der Springer und Sprinter, und auch bei den Ruderern, Schwimmern und Mannschaftsspielern wird sie immer beliebter. Manche „Pillenkönige" wie der durch seine Sportverletzungen berühmte US-Zehnkämpfer Russ Hodge, sein glücklicherer Teamkamerad Bill Toomey oder der schwedische Diskus-Cassius Ricky Bruch sollen schon zum Frühstück horrende Portionen der muskelbildenden Androgene schlucken, so dass ihr Apotheker eigentlich Nachschubschwierigkeiten haben müsste.

Und wenn mir heute beispielsweise ein Wurfathlet beteuert, keine Anabolica zu nehmen, dann glaube ich ihm vorerst ganz einfach nicht; zuviel ist in dieser Frage bisher schon gelogen worden, von Offiziellen wie von Athleten. So sind auch die – schon an ihrem Beamtendeutsch als einstudiert erkennbaren – Dementis der urplötzlich so stark gewordenen DDR-Asse oder ihrer Vormund-Funktionäre schlichtweg unglaubwürdig. In privatem Gespräch – so etwa einem britischen Athleten gegenüber – haben einige von ihnen den Gebrauch von Anabolica (angeblich auch injiziert) unumwunden zugegeben. Im Frauensport scheint man ebenfalls mehr und mehr nach der Eliminierung der „natürlichen" nun die künstlichen = hormon-induzierten Intersexe heranzubilden: Jedenfalls geben Muskelmassenzunahmen von mehr als fünf Kilo in wenigen Wochen (bei erwachsenen Frauen) ebenso deutliche Hinweise wie eine galoppierende Akne oder bestürzt erörterte Zyklusstörungen.

Es ist offensichtlich: Die Leistungssteigerungen des letzten Jahrzehnts zum Beispiel in den technischen Disziplinen der Leichtathletik gehen nur zum geringeren Teil auf Verbesserungen des Bewegungsablaufes (die heutigen 20-Meter-Kugelstoßer sind technisch keinesfalls besser als der Parry O'Brien der fünfziger Jahre), der Trainings- und Lebensbedingungen zurück. Schon seit vielen Jahren stärken sich etwa US-Athleten, die berühmten schwarzen „Naturtalente" nicht ausgenommen, regelmäßig mit dem CIBA-Präparat Dianabol, einem Mittel, das auch heute noch weithin – jedenfalls von westlichen Athleten – bevorzugt wird.

Der Erfolg dieser exzessiven, hormonalen Muskelmast ist augenscheinlich. Ein heutiger Kraftathletik-Wettbewerb versetzt ja durch die Typologie der Athleten das Publikum regelmäßig in einen Gefühlszwiespalt aus Horror und Amüsement. Eine kleine anabolische Zeitbombe liegt nun darüber hinaus noch in dem vor kurzem in dem renommierten US-Journal Science erschienen Bericht von Johnson und O'Shea (Oregon State University) versteckt. Diese stellten überraschenderweise nach Dianabol-Gabe nicht nur Muskelkraftzuwachs, sondern auch eine erhöhte Sauerstoffaufnahme fest. Sollten sich solche Befunde erhärten lassen, dann dürften sich demnächst wohl auch unsere Dauerleister in die Schar der Anabolicaschlucker einreihen.

Während aber in den Ländern des Ostblocks (und vielfach auch im Westen) die Anabolicaverabreichung anscheinend ärztlich wirkungsvoll kontrolliert ist, wird sie in der Bundesrepublik in geradezu grotesk dilettantischer Weise gehandhabt. Man überlässt sie nämlich – „nichts hören, nichts sehen" – mit besten Wünschen und ein wenig schlechtem Beigeschmack ganz einfach den Trainern, Hilfstrainern, Klubmedizinmännern, Masseuren und – meistens – den Athleten selbst: Es schlucke ein jeder nach seiner Façon!

Dass Androgene eine Reihe von – teilweise irreversiblen – Fehlentwicklungen verursachen können, steht wohl zumindest ebenso fest wie ihre muskelbildende Wirkung: beispielsweise Disproportionierung von Sexualorganen und -verhalten, Akne (mit all ihren psychischen Folgen), Ödeme, Schädigungen des Skelettsystems, des Stoffwechsels von Leber, Prostata und Nebennierenrinde, Libidostörungen (von den Athleten selbst natürlich am meisten gefürchtet und diskutiert).

Darüber hinaus wirken Androgene zwangsläufig auch wie Psychopharmaka: Aggressivität, Stimmungsschwankungen, übertriebenes Selbstgefühl („feeling of wellbeing"). Ganz generell scheint hierbei der – bei Leistungssportlern ohnehin schon verlangsamte – Reifeprozess noch weiter gebremst zu werden. Die Pubertät nimmt schier kein Ende! Viele der seltsamen pubertären Show Ausbrüche etwa von John Carlos, Ricky Bruch oder vielen Gewichthebern könnten durchaus auch eine Folge des erhöhten Androgenspiegels sein. Biochemiker und Biologen, mit denen ich die Problematik solcher Eingriffe in das Hormongleichgewicht diskutierte, zählten darüber hinaus mit Leichtigkeit noch eine ganze Reihe zu erwartender Nebenwirkungen auf; Nebenwirkungen, die sich bei Durcharbeiten der einschlägigen Literatur auch prompt als so gut wie gar nicht untersucht herausstellten. (Eine bezeichnende Parallele übrigens zu jener „anderen", der Antibabypille!)

Wohl die größte Gefahr des Anabolica-Gebrauchs, vor allem des unkontrollierten, scheint mir aber in dem zunehmenden Missverhältnis von Muskel und Skelett zu liegen. Sehnen- und Gelenkverletzungen, in der Öffentlichkeit gern mit Schaudern als unumgänglicher Tribut an den heutigen Leistungssport schlechthin angesehen, sind häufig nichts weiter (das muss einfach einmal klargestellt werden) als die persönliche Schuld des Athleten oder seiner Promoter. Diese von der Nation bejammerten Verletzungen von Starathleten („Und wir alle, liebe Zuhörer, zittern in diesen Minuten um den Ellenbogen!") sind nicht sport-, sondern dianabolbedingt; sind das Risiko derjenigen, denen ihr natürliches Talent nicht genügt, die sich und ihre Umwelt unfair betrügen wollen. Diese erhöhte Verletzungsgefahr durch Anabolica haben übrigens verschiedene Athleten, wie sie mir erzählten, durchaus an sich selbst registriert. Wer, um eine Wettkampfsaison überhaupt nur überstehen zu können, bis zu hundert Cortison-, „Scheroson"- oder sonst was für Spritzen benötigt, ist ein bemitleidenswerter Krüppel und keineswegs ein Vorbild für die Jugend. Mit dem heute üblichen „Bild"-breiten Erörtern von Sportverletzungen holt man bestimmt nicht die Jugendlichen auf den Sportplatz oder gar nach München.

Auf der anderen Seite ist natürlich der durch Pille und Steak gesteigerte Muskelzuwachs für den Athleten einfach zu verführerisch. Ich kenne mehrere bundesdeutsche Athleten, die bei einer Formkrise einfach sagen: „Was soll's? Mach' ich eben mal wieder 'ne Kur!"; dann ein paar Wochen bei hoher Trainingsbelastung und eiweißreicher Kost täglich bis zu 2 5 mg der kleinen weißen (oder roten) „Puppen" schlucken und anschließend die Öffentlichkeit mit einer „tollen Steigerung" überraschen, so etwa im Kugelstoß bis zu zwei Meter, im Diskuswurf bis zu sieben Meter und im Speerwurf bis zu zehn Meter. Natürlich sprechen nicht alle Athleten gleich optimal auf die androgenen Steroidpräparate an, zumindest nicht auf die zur Zeit im Westen kommerziell erhältlichen; einige sogar – zu ihrem Jammer – fast überhaupt nicht! So wie sich die Dinge entwickeln, wird etwa in einigen Jahren nicht mehr der talentierteste, technisch und kämpferisch beste Athlet der „Größte" sein, sondern der, dessen Muskelmetabolismus am besten auf die erhältlichen Androgene anspricht.

Sportführung und Sportpresse haben sich, von einigen gelegentlichen Vorstößen abgesehen, bisher im wesentlichen nur darum bemüht, dass der Sport nicht „sein Gesicht verliert". Man war peinlich darauf bedacht, das derart weitverbreitete Doping mit Steroiden (und die chemische Kategorie ist ja, die Sache mal zu Ende gedacht, der einzige Unterschied zum verbotenen Doping etwa mit Alkaloiden) zu vertuschen und zu verdrängen. Genau wie man zuvor lange, sehr lange die Existenz von Intersexen im Frauensport verdrängt hat oder wie man auch heute noch sorgsam die zum Teil bereits zur Regel gewordenen Verstöße gegen das geltende Amateurstatut verdrängt und vertuscht. Solche handgreiflichen Missstände zu registrieren, steht wohl zu sehr der naiven „Mens-sana-Ideologie" entgegen, beschmutzt das eigene olympische Nest, stört den edlen Brundage-Coubertinschen Kaloskagathos-Traum. Denn das scheint allen

Beteiligten doch halbbewusst zu sein: Hat das Publikum erst einmal den Sport und den Sportler als manipulierbar durchschaut, dann geht die Faszination natürlich schnell flöten. Nicht zuletzt daher dieses offensichtliche internationale Stillhalteabkommen.

Es besteht nun aber meiner Ansicht nach eine klare Informationspflicht gegenüber der Öffentlichkeit, die Pflicht nämlich, sie über Ursachen und Hintergründe des heutigen Leistungssports ungeschminkt aufzuklären. Zu bewundern gibt es nämlich in den Stadien von heute zunehmend mehr nur noch die Triumphe der pharmazeutischen Industrie, nicht die Triumphe des Sports. Die Eltern eines zum Mehrkampf begabten Sohnes beispielsweise müssen wissen, dass dieser im heutigen Trainings- und Wettkampfleben früher oder später zum Schlucken von Hormonpräparaten verführt wird. (Um Rezeptpflichtigkeit scheren sich die Trainer und Einflüsterer sowieso nicht; dass die ganze Dianabolschluckerei gesetzwidrig ist, stört anscheinend niemanden, auch einige der Herren Sportärzte nicht!)

In solchen Fragen mit der angeblich „freien Entscheidung" des Sportlers zu argumentieren, ist schlichter Nonsens. Denn die Verführung durch das von außen gesetzte Leistungsziel, die Magie des prophezeiten Erfolges ist einfach zu groß, als dass junge Menschen dem widerstehen könnten, zumal wenn sie erst gar nicht über das Risiko aufgeklärt werden. Wer heute die Welt des Leistungssports betritt, muss wissen, dass hier die Gesundheit des einzelnen Athleten nichts, der Erfolg des Verbandes alles bedeutet. Wer „draufgeht" – sei es durch Pech, sei es durch Doping – ist im Nu abgeschrieben, von hämischen Kommentaren der Funktionärskameraderie begleitet („Keinen Biss mehr, der Junge! Verletzungsanfällig, immer schon gesagt! Verweichlicht! Aber wir früher: Zäh wie Kruppstahl!" – Man vergleiche hierzu etwa auch die entsprechenden Aussprüche von Dr. Danz anlässlich des USA-Länderkampfes).

Nach der weithin akzeptierten Definition von Doping als der bewussten Aufnahme von nicht zur normalen Nahrung gehörenden Substanzen zum Zwecke der Leistungssteigerung ist der Gebrauch von Anabolica Doping. Da beißt keine Maus einen Faden ab! Und alles Drumherumgerede ist scheinheilige Schönfärberei. Welche Möglichkeiten einer wirksamen Kontrolle von Anabolica-Doping gäbe es denn eigentlich? Nach vielen Diskussionen mit Fachleuten scheint mir nur ein – wegen der bekannten Nachweisschwierigkeiten von Hormon-Doping zugegeben etwas komplizierter – Weg beschreitbar:

1. Die Sportverbände verpflichten sich zur ständigen Hinnahme einer internationalen Hormon-Doping-Kontrolle.

2. Ein internationales Gremium aus mindestens drei Fachärzten verschiedener politischer Blockzugehörigkeit bestimmt stichprobenartig durch ein Zufallssystem in unperiodischer Folge unter den 20 oder 30 Weltbesten einer jeden Disziplin

die Namen von Sportlern (Sportlerinnen), die sich dann (an ihrem Heimatort) binnen zwei Tagen einer Urin- und Blutuntersuchung durch eben diese internationale Kommission stellen müssen.

3. Überschreitet der Gesamtgehalt an Androgenen (beziehungsweise Androgenderivaten und Abbauprodukten) des Blutplasmas oder des Urins einen oberen Normalwert, oder werden qualitativ körperfremde androgene Steroide im Chromatogramm angetroffen, so liegt Doping vor, und der betreffende Athlet oder (und) Verband erhält eine Sperre. (Als einzige Ausnahme würde die medizinisch begründete Anwendung von Anabolica in Krankheitsfällen gelten.)

Aber man darf nicht übersehen, dass für eine solche unbestechliche und faire Kontrolle nicht viel Hoffnung besteht. Die Widerstände, vor allem von Ostblockländern, wären zu groß, als dass man hier optimistisch sein dürfte. Ganz besonders bedenklich aber scheint mir an all dem Hormon-DopingWahn dieses zu sein: Hier wird zum ersten Mal in der Geschichte des Sports der Mensch auf einen nur vom Unterhaltungs- und Prestigebedürfnis der Gesellschaft bestimmten Scheinwert (Rekord oder Medaille) hin biologisch – und zwar teilweise irreversibel – manipuliert. Für den Jugendlichen etwa, dessen Entwicklung durch Zuführung von Androgenen aberrant verläuft, gibt es kein Zurück. Der Sportler begibt sich durch die derart weitgehende Unterordnung unter das hysterische Medaillengeschrei des Volkes einen weiteren entscheidenden Schritt (der erste war die Bezahlung der sportlichen Leistung) auf das Gladiatorentum zu. Der Anspruch der TV-Nation auf die biologische Steuerung der sportlich talentierten Menschen („Die Leute sind eben sauer, wenn kein Westdeutscher auf dem Treppchen steht") geht zu weit, geht logischerweise noch wesentlich weiter als im Falle des kurzfristigen Dopings etwa mit Aufputschmitteln. Principiis obsta?

Doch so naiv kann man wohl spätestens seit der internationalen Drogenmesse Mexiko '68 nicht mehr sein! Der Zug scheint abgefahren, und zwar genau in die falsche Richtung. Wer würde sich denn auch noch wieder für nichthormonale 18-m-Kugelstöße oder Gewichtheberleistungen im olympischen Dreikampf unter 50 Kilo interessieren! Die nächsten Stationen zeichnen sich bereits klar ab beziehungsweise sind in einigen Ländern schon Realität. So die in „Sportgymnasien" di(an)abolisch konsequent aufgebauten Olympioniken – oder die nach Kaninchenzüchterregeln, gewissermaßen als Sportlebensborn, durch Paarung von Hochleistern produzierten Höchstleiter (Beispiele solcher Versuche sind Kennern bekannt) – oder der Einsatz spezieller Wachstumshormone bei jugendlichen Talenten (hierüber wird schon recht konkret gemunkelt). Und ich nehme Wetten darauf an, dass bereits von den nächsten olympischen Show-Wettkämpfen an in bestimmten Disziplinen immer mehr hormonal gesteuerte Zuchtprodukte einmarschieren. Zum Diskus- oder Kugelfinale werden sie in die Arena stampfen wie Rückkreuzungen vorzeitlicher Fabelwesen: 2,30 Meter hohe und über drei Zentner schwere Horrorkolosse aus dem Labor des Baron Frankenstein. Und das Publikum wird sie und ihre Darbietungen noch mehr belachen und bestaunen als schon heute üblich, so wie den Zuchtbullen Kasimir oder den großen Orang-Utan im Baseler Zoo: Schaubudenmonstren, „zweckvoll" konstruiert.

Kürzlich fiel mir Aldous Huxley wieder in die Hände: „... und ihre Föten, gestopft voll mit Blutersatz und Hormonen, wuchsen und wuchsen und wuchsen oder... schlafften ab zu kümmerlichem Epsilon-Dasein." Brave New World? Im Sport hat sie jedenfalls bereits begonnen.

Anmerkung: Der Beitrag erschien zuerst am 5. Dezember 1969 in der Wochenzeitung *Die Zeit*. Er wurde dem Buch von Hilde Barisch 1976 (*Sportgeschichte aus erster Hand. Von der Antike bis zur Olympiade in Montreal. Berichte von Augenzeugen und Zeitgenossen*; Würzburg : Arena Verlag, 2. überarbeitete Auflage) entnommen.

Anabolika im Frauen-Hochleistungssport. Erfahrungen eines DLV-Trainers – vor 40 Jahren

Hansjörg Kofink

Im Zentrum dieses Artikels stehen drei Briefe, die Anfang August 1972 an das Nationale Olympische Komitee für Deutschland (NOK) und an den Deutschen Leichtathletik-Verband (DLV) geschrieben wurden. Als damals verantwortlicher DLV-Trainer für das Kugelstoßen der Frauen verlangte ich Auskunft über die Gründe der Nichtnominierung der von mir vorgeschlagenen drei Kugelstoßerinnen für die Olympischen Spiele in München.

Der Ost-West-Konflikt

Die Situation des deutschen Sports der 1950er und 1960er Jahre war geprägt vom Ost-West-Konflikt. Das internationale Sportgeschehen mit deutscher Beteiligung hatte insbesondere im IOC zu langwierigen Diskussionen geführt. Die Kontakte mit dem zweiten deutschen Staat waren hochsensibel, das bekam auch die von staatlicher Einflussnahme freie Sportorganisation der Bundesrepublik zu spüren. Wo sie, wie bei internationalen Veranstaltungen, nicht zu umgehen waren, kam es zu erheblichen Reibungen zwischen Sport und Regierung. Das 2007 erschienene Buch *Kalter Krieg auf der Aschenbahn*[1] liefert dazu weitgehend unbekannte Einzelheiten.

Bei den Olympischen Spielen 1964 in Tokio trat letztmals nach 1956 und 1960 eine gesamtdeutsche Olympiamannschaft an. Mexiko 1968 sah zwei deutsche Mannschaften, aber ohne Nationalfahne und Nationalhymne. Für die XX. Olympischen Spiele in München 1972 war der protokollarisch korrekte Auftritt der beiden deutschen Mannschaften unabdingbare IOC-Forderung. Die Vorbereitungen dieser zweiten Olympischen Spiele auf deutschem Boden waren geprägt von hohen Erwartungen, aber auch von Spannung und Druck. Mehrfach hatte die bundesdeutsche Politik den Sport zur Rückgabe der Münchener Spiele aufgefordert. Die mit der Durchführung der Spiele verbundenen protokollarischen Gepflogenheiten standen quer zu Vorstellungen damaliger bundesdeutscher Außenpolitik.

---

[1] Balbier, Uta Andrea (2007). *Kalter Krieg auf der Aschenbahn: Der deutsch-deutsche Sport 1950-1972.* Paderborn.

Von Beginn an hatte die Sportführung der DDR den Erfolg im internationalen Wettkampfgeschehen zum Gradmesser ihres politischen Systems deklariert, im vorolympischen Kongress wurde das durch DDR-Staatssekretär Erbach unmissverständlich formuliert. Das blieb nicht ohne Wirkung, wie an Veränderungen im Sport der Bundesrepublik jener Jahre abzulesen ist. Die Sportwissenschaft entstand, aus den schulischen Leibesübungen wurde der Schulsport. Die umstrittene Kontaktstelle zwischen Sportbewegung und Staat konstituierte sich im November 1969 als *„Sonderausschuss für Sport und Olympische Spiele"*. Ein knappes Jahr später wurde das Bundesinstitut für Sportwissenschaft als *„eine nicht rechtsfähige Bundesanstalt im Geschäftsbereich des Bundesministeriums des Innern"* gegründet, eine für die Verfechter der reinen Lehre sowohl des „freien Sports" als auch der „freien Wissenschaft" nur schwer zu akzeptierende Institution.

Für die DDR machte die hierarchische Einbindung des Sports in den Staat das Agieren im Ost-West-Konflikt einfacher, doch problemlos lief auch dort die Vorbereitung auf die Olympischen Spiele beim Klassenfeind nicht.

Zwei deutsche Mannschaften

Der Ost-West-Vergleich im Spitzensport wirkte durch die Medien in die bundesdeutsche Öffentlichkeit.

Der erste Europa-Pokal der stärksten Leichtathletik-Mannschaften des Kontinents, darunter Deutschland West und Deutschland Ost, fand 1965 in Stuttgart (Männer) und Kassel (Frauen) statt, der Erdteilkampf USA gegen Europa 1969 in Stuttgart[2]. Niemals zuvor waren so viele Weltklasse-Leichtathleten aus Ost und West auf bundesdeutschem Boden. Es gab Kontakte auf vielen Ebenen, ich selbst war in beide Stuttgarter Veranstaltungen eingebunden.

In diese Jahre fiel die Flucht des DDR-Mittelstrecklers Jürgen May 1967 mit Hilfe bundesdeutscher Athleten. Sie war 1969 der Auslöser des Boykotts der Leichtathletik-Europameisterschaften durch die bereits in Athen vollzählig versammelte DLV-Mannschaft. Jürgen May, nun DLV-Athlet, wurde zum Wettkampf nicht zugelassen. Eine wichtige Reminiszenz der Hauptbeteiligten liefert ein 2007 von Steffen Haffner erschienener Artikel[3]. Für den höchst umstrittenen Boykott verschaffte sich der DLV Rückendeckung durch zwei Abstimmungen aller Teilnehmer. Er kostete Liesel Westermann den möglichen Europameister-Titel; sie war seit 1967 Weltrekordlerin. In der Öffentlichkeit, die gerne an die Mär vom politikfreien Sport glaubte, hinterließ der Boykott einen zwiespältigen, unter den Athleten einen verheerenden Eindruck.

---

[2] Erdteilkampf – Europa oder nicht. *Der Spiegel* 32/1969, S.83 f.
[3] Haffner, Steffen (2007). Was macht eigentlich ...Jürgen May. *Olympisches Feuer* 4, S. 46 f.

Das Desaster von Athen wirbelte die DLV-Führung so durcheinander, dass sie der Forderung nach der Wahl von Athleten-Vertretern zustimmten musste. Erste Sprecherin wurde Ende 1969 Brigitte Berendonk.

Doping

Mit ihrem Namen kommt eine weitere Thematik jener Jahre ins Spiel. Die damals 27-jährige Weltklasse-Diskuswerferin schrieb wenige Wochen nach ihrer Wahl zur Athletensprecherin Anfang Dezember in der *Zeit*[4] einen Aufsehen erregenden Artikel: *Züchten wir Monstren?* (Siehe dazu den Beitrag von Brigitte Berendonk in diesem Band). Damit wurde ein Thema erstmals öffentlich, das in Athleten- und Funktionärskreisen schon in den 1960er Jahren Thema war, bei Insidern schon lange davor.

Das zeitigte Folgen, wie kurz darauf sogar in der *„Lehre der Leichtathletik"*, einer Beilage der Verbandszeitschrift „Leichtathletik", zu lesen war. In ihrem Artikel *„Nebenwirkung der Anabolika"*[5], diskutierten die Leistungsmediziner Rosseck und Mellerowicz das Für und Wider der Kraftpillen. Dann folgte das Verbot durch IAAF und DLV: *„Sind anabole Steroide Dopingmittel?"*[6], versehen mit einem irritierenden Fragezeichen im Titel. Ein Könner und Kenner rundete die Thematik ab: *„O'Brien verurteilt Anabolica"*[7]. Der bekannteste und erfolgreichste US-Kugelstoßer jener Jahre räumte langjährigen Anabolika-Konsum ein – damals noch nicht explizit verboten – und warnte vor den Spätfolgen.

Trainereinstellung für eine ‚verseuchte' Disziplin

Im Spätjahr 1970 bat mich die neue DLV-Frauenwartin, Ilse Bechthold, selbst ehemalige Werferin, eine Südgruppe Kugelstoß Frauen für den DLV zu übernehmen. Ziel sollte sein der Neuaufbau der Disziplin mit Nachwuchskräften und die München-Vorbereitung von Athletinnen mit Olympianorm. Meine Zusage mit detaillierten Vorschlägen wurde mit der Bitte erwidert, ich möge doch die gesamte Gruppe übernehmen, der Kollege Nord habe abgesagt.

Das Kugelstoßen der Frauen war damals die Achillesferse im DLV. Einerseits galt es – international in einer bestimmten Himmelsrichtung – als anabolikaverseucht, andererseits stritt man sich damals noch in DLV-Gremien, ob überhaupt und welche Kraftarbeit angemessen sei.

---

[4] Berendonk, Brigitte (1969). Züchten wir Monstren? *DIE ZEIT* 49.
[5] Rosseck/Mellerowicz (1970). Nebenwirkung der Anabolika. *LdLA* 37, S. 1460.
[6] Sind anabole Steroide Dopingmittel? Stellungnahme des DLV-Leistungsrats vom 8.8.1970. *LdLA* 40/1970, S. 1568.
[7] O'Brien verurteilt Anabolica. *LdLA* 46/ 1970, S. 1784.

Marianne Werner (SC Greven 09) wurde 1958 Europameisterin mit 15,74 m, vor den Russinnen Tischkewitsch (15,54) und Press (15,53). Sie hatte kurz zuvor den deutschen Rekord auf 15,84 m verbessert, eine Weite die erst 1964 von Marlene Klein im DLV-Bereich verbessert wurde. Den deutschen Rekord hielten seit 1959 DDR-Athletinnen.

In den acht Jahren der Ausscheidungskämpfe mit der DDR um die Teilnahme an internationalen Meisterschaften kam keine einzige DLV-Kugelstoßerin zum Zug. Andrerseits war das Kugelstoßen bei den Frauenländerkämpfen des DLV eine sichere Bank, das häufig einen Doppelsieg einbrachte.

Der erzwungene Ausschluss von Wettkämpfen mit der Konkurrenz im Osten durch die verlorenen Ausscheidungen wurde vom DLV durch die Auswahl der Länderkämpfe verstärkt; außer mit Polen gab es in der ersten Hälfte der 1960er Jahre keinen Vergleich mit den starken Werferinnen aus dem Osten.

Um das zu ändern, verlangte ich vom DLV die Teilnahme von Kugelstoßerinnen an den EHM 1971 in Sofia, den EM 1971 in Helsinki und an den EHM 1972 in Grenoble. Die DLV-Kugelstoßerinnen und ich sahen dort, was sich inzwischen hinter den beiden überragenden Weltbesten tat. Tschishowa (UdSSR 20,43m) und Gummel (DDR/20,10 m) hatten den Weltrekord von Tamara Press in vier Jahren um knapp zwei Meter verbessert.

Bei den mutmaßlichen Konkurrentinnen aus der zweiten und dritten Reihe im Osten waren die Kugelstoßleistungen explodiert. Verbesserungen von über zwei Metern innerhalb eines Jahres waren die Regel! Die Chancen auf einen Endkampfplatz für DLV-Vertreterinnen waren völlig illusorisch, das Erreichen des Finales in München die einzige Option!

Ich gab diese Erkenntnisse an den DLV weiter und bat um Auskunft für die München-Nominierung unter diesen Voraussetzungen. Ilse Bechthold machte den Athletinnen und mir Hoffnung. Sie werde sich für die Nominierung bei vorliegender Olympianorm einsetzen.

Der Rest der Geschichte ist bekannt. Trotz Olympianorm wurde keine der drei Kugelstoßerinnen nominiert. Erfahren haben das die drei Athletinnen und ich aus der Presse, wo die fehlende Norm als Grund angegeben wurde, eine bewusste Falschmeldung.

Das NOK wies meinen Protest zurück; bei ihm läge keine Schuld, der DLV hätte die drei gar nicht vorgeschlagen.

Meine Schreiben an NOK und DLV mit Kopie an die Deutsche Presseagentur (dpa) und den Sportinformationsdienst (sid) spielten in den Medien keine Rolle. Der DLV hat sich mir gegenüber weder schriftlich noch mündlich zu seiner Entscheidung geäußert.

Erst 1977 bei der deutschlandweiten *Chronique scandaleuse* nach den OS 1976 in Montreal mit Kolbe-Spritze, Substitution und aufgepumpten Därmen kamen auch die Erinnerungen an 1972 wieder hoch. Nach einer Sendung des Sportstudios im ZDF Anfang März schickte ich Brigitte Berendonk und Harry Valerien Kopien meiner Briefe an NOK und DLV. Seither stehen sie in Auszügen in der einschlägigen Literatur.

Trainer-Post – drei Briefe

Nachfolgend werden die Briefe in vollem Umfang und im zeitlichen Ablauf vorgelegt:[8] Sie schildern die Umstände, wie sie sich mir damals darstellten. Als verantwortlicher DLV-Trainer sah ich mich berechtigt, Prognosen für die von mir betreute Disziplin unter den gegebenen Umständen anzustellen.

Brief an das NOK für Deutschland vom 5. August 1972

Sehr geehrte Herren!
Sie haben am 26.7.1972 bei der Aufstellung der DLV-Mannschaft für die Olympischen Spiele in München die Teilnahme der DLV-Kugelstoßerinnen gestrichen. Wie ich aus der Presse entnehme, haben Sie für diesen Schritt mangelnde Leistungsstärke angegeben. Gestatten Sie, dass ich als verantwortlicher DLV-Trainer für diese Disziplin dazu - ebenfalls in aller Öffentlichkeit - Stellung nehme.

Mir ist nicht bekannt, inwieweit das NOK eigene Vorstellungen über das Zustandekommen des Leistungsstands in dieser Disziplin hat. Ich halte es daher für meine Pflicht – insbesondere auch im Namen der von Ihnen in aller Öffentlichkeit abqualifizierten Athletinnen – Sie mit einigen wesentlichen Details dieser Entwicklung zu konfrontieren. Der Leistungsabstand unserer Kugelstoßerinnen zur Weltspitze entstand in den Jahren der gesamtdeutschen Olympiamannschaften (1960/64). Dieses sportpolitische Bekenntnis schnitt den DLV-Athletinnen jeden Kontakt zu den Besten der Welt ab. Die Länderkampfbilanz der Frauenleichtathletik der 60er-Jahre zeigt das auf eindrucksvolle Weise. In den Jahren 1963/69 erfolgte eine explosionsartige Verbesserung des Weltrekords in dieser Disziplin, die von zwei Athletinnen (Gummel, DDR und Tschishowa, UdSSR) getragen wurde. Die Entwicklung auf den nächsten 20 Plätzen der Weltrangliste hielt mit dieser Entwicklung in keiner Weise Schritt. In den folgenden Jahren 1970-72 trat dann eine Stagnation in der Entwicklung der absoluten Spitze ein, dafür – insbesondere in den letzten 24 Monaten – wurden die Leistungen auf den Plätzen 3 bis 15 der Weltrangliste auf geradezu atemberaubende Weise verbessert.

---

[8] Die hier aufgeführten Briefe sind in meinem Besitz (H.K.).

Diese Leistungsentwicklung der Athletinnen aus Osteuropa, vornehmlich aus Bulgarien, Polen, der Tschechoslowakei und Rumänien, muss meiner Ansicht nach in zweierlei Hinsicht sehr genau beobachtet werden. Einmal ist hierbei die unwahrscheinlich kurze Zeit zu beachten, in der die Leistungen zum Teil um mehrere (!) Meter verbessert wurden, obwohl einige der betreffenden Athletinnen schon seit Jahren diese Sportart betreiben. Zum andern ist für den sachkundigen Beobachter die Zunahme des Körpergewichts bei diesen Athletinnen in derselben kurzen Zeit ein Indiz, das ihn nur zu einem Schluss kommen lassen kann. Aufgrund meiner Erfahrungen, die ich während meiner Trainertätigkeit beim DLV seit 1970 und den damit verbundenen internationalen Kontakten sammeln konnte, steht für mich eindeutig fest, dass diese Entwicklung *ohne* Anabolika oder ähnlich wirkende Mittel *undenkbar* ist! Dabei ist mit Sicherheit anzunehmen, dass die DDR und die UdSSR über die Phase des Experimentierens mit diesen Stoffen längst hinaus sind und vermutlich mit besseren (= verträglicheren) Mitteln arbeiten, während im übrigen Osteuropa die Phase des Experimentierens offensichtlich durch das Ziel der Münchener Spiele provoziert wurde. Ich bin in der Lage, dazu weitere Angaben zu machen.

Dass der Deutsche Leichtathletik-Verband die Anabolika im Alleingang auf die Dopingliste gesetzt hat, ist reine Augenwischerei, die ihn jeder weiteren Auseinandersetzung in dieser Frage enthebt. Das beweisen nicht nur die öffentlichen Äußerungen führender DLV-Athleten, das lässt sich für den Sachkenner auch aus der Leistungsentwicklung nominierter München-Kandidaten erkennen, wenn man ihre in der Saison 1972 erzielten Leistungen vergleicht.

Welchen kümmerlichen Beitrag die angeblich im Dienste des Sports stehende Wissenschaft zu diesem Problem zu leisten willens ist, wurde auf dem DLV-Kongress "BIOMEDIZIN und TRAINING" im November 71 in Mainz sichtbar. Die dort gegebenen Erklärungen (nachzulesen im kürzlich erschienenen Kongress-Bericht, S. 98ff.) dienen bestenfalls als Alibi für ihre Verfasser. Mit der heutigen Entwicklung in der Praxis haben sie nichts gemein!

Meine persönliche Stellungnahme zu diesem Problem steht fest; ich habe sie auch in der Öffentlichkeit vertreten (LA 42/1970, S. 1463): Ich lehne den Gebrauch von Anabolika, insbesondere bei Frauen, kategorisch ab. Mit dieser Haltung habe ich meine Arbeit beim DLV aufgenommen und sie bis heute durchgeführt. Ihr Verdikt der mangelnden Leistungsstärke unserer Kugelstoßerinnen trifft daher zu einem entscheidenden Teil mich. Aus Ihrer Entscheidung muss ich entnehmen, dass der „olympische" Leistungsstand im Kugelstoßen der Frauen auch vom NOK für Deutschland gebilligt und gutgeheißen wird. Sie liquidieren damit eine Disziplin der Frauen-Leichtathletik in unserem Land, die sich aus guten Gründen gegen den sich seit Jahren immer mehr verbreitenden Anabolika-Missbrauch gestemmt hat! Sie werden es sich gefallen lassen müssen, dass dieser, Ihr Beschluss, als eine de-facto-Zustimmung zur Verwendung von Anabolika auch im Frauensport gedeutet wird, und Sie werden die Verantwortung dafür zu tragen haben, wenn der von Sportärzten mehrfach beklagte Anabolikamissbrauch in der Jugend-Leichtathletik im DLV-Bereich von nun an auch auf die Mädchen übergreifen wird!

Gestatten Sie mir zum Schluss eine persönliche Bemerkung. Ich finde die Haltung des NOK zu diesem Problem ausgesprochen zynisch. Der Vizepräsident des NOK, Dr. Max Danz, hat sich noch als DLV-Präsident in den 60er Jahren Verdienste damit erworben, dass er eine Untersuchung des Geschlechtsstatus von Athletinnen auf internationaler Ebene durchgesetzt hat. Das Problem des Missbrauchs der Anabolika, das in Fachkreisen ebenfalls seit den 60er Jahren bekannt ist und das sehr viel brennender als das obengenannte ist, ist nun von denselben Fachleuten im NOK auf sehr viel elegantere – sicher aber auf sehr viel weniger verdienstvolle Weise gelöst worden.

Tübingen, den 5. August 1972

Hansjörg Kofink
Kopie: DLV Kassel, dpa Hamburg, sid Düsseldorf

Die Antwort des NOK vom 9. August 1972

Sehr geehrter Herr Kofink,

wir kommen heute in den Besitz Ihres Schreibens, das uns einigermaßen in Erstaunen versetzt. Sicher ist Ihnen im Augenblick nicht bekannt, dass das NOK die Kugelstößerinnen des DLV nicht ablehnen konnte, weil sie von dem zuständigen Fachverband, dem DLV, nicht vorgeschlagen wurden. Aus diesem Grunde standen die Kugelstößerinnen während der Nominierungssitzung des NOK in keiner Weise zur Diskussion und es ist absolut unrichtig, dass in irgendeiner Form abqualifizierende Äußerungen über die betreffenden Athletinnen gefallen sind.

Wir bitten Sie daher dringend, die in Ihrem Schreiben geäußerten Vermutungen und Verdächtigungen zurückzunehmen. Wir bitten außerdem, sich an den DLV zu wenden, da nur der DLV ein Vorschlagsrecht zu einer nachträglichen Nominierung hat.
Hochachtungsvoll
(Heiner Henze)
D.: DLV Kassel dpa Hamburg sid Düsseldorf

Diese Antwort hatte ich nicht erwartet, da mir die Entscheidung immer als eine Sache des NOK dargestellt wurde. Mein Schreiben an den DLV folgte postwendend.

Brief an den DLV vom 11. August 1972

Tübingen, den 11. August 1972
Betr.: Ihr Verzicht auf die Nominierung von Kugelstoßerinnen zu den Olympischen Spielen in München

Sehr geehrte Herren

Wie ich soeben einem Schreiben des NOK entnehme, hat der DLV seine Kugelstoßerinnen von sich aus dem NOK überhaupt nicht zur Nominierung für München vorgeschlagen.

Ich verurteile dieses Vorgehen, das mir nicht bekannt war, auf das schärfste. Es entspricht keineswegs den sportlichen Gesichtspunkten unter denen von uns gemeinsam eine Sanierung dieser Disziplin vor zwei Jahren im DLV-Bereich angegangen worden ist.

Ich werde das im Folgenden begründen:

1.) Der DLV ist nicht nur durch mich damit bekannt gemacht worden, auf welche Weise die sogenannte Leistungsexplosion der jungen Kugelstoßerinnen in Osteuropa vor sich ging. Ich habe den Sportwart und die Frauenwartin des DLV aufgrund der Ergebnisse der EHM in Grenoble über die mir bekannt gewordenen Einzelheiten informiert.

2.) Wir sind uns einig darüber gewesen, dass Anabolika im DLV-Bereich auch im Kugelstoßen der Frauen nicht zur Diskussion stehen. Sie wissen, dass G. Osenberg, mein Vorgänger als DLV-Trainer in dieser Disziplin, das Training von Kugelstoßerinnen im DLV-Bereich für sinnlos hält, da der Leistungsabstand unter den gegebenen Voraussetzungen nicht zu überbrücken sei. Welche Auswirkungen das auf das Kugelstoßen der Frauen beim TuS 04 Leverkusen hat, ist Ihnen ebenfalls bekannt. Welche Befürchtungen derselbe Trainer in Sachen Diskuswerfen hegt, war in der Bild-Zeitung vom 2. 6. 1972 zu lesen.

3.) Sie kennen die Entwicklung des Nachwuchses im Kugelstoßen der weiblichen Jugend. Ihr Leistungsstand liegt heute 2 bis 3 Meter hinter unserer DLV-Spitze. Dieser Abstand lässt sich unter den bei uns gegebenen Verhältnissen bei härtester Arbeit in zwei bis drei Jahren schließen. Können Sie sich vorstellen, wo DLV-Kugelstoßerinnen stehen, wenn Sie für 1976 nominieren, vorausgesetzt, da ist noch irgendjemand, der sich in dieser Disziplin betätigt?

4.) Ihnen ist bekannt, dass die Spitze unserer DLV-Kugelstoßerinnen 28 bis 37 Jahre alt ist und dass für die beiden führenden mit dieser Saison ihre aktive Laufbahn zu Ende geht. Einzige Ausnahme unter ihnen ist die Vize-Europameisterin der Juniorinnen von 1970, B. Palzkill, von der wohl nur Utopisten oder Laien erwartet haben, dass sie eine entsprechende Entwicklung durchmachen würde wie ihre DDR-Konkurrentinnen von Paris 1970. Immerhin ist sie seit 10 Jahren das einzige Mädchen, dem es gelang, in die DLV Spitzengruppe vorzudringen und die Olympianorm zu erreichen.

5.) Sie haben erkrankten und verletzten Athleten Fristen zur Nachnominierung eingeräumt. Dass sämtliche 3 zur Diskussion stehenden Kugelstoßerinnen zum Teil in der Vorbereitungsperiode, zum Teil in der Saison 1972 verletzt waren, ist Ihnen schriftlich und mündlich mitgeteilt worden. Die 1972 erzielten Leistungen haben unter diesen Umständen offensichtlich gelitten. Ich habe mich ausdrücklich während der DLV-Meisterschaften erkundigt, ob diese Tatbestände bei der Nominierung entsprechend gewürdigt werden würden. Das wurde mir zwar zugesagt, doch nicht einmal der DLV-Pressewart fand es bei der Würdigung der Meisterschaftsergebnisse für nötig, darüber ein Wort zu verlieren, geschweige denn über die miserablen Wettkampfbedingungen bei der Qualifikation zu diesem Wettbewerb. Dass Sie andrerseits verletzte Athletinnen fest nominiert haben, ist wohl kaum ein Beleg für gleiche Behandlung.

6.) Genau das aber, gleiche Maßstäbe für alle Disziplinen bei der Nominierung wurde mir in München im Trainerkreis zugesagt. Es ist keine angenehme Aufgabe, hier nun im Vergleich nachzuweisen, dass das nicht geschehen ist, doch ich bin es den von mir betreuten Athletinnen schuldig. Die sofortige Nominierung von 3 Kugelstoßern hat inzwischen zu Schwierigkeiten geführt, die vielleicht nicht vorauszusehen waren. Sie wären jedoch nicht eingetreten, wenn man mit derselben Konsequenz wie im Kugelstoßen der Frauen vorgegangen wäre. In der Weltrangliste 1972 der zwanzig Besten steht weder ein DLV-Kugelstoßer noch eine Kugelstoßerin; lediglich der jetzt auf dem Zuschauerrang teilnehmende neue DLV-Rekordmann hat dort einen Platz. Unter den 34 für München gemeldeten Kugelstoßerinnen rangieren etwa 13 bis 14 vor den nicht nominierten DLV-Vertreterinnen. Alle 3 nominierten DLV-Kugelstoßer werden mit ihren Meisterschaftsleistungen Mühe haben, unter die ersten 20 der 43 gemeldeten Männer zu kommen.

7.) Sie haben in der Öffentlichkeit durch den Vergleich mit den Dreispringern den Eindruck erweckt, als ob auch die DLV-Kugelstoßerinnen die Olympianorm nicht erreicht hätten. Das entspricht jedoch nicht den Tatsachen.

Was ist das Fazit Ihres Beschlusses:

Sie bestrafen Athletinnen, die sich an Ihre Gesetze halten und konfrontieren sie mit Leistungen, von denen auch Sie wissen, dass sie nicht unter diesen Bedingungen des Anabolika-Verbots entstanden sind.

Sie verweigern der Vize-Europameisterin der Juniorinnen von 1970 die Teilnahme an Olympischen Spielen, obwohl sie sich nach einem durch Verletzungen bedingten Leistungsabfall wieder bis zu ihrem Leistungsstand von 1970 emporgearbeitet hat und dabei auch die Olympia-Norm erreicht hat. Sie verweigern zwei über dreißigjährigen Athletinnen mit zusammen 65 Länderkampfeinsätzen die mögliche Teilnahme an Olympischen Spielen im eigenen Land, nachdem sie beide 1960 und 1964 innerhalb der Ost-West-Ausscheidungen zur gesamtdeutschen Olympiamannschaft jeweils die Teilnahme um Zentimeter verfehlt haben.

Darf ich fragen, was das eigentlich soll? Müssen unsere Athletinnen verbotenerweise Anabolika zu sich nehmen, so wie es anderwärts und wohl auch bei uns geschieht, um die Leistungen zu erreichen, an denen Sie sie messen. Wäre es nicht sportlich fairer gewesen und menschlich anständiger, wenn Sie diesen Athletinnen vor zwei Jahren gesagt hätten, welche Leistungen Sie von ihnen erwarten.

Welche Entwicklung stellen Sie sich eigentlich in dieser Disziplin im DLV-Bereich vor? Wie lange wollen Sie denn noch eine Entscheidung in Sachen Anabolika auf nationaler wie auf internationaler Ebene vor sich herschieben? Damit dass man diese Mittel auf die Doping-Liste setzt, ist wirklich nichts erreicht, wie Sie unschwer selbst aus Fernseh-Interviews erfolgreicher DLV-Athleten entnehmen können.

Ich werde diesen Brief an die Öffentlichkeit geben, da alles, was er enthält, Ihnen mündlich von mir immer wieder mitgeteilt worden ist. Vielleicht findet sich in der Öffentlichkeit Verständnis für Ihre Entscheidung, Ich vermag dazu kein Verständnis aufbringen. Aufgrund Ihrer Entscheidung betrachte ich meine Tätigkeit beim DLV als derzeit ruhend. Ich darf Sie um Mitteilung bitten, inwieweit meine Mitarbeit unter den gegenwärtigen Umständen noch sinnvoll ist.

Mit freundlichem Gruß

Hansjörg Kofink
Kopie: NOK München, dpa Hamburg, sid Düsseldorf"

Brief an das NOK vom 11. August 1972.

Seht geehrte Herren!

Der Tatbestand, dass der Deutsche Leichtathletik-Verband seine Kugelstoßerinnen zur Nominierung gar nicht vorgeschlagen hat, ist mir allerdings neu. In der mir zugänglichen Presse vom 28.7.72 hieß es übereinstimmend: „Das NOK stimmte keineswegs allen Vorschlägen zu. So wurden mangels entsprechend leistungsstarker Athleten der Dreisprung und das Kugelstoßen der Frauen überhaupt nicht besetzt." Zum andern wurde mir diese Presse-Version von DLV-Seite mündlich bestätigt.

Vielleicht ist es dem NOK dann ebenfalls nicht bekannt, dass die Gleichbehandlung von Dreispringern und Kugelstoßerinnen nicht gerechtfertigt ist. Alle von mir vorgeschlagenen Athletinnen haben die Olympia-Norm erfüllt. Das ist bei den Dreispringern nicht der Fall.

Im Übrigen bin ich nicht der Meinung, dass damit die Verantwortlichkeit des NOK gegenüber dem Anabolika-Missbrauch entfällt. Ich habe daher nicht den geringsten sachlichen Grund, das, was ich in meinem Brief vom 5.8.72 geäußert habe, einzuschränken oder zurückzunehmen. Die beiliegende Übersicht über die Leistungsentwicklung im Kugelstoßen der Frauen im letzten Jahrzehnt in Osteuropa und in der Bundesrepublik dürfte selbst dem Laien klarmachen, dass die Leistungssprünge bei den 20 – 24-jährigen Athletinnen Bulgariens, Rumäniens, Polens und der CSSR ohne die genannten Hilfsmittel undenkbar sind. Weshalb haben N. Tshishowa und M. Gummel zur entsprechenden Leistungssteigerung drei- bis viermal soviel Zeit gebraucht?

Das NOK wird - sofern es dieser Entwicklung nicht gleichgültig gegenüber steht - gut daran tun, bei sämtlichen Wurfdisziplinen in München Gewichtskontrollen durchzuführen. Das würde in aller Deutlichkeit aufzeigen, wohin die Entwicklung seit Mexiko gegangen ist und dass die der Öffentlichkeit zugänglichen Daten durchweg viel zu niedrig angesetzt sind. Dieser Praxis bedient sich auch der DLV. Bei der Veröffentlichung seiner Olympia-Kandidaten in „Leichtathletik" 31/1972 sind die Angaben über das Körpergewicht der Werfer und Werferinnen fast durchweg falsch. Was soll diese Irreführung der Öffentlichkeit?

Wenn dem Anabolika-Missbrauch medizinisch angeblich nicht zu Leibe zu rücken ist – was ich bezweifle, wenn er ernsthaft genug unternommen wird – so wäre beispielsweise mit der Einführung von Gewichtsklassen in allen Wurfdisziplinen entsprechend der Schwerathletik für den Athleten wenigstens der Anreiz gegeben, im Rahmen seiner körperlichen Proportionen im sportlichen Wettkampf konkurrenzfähig zu bleiben. Will er das unter den heutigen Gegebenheiten, so muss er sich in einen körperlichen Zustand bringen, den er selbst nicht wünscht.

Über mein Schreiben an den DLV werde ich Sie unterrichten.
Hochachtungsvoll

Hansjörg Kofink
Tübingen, den 11. August 1972
Kopie: DLV Kassel, dpa Hamburg, sid Düsseldorf"

Konsequenzen

Der deutsche Leichtathletik-Verband war nie bereit, seine Entscheidung zu erklären. Der folgende Auszug aus einem DLV-Schreiben von Anfang Oktober 1972 an mich dokumentiert das unmissverständlich[9]:

„… Der Inhalt Ihrer beiden Schreiben vom 5. und 11.8.1972, die Sie jetzt erwähnt haben, ist uns im Augenblick nicht geläufig. Wahrscheinlich handelt es sich aber um die Briefe, die sich mit der Nichtnominierung von Kugelstoßerinnen für die Olympischen Spiele befasst haben. Diese Schreiben sind seinerzeit von uns an die zuständigen Mitarbeiter im DLV-Vorstand weitergegeben worden und bisher vielleicht nur deshalb nicht mehr beantwortet, weil die Olympischen Spiele vorüber sind und sich an den gegebenen Tatsachen nichts mehr ändern lässt…"

---

[9] Schreiben des DLV vom 6.10.1972 unterschrieben von Geschäftsführer Steinmetz.

Dieselbe Haltung begegnete mir bereits im Dezember 1971 in der Antwort des BAL-Vorsitzenden Helmut Meyer[10] auf mein Monitum wegen der fehlenden Unterlagen vom Kugelstoßen der Frauen bei den EM in Helsinki. Zusammen mit dem DLV-Kugelstoßtrainer Männer waren im Juli in Frankfurt Beobachtungs-Raster für das Kugelstoßen bei den EM in Helsinki 1971 entworfen worden. In allen beobachteten Disziplinen wurden Filme und andere Unterlagen nach den EM gefertigt und versandt mit Ausnahme des Kugelstoßens der Frauen. Als eine Erklärung fand ich in Meyers dreiseitigem Brief diese Passage:

„… wenn wir nicht der Priorität der Erfolgschancen für die Olympischen Spiele den Vorrang gelassen hätten. In diesem Sinne werden Sie mir eingestehen, dass z. Zt. für das Kugelstoßen der Frauen keine echten Medaillenchancen gegeben sein dürften; möglicherweise war das auch der Grund – ein rein sportlicher (sic! hk) – für die Äußerung von Herrn Heger, dass in diesem Bereich die Kopie nicht oder noch nicht zur Verfügung stehen würde."

Die Verweigerung der Olympiateilnahme im eigenen Land gegenüber Athletinnen trotz erbrachter Olympianorm bleibt für die Betroffenen eine lebenslange Enttäuschung. Zwei der drei quittierten den leichtathletischen Wettkampf sofort, sie waren die ersten „Dropouts" des Dopingproblems in Deutschland, vielleicht weltweit.

Die souveräne Entscheidung von NOK und DLV hat damit die Leistungen der betroffenen Athletinnen als nicht olympiawürdig beurteilt, obwohl beiden Institutionen bekannt war, wie die Ergebnisse der Konkurrenz aus dem Osten zustande gekommen waren. Damit hat sich die „freie" Sportbewegung der Bundesrepublik faktisch auf den von der DDR postulierten Systemvergleich eingelassen. Dort, wo man sich nicht genügend wettbewerbsfähig sah, zog man zurück, genau so, wie es die DDR praktizierte. Gab es da etwa Druck durch den Geldgeber, den Staat?

Die DLV-Normen für die OS 1976 in Montreal wurden weiter verschärft. Das löste 1977 die oben schon erwähnte *Chronique scandaleuse* aus, eine bundesweite Doping-Diskussion, wie sie es erst wieder nach der Wende 1990 gab.

Die für den DLV wohl blamabelste Vorstellung in diesem Sittengemälde des Sp®itzensports gab Hammerwurfweltrekordler Walter Schmidt im März 1977 im ZDF mit einer Do-it-yourself-Show in Sachen Doping. In seiner am Ende des Jahres durch den DLV erfolgten Verurteilung zu einer Sperre auf Bewährung war u. a. zu lesen:

… „Die Bewährung konnte auch insbesondere deswegen zugebilligt werden, weil zugunsten des Betroffenen nicht ausgeschlossen werden kann, dass ein erhebliches Mitverschul-

---

[10] Schreiben des BAL (Helmut Meyer) vom 29.12.1971.

den verantwortlicher Offizieller im DLV vorliegt. Diesen DLV-Offiziellen, seien es in erster Linie Ärzte und Bundestrainer – das muss zugunsten des Betroffenen zumindest unterstellt werden – muss eine erhebliche Verletzung ihrer Fürsorge- und Schutzpflicht den aktiven Sportlern, insbesondere dem Betroffenen gegenüber vorgeworfen werden. Die Arbeit dieser Offiziellen hat sich in erster Linie und vornehmlich nach dem Grundsatz zu richten, dass Offizielle lediglich Helfer der Aktiven sind. Zu dieser Aufgabe gehört vor allem die Verpflichtung, Aktive in aller nur erdenklichen Form vor Rechtsverletzungen zu schützen und nicht den Eindruck zu erwecken, als wenn solche Rechtsverstöße zumindest stillschweigend geduldet wurden.

Öffentlich wurde auch die Klage der Ex-Weltrekordlerin Liesel Westermanns, die 1976 dasselbe Schicksal traf wie 1972 die Kugelstoßerinnen.[11]

Öffentlich lächerlich hatten sich in Montreal die bundesdeutsche Sportmedizin und die Sportwissenschaft mit der ‚Kolbe-Spritze' und mit aufgeblasenen Därmen bei den Schwimmern gemacht.

Wohin der Weg dann ging, zeigte im Juni 1977 die DLV-Kugelstoßerin Eva Wilms. Sie erreichte mit 21,43 m die damals drittbeste Weite weltweit. In meiner B-Gruppe war sie 1972 eine 15-m-Stoßerin mit Schwerpunkt Fünfkampf[12].

Am Ende des turbulenten Jahres 1977 erhielten die Kaderathleten ein DLV-Schreiben auf Veranlassung des NOK-Präsidenten Daume:

„…Um Missverständnisse in der Öffentlichkeit zu vermeiden, halten wir es für besser, die Diskussion intern im DLV zu führen."

---

[11] Liesel Westermann – was ist aus ihnen geworden. *Bild* vom 8.11.1976.
[12] Kugelstoßerin Eva Wilms und die Anti-Baby-Pille. *FAZ* 29/1977, S. 20.

Anabolika im Sport. Der Arzt als Erfüllungsgehilfe des Sportfunktionärs: Leichtfertige Verniedlichung von Nebenwirkungen

Werner W. Franke

In der in der Öffentlichkeit anhaltenden Diskussion um das Ausmaß und die Bewertung der Verabreichung von androgenen-anabolen Steroidhormonen an Sportler und Sportlerinnen (Medical Tribune Nr. 13, 1977) ist der Arzt und der in der medizinisch-biologischen Forschung tätige Wissenschaftler in zweierlei Hinsicht zu einer deutlichen Stellungnahme aufgerufen. Da ist einmal das Selbstverständnis des Arztes bzw. Wissenschaftlers mit dem Ansinnen einiger Kreise unserer Gesellschaft konfrontiert, hormonelle Medikamente für irgendwelche außermedizinischen Zwecke zu verschreiben und zu entwickeln. Zum anderen gilt es, einer gleichzeitig ablaufenden, breit angelegten Kampagne zur Popularisierung dieser Praktiken entgegenzutreten, bei der die bekannten wie die möglichen, noch unbekannten Nebenwirkungen dieser Mittel leichtfertig verharmlost werden.

Nach Ansicht einer kleinen, in einigen Sportverbänden aber einflussreichen Gruppe von Sportmedizinern, angeführt von Prof. Dr. J. Keul (Freiburg) und Prof. Dr. W. Hollmann (Köln), sollten gesunden Menschen – lediglich auf ihren Wunsch hin – zum Zweck der sportlichen Leistungssteigerung androgene-anabole Steroidpräparate verabreicht werden, ohne jede medizinische Indikation, ohne jede angemessene Güterabwägung und gegen die Regeln der olympischen Sportarten selbst, in denen diese Präparate als Dopingmittel eingestuft und verboten sind.[1] Hier degradieren sich Ärzte offensichtlich nicht nur zu „Gefälligkeitsverschreibern", sondern sie machen sich auch noch zu Helfern und Helfershelfern eines Betruges, eines Verstoßes gegen die – ironischerweise z. T. unter Beteiligung eben dieser Mediziner ausgearbeiteten – Regeln. Wie von Dr. B. Segesser (Basel) in seinem Beitrag ja schon angedeutet wurde, sehen einige dieser Sportmediziner sogar ihre Aufgabe darin, den Athleten Kenntnisse über die jeweiligen Dopingkontrollen und ihre Erfassungsmöglichkeiten zukommen zu lassen, so dass sie umgangen werden können, u. U. auch durch „Überbrückung" mit rei-

---

[1] Anmerkung der Herausgeber: Die Ausführungen in Werner W. Frankes zeithistorisch bedeutsamen Beitrag beziehen sich auf den Stand der Diskussion im Zeitraum 1976/77. Es ist selbstverständlich nicht auszuschließen, dass einzelne Mitglieder des angesprochenen Personenkreises später möglicherweise zu einer anderen Haltung gelangt sind.

nem Testosteron (vgl. dazu auch die haarsträubenden, offenen Bekenntnisse des Vize-Europameisters im 200-m-Sprint, Manfred Ommer, in der *Welt* vom 15.3.1977). Diese – wahrscheinlich aus dem Wunsch nach (indirektem) Teilhaben am sportlichen Erfolg zu verstehende – Selbstdegradierung des Sportmediziners zum Betrugskomplizen hat nun wirklich mit „Heilkunst" nichts mehr zu tun und sollte die entschiedene Missbilligung des Ärztestandes wie der Wissenschaft erfahren. Prof. Dr. H. Reindell, Nestor der deutschen Sportmedizin und Präsident des deutschen Sportärzteverbandes, erklärte denn auch kürzlich: „Wer die Einnahme von Anabolika befürwortet, ist kein Arzt mehr!" Ein Satz, der hoffentlich auch von seinen früheren Schülern gehört und beherzigt wird! Prof. T. B. Schwartz (Chicago) fand in einem Kommentar der neuesten Ausgabe des von ihm herausgegebenen Jahrbuchs der Endokrinologie nur noch eine Bezeichnung für die Gabe von Anabolika im Sport: „Obszön!"

Besonders bedenklich scheint aber in diesem Zusammenhang die von den Befürwortern und Praktikern des Dopings mit Anabolika systematisch wiederholte Behauptung von der medizinischen Unbedenklichkeit dieser Präparate zu sein, eine Behauptung, die eben auch durch stereotype Wiederholung nicht richtiger wird. Alle einschlägigen pharmakologischen Standardwerke (stellvertretend seien hier nur genannt: The United States Dispensatory, Meyler's Side Effects of Drugs, Martindale – The Extra Pharmacopoeia, The Pharmacological Basis of Therapeutics) weisen über viele Seiten auf negative Nebenwirkungen hin. Dabei ist bei einer Wertung der Nebenwirkungen im Falle des Einsatzes bei gesunden Personen natürlich mit besonderer Strenge davon auszugehen, dass hier eben keine medizinische, nicht einmal eine zwingende psychische oder soziale Indikation vorliegt. Da also bei der Medikation hier kein medizinisch relevanter Nutzen zu erwarten ist, bleibt nur mehr das Risiko der Behandlung zu diskutieren. Nun sind aber Steroidhormone keine Zuckerstangen! Von den vielen in der Literatur, behandelten Nebenwirkungen, darunter auch solche, die bei Sportlern festgestellt wurden (darunter auch „kleinere" Nebenwirkungen; vgl. z. B. D. L. J. Freed et al., Br. Med. J., 1975, 2, 471), seien hier nur einige etwas ausführlicher erwähnt und besprochen.

1. Funktionsstörungen und Schädigungen der Leber

Aus medizinischer Sicht muss auf das Schärfste gegen die Bagatellisierung der Cholestase und der Hemmung der Exkretion und Sekretion protestiert werden, die nach Gabe – z. T. auch bei recht geringen Dosen – von C3-Keto- und besonders nach C17-a-alkylierten Androgenen auftritt. Wie hier die Praxis des Spitzensports in der Bundesrepublik aussieht, mag man vielleicht aus einer Bemerkung in einer (im übrigen methodologisch recht insuffizienten) Untersuchung der Freiburger Sportmediziner selbst ersehen, die z. B. bei einer „Zufallprobe" von 57 Sportlern, die zugaben, Anabolika genommen zu haben, folgenden Befund erhoben: „Schädigung bzw. Funktionsstörungen wurden bei 31 Sportlern nach oral verabreichten Steroiden beobachtet" (J. Keul, B. Deus und W. Kindermann, Med. Klin. 71, 497, 1976). Fürwahr, eine groteske Art von Sport: 54 einer Stichprobe von Anabolika-Abhängigen sind krank, mit bis zu 2,6 mg % Bilirubin und Transaminasen bis zum Zehnfachen des oberen Normbereiches! Aus dem Rückgang dieser Werte nach Absetzen der Präparate binnen einiger Wochen wird dann (leider ein weitverbreiteter Euphemismus!) geschlossen, „dass es sich wahrscheinlich (!) um eine reversible Funktionsstörung der Leber gehandelt hat". Die weitverbreitete Leichtfertigkeit im zyklischen An- und Absetzen von Anabolika bei Sportlern wie bei der Interpretation der beobachteten, aber völlig unzureichend analysierten Hepatozyten-Läsionen ist fachlich abzulehnen. Wenn nach einem begrenzten Waldbrand kein Rauch mehr zu sehen ist, würde wohl nur ein Narr auf eine Reversibilität des Feuerschadens schließen!

Eine arzneimittelbedingte Cholestase ist durchaus sehr ernst zu nehmen, und kein Sportmediziner sollte sich einbilden, solche – häufig auch individuell sehr verschiedenen – Pathogenesen „steuern" zu können bzw. allein aus schlichten Routine-Labordaten das Ausmaß der zellulären Schäden mit Sicherheit abschätzen zu können. Wer derartige Präparate an gesunde Personen verabreicht, dem gehört wirklich der Satz von Prof. H. Popper (New York) ins Stammbuch geschrieben: „Längerdauernde Cholestase extra- und intrahepatischer Ursache bewirkt Leberzelldegeneration und -nekrose!" Das Herbeiführen einer Cholestase oder Exkretionsstörung aus „sportlicher Indikation" ist somit als grob fahrlässig anzusehen. Dies um so mehr, als nicht nur der durch Steroide herbeigeführte cholestatische Zustand – durch den Detergenz-Effekt der Gallensäuren – sondern möglicherweise auch die direkte Interaktion einiger dieser Steroide mit der Plasmamembran bzw. dem endoplasmatischen Retikulum zur Schädigung von Membranstrukturen und -funktionen (bis hin zur Membranolyse) beiträgt (vgl. z. B. die Anthologie „Pathogenesis and Mechanisms of Liver Cell Necrosis", ed. D. Keppler, MTP Press Ltd., 1975).

Die Interferenz solcher Steroide mit den Hydroxylierungs- und Demethylierungs-Systemen der Leber allein sollte einen schon davon abhalten, ohne Not mit Steroiden im Organismus „herumzufummeln". Ganz zu schweigen von den Problemen und Komplikationen, die sich für Anabolika-Konsumenten etwa bei starkem Alkohol-Konsum (das ist bei einigen Sportlern ja nicht gerade selten!), bei plötzlich erforderlicher Medikation (z. B. mit bestimmten Antibiotika) mit hepatotoxischen Substanzen, bei einer Narkose-Behandlung etc. ergeben. Hier wird der Sportarzt wohl kaum immer in der Nähe aller potentiell Gefährdeten sein können, und einen „Anaboliker-Pass" gibt es ja wohl noch nicht!

2. Verdacht auf Beteiligung von androgen-anabolen Hormonen bei der Entstehung von Hepatomen und Peliosis hepatis

In den letzten Jahren hat sich der Verdacht gebildet, bestimmte hormonelle Komponenten könnten zur Entstehung von benignen und malignen Hepatomen sowie der (aus gutem Grund damit vielfach im Zusammenhang diskutierten) eigentlich seltenen Peliosis hepatis beitragen (Übersichten z. B. bei S. Goldfarb, Cancer Res. 36, 2584,1976; F. L. Johnson, in: Hepatocellular Carcinoma, K. Okuda and R. L. Peters, eds.; Wiley & Sons, New York). Diese Befürchtung stützt sich keineswegs nur auf Fälle bei der Androgen-Therapie von schweren Grundkrankheiten anämischer Natur, sondern auch auf Beispiele aus der Therapie von z. B. Osteoporosen, Kryptorchismus, Pankreatitis, Hypopituitarismus etc. Besonders eigentümlich muten hier Angaben über eine direkte Androgen-Abhängigkeit des Tumorwachstums in einigen dieser Fälle an. Die ganze Problematik scheint ferner in einem interessanten Zusammenhang mit Berichten über gehäuftes Auftreten von Hepatomen und Peliosis hepatis nach langjähriger Einnahme bestimmter Kontrazeptiva zu stehen, über die ja auch in dieser Zeitschrift schon berichtet worden ist[2]. Und nicht zuletzt ist es eine alte Erfahrung aus Tierversuchen, dass ein androgenes Hormonmilieu die Entwicklung bestimmter Hepatome fördern kann. Bezeichnenderweise fallen ja auch die androgen-anabolen Progestagen-Komponenten einiger Kontrazeptiva (Norethynodrel, Norethisteron) im Tierversuch durch hohe Hepatombildungsrate, und zwar vor allem bei männlichen Tieren (!), auf (vgl. die entsprechende Studie des britischen Committee an Safety of Medicines, 1972). Der Ernst, mit dem diese Thematik z. Z. in der medizinischen Wissenschaft behandelt wird, durchaus auch im Zusammenhang mit der unter Steroid-Gaben gestörten Exkretion (s. o.), sollte einige der oben erwähnten Sportmediziner doch verstummen lassen. Jedenfalls geben mehrere der damit befassten Nicht-Sport-Mediziner öffentlich den ausdrücklichen Rat, androgene-anabole Hormonpräparate nicht ohne strenge Indikation einzusetzen, schon gar nicht im Sport. Die bekanntermaßen langen Entwicklungszeiten solcher Hepatome und auch die gerade begonnenen langfristigen Tierversuchsreihen (z. B. im Deutschen Krebsforschungszentrum) lassen übrigens eine Klärung dieser Frage in den nächsten Jahren noch nicht erwarten.

3. Antigonadotrope Wirkungen

Pauschale Bemerkungen, die androgene-anabole Hormonpräparate von Nebenwirkungen auf Hypophysenfunktion, Funktionen der Sertoli-Zellen, der Leydig-Zellen und des Epididymisepithels, auf Spermato- und Spermiogenese „freisprechen"

---

[2] Anmerkung d. Hrsg.: Gemeint ist die *Medical Tribune*.

wollen (vgl. Med. Tribune Nr. 12), können fachlich nicht ernst genommen werden. Die z. Z. immer noch sehr häufig an Sportler verabreichten 17-a-alkylierten Androgene haben allesamt eine solche inhibierende Wirkung (Übersicht z. B. bei H. Jackson and A. R. Jones, in: Adv. Steroid Biochem. Pharmacol., pp. 167, 1972). In ihrer jüngsten eingehenden Untersuchung fanden P. Holma und H. Adlercreutz (Acta endocrin. 83, 856, 1976) nach Verabreichung von nur 15 mg Metandienon (syn. Metandrostenolon) an finnische Athleten im Plasma eine Abnahme des Testosterons um 69 % und des LH und FSH um je 50 %. Das entspricht auch Beobachtungen anderer Autoren bei Vergabe von höheren Tagesdosen (z. B. Kilshaw et al., Clin. Endocrinol. 4, 536, 1975; Hervey et al., Lancet 1976, 2. 699). Die einzige Androgen-Verbindung, für die eine erstaunlich geringe antigonadotrope Wirkung (nur ca. 23 % Senkung des Plasma-Testosterons) als hinreichend gesichert gelten kann, ist Mesterolon, das jedoch nur bescheidene anabole Effekte aufweist. Selbst bei den Metenolon-Estern sind in diesem Punkt noch Abstriche in der Qualität der Literaturbelege zu machen. Das Fehlen solider Langzeit-Untersuchungen auf diesem Gebiet wird in der pharmakologischen Literatur ausdrücklich bemängelt.

4. Negative Effekte auf den Thymus

Androgene haben allgemein einen hemmenden Effekt auf den Thymus, insbesondere führen sie zu einer Verkümmerung des epithelialen Retikulums. Die nicht selten beobachtete Anfälligkeit von Athleten bestimmter Kraftsportarten gegenüber Infekten könnte hier durchaus ihre Ursache haben. Wegen der grundsätzlichen Bedeutung dieses Aspekts fordern Fachleute systematische Untersuchung der Wirkung androgener-anaboler Präparate auf die Thymusfunktion von Sportlern (z. B. J. Ahlqvist, Acta endocrinol. suppl. 206, 1976).

5. Virilisierungserscheinungen bei Frauen und Mädchen

Die allseits bekannten, z. T. drastischen und irreversiblen Virilisierungserscheinungen, die bei Verabreichung androgen-anaboler Präparate an Frauen und Mädchen beobachtet, in jedem Falle aber riskiert werden, erfordern auch im klinischen Bereich eine Beschränkung auf streng gestellte Indikation. Dass es Sportmediziner gibt, die auch hier verharmlosen und diese Effekte als „soziale" Probleme verstehen („im Osten kommen Frauen auch mit tiefen Stimmen durch den Alltag") wie Dr. W. Kindermann (Freiburg) und Dr. A. Mader (Köln) kann beim verantwortungsbewussten Arzt und Wissenschaftler nur noch Kopfschütteln erregen, mehr nicht.

Diese Reihe der ernst zu nehmenden, schädlichen Nebenwirkungen ließe sich leicht noch um ein Dutzend fortsetzen. Aber das Vorstehende mag auch so bereits ausreichen, um die Verharmlosungskampagne der Anabolika-Verabreichung an Sportler als das zu entlarven, was es letztlich ist, eine fachlich nicht haltbare Propaganda-Aktion. Dass in der Tat bei einigen der von Sportmedizinern durchgeführten Untersuchungen keine oder nur geringe Nebenwirkungen gefunden wurden, überrascht bei näherer Betrachtung dieser Arbeiten kaum. Hier gilt einmal mehr die alte Waldbauern-Regel: Wer im Buchenwald sucht, darf sich nicht wundern, wenn er keine Eicheln findet! Auch das häufig von dieser Seite der Sportmedizin gebrauchte Argument, sie seien ja gewissermaßen aus Verantwortung gezwungen, dem Athleten diese Mittel zu geben, weil er sonst Selbstmedikation betreibe, ist nicht stichhaltig. Erstens verhindert der Sportmediziner dadurch nicht notwendigerweise die zusätzliche Einnahme von Oberdosen durch den Athleten; zweitens kann ein aufrechter Arzt sich doch wohl kaum in so plumper Weise nötigen lassen. Wenn man diese Art von Logik generell in der Medizin anwenden würde!

Anmerkung: Der Beitrag erschien zuerst am 22. April 1977 in der Zeitschrift *Medical Tribune (Nr. 16/1977)*. Er stellte ein entschiedenes Gegengewicht zum Unschädlichkeitsdiskurs in Bezug auf die anabolen Steroide dar, den maßgebliche Kreise der bundesdeutschen Sportmedizin zu jener Zeit prägten.

"Flächendeckende Verdrängung"
Der Spitzensport als Spritzensport – Über Doping in Westdeutschland

Herbert Fischer-Solms

Spätestens in den 1970er Jahren war der westdeutsche Sport im Zeitalter des organisierten Dopings angekommen. Da rüstete der Deutsche Sportbund (DSB), mit neidvollem Blick auf das so genannte „Sportwunder DDR", im Bereich Spitzensport erheblich nach. Mit dem „Bundesausschuss Leistungssport (BAL)" schuf er ein „zentrales Organ der Spitzenverbände zur Planung und Koordinierung des Spitzensports". Dass der westdeutsche Sport sich künftig an den Verhältnissen im Osten Deutschlands und Europas orientieren werde, wurde auch symbolisiert durch die Berufung seines Leitenden Direktors: Thomasz Lempart war zuvor Generalsekretär des Olympia-Komitees von Polen.

Zugleich folgte der Westen zunehmend leistungssportlichen Erkenntnissen, die aus der DDR geflüchtete Sportwissenschaftler mitbrachten. Sportmediziner wie der 1974 in den Westen gewechselte Alois Mader, ein ehemaliger Oberarzt an der Sportmedizinischen Hauptberatungsstelle des Bezirkes Halle, lieferten umfassende Informationen über ostdeutsche Dopingmethoden. Mader, der sich zu, wie er es nannte, „maßvollen" Formen des Dopens im Westen bekannte und ab 1987 Professor für Sportmedizin an der Deutschen Sporthochschule in Köln war, gilt als Erfinder der „Kolbe-Spritze". Der Hamburger Ruder-Weltmeister Peter-Michael Kolbe bekam kurz vor dem Olympia-Finalrennen 1976 eine „Vitaminspritze", die er für seine Schwächephase im Endspurt und die folgende Niederlage verantwortlich machte. Bundesdeutsche Athleten und Mediziner könnten in Zukunft dem DDR-Sport dessen medizinische Manipulationen nicht mehr vorwerfen, kritisierte danach Kolbes Verbandsarzt Paul Nowacki. Ebenso leidenschaftlich wie zur „Kolbe-Spritze" wurde in Westdeutschland öffentlich eine post-olympische Debatte zur „Aktion Luftpumpe" geführt. Durch das Aufblasen des Dickdarms sollte die Wasserlage der Schwimmer verbessert werden, was auch gelang. Allerdings ging den Probanden auf dem Weg vom Trainingslager zum Schwimmbecken die Luft bereits wieder aus, daher konnte das Bundesinnenministerium die für die Fördermaßnahme bereits zugesagten 250 000 DM sparen.

Während die DDR-Athleten in Montreal 90 Medaillen gewannen, kam die Mannschaft der Bundesrepublik auf lediglich 39. Das rief die westdeutsche Sportärzteschaft als Retter der bundesdeutschen Ehre verstärkt auf den Plan. Bei ihrem Freiburger Kongress 1976 beschloss sie die Freigabe anaboler Steroide, die seit 1974 auf der Verbotsliste des IOC standen. Dirk Clasing, Sprecher der Verbandsärzte (und 30 Jahre später Chefmediziner der neu gegründeten Nationalen Anti-Doping-Agentur NADA), betonte, es sei besser, mitzumachen, „als zu sagen, wir sind völlig gegen Substanzen, die möglicherweise nicht einmal unbedingt schaden". Führende Sportärzte wie Joseph Keul und Wilfried Kindermann aus Freiburg erklärten, anabole Hormone unter Hinweis auf nicht bewiesene Folgen zu verbieten, lasse Ärzte fragwürdig erscheinen und sei daher nicht empfehlenswert. Erkenntnisse wie die von Kindermann, dem späteren Chef-Mediziner der deutschen Fußball-Nationalmannschaft, stehen für ein Denken nach Art eines DDR-Kollegen: „Die Anabolika-Gabe an Frauen ist eher ein soziales Problem als ein medizinisches. Im Osten kommen Frauen auch mit tieferen Stimmen durch den Alltag."

„Kolbe-Spritze" und „Aktion Luftpumpe" lösten eine sportpolitische Debatte aus, die nie zuvor in der Bundesrepublik mit solcher Schärfe geführt worden war. Auf diese öffentliche Diskussion reagierte der organisierte Sport mit der Verabschiedung einer „Anti-Doping-Charta", die aber ein Muster ohne Wert blieb. Ohne jede Gegenstimme votierten, zum Beispiel, die Sportärzte auf ihrem Außerordentlichen Kongress in Kiel für sauberen Sport – realiter dopten sie jedoch weiter wie bisher. Auch Trainer und Sportler waren vielfach zu einer Umkehr nicht bereit. Emil Beck, Fechtbundestrainer und Vorsitzender der DSB-Trainer-Kommission, sprach sich gegen aufkommende Trainingskontrollen aus. Gewichtheber-Weltmeister Rolf Milser bestand auf Anabolikakonsum mit der überzeugenden Losung „Mein Körper gehört mir!"

Auch die Politik war mit im Boot. In einem bemerkenswerten Bundestagshearing 1977, in dem der Sprinter Manfred Ommer freimütig erzählte, dass Bundestrainer Thiele die bundesdeutschen Sprinterinnen zur Vorbereitung auf die Olympischen Spiele mit Anabolika versorgt habe, ging der dopingfreie Sport als Verlierer vom Platz. Der spätere Bundesinnenminister Wolfgang Schäuble persönlich gab die Richtung vor mit der Demarche, man wolle Dopingmittel „nur sehr eingeschränkt und nur unter der absolut verantwortlichen Kontrolle der Sportmediziner" einsetzen, da es offenbar Disziplinen gebe, „in denen heute ohne den Einsatz dieser Mittel der leistungssportliche Wettbewerb in der Weltkonkurrenz nicht mehr mitgehalten werden kann".

Ein Beispiel für die aktive Unterstützung von Doping durch die Bundesregierung sind Testosteron-Versuchsreihen der 1980er Jahre – gefördert mit Bundesmitteln in Höhe von 300.000 DM. Wahrheitswidrig ist von Politik und organisiertem Sport stets behauptet worden, bei diesen Versuchen habe es sich um eine „klassische und wirksame Anti-Doping-Maßnahme" gehandelt. Sinn und Zweck sei gewesen, den Beweis zu führen, dass Testosteron im Ausdauersport keine positiven Auswirkungen auf die Regeneration von Athleten habe. Allerdings kam die Antwort der Bundesregierung auf eine diesbezügliche kleine Anfrage von Bundestagsabgeordneten aus dem Jahr 1991 der Wahrheit schon sehr viel näher. Dort hieß es: „Durch den hier in Rede stehenden Forschungsauftrag sollte festgestellt werden, ob die defizitausgleichende Gabe kleiner Dosen von Testosteron die Qualität der Regeneration verbessert und damit einen wesentlichen Beitrag zur gesundheitlichen Stabilisierung der Spitzensportler leistet." Nach dem Sieg der bundesdeutschen nordischen Kombinierer bei der Weltmeisterschaft 1987 sprach der Sportmediziner Heinz Liesen im Bundestags-Sportausschuss ungeniert von einem „Musterbeispiel für eine erfolgreiche hormonelle Regulation".

Dieser Spagat zwischen offiziell verordneter Dopingablehnung und tatsächlicher Dopingzuwendung ließ die Sportärzteschaft mit ihren Zentren Freiburg und Köln zu einer Art Staat im Staate werden. Kleine Zirkel von Trainern und Medizinern, in Vereinen und Verbänden, erprobten und praktizierten auf konspirative Weise die Manipulation der Leistung. Die Sportler pilgerten in Scharen vor allem nach Freiburg, wo mit Armin Klümper und Joseph Keul zwei ausgewiesene Experten residierten.

Als der erste deutsche Sportler, der durch Doping sein Leben verlor, gilt der Kölner Profiboxer Jupp Elze. Im Juni 1968 verlor er im Kampf um die Europameisterschaft im Mittelgewicht in der 15. und letzten Runde nach einem Treffer am Hinterkopf das Bewusstsein. Bei der Obduktion fanden sich drei Dopingsubstanzen im Blut, darunter das Aufputschmittel Pervitin, ohne das er offenbar die vielen Schläge seines Gegners nicht so lange hätte aushalten können.

Die Mehrkämpferin Birgit Dressel aus Mainz starb, 27-jährig, qualvoll an einem toxisch-allergischen Schock. 102 Medikamente waren in ihrem Körper, darunter das Anabolikum Stanozolol. Bei der polizeilichen Vernehmung sagte ihr betreuender Arzt Armin Klümper, er habe ihr in den letzten 16 Monaten rund 400 Spritzen gegeben. Am Ende verliefen die staatsanwaltlichen Ermittlungen ohne Ergebnis. Dressels Todesdatum, der 10. April 1987, bleibt ein schwarzer Tag im bundesdeutschen Sport.

Mit nur 47 Jahren starb der vielfache deutsche Kugelstoß-Meister Ralf Reichenbach, der nach eigenem Bekunden „Anabolika wie Gummibärchen schluckte". Ebenfalls nur 47 Jahre wurde die Schwimmerin Christel Justen aus Aachen, die mit 17 Jahren bei den Europameisterschaften in Wien in Weltrekordzeit die gesamte DDR-Konkurrenz schlug – dafür kürten sie Westdeutschlands Journalisten zur „Sportlerin des Jahres". Später offenbarte sie, dass Trainer Claus Vandenhirtz[1] ihr das Dopingmittel Dianabol gegeben hatte – ihre Eltern hatten die verdächtigen Pillen analysieren las-

---

[1] In der Deutschen Schwimmtrainer-Vereinigung DSTV fungiert Vandenhirtz derzeit als Vizepräsident, siehe http://www.dstv-online.de/kontakt.htm (Zugriff am 02.01.2011).

sen. Nur ein Jahr älter als Justen wurde Uwe Beyer, bei dessen Autopsie die Herzkranzgefäße alle Anzeichen eines langjährigen Anabolikakonsums aufwiesen, was der erfolgreiche Hammerwerfer in einem Interview aber bereits eingeräumt hatte.

1972 sorgte der Fall des Leichtathletik-Bundestrainers Hansjörg Kofink für Aufsehen. Er betreute damals die DLV-Kugelstoßerinnen, die die Olympianorm des IOC auch erfüllten. Keine seiner Schützlinge wurde jedoch der Nominierung für München, für die Olympischen Spiele im eigenen Land, für würdig erachtet. Hintergrund der Verbands-Weigerung: Trainer Kofink und seine Athletinnen hatten sich für einen sauberen Sport entschieden. Sie stießen zwar weit, für den auf „Endkampf-Chance" eingeschworenen Verband aber nicht weit genug. Der Trainer gab entrüstet sein Amt auf – es war ein persönlicher Hilfeschrei, der jedoch weitgehend ungehört verhallte. Bis 1999 war Kofink über 20 Jahre zunächst Vizepräsident, dann Präsident des Deutschen Sportlehrerverbandes, in der aktuellen Diskussion um sportpolitische, sportethische und sportmedizinische Fragen meldet er sich weiter engagiert zu Wort, als ein unbestechlicher Verfechter eines manipulationsfreien, pädagogisch vertretbaren Spitzensports (siehe auch den Beitrag Kofinks in diesem Band).

Nach Vollzug der deutschen Einheit im Oktober 1990, als die Zentrale Ermittlungsstelle für Vereinigungs-und Regierungs-Kriminalität (ZERV) dem staatlich abgesicherten Dopingmissbrauch in der ehemaligen DDR nachspürte, waren – in einigen wenigen Fällen – auch Dopingpraktiken im westdeutschen Sport Gegenstand juristischer Auseinandersetzungen. Etwa die Causa Jochen Spilker. Im Februar 1994 verurteilte ein Gericht den Lauftrainer im westfälischen Hamm wegen Verstoßes gegen das Arzneimittelgesetz zu einer 12 000-DM-Strafe. Später wechselte Spilker nach Erfurt und machte im Landessportbund Thüringen eine beachtliche Karriere, unter anderem als Rechtswart. 1991 trat Diskuswerfer Alwin Wagner als Zeuge vor Gericht gegen Bundestrainer Karlheinz Steinmetz auf. Der Vorwurf lautete auf Anabolikagabe und Abgabe von Fremdurin bei einer Dopingkontrolle.

Anfang der 1990er Jahre informierte der damalige Vizepräsident des Deutschen Sportbundes, Manfred von Richthofen, in seiner Eigenschaft als Vorsitzender der Doping-Untersuchungskommission den Präsidenten des Nationalen Olympischen Komitees für Deutschland (NOK), Willi Daume, darüber, dass sein Gremium den Sportmediziner Josef Keul in Dopingangelegenheiten für „hoch belastet" halte. Alle Versuche, die Ablösung Keuls als Olympiaarzt durchzusetzen, scheiterten jedoch. Daume hielt am dopingverdächtigen Chefmediziner fest. Alle Argumente für ein zweifelsfrei dopingfreies Handeln prallten am mächtigen Daume, der stets als kultursinniger Feingeist galt, wirkungslos ab.

Den Spitzensport als Spritzensport hat es nicht nur in der DDR, es hat ihn auch in Westdeutschland gegeben. Freilich gab es einen großen Unterschied. Muskelpillen für Kinder, für zwölf-, dreizehnjährige Schwimmerinnen, solche „Überschreitungen und Verbrechen" kamen nach Kenntnis des Molekularbiologen Werner Franke auch in „kapitalistischen" Ländern vor: „Dort aber nicht systematisch als politisches Programm, sondern als Taten einzelner skrupelloser Trainer und Ärzte." Die Feststellung des Soziologie-Professors und früheren Deutschen Leichtathletik-Präsidenten Helmut Digel, wonach „Doping in der Bundesrepublik unmenschlich" war, „in der DDR unmenschlich und systematisch", verweist auf den Gegenwartszustand des deutschen Sports mit seinen vielen ungeklärte Fragen. Eine davon betrifft die staatlich anerkannten Geschädigten des Doping-Systems.

Die DDR und ihr „Sportwunder" existieren nicht mehr. Wenn westdeutsche Politiker heute äußern, sie hätten sich immer auch über Erfolge der ostdeutschen Sportler gefreut, dann muss auch die Frage gestattet sein, warum die Politik den Schwerstgeschädigten eine dauerhafte Unterstützung vorenthält, denen, die die Schattenseite des Sportwettrüstens ertragen mussten und heute an den irreparablen Folgen zu tragen haben.

Bei den Leichtathletik-Weltmeisterschaften im August 2009 in Berlin wurde erneut das unerträgliche Schauspiel aufgeführt: Drinnen im Stadion die von der bundesdeutschen Politik und der DOSB-Sportführung rehabilitierten Trainer mit Dopingvergangenheit, die für eine pauschale und zu nichts verpflichtenden Entschuldigung ihre gut dotierten Anstellungsverträge behalten haben. Und draußen, vor dem Zaun, deren Opfer, die ihre Gesundheit hergeben mussten zum vermeintlichen Beweis der Überlegenheit des sozialistischen Systems. Etliche Dopingopfer haben bereits mit ihrem Leben bezahlt – zuletzt verstarb in Cottbus die frühere Hürdenläuferin Birgit Uibel. Sie wurde nur 48 Jahre alt.

Das Erschrecken im wiedervereinigten Deutschland über das Ausmaß des Dopingmissbrauchs im DDR-Sport war zunächst groß, aber von kurzer Dauer. Die zur Aufklärung eingesetzten Kommissionen richteten sehr konkrete Empfehlungen an die fast ausschließlich von westdeutschen Funktionären geführten Sportfachverbände, auf offensichtlich belastete Trainer, Funktionäre und Wissenschaftler zu verzichten. Die Verbände zeigten aber wenig Lust auf die Umsetzung der Vorschläge. Das Knowhow der Doper ist wieder sehr willkommen, manche von ihnen sind fest etabliert im bundesdeutschen Sport, auch in Führungspositionen. Die *Zeit* schrieb im Jahre 1998: „So geht es in Wahrheit um zwei Skandale. Der erste spielt in der DDR der 80er Jahre und handelt von Körperverletzung, der zweite spielt im vereinten Deutschland der 90er Jahre und handelt vom augenzwinkernden Einverständnis und bewusstem Wegschauen." Der grüne Bundestagsabgeordnete und Sportpolitiker Winfried Hermann hat es so formuliert: „Auf das flächendeckende Doping folgte die flächendeckende Verdrängung."

Vom Ahnungslosen zum Auserwählten

Robert Lechner

Es war einmal im Juli 1980. Mein Bruder las die Tageszeitung und rief: „Der Thurau hat gedopt!". Ich war irritiert. Doping, was ist das? Was macht man da? Was bringt das? Wozu nimmt man Medikamente, wenn man gesund ist? Wie kann das besser machen?

Viele Fragen für einen damals Dreizehnjährigen. Keine Antworten.

Am 28. Februar 2008 erscheint meine eigene Dopingbeichte in der *FAZ*. Damit hatte niemand gerechnet. Keiner, der nicht überrascht, irritiert, sogar schockiert war. Selbst die eigene Familie war belastet, nach diesem Schritt. Wieder viele Fragen. Gibt es jetzt Antworten?

Nur acht Jahre nach dieser Ahnungslosigkeit hatte meine eigene Dopingkarriere ihren Höhepunkt erreicht. Anabolika, Testosteron, Cortison. Annähernd dreißig Jahre mussten bis heute vergehen, um Antworten zu bekommen und mit der eigenen Vergangenheit aufzuräumen.

Nach 17 Jahren Radrennsport begann für mich mit 25 Jahren das bürgerliche Leben. Eine Berufsausbildung hatte ich schon abgeschlossen, also gelang der Einstieg ins Berufsleben reibungslos. Mittlerweile bin ich seit über zehn Jahren tätig für *Europeansports*. Hier liegen die Schwerpunkte in der interdisziplinären Koordination und Durchführung von Medizin, Diagnostik und Trainingssteuerung. Wir arbeiten mit Sportlern aller Leistungsklassen und verschiedensten Sportarten. Mit organisierten und nicht organisierten Freizeit- und Profisportlern. Mit meiner Familie, zwei sportbegeisterten Söhnen, darf ich nun die Vergangenheit von einer anderen Seite erleben.

Es war einmal im November 1983. Der Bund Deutscher Radfahrer berief mich in die Junioren-Nationalmannschaft. Unter der Leitung des Bundestrainers der Junioren, Wolfgang Oehme, fand in der Sportschule des Landessportbundes Hessen in Frankfurt am Main der erste offizielle Trainingslehrgang statt. Wir jungen Radsportler haben viel gelernt damals. Zumindest kann ich das für mich behaupten, kam ich doch aus tiefer bayerischer Provinz und nur mit großem eigenem und familiärem Engagement bis in diesen erlesenen Kreis.

Bei täglich zwei bis drei Trainingseinheiten und abendlichen Besprechungen wurden wichtige Themen behandelt. Trainingslehre, Ausdauertraining, Krafttraining,

Material- und Sitzpositionsoptimierung, Termine, Wettkämpfe. Wir wurden informiert.

Auch über Medikamente und Nahrungsergänzungsmittel. Als Sportler hätte man erhöhten Bedarf, gerade bei täglichen Trainingsbelastungen unter unterschiedlichsten Witterungsbedingungen. Regelmäßiges Krafttraining bedarf Unterstützung durch die Einnahme von Eiweißpulver.

Die Vorgabe des Bundestrainers

- Supradyn Brausetablette, jeden zweiten Tag
- Macalvit Brausetablette, bei schlechter Witterung oder Anflug von Erkältung
- Eiweißpulver täglich ins Frühstücksmüsli, 1g pro Kilogramm Körpergewicht

Und so war das im Mai 2010. Ein Stützpunkttrainer für Biathlon in Ruhpolding lädt die Sportler und Eltern seiner Trainingsgruppe ein zu einem Ernährungsvortrag eines bekannten Herstellers von Nahrungsergänzungsprodukten und der anschließenden Möglichkeit zum Einkauf zu vergünstigten Konditionen. Die Einschätzung des Trainers, mit richtiger Ernährung seine Leistungsfähigkeit zu sichern und Raubbau am Körper zu verhindern, ist sicher unbestritten. Braucht man dazu Nahrungsergänzungsmittel?

Seine Absicht zu informieren ist hoch einzuschätzen. Er ist 25 Jahre alt, war in der vergangenen Saison selbst noch als Sportler aktiv und erfolgreich. Seine Ernährung ergänzte er ebenso mit industriell hergestellten Stoffen, wie er es bei seinen fünfzehnjährigen Athleten täglich erlebt. „Ich denke, fast alle von euch werden irgendein Pulver im Trainingsgetränk oder nach dem Training trinken... Von dem man vielleicht gar nicht genau weiß, ob es nicht mehr kaputt macht als bringt." Seine Trainerausbildung braucht nach meiner Einschätzung möglicherweise noch Ergänzungen im Bereich Ernährung. Im persönlichen Gespräch räumte er ein, es sei immer schon Brauch gewesen, Nahrungsergänzungsmittel zu schlucken, und er sei von Jugend auf ebenso damit aufgewachsen.

Was hat sich seit 1983 geändert? Wie machen Medikamente schneller? Kann das sein?

Auf diese Frage versuchte ich im Juni 1984 erste Antworten zu finden. In Braunschweig fand das Radsporttreffen der Junioren statt, und ich durfte für den Bund Deutscher Radfahrer unsere Landesfarben vertreten. Am ersten Tag, bei Regen und Sturm, nahmen wir ein Dreiermannschaftszeitfahren über 26 km in Angriff. Mein

Freund und Teamkollege aus Koblenz weihte mich über seine Geheimwaffe ein. Von Rennfahrern seines Vereins hatte er eine Empfehlung bekommen. Aspirin. Nach Rücksprache mit dem Masseur waren wir uns der Sache sicher. Nicht verboten, macht das Blut dünner, reduziert Schmerzen. Klar, das probieren wir aus. Ob es was gebracht hat? Eher nein. Im Ergebnis schlug es sich zumindest nicht nieder. Wir hatten uns auf der Rennstrecke verfahren.

Auch heute noch scheint Aspirin gerne gebraucht zu werden und wird wohl bereits im Nachwuchssport wichtiger eingeschätzt als wesentliche Aspekte in der Ausbildung von jungen Athleten. Zumindest wurde mir persönlich, nicht nur einmal, von Eltern und Jugendlichen von der Einnahme besagten Medikaments berichtet.

Was hat sich seit 1984 geändert?

Ab 1986 war ich Mitglied der Deutschen Bahnrad-Nationalmannschaft. Die sportmedizinische Betreuung wechselte damit zur Universitätsklinik Freiburg. In dem Maße, wie die Trainingsbetreuung rückläufig war, stieg die medizinische Betreuung an. Die tägliche Substitution von Mineralstoffen, Vitaminen und Medikamenten beanspruchte mehr und mehr Platz in der elterlichen Küche. Dennoch erlebte ich einen fürsorglichen Verbandsarzt, der rasch mein Vertrauen gewann. Wem sonst sollte ich vertrauen, wenn nicht einem angesehenen Sportmediziner einer renommierten Uniklinik?

Befund vom 13. Februar 1986. „Das Blutdruckverhalten weist in Ruhe grenzwertige, obere Bereiche auf" – *was nicht zum ersten Mal gemessen wurde. Befund vom 28. April 1987. „Systolische Hypertonie in Ruhe ... leichte systolische Hypertonie in Ruhe und Belastung."*

Das spielte keine Rolle bei der Erstellung der Medikationspläne. So wie sich meine Eiweißzugaben deutlich erhöhten, die Empfehlung meines Trainers war 3 g/kg Körpergewicht an normalen Tagen, 5 g/kg Körpergewicht an Krafttrainingstagen, so fielen auch Grenzen bei den Medikamenten.

Am 29. Oktober 1987 begann meine Behandlung durch den Verbandsarzt mit Dopingmitteln.

Medikationsplan

- Leberam   1-0-0
- Bio-Vit   1-0-0
- Lactinium   0-0-2
- L-Carn   0-0-1

- Tridin 2-0-2
- Stromba jeden zweiten Tag 1x1

"Du brauchst mehr Muskelmasse."

Ab 6. Januar bis 15. Januar 1988 keine Medikamente außer

- AHP200 2-2-2

Ab 16. Januar 1988

- Frubiase Calcium forte T 1-0-1   bis 5. März
- Anabol-loges   2-0-2   s. o.
- Vit. B1 ratioph.   1-0-0   bis 31. März
- Vit. B6 ratioph.   0-0-2   bis 5. März
- Inosin comp.   1-0-1   bis 31. März
- AHP 200   2-2-2   bis 26. Januar
- Biovital   2-2-2   bis 9. Februar
- Vitasprint B12   1-0-1 jeden 2. Tag s.o.
- Stromba   0-1-0 jeden 2. Tag bis 28. Februar
 (Pause 5.-8.2.)
- Esberitox   20-0-30 Tropfen   bis 9. Februar
- Ab 6. März 1988
- Calciumtabletten   3-0-3
- April bis 12. April 1988
- Lasar Fe+Mg   1-0-1

Ab 19. April 1988 begann Urbi+Orbi, eine Art Code für Urbason und Andriol...

- Leberam   1-0-0   bis 5. Juni 1988
- Wobenzym   3-0-0   s.o.
- Vit. B1 ratioph. 0-1-0   bis 3. Juni 1988
- L-Carn   0-0-1 jeden zweiten Tag s. o.
- Andriol   0-0-3 jeden vierten Tag bis 1. Juni 1988
- Urbason   0-0-1 jeden vierten Tag s. o.

"Ihr trainiert so hart, da muss man auf die Regeneration achten. Die Dosierung ist sehr gering. Und nach ein, zwei Tagen ist eh nichts mehr nachweisbar."

1. Juli bis 11. August

- Wobenzym   3-0-0

- Calcium (Tümmler) 1-0-0
- Alfalfa (Tümmler) 2-0-3
- Vit. E 1-0-0
- Zinkaspartat 2-0-1
- Supradyn 0-1-0
- Biovital 0-2-1
- Ratio B1 0-1-0
- Dynamisan 0-0-1
- L-Carn 0-0-1 (bei Urbi+Orbi 2)
- Magnesium (Tümmler) 0-0-1
- Andriol 2-0-2 jeden 6. Tag bis 19. Juli
  2-0-1 jeden 4. Tag bis 8. August
- Urbason ½-0-½ jeden 6. Tag bis19. Juli
  (½=8mg)
  ½-0-0 jeden 4. Tag bis 8. August

Was hat sich seit 1988 geändert?

 Für mich. Meine öffentliche Dopingbeichte empfinde ich als meinen größten Erfolg im Sport, neben meiner Bronzemedaille bei den Olympischen Spielen 1988. Ich kann mit ruhigem Gewissen in den Spiegel schauen und muss nicht mich selbst und andere belügen, um meine Erfolge zu rechtfertigen. Gesundheit, natürliche Ernährung und individuelle Trainingssteuerung sind für mich die Schlüssel zur sportlichen Höchstleistung geworden. Diese Einstellung verdanke ich kompetenten Fachleuten, mit denen ich die vergangenen Jahre meines Berufslebens arbeiten durfte. Wie könnte ich das meinen Sportlern und Söhnen vermitteln? Habe ich selbst doch früher anders gehandelt.

 Nebenbei wurden meine Expertenbeiträge in zwei Fahrrad-Fachmagazinen eingestellt. Ehemalige Rennfahrer aus dem Bekanntenkreis reagierten eher mit Unverständnis.

 Im Sport allgemein, nach meiner Einschätzung. Kinder und Jugendliche werden nach wie vor zur Einnahme von Nahrungsergänzungsmittel zum Zwecke der Leistungssteigerung verleitet. Nachwuchssportler schlucken nach wie vor wenigstens Schmerzmittel vor Wettkämpfen. Es wird nach wie vor, selbst unter Mitwisserschaft von Verbandsfunktionären, gedopt. Warum? Weil es leicht geht. Weil man wegschaut, um sich selbst nicht im Spiegel seiner Eitelkeit fragen zu müssen: „Bin ich enttäuscht, wenn Deutschland im Medaillenspiegel der nächsten Olympiade nur auf Rang elf rangiert?" Weil es dem so genannten Fan egal ist?

Was sich noch geändert hat?

Die Anzahl der Dopingkontrollen ist gestiegen. Die Strafen für überführte Doper sind schärfer geworden. Die Sportveranstaltungen sind größer geworden. Sportorganisationen sind reicher geworden. Steuergelder in der Sportförderung sind mehr geworden. Die Sportsender sind mehr geworden. Sportübertragungen sind länger geworden. Sponsoren- und Werbemittel sind höher geworden. Der Sport ist zu einer Industrie geworden. Die Athleten sind leistungsfähiger geworden. Warum? Weil wir gerne glauben, was uns Sportler, Trainer, Medien, Experten, Funktionäre und Politiker erzählen.

Was sich nicht geändert hat

Im Nachwuchssport wird großteils mit der Methode des reduzierten Erwachsenentrainings gearbeitet. Moderne Erkenntnisse der Trainingslehre werden teilweise nur mangelhaft angewandt. Interdisziplinärer Austausch ist oft ein Fremdwort. Soziale Komponenten finden kaum Einzug in den Umgang mit jungen Athleten. Die Anzahl leistungswilliger Nachwuchssportler ist nicht größer geworden.

Nach wie vor bleiben also Fragen offen. Es gibt immer weniger Nachwuchs. Sportler bringen jünger Höchstleistungen und das über einen längeren Zeitraum als früher. Alle Rekorde werden schneller, höher, weiter. Nach wie vor. Wie geht das? Weil der Sport sauberer geworden ist? Mir fehlen nach wie vor Antworten. Hoffen wir also darauf, dass anerkannten Fachleuten zukünftig das Gehör geschenkt wird, das ihren Erkenntnissen gerecht wird.

Wer schneller fährt, ist früher tot

Ralf Meutgens

Wer sich mit Lichtgeschwindigkeit durch den luftleeren Raum bewegt, kann dadurch biologisch nicht absolut jünger werden, aber relativ weniger alt als diejenigen, die in derselben Zeit zuhause bleiben. Es gibt also eine rein mathematische Chance auf ein längeres Leben. Auch das ist, wie Vieles im Leben, relativ. Diese Einstein´sche Theorie wird von Radsportlern offenbar ins Gegenteil verkehrt. Wer sich schnell mit dem Rennrad unter professionellen Bedingungen durch die Lande bewegt, hat gute Chancen, deutlich früher zu sterben, als diejenigen, die währenddessen ihr Leben als Hobbyradler genießen oder überhaupt keinen Sport treiben.

Dabei kann Radfahren so gesund sein. Es ist eine typische „live time"-Sportart, die bis ins hohe Alter betrieben werden kann. Orthopädische Überlastungssyndrome sind so gut wie unbekannt, wenn Ausrüstung und Sitzposition stimmen. Gymnastik hilft gegen Beschwerden, die durch einseitiges langes und gebeugtes Sitzen hervorgerufen oder verstärkt werden können. Urologischen Problemen kann man mit einem geeigneten Sattel und der richtigen Justierung vorbeugen. Herz-Kreislauf- und Stoffwechsel-System werden vorbildlich trainiert. Ein moderates Ausdauertraining ist bekannter- und mittlerweile vielfach bewiesenermaßen die beste Vorbeugung gegen und Behandlung für moderne Zivilisationserkrankungen wie Übergewicht, Diabetes, Bluthochdruck oder zu hohe Blutfettwerte. Auch bei depressiven Veranlagungen kann es Abhilfe schaffen. Und es gibt sogar so etwas wie einen automatischen Überlastungsschutz: Im Gegensatz zum Laufen wird beim Rad fahren eine relativ eng begrenzte Muskulatur beansprucht. Und bevor man längere Zeit organisch über seinem persönlichen Limit fahren kann, haben die Oberschenkelmuskeln in aller Regel ihren Dienst so weit quittiert, dass die Geschwindigkeit deutlich reduziert werden muss. Beim Laufen dagegen, speziell, wenn hohe Temperaturen und/oder Luftfeuchtigkeit herrschen, kann man seinen Körper schon eher überlasten. Entsprechende Untersuchungen bei Hobby- und Freizeit-Marathonläufern haben das vielfach eindrücklich bestätigt. Die subjektive Selbsteinschätzung und der objektiv messbare Belastungszustand klaffen meilenweit auseinander. Doch zurück zu den Kilometern, von denen manche 3500 und mehr in drei Wochen quer durch Frankreich mit dem Rad zurücklegen (müssen).

Der Begriff der „live time"-Sportart erhält einen äußerst faden Beigeschmack, wenn man sich zum Beispiel die durchschnittliche Lebenserwartung von Teilnehmern der Tour de France ansieht.

Das französischen Magazin *Le Nouvel Observateur* veröffentlichte 1999 eine Studie zur Mortalitätsrate von professionellen Radsportlern. 2363 europäische Radprofis, die seit 1947 an der Tour de France teilgenommen hatten, wurden in ihr erfasst. Die Ergebnisse waren erschreckend: Die Sterblichkeitsrate war fast dreimal so hoch wie in der Normalbevölkerung, die bei den 25- bis 34-Jährigen sogar fünf Mal höher. Krebserkrankungen rangierten zahlenmäßig vor Herz-Kreislauf-Versagen. Andere Untersuchungen zeigen, dass diejenigen, die im ersten Drittel des 20. Jahrhunderts Radprofis waren, eine deutlich höhere Lebenserwartung hatten, als die Normalbevölkerung. Das deckt sich mit den Aussagen von Zeitzeugen, teilweise selbst ehemalige Radprofis, die zu dieser Zeit aktiv waren. Dadurch, dass sie nach eigenen Angaben Doping nur zu bestimmten Wettkampfzeiten einsetzten und für den Körper danach regelrechte Regenerationskuren durchführten und medikamentenfreie Zeiten einräumten, war Doping ihrer Meinung nach zu dieser Zeit deutlich ungefährlicher. Allerdings gab es damals, zumindest in der Breite, keinen Einsatz von Anabolika. Die dürften maßgeblich an den frühen Todesfällen unter Radsportlern schuld sein, die wegen Krebserkrankungen und Herzversagen Jahrzehnte nach ihrer Karriere, die in den 1960er und -70er Jahren stattgefunden hat, starben.

Der erste öffentliche Sterben eines Radprofis

Allerdings gab es zuvor Todesfälle von jungen Radprofis während der Ausübung ihres Sports. Der Brite Tom Simpson war der bekannteste. "Put me back on my bike" – Diese Worte werden ihm als seine letzten am 13. Juli 1967, nur eineinhalb Kilometer vor dem Gipfel des legendären Mount Ventoux, während einer Etappe der Tour de France zugeschrieben. Es ist auch der Titel einer beeindruckenden Simpson-Biographie des britischen Journalisten William Fotheringham, die Grundlage für die nachfolgenden Zeilen war. Ausgesprochen hat Simpson diese Worte vermutlich nicht, aber sie hätten zu seinem Lebensstil gepasst. Ein Leben, das auf so tragische Weise, kurz vor seinem 30. Geburtstag, als Ehemann und Vater zweier Kinder, vier- und fünfjährig, enden musste. Auf der 13. Etappe der Tour de France, die mit 4800 Kilometern einer der längsten der Nachkriegszeit war. Das Ende begann nach 19 Kilometern Anstieg in der sengenden Juli-Hitze der Provence. Simpson begann in Schlangenlinien zu fahren. Rund 500 Meter weiter verlor er die Beherrschung über sein Rennrad und stürzte zum ersten Mal. Er fiel mehr oder weniger um; gegen die Böschung aus Geröll am Rande der Gebirgsstraße. Sein Manager Alec Taylor und sein Mechaniker Harry

Hall waren im Begleitfahrzeug Zeugen dieser Szene. Sie eilten herbei und versuchten verzweifelt, Simpson davon zu überzeugen, dass die Tour für ihn hier zu Ende sein müsse. Doch Simpson wollte unbedingt weiter fahren. Sie halfen ihm wieder aufs Rad, zogen ihm die Pedalriemen fest und schoben ihn in der Mitte der Straße an. Simpson fuhr einige hundert Meter weiter als er erneut zu schwanken begann. Hall und Taylor sprangen aus dem Auto, liefen zu ihm und konnten ihn halten. Doch sein Gewicht drückte die beiden Männer nach unten, sie mussten Simpson samt seinem Rad auf die Seite legen. Sie konnten ihn nur schwer vom Rad trennen, weil sich seine Finger um den Lenker gekrampft hatten. Hall begann mit einer Mund-zu-Mund-Beatmung, während eine Krankenschwester aus dem Tour-Team ihn mit einer Herzmassage ablöste. Hall fielen Simpsons starrer Blick, seine gelbliche Hautfarbe und der fehlende Schweiß auf. Den letzten Anblick vergleicht er mit dem einer Wachspuppe. Höchstwahrscheinlich, so vermutet Hall, starb Tom Simpson zwischen dem Zeitpunkt als sie ihn wieder aufs Rad gesetzt und angeschoben hatten und dem zweiten Zusammenbruch.

Tour-Arzt Pierre Dumas versuchte wenige Zeit später vergeblich, Simpson zu reanimieren. Gleich zu Beginn seines verzweifelten Versuchs fand Dumas in Simpson Trikottaschen drei kleine Röhrchen, in denen er die Amphetamine für die Etappe aufbewahrt hatte. Auf einem stand „Tonedron", zwei waren unbeschriftet. Eines war noch halb voll, zwei waren leer. Tonedron war der „Rolls Royce" unter den Amphetaminen. Teurer als andere Präparate. Es wurde im Peloton nur ‚Tonton' genannt, der Zwilling Pervitin hieß ‚Tintin'. Nette Namen für mörderische Produkte.

Und dass diese 13. Etappe mörderisch werden konnte, war Dumas von Anbeginn an klar gewesen. Morgens um sieben Uhr sagte er gegenüber dem Journalisten Pierre Chany, „die Hitze heute wird schrecklich sein. Wenn die Jungs mit Doping hantieren, werden wir uns für einen Toten verantworten müssen."

Dumas wusste damals nur zu genau, was ihn erwartete, als er den leblosen Simpson vorfand. Andere Radprofis hatte er in den Jahren zuvor unter ähnlichen Bedingungen ins Leben zurückholen können. Der Augenblick, in dem Dumas Simpsons Begräbnis verweigerte, war der Moment, in dem der Fall Simpson eine neue Dimension annahm. In weiteren Untersuchungen wies man Amphetamin im Urin und im Magen von Simpson nach. Hätte sich Dumas anders verhalten, wäre Simpsons Tod vermutlich vergessen worden – wie vergleichbare Beinah-Tragödien oder Todesfälle anderer Radprofis.

Lebensgefährlicher Zeitgeist

Doch Simpsons Tod war nicht allein das Ergebnis von Amphetaminen und Brandy, den er ebenfalls während der Etappe eingenommen hatte. Schon Tage vorher plagte ihn Durchfall, auch während der Etappen, der für eine starke Dehydrierung verantwortlich war. Und Simpson war praktisch auf sich allein gestellt. Von neun Teamkollegen hatten fünf die Tour noch nie bestritten, sie waren nicht einmal Vollprofis. Die komplette Saison 1966 war zudem für Simpson ein Desaster gewesen, sein Ansehen in der Öffentlichkeit und damit seine Verdienstmöglichkeiten hatten rapide nachgelassen. Und letztendlich führte sein radikaler Lebensstil zu seinem Tod. Simpson ging stets an seine Grenzen, es gab für ihn als Radrennfahrer nur drei Optionen: Siegen, Einbrechen oder Stürzen. Es gab nur Schwarz oder Weiß, kein Grau. „Wenn zehn dich töten, gebt mir neun" soll Simpson in Anspielung auf Amphetamine gesagt haben. Pierre Dumas schildert zudem eindrucksvoll die Zeit, in der Simpson lebte. Sie war geprägt von abstrusen Vorstellungen hinsichtlich des Trainings und der Ernährung. Doping im professionellen Radsport war so alltäglich und notwendig, dass man sich darüber keinerlei Gedanken machte. Selbst Kontrollen, auch positive, waren das Papier nicht wert, auf dem sie vermerkt wurden. Die „Helden der Landstraße" waren unantastbar. Und sie vertrauten blindlings ihren Pflegern, den so genannten „soigneurs", die in ihrem früheren Berufsleben Totengräber oder Fischhändler waren. Ihr Einkommen hing nunmehr von den Zaubermitteln in ihren Handtaschen ab, die sie wie ihren Augapfel hüteten. Wenn einer ihrer Schützlinge während des Rennens zusammenbrach, wurde der „soigneur" händeringend vom behandelnden Arzt gesucht. Er musste zuerst wissen, womit dieser ihn gedopt hatte, bevor er selbst Medikamente verabreichen konnte. Der Gefahren von Hitze und gleichzeitiger Einnahme von Amphetaminen aber waren sich alle bewusst. Es galt als ungeschriebenes Gesetz, unter solchen Bedingungen, wie sie am 13. Juli 1967 am Mount Ventoux herrschten, darauf zu verzichten. Simpson hatte alles, was ihn zum kompromisslosen Radprofi machte. Eines aber soll ihm gefehlt haben: Das war der Überlebensinstinkt.

Doch auch Radprofis, von denen man annehmen kann, dass sie diesen Überlebensinstinkt besaßen, wurden Opfer von Aufputschmitteln.

EPO als Revolution in der Medizin und im Radsport

Die Zeiten änderten sich, der Radsport aber blieb für viele die einzige Lebensgrundlage. Aber auch eine lebensgefährliche Grundlage. Der existenzielle Druck wurde durch das zunehmende Interesse besonders der elektronischen Medien nicht geringer. Für sie und auch für Sponsoren war der Radsport mittlerweile zu einer sehr einträglichen Einnahmequelle geworden. Und es gab Fortschritte der pharmazeutischen Industrie. Geradezu eine Revolution sowohl für die Medizin als auch für den Radsport war die Einführung des Medikaments Erythropoietin, kurz EPO, das in erster Linie für Dialyse-Patienten entwickelt worden war. Da es sich um ein gentechnisch hergestelltes Präparat handelte, das mit dem körpereigenen blutbildenden Hormon völlig identisch war, konnte es in Dopingkontrollen nicht nachgewiesen werden. EPO wurde 1988 zugelassen, 1990 im Sport verboten, aber der erste Nachweis gelang erst im Jahre 2000. Zehn Jahre konnte niemand kontrollieren, ob irgendein Sportler gegen das bestehende Verbot verstoßen hatte. Zahllose Skandale, Geständnisse und Biographien von Radprofis und behördliche Untersuchungen lassen nur einen Schluss zu: Als EPO nicht nachweisbar war, wurde es so gut wie von jedem Radprofi benutzt. Es gab offenbar nur eine Ausnahme: Die gerichtlichen Verfahren zum Doping-Skandal bei der Tour de France 1998, dem so genannten „Festina-Skandal", haben ergeben, dass ein einziger Radprofi des Teams Festina *nicht* gedopt hat. Es war das junge französische Talent Christophe Bassons. Doch diese Haltung konnte er offensichtlich im Peleton der Radprofis nicht ohne sich selbst zu schaden aufrecht erhalten. Nach den Mobbing-Attacken von Lance Armstrong stieg er 1999 nervlich völlig fertig aus der laufenden Tour de France und kurz danach aus dem Radsport aus. Bassons hatte zuvor als Saubermann und Galionsfigur des neuen und dopingfreien Radsports bei der Tour herhalten müssen. Doch wer glaubt, mit dem Nachweisverfahren für EPO sei es besser geworden, liegt völlig falsch: Seit dem Ablauf des Patentschutzes für EPO sind zahlreiche Nachahmerpräparate, so genannte Biosimilars, im Einsatz. Für diese, für viele völlig neuartige Medikamente und für Eigenblutdoping als Methode gibt es keine Nachweisverfahren. Der als Lösung angepriesene Blutpass, in dem zahlreiche Blutparameter verzeichnet werden, birgt (noch) wissenschaftliche und juristische Unwägbarkeiten. Zudem muss man davon ausgehen, dass es Experten gibt, die sich ausschließlich darum bemühen, Auffälligkeiten in diesem Blutpass durch entsprechende Medikamentierung zu vermeiden.

Ist EPO schuld an einer Serie von Todesfällen?

Ende der 1980er bis Mitte der 1990er Jahre hatte es eine rätselhafte Serie von Todesfällen junger und aktiver Radprofis gegeben. Verschiedene Quellen beziffern sie auf 20 bis über 30 Fälle, in denen die Betroffenen an plötzlichem Herzversagen starben. Die bekanntesten sind die Niederländer Johannes Draaijer und Bert Oosterbosch, die Belgier Paul Haghedooren, Geert De Vlaeminck, Geert Van De Walle und Geert Reynaert, der Spanier Manuel Abreu oder der Pole Jan Halupzok. Auffällig ist, dass offenbar keine Italienischen Radprofis zu den Opfern zählen. Gut möglich, dass es mit der staatlich finanzierten Doping-Forschung des italienischen Sportmediziners Professor Francesco Conconi zusammenhängt. Er hatte vorgegeben, auf diesem Gebiet zur Verhinderung von Doping zu forschen. Dabei war er mutmaßlich einer der aktivsten Mediziner, wenn es darum ging, Sportler mit EPO zu versorgen. Gegen Conconi wurde in Italien jahrelang ermittelt. Die zuständige Staatsanwaltschaft hatte keinen Zweifel, dass unter dem Deckmantel der Forschung ein Dopingprogramm nach Art der DDR betrieben worden war. Im Jahr 2004 endete das Verfahren mit einem Freispruch wegen Verjährung. Der Kommentar der Richterin Franca Oliva: „Conconi war schuldig." Experten nehmen an, dass die Todesfälle außerhalb von Italien damit zu begründen sind, dass die Handhabung von EPO zu wenig erforscht war. Das Blut wird durch die EPO-Gabe dickflüssig und der Blutdruck steigt. Dazu kommen die extreme Belastung des Radsports und ein Flüssigkeitsverlust, der die Viskosität des Blutes weiter verringert. Das kann zu einer Thrombusbildung führen, die wie bei einer Embolie zum Sekundentod führen kann. Das Magazin *Der Spiegel* betitelte eine Geschichte über den EPO-Missbrauch zu dieser Zeit passend mit „Schlamm in den Adern". Zeitzeugen berichten, dass sich Radprofis ihre Pulsuhren auf einen bestimmten Wert einstellten, bevor sie schlafen gingen. Wurde er unterschritten, weckte sie der Alarmton der Pulsuhr und sie begannen auf dem Gang im Hotel mit dem Rad auf einer Trainingsrolle zu fahren. Aus Angst, dass ihr Herz einfach stehenbleiben könnte. 1997 wurde vom Internationalen Radsport-Verband (UCI) ein Hämatokritwert von 50 Prozent eingeführt, um das EPO-Doping und damit die Todesfälle einzudämmen. Der Hämatokritwert beschreibt die festen Bestandteile des Blutes. Ein Wert von über 50 Prozent gilt als medizinisch gefährlich. Da diese Messung jedoch kein Nachweis für EPO war, wurde lediglich eine Schutzsperre von zwei Wochen ausgesprochen. Alle Radprofis, die meisten mit eigener Zentrifuge, maßen ihren Hämatokritwert nun ständig und es gab auch keine derartig auffälligen Todesfälle mehr. An der Festlegung dieses Wertes sollen auch die Radprofis beteiligt gewesen sein. Annähernd nach dem Motto: „Mit diesem Wert können wir alle gut leben." Bei Ausdauerbelastungen geht normalerweise der Wert der festen Bestandteile im Blut herunter, da der Körper als Schutzmechanismus Wasser einlagert. Werte um 43 Prozent und darunter gelten dabei als normal. Das haben entsprechende Studien gezeigt, als es noch kein EPO gab.

Doping und verschiedene Todesursachen im Einklang?

Dramatisch erscheint die Analogie zwischen den Medikamenten, die zu einer bestimmten Zeit im Radsport missbraucht wurden und den jeweiligen Todesfällen, die es zu beklagen gibt. Es gab die Zeit der Aufputschmittel und entsprechende Todesfälle junger Radprofis bei Belastung. Hier wurde vermutlich durch Amphetamin die so genannte autonom geschützte Reserve des Körpers aufgebraucht, auf die sonst nur in lebensbedrohlichen Situationen zurückgegriffen werden kann. Im Gegensatz zu alltäglichen Situationen war dann jedoch die Belastung nicht zu Ende, sondern ging wie bei Simpsons Auffahrt auf den Mount Ventoux unverändert weiter.

Danach kam die Zeit der Anabolika, die nach Aussagen von Zeitzeugen ohne jegliches Maß und Ziel konsumiert wurden wie „Smarties". Es ist gut denkbar, dass die gesundheitlichen Langzeitschäden, die bei missbräuchlichem Einsatz von jeher bekannt waren, zum zeitversetzten Sterben vieler Radsportler geführt haben.

Die dann folgende Serie von plötzlichem Herzversagen wiederum bei jungen und aktiven Radprofis führen Experten auf den Einsatz von EPO bei gleichzeitig falscher Handhabung zurück. Erwartet wurde, dass sich irgendwann auch einmal die Folgen der Langzeit-Nebenwirkungen dieses EPO-Missbrauchs zeigen würde, die medizinisch noch nicht erforscht werden konnten, da es sich um neue und neuartige Medikamente handelt. Eine Bildung von Anti-Körpern auf EPO wurde bei Patienten inzwischen beobachtet. Sie bildeten kein eigenes EPO, konnten dann wegen der Anti-Körper-Bildung auch nicht mehr mit gentechnisch erzeugtem EPO behandelt werden und waren daher auf die Gabe von Bluttransfusionen angewiesen. Professor Dr. Michael Henke, Sektionsleiter in der Klinik für Strahlenheilkunde des Universitätsklinikums Freiburg, warnte im Jahre 2008, fünf Jahre nach ersten Hinweisen, die seine Forschungsgruppe hatte, dass, obwohl EPOs für Tumorpatienten zugelassen und empfohlen würden, seine und Befunde Anderer darauf hinwiesen, dass sie das Krebswachstum anregen und Patienten gefährden könnten.

Überraschende und tragische neuerliche Serie von Todesfällen

Doch völlig unerwartet begann im Jahre 2003 eine neuerliche Serie von plötzlichen und tödlichen Herzstillständen. Im Gegensatz zu ersten Serie Ende der 1980er bis Mitte der 1990er Jahre starben die Radprofis fast ausnahmslos im Schlaf, in Ruhephasen oder bei Alltagsbelastungen. Bis April 2010 sind diese 26 Fälle bekannt geworden:

- 11.01.2003 Denis Zanette, Italien, 32
- 02.03.2003 Kenny Vanstreels, Vlaanderen, 19
- 23.02.2003 Manfred Donike, Deutschland, 42
- 05.05.2003 Marco Ceriani, Italien, 16
- 03.06.2003 Fabrice Salanson, Frankreich, 23
- 14.11.2003 Marco Rusconi, Italien, 24

- 06.12.2003 José Maria Jiménez, Spanien, 32
- 29.12.2003 Michel Zanoli, Niederlande, 35
- 15.02.2004 Johan Sermon, Belgien, 21
- 15.02.2004 Marco Pantani, Italien, 34
- 30.06.2004 Steve Vermaut, Belgien, 28
- 16.10.2004 Bert Heremans, Vlaanderen, 25
- 15.06.2005 Alessio Galletti, Italien, 37
- 16.09.2005 Jörg Köhler, Deutschland, 45
- 28.02.2006 Arno Wallaard, Niederlande, 26
- 05.01.2007 Daniel Bennett, Australien, 22
- 01.08.2007 Ryan Cox, Südafrika, 28
- 29.12.2007 Peter Bissell, England, 21
- 28.03.2008 Valentino Fois, Italien, 34
- 11.05.2008 Bruno Neves, Portugal, 25
- 05.02.2009 Frederiek Nolf, Belgien, 21
- 08.04.2009 Jobie Dajka, Australien, 27
- 06.07.2009 Werner Schellander, Österreich, 46
- 28.07.2009 Fabio Fazio, Italien, 22
- 13.10.2009 Frank Vandenbroucke, Belgien, 34
- 23.03.2010 James Williamson, Australien, 26

Es lässt sich nicht sagen, was leichtfertiger ist: Diese dramatische Serie mit Doping in Verbindung zu bringen oder hier Doping kategorisch auszuschließen.

Für den Kardiologen und Sportmediziner Professor Hans-Willi Maria Breuer bedeutet die Tatsache, dass bei Autopsien kein Hinweis auf Medikamente gefunden wurde, nicht, dass damit Doping ausgeschlossen werden kann. Die durchgeführten konventionellen Untersuchungen könnten krankhafte Veränderungen oder Vorschäden ausschließen. Das wurde in den Fällen, in denen bei diesen 26 Todesfällen eine Autopsie durchgeführt wurde, soweit bekannt, auch ausgeschlossen. Doch Breuer, Chefarzt der Klinik für Innere Medizin am Knappschaftskrankenhaus im saarländischen Sulzbach, ist überzeugt, dass irgendetwas an dieser dramatischen Häufung von plötzlichem Herzversagen nicht stimmen kann. Besonders, da diese Fälle fast ausnahmslos in Ruhe oder Phasen ohne nennenswerte Belastungen aufgetreten seien, falle eine Erklärung besonders schwer. Das Auftreten von genetischen Defekten sei generell zu gering, als dass es diese Todesfälle plausibel machen könnte. Breuer warnt eindringlich davor, dass Doping gepaart mit den extrem hohen physiologischen Belastungen, wie sie im Radsport auftreten, zur tödlichen Relevanz werden kann.

Ist der Radsport beratungsresistent?

Ob diese Warnungen im Radsport fruchten, scheint bis heute fraglich. Die Einstellung von Simpson ist nach Meinung von Insidern immer noch vorhanden. Radprofis werden zudem von den Ärzten, die ihnen Dopingmittel verabreichen, in aller Regel nicht vor möglichen Nebenwirkungen oder Gefahren gewarnt. Dass beim deutschen Radprofi Patrik Sinkewitz nach eigenen Angaben zweimal hintereinander eine Eigenbluttransfusion, ausgeführt von einem Arzt, der den Eid des Hippokrates abgelegt hatte, nicht möglich war, weil das Blut offenbar klumpte, ist dafür ein trauriges aber beredtes Zeugnis. Jetzt auch wieder auf Einstein und die grenzenlose Dummheit zurückgreifen zu wollen, scheint deplatziert. Denn viel zu leicht hätte auch das tödlich ausgehen können und der Profiradsport wäre seinem zweifelhaften Ruf als „dead-time-Sportart" wieder einmal gerecht geworden.

Als ob das alles nicht schon zu viel wäre, gibt es offenbar unter Radsportlern auch einen erhöhten Drang zu Selbsttötung. Unabhängig von der jeweiligen Epoche. In den letzten 20 Jahren muss man zahlreiche ähnliche und typische „Karriere"-Verläufe beobachten: Radsportler greifen zu Dopingmitteln mit hohem Suchpotential wie Amphetamin oder zu Drogen wie Kokain und Heroin, die auch Bestandteile des so genannten „belgischen Potts" (*pot Belge*, Pokal) sind, der seit Jahrzehnten zu Dopingzwecken eingesetzt wird. Oft dringt das während der sportlichen Ausübung nicht nach außen. Erst bei Kontrollen im Straßenverkehr fallen dann Alkohol- und Drogenmissbrauch auf.

Zuvor hatten viele zudem einen veritablen Unfall gebaut. Es bleibt nicht bei diesem Einzelfall und irgendwann werden die Radprofis dann von Frau und, sofern vorhanden, Kind verlassen. Teilweise nachdem zuvor häusliche Gewalt an der Tagesordnung war. Und spätestens dann sind Selbstmordversuche wahrscheinlich. Und es sind trauriger Weise keine Einzelfälle. Die Forschung zur Suchtproblematik im und durch Sport steckt noch in den Kinderschuhen.

Die Verbände, die auf dem Papier eine Fürsorgepflicht gegenüber ihren Mitgliedern haben, interessiert das offenbar nicht. Auf derartige Fälle angesprochen gibt man vor, nichts davon zu wissen und verlangt genaue Informationen. Sollen die wenigen, denen sich Radprofis dann anvertrauen, als Denunzianten agieren? Oder die Verbände lehnen eine Verantwortung gleich kategorisch ab. Das seien diese Junkies selbst schuld und dafür gebe es Kliniken, muss man sich dann allen Ernstes anhören. Wenn derart menschenverachtend von mit Steuermitteln hoch bezahlten Funktionären im Sport argumentiert wird, darf man sich über andere Auswüchse nicht wundern. Dann sind Radeln als Hobby oder gar kein Sport die besseren Lebensversicherungen.

Die politischen Auswirkungen des Antidopings auf die Karriere des Berufssportlers und das Doping im Radrennsport

Christophe Brissonneau

Seit Ende des 19. Jahrhunderts haben Mediziner das Problem des Dopings hinterfragt. Einige von ihnen stellten besonders im Radsport Ende der 1950er Jahre die häufige Benutzung von unterschiedlichen Präparaten fest. Der berühmte Dr. Pierre Dumas, Chefmediziner der Tour de France, waltete seines Amtes und alarmierte die Öffentlichkeit[1]. 1963 rief Dumas in Uriage les Bains eine Konferenz ins Leben, bei der eine Grundlage für den Kampf gegen Doping geschaffen wurde. Die Schlussfolgerungen dieser Besprechung wurden bei der Erstellung des ersten Gesetzes zur Regulation des Dopings mit einbezogen.

Da dieses Gesetz sich als nicht ausreichend erwies, nachdem auf höchster internationaler Ebene neue Mittel und Methoden Einzug in den Sport gehalten hatten, wurde am 28. Juni 1989 ein neues Gesetz in Kraft gesetzt. Gleichzeitig wurde mit der „Commission Nationale de Lutte contre le Dopage" (CNLD) eine neue Organisation eingeführt, die den Auftrag erhielt, den Kampf gegen das Doping zu überwachen. Deren Präsident, Professor Jean-Paul Escande, trat aus Protest gegen die als mangelhaft empfundenen Machtbefugnisse zurück.

Angesichts des unbefriedigenden Anti-Doping-Kampfes und der parallel verlaufenden Weiterentwicklung des Drogenproblems veranstaltete das Ministerium für Jugend und Sport im Jahr 1997 eine Anhörung für die Schaffung einer veränderten Gesetzeslage. Der „Festina-Skandal" warf neuerliche Fragen auf und beschleunigte die Verabschiedung eines neuen Gesetzes gegen Doping in Frankreich am 23. März 1999. Die Fortschritte vermehrten sich. Es wurde ein „Conseil de Prévention de Lutte contre le Dopage" (CPLD) gegründet, das sich mit den Geschäften des Doping auf französischen Boden beschäftigen sollte und das auch Sanktionen für Sportorganisationen vorsah, sollten diese nicht hart genug durchgreifen.

---

[1] Siehe dazu *Der Spiegel*, Nr. 32/1955 („Fahren mit Dynamit"); Zugriff am 17. Oktober 2010 unter http://wissen.spiegel.de/wissen/image/show.html?did=31970901&aref=image035/E0435/SP19553234-T2P-31970901.pdf&thumb=false

Diese Anti-Doping-Organisation agiert finanziell unabhängig vom politischen System. Sie wandelte sich 2006 in die „Agence Française de Lutte contre le Dopage" (AFLD) um. 1999 ins Leben gerufen, kümmert sich die neue „Agence Mondiale Antidopage" (AMA) um die internationalen Wettkämpfe, während die AFLD nur noch die Wettkämpfe und das Training auf nationaler Ebene, auf französischen Boden leitet. Mit dem Gesetz von 5. April 2006 geht der Übereinstimmungsprozess weiter, welcher mit dem Welt-Anti-Doping-Code im Einklang steht und durch die AMA auferlegt ist.

Inzwischen belegt das Gesetz vom 3. Juli 2008 auch diejenigen mit einer Strafe, die sich im Besitz von Dopingmitteln befinden. Für die Dopingnachweise ist das Nationale Labor für Doping-Analytik zuständig. Darüber hinaus verteilt es die Rollen auf französischem Gebiet: die AFLD kümmert sich um sekundäre Prävention, das Ministerium für Jugend und Sport verwaltet die Primärprävention.

Trotz der Änderungen der Gesetzgebung in der zweiten Hälfte des 20. Jahrhunderts traten zahlreiche Doping-Skandale hauptsächlich im Radsport und in olympischen Sportarten wie der Leichtathletik auf. Über die Berichterstattung der Medien wiesen diese Skandale einmal mehr auf das Phänomen des Dopings im Hochleistungssport hin. So war der „Festina-Skandal" ein furchtbarer Donnerschlag, da er nicht nur die Normalität des Dopens im Hauptfeld der Radfahrer zeigte, sondern auch seine Verwendung praktisch in allen anderen Sportarten (zwischen 1997 und 2002 waren Dutzende Sportarten wie Fußball, Handball, Judo, Skifahren, Schwimmen etc. betroffen) und auch auf der Amateur-Ebene.

Diverse Maßnahmen durch das Ministerium für Jugend und Sport, die Polizei, die Ärzteschaft oder die Sponsoren haben seither gegen Doping stattgefunden. Sie scheinen das Problem nach Aussage dieser gesellschaftlichen Akteure, aber auch der Fahrer selbst zu verringern. Eine Änderung hat sich vermutlich um das Jahr 2003 ergeben. In Fortsetzung unserer Untersuchungen, welche die Darstellungen und den Verbrauch von verschiedenen Mitteln zwischen 1960 und 2003 beschreiben (Brissonneau 2003; Brissonneau, Aubel und Ohl 2008), führten wir die gleiche Art von Studie für die AMA durch (Ohl, Brissonneau, Fincoeur et al. 2009).

Der Bericht, vorgelegt im Dezember 2009, analysiert die Auswirkungen der neuen Politik auf die „Doping-Karriere" im Radsport, durchgeführt in Frankreich, der Schweiz und Belgien. Der Leitgedanke war zunächst, den strukturellen Zusammenhang zu untersuchen, um dann die Folgen für den Gebrauch von Arzneimitteln bei „neoprofessionellen Fahrern" zu sehen.

Die Anti-Doping-Politik zwischen 1999 und 2009

Nachdem im ersten Abschnitt auf die Veränderungen in der Anti-Doping-Politik in Frankreich eingegangen wurde, soll nun die Entwicklung der Anti-Doping-Politik in den beiden anderen untersuchten Ländern dargestellt werden. Belgien hatte noch einige Monate vor Frankreich 1965 ein erstes Anti-Doping-Gesetz verabschiedet. Auch der belgische Radsport war durch den „Festina-Skandal" betroffen, weshalb das Gesetz über Doping im März 2001 erneuert wurde. Dieses bietet zum einen die Möglichkeiten von verstärkter Kontrolle. Zum anderen, und das ist neu, geht es auf die Frage der Prävention ein. Die betroffene Zielgruppe wird nun nicht mehr nur an der obersten Ebene angesiedelt, und auch Fans oder die Öffentlichkeit sind Ziel von Gegenmaßnahmen. Auch in der Schweiz wurde im Jahr 2001 ein neues Gesetz verabschiedet, das den Kampf gegen Doping in der Verfassung verankerte. Es sieht die Verpflichtung von Doping-Tests vor, die qualitative und quantitative Kriterien zu erfüllen haben. Dieses wird von mehreren Organisationen in verschiedenen Bezirken föderal verwaltet. Unterschiedliche Auffassungen können die Koordinierung der Maßnahmen dabei erschweren.

Bei der Dopingbekämpfung im Radsport ist zu beachten, welche (positive) Rolle Sponsoren bei den „Pro-Tour"-Teams spielen können. Sie können Druck auf Teamleiter, Trainer, Fahrer und selbst auf Regierungen ausüben. Dass dies tatsächlich geschieht, ist auf den verbesserten Einsatz der Polizei zurückzuführen, deren Bemühungen erfolgreich waren und zu einer Anhäufung an Skandalen geführt haben. Zu den bekanntesten Fällen gehört in Frankreich der Skandal um Edita Rumsas, die Frau des Drittplatzierten der Gesamtwertung der Tour de France 2002. Sie wurde von den Zollbehörden aufgehalten und war im Besitz von zahlreichen leistungssteigernden Drogen, die im Kofferraum ihres Autos sichergestellt wurden.

Im Jahr 2003 zeigt der „Cofidis-Skandal" die Existenz eines organisierten Systems bestehend aus einem Teambetreuer, den Fahrern und einem Apotheker. In Verhören durch die Polizei wurde deutlich, dass die Radsportler Drogen und Aufputschmittel einnahmen, teilweise in großem Umfang und nicht nur im Sport, sondern z. B. auch auf Partys. Sie handelten teilweise völlig irrational und schienen die Kontrolle über sich selbst verloren zu haben. Beim Doping ist also auch über Abhängigkeit zu diskutieren.

2007 hat der dänische Fahrer Michael Rasmussen die Tour nach einigen Fehlzeiten während der Dopingkontrollen überstürzt verlassen müssen. Es folgten ihm einige Tage später Alexander Winokurow und Moreni Christina. Wir schließen diese Liste mit den zahlreichen Anschuldigungen gegen Armstrong von Seiten der Doping-

Behörden, aber auch gegen einige seiner Teamkollegen im Jahr 2010. Daneben stoppt der Zoll regelmäßig Autos von Amateursportlern mit Koffern voller Dopingmittel.

Nicht anders die Situation in Belgien. Erinnert sei hier an die Höllenfahrt des Champions und Radprofis Franck Vandenbrouke. Mehrmals im Besitz von Drogen festgenommen, wird er in einem Hotelzimmer in Senegal sterben. Im Dezember 2007 wird der berühmte Direktor des großen belgischen Team „Quick Step", Patrick Lefevere, wegen der Vertuschung von Dopingverhaltens in seinen früheren Teams „Mapei" und „Domo-Farm Frites", einem gefeierten, leistungsmäßig auf höchstem internationalen Niveau fahrenden belgischen Rennstall, angeklagt. 2008 und 2009 wird der Top-Sprinter Tom Boonen positiv auf Kokain befunden.

Und schließlich die Schweiz, eine Nation, wo Radfahren weniger populär ist als in den ersten beiden Ländern: Auch sie hat ihre gedopten Radfahrer. Es handelt sich sowohl um Alex Zülle, welcher während des Skandals ein Teil des „Festina"-Team bildete, als auch um den Fahrer Mauro Gianetti, vergiftet durch den Konsum von Perfluocarbone im Jahr 1998.

Die These, der wir in unserer Untersuchung nachgingen, ging davon aus, dass die Dopingskandale trotz der verstärkten Bemühungen im Anti-Doping-Kampf nicht abreißen. In Frankreich, so nahmen wir an, etwas mehr und in der Schweiz offenbar in geringerem Umfang. Wird hier weniger gedopt? Und ist Belgien dazwischen einzuordnen?

Strukturen des Sports (sportliche Einrichtung) und Formen der Sozialisierung

In allen drei Ländern finden wir ähnliche Anfänge von Radsportkarrieren. Sie alle beginnen in den Clubs im Alter von 13 bis 15 Jahren. Eine wichtige Rolle spielt der Einsatz der Familien und der Schulen, da das Training weitaus umfangreicher ist als nur ein paar Stunden in der Woche.

Die ersten Jahre befassen sich mit dem Erlernen technischer Dinge im Zusammenhang mit dem Gerät und seiner Beherrschung (wie z. B. dem Fahren im Stehen). Aber auch die Ernährungsweise spielt eine Rolle. Die Trainingsbelastungen sind im Vergleich mit anderen Disziplinen und mit den Umfängen, die von Profis verlangt werden, noch nicht so hoch. Die Ermüdung ist zwar ein Bestandteil des Radsports, doch die Ruhezeit bietet hier noch eine vollständige Erholung. Der Lebensstil orientiert sich an der energetischen Arbeitsbelastung. Wer ihn nicht akzeptiert, wird seine Möglichkeiten, in den Spitzensports aufzusteigen, verringert sehen.

Ein erster Unterschied kommt in den jeweiligen Karrieren während des Übergangs in eine zweite Phase zum Vorschein, dem Zugang zu einem hohen Amateurniveau. Soziale Strukturen variieren je nach Land: In Frankreich kombinieren einige

Kurse oder Klassen intensiven Sport und Schule, betreut von qualifizierten Trainern und bezahlt vom französischen Staat. In belgischen und Schweizer Klubs kommen freiwillige Sporttrainer zum Einsatz, die selbst hauptsächlich durch praktische Übung Radfahren gelernt haben.

Schon die Formen dieser sportlichen Strukturen haben einen Einfluss auf die Karrieren der jungen Radsportler. In Frankreich wird der junge Radfahrer dazu angeregt, eine doppelte schulische und sportliche Ausbildung abzuschließen. Wenn er keiner staatlichen Sportstruktur angehört, trainiert er ausschließlich in Klubstrukturen. Sie geben einen starren Rahmen vor, der auch den Arzt, die Betreuer und andere Umfeldakteure mit einschließt. Dadurch ist die Betreuung relativ kontrolliert.

Um in der nationalen Kategorie „Amateur" zu sein, müssen die Klubs den vom Verband vorgeschriebenen Auflagen Folge leisten. Es werden von diesen hohe Leistungen verlangt, darunter die Diensteinstellung mindestens eines Trainers mit einem Staatsdiplom, eines Arztes, eines Physiotherapeuten usw. Somit ist der Teil der Pflege in Händen der Ärzte, welche vernünftig genug sein sollten, sich an „ethische" Versorgungen zu halten. Dieses System der langfristigen Betreuung wurde 1999 vom französischen Staat etabliert. Seit 2008 benötigen Fahrer den berühmten biologischen Pass für einen Arbeitsvertrag mit einer Mannschaft aus dem Kreis der UCI-Pro-Teams oder der „Continentale UCI".

Im diesem Pass sind biologische Daten sowie die Ergebnisse der Antidopingtests notiert. Einige der besten Klubs stehen in direkter Verbindung mit den französischen Profimannschaften und dienen gewissermaßen als eine Art von Reservoir. Die Betreuer sind entsprechend ihrer Kenntnissen im Radsport, ihrer wissenschaftlichen Kenntnisse im Training und ihrer moralischen Einstellung auf die Frage des Dopings hin ausgewählt und bezahlt. Diese Vorgehensweise reduziert den Kontakt zu ehemaligen Radfahrern, von denen eine gewisse Anzahl die alten Dopingnormen (Brissonneau, Aubel und Ohl 2008) internalisiert hat. Das verhindert jedoch den Kontakt zu Ex-Dopingabhängigen nicht vollständig, wie ein junger französischer Radsportler verdeutlicht:

> *„Da ist ein Typ, der sich immer noch um die Fahrradmannschaften kümmert. Einmal waren alle in der Gruppe ziemlich schlapp, wir haben nichts fertiggebracht. Und am Ende bei der Ankunft, sieht er uns alle im Bus, und es regnete unglaublich. Er sagt uns: Hey Jungs, der Weg ist nicht so leicht, kann ich euch helfen?"*

In Belgien setzt sich der Staat für das Amateur-Niveau seinerseits wenig ein. Er überlässt die Entwicklung des Amateursports der privaten Sportförderung. Es gibt also keinen normierten Weg, um von einem Klub zu einem anderem zu wechseln.

In der Schweiz schlägt der Verein denjenigen, die es gerne wollen, ein Training in Sportzentren vor. Seine finanzielle Investition sowie das Engagement des Staats bleiben dabei sehr gering im Gegensatz zu Frankreich. Um in die besten Klubs einzutreten und somit zu den besten Wettbewerben zu gelassen zu werden, müssen die jungen Schweizer Fahrer erhöhte Kosten für die Sportlizenz in Kauf nehmen. Diese Vorgehensweise ist quasi unumgänglich, wenn man sich eine Chance erhofft, von einem französischen Mannschaftsdirektor entdeckt zu werden. In den anderen beiden Ländern erfolgt die Auswahl zum Beruf eines Profi-Radfahrers also früher, da es sehr schwer ist, einen Schulbesuch und ein ausgiebiges Training zu verbinden, welches auf hohem Niveau gefordert wird. Es kann sogar passieren, dass sich ein junger Fahrer dazu entscheidet, sein Studium aufzugeben oder für ein Jahr aufzuschieben, um sich ausschließlich der Ausübung des Radsports zu widmen. Die Radfahrer nehmen also eine Sozialisierung in Kauf, die sich von derjenigen unterscheidet, die der Staat und die jeweiligen für den Sport zuständigen Ministerien als ethisch fundiert propagieren.

Vor allem in der Schweiz besitzen die Älteren immer noch die Autorität auf dem Gebiet des Trainings. Der Austausch dieser älteren Generation mit den Jugendlichen ist hier viel verbreiteter als in den französischen Mannschaften. Die alte Radfahrer-Kultur wird also immer noch zwischen den Generationen mit dem Risiko tradiert, in Kontakt mit Einzelhändlern von Dopingmitteln zu geraten. So erzählt ein junger Schweizer Radfahrer uns seinen Austausch mit einem alten Trainer, der früher selbst Dopingmittel benutzt habe:

„Wenn man eine Frage hat, kann man sie ihm stellen. Er hat uns einmal die Koffeintabletten vorgeschlagen." Oder ein anderer junger Fahrer: „Als er mir vorgeschlagen hat, zum Trainer A zu gehen, hat er mir gesagt: Du wählst A oder B, ich gebe dir zwei Nummern. A ist einer der besten Trainer, die existieren, aber noch dazu gibt er dir eine Kleinigkeit, wenn du gut bist. Das hat natürlich seinen Preis. Während B eine gute Ethik hat."

Zusammenfassend lässt sich in Bezug auf die Sportstruktur feststellen, dass das Coaching in Frankreich ein große, in Belgien eine durchschnittliche und in der Schweiz eine geringere Rolle spielt. Im Folgenden wenden wir uns dem Einfluss dieser Strukturen auf die Vorstellungswelt der jungen Fahrer und auf die Praxis der Einnahme von pharmakologischen Mitteln zu.

Intensives Training, Ansichten und der Konsum von Medikamenten

In Frankreich fängt der Einsatz von Pharmazeutika anscheinend erst in der ersten Kategorie (kurz vor dem Professionalismus) an. Man spricht darüber, aber man benutzt nicht zwangsweise Medikamente:

„Man sprach über die Einnahme von Medikamenten, [...] aber nicht darüber, wer welche Mittel nahm. Ich wusste auch nicht, ob jemand etwas Erlaubtes oder Verbotenes nahm" (junger französischer Radsportler).

Mit höheren Anforderungen des Trainings beginnt man, sowohl über Substanzen oder Medikamente zu sprechen als auch, diese zu konsumieren:

„Ich versuchte Magnesium und andere Dinge zu nehmen. Aber nur, wenn ich mich ermüdet fühlte."

Selbst wenn sich gewisse Fahrer in den Ausbildungs-Zentren einer Pro-Tour-Mannschaft befinden, lässt die Rede der Wertschätzung der Pharmakologie nicht nach. Eine Erklärung ist eine zu geringe Betreuung der Trainer.

„Ich nehme oft Proteine, wenn ich eine lange Ausfahrt vor mir habe, das heißt fünf bis sechs Stunden. Das ist sehr gut, um sich später zu erholen. Sonst, mache ich von Zeit zu Zeit eine Kur mit Eisentabletten."

Frage: In welcher Form?

„Als Tablette. Aber auch als Ginseng und als Gelee. Im Winter oft mit Vitamin C."

Frage an einen anderen Fahrer: Und Sie?

„Mach ich genauso, also Nahrungsergänzungsmittel, Vitamintabletten und Proteine."

Mit dem Eintritt in „Pro Tour"- Mannschaften nimmt die Betreuung zu. Besonders mit einem immer anwesenden Arzt *kann* sich diese Haltung vollkommen verändern – wenn Skepsis in Bezug auf die Einnahme von Substanzen vermittelt wird.

Frage: Dieser Arzt empfiehlt Ihnen, Vitamine oder gewisse Mittel *nicht* zu nehmen?

„Mit einer ausgeglichenen Ernährung braucht man keine Vitamine."

Der Fahrer einer „Pro-Tour"-Mannschaft hört sich dagegen eine dem Doping widersprechende Rede an, die Medikalisierung ist jedoch danach nicht verschwunden. Im Gegenteil, sie scheint sogar gefördert zu werden:

Frage: Gibt es keine Medikamente?

„Jeder hat seine Pharmazie. Der Doktor X gibt uns eine Liste von allem, was man bei sich haben soll. Es sollten keine Utensilien zur Kompression dabei sein."

Doping ist vermutlich auch mit fehlenden wissenschaftlichen Kenntnissen verbunden; Athleten sollten also die Funktionen ihrer Körper sehr gut kennen. Dazu werden sie durch ihre Umgebung zum Lesen von Büchern und wissenschaftlichen Artikeln ermuntert:

„Ich mag lesen, alle Bücher zum Thema des Training, der Diätetik oder Psychologie. Ich versuche ein Maximum an den Dingen über Lebenshygiene (ein perfekter Köper) der Sportler zu lernen" (junger französischer Fahrer).

Diese französischen Fahrer der „Pro Tour"-Mannschaft achten nicht nur peinlich genau auf die von der WADA gegebene Definition; sie gehen manchmal noch weiter. Dagegen bleibt die (legale) Spritze bei den jungen Fahrern, die sich nicht in dieser Struktur („Pro Tour") befinden, offenbar in höherem Maße noch ein „Arbeitsgerät".

„Ich könnte so viel Eisentabletten schlucken wie ich wollte, das wird meinen Eisengehalt in den drei Tagen auch nicht verbessern. Also erkundige ich mich: Am besten sollte man sich eine intramuskuläre Spritze setzen, das geht schneller. Ich gehe in die Apotheke, und ich frage nach Eisenspritzen" (junger französischer Fahrer).

Ein anderer Radfahrer macht noch präzisere Angaben darüber, was er sich spritzt:

„Du diskutierst mit anderen, also weißt du, dass man den Hintern in vier Bereiche aufteilen muss. Man zieht das Mittel in die Spritze auf. Es dürfen sich dabei keine Luftblasen entwickeln, danach kannst du sie dann spritzen. Beim erste Mal brauchst du fünf Stunden, um sie zu setzen, weil das ziemlich weh tut, später geht das besser."

Frage: Hast du nur Eiseneinspritzen genommen oder hat es auch andere Produkte/Mittel gegeben?

„Nee, nur Eiseneinspritzen, Vitamin B12, oder Vitamin PP, also alles das, was man zur Erholung/Wiedergewinnung der Kräfte brauch."

Die französischen Fahrer fühlen sich bei dieser neuen Vorgehensweise ermutigt, da sie angeben, eine Verbesserung der Situation zu verspüren:

„Ich denke, dass es möglich ist zu gewinnen, ohne sich zu dopen. Vor einigen Jahren war das vielleicht noch härter. Jetzt denke ich wirklich, dass man in den gesunden Menschenverstand benutzt" (französischer Fahrer).

„Bei den Profis ist das viel besser geworden. Ich kenne einige Profis die ihre Betrachtungsweise des Radsports verändert haben, sie sind jetzt clean. Sie sagen, jetzt ist das wirklich besser, sie können nicht mehr machen, was sie wollen. Jetzt kann man nicht mehr sagen, ob es (Doping) wirklich noch ein Bestandteil ist, das würde mich in Frankreich er-

staunen. Aber im Amateursport ist das schlimmer, das hat sich nicht sehr verändert"(anderer französischer Fahrer).

Demnach hätte sich die Situation verändert, allerdings nur in Frankreich. Die Ausländer, welche nicht dieselben Richtlinien in ihrem Land haben, setzten das Doping in den Augen französischer Fahrer eher fort.

„Ich denke das Doping kommt von außen. Das Bild des Radsports wurde durch die Ausländer zerstört, die hierher kommen, um in Frankreich Rad zu fahren."

Also haben wir uns in der französischen Mannschaft „Pro Tour" in die entgegengesetzte Richtung bewegt, während in anderen Ländern immer noch Techniken an der Grenze des rechtlich Zulässigen ausgelotet zu werden scheinen.

Die jungen Radfahrer in Frankreich wie in Belgien beschließen immerhin, nicht gegen das Gesetz zu verstoßen, und sie tun dies in Zusammenarbeit mit den Ärzten:

„Vitamine, Nahrungsergänzungsmittel gehören zum Leben eines Leistungssportlers hohen Niveaus. Man hat keine Wahl, das gehört zum Alltag. Alle sechs Wochen muss man Blut abnehmen und analysieren, um sicher zu gehen, dass keine Mängel entstehen" (junger belgischer Fahrer).

Der Arzt hat einen Anteil an der erbrachten Leistung:

„Der Arzt der Mannschaft macht eine Analyse und sieht, ob man eine Mangelerscheinung aufweist. Wenn das der Fall ist, gleicht er sie aus" (belgischer Arzt).

Die Fahrer treten Verantwortung für ihren Substanzkonsum an den Arzt ab:

„Mein Arzt ist auf dem Laufenden über alle Dopingmittel. Er weiß sehr genau welche Medikamente er uns geben kann und welche nicht. Darum brauche ich mich nicht zu kümmern" (junger belgischer Fahrer).

Auch wenn die Einnahme von Dopingmitteln angeblich der Vergangenheit anzugehören scheint, ist die Kommunikation über Doping damit nicht beendet:

„Man spricht darüber sehr oft. Wir haben viel Freizeit also... Oft werden außerdem immer wieder dieselben Fragen gestellt! Wie machen sie das? Glaubst du, dass sie es so machen? Man stellt sie sich am Morgen in ihrem Zimmer vor."

Auf der anderen Seite sind die jungen Schweizer Fahrer, offenbar schlechter betreut, nicht in Kontakt mit der Einstellung, so wie sie die Franzosen kennen. Sie scheinen viel mehr Freiheit zu genießen.

„Im letzten Jahr sagte ich mir, dass ich jetzt Lust hätte, mal einen Lauf ohne Koffein zu gewinnen, um mir zu beweisen, dass das möglich ist. Darüber hinaus habe ich einen Lauf gewonnen, als ich das erste Mal Koffein genommen habe. In der darauffolgenden Woche

mache ich das Gleiche in der Meisterschaft, und ich gewinne. Vielleicht ein Zufall oder auch nicht. Danach nahm ich halt für jeden Lauf Koffein" (junger Schweizer Fahrer).

Der Gebrauch der Spritze, zurzeit relativ unpopulär im französischen Profi-Radsport, scheint noch üblich zu sein:

„Ich kannte einen Fahrer im letzten Jahr. Anscheinend nahm er Voltaren als intravenöse Einspritzung, das ist ein Antischmerzmittel. Ich weiß nicht, ob das erlaubt ist oder nicht" (Schweizer Fahrer).

Ein anderer Athlet fügt hinzu:

„Ich habe das im letzten Jahr zwei oder drei Mal gemacht, ich war manchmal ein bisschen erschöpft, wenn sie mich verstehen... Das stört mich nicht. Ich weiß, dass das bei den Profis noch viel regelmäßiger geschieht. Aber ich mache das wegen des Magnesiums oder Eisens oder so."

Die subjektive Definition des Dopings ist mit dem Training in Zusammenhang zu bringen. Dieser ist bei den Schweizer Fahrern viel unklarer:

„Doping ist, etwas Verbotenes zu nehmen."

Für einen anderen:

„Doping geht für denjenigen, der sich nicht kontrollieren lässt."

Der letzte Fahrer drückt sich über die unklare Situation in seinem Land aus:

„Die Betrachtungsweise ist viel weniger schwarz oder weiß. Die Grenze kennt man nicht genau, man weiß nicht wirklich, wo sie liegt... Sie ist für eine außen stehende Person wirklich schwer zu sehen und zu verstehen."

Dennoch sind sich diese jungen Fahrer des Verbotes heutzutage offenbar bewusster als frühere Generationen. Man spricht jetzt nicht mehr unmittelbar über das Doping, so wie dies noch vor dem „Festina-Skandal" der Fall gewesen war. Aber man hört noch Gesprächsfetzen oder Anspielungen, die den Einsatz von Doping weiterhin normalisieren:

„In so einem Umfeld redet man darüber. Das ist ja auch interessant. Wenn man über EPO spricht, ist das was."

„Die Zeitungen lesend, werden manchmal sogar die Dosierungen beschrieben."

Diese kommunikativen Elemente zeigen einen Schweizer Radsport, welcher demjenigen in Frankreich oder Belgien während der 1990er Jahre sehr ähnlich zu sein scheint.

Zusammenfassung

Für diese Untersuchung, die zwischen 2006 und 2009 durchgeführt wurde, haben wir 70 strukturierte Interviews geführt. Darunter waren frühere und junge Radprofis, Trainer, Betreuer und Sportliche Leiter. So wurde es möglich, die Einführung der politischen Maßnahmen mit der Entwicklung der Verhältnisse im Radsport in Verbindung zu bringen.

Wie wir es schon zu Beginn festgestellt haben, geschieht dies schrittweise. Die Mentalitäten haben sich in einem Jahr nicht verändert, die vielen Skandale bezeugen es. Die Entwicklung, neue Rahmen setzen zu wollen, hat mehrere Jahre gedauert, bevor sie Ergebnisse zeitigte.

Im französischen Radsport scheint Doping nach unseren Befunden kein flächendeckendes Problem wie noch vor dem „Festina-Skandal" mehr zu sein. Es scheint sich verringert zu haben, die Kommunikation darüber ist offenbar anders geworden. Aber dies bedeutet nicht, dass es sofort als eine Anomalität bei den Ältesten oder auch bei den Jüngeren, die mit ihnen in Kontakt stehen, angesehen werden würde.

Zu berücksichtigen ist weiter, dass in unserem Sample jene Fahrer, die eine dopingkritische Einstellung aufzuweisen haben, überrepräsentiert sein könnten und solche, die weiterhin zum Doping tendieren, unterrepräsentiert. Gewiss, die ethischen Reden der Verantwortlichen der Mannschaften sind viel präsenter und erzielen möglicherweise eine gewisse Wirkung. Aber einige Faktoren, die Doping begünstigen, wie die Ungewissheit des Berufes oder die enormen Belastungen, haben sich nicht verändert.

Der Einsatz von Dopingmitteln scheint zurückgegangen zu sein. Das gilt für französische Teams, auch für deren ausländischen Fahrer. In Belgien sind ähnliche Ansätze zu erkennen. Letztendlich bleibt die Schweiz ein sehr interessantes Testland, da man aus den verschiedene Darstellungen entnehmen kann, dass die jungen Rennfahrer aus der Schweiz in Verbindung stehen mit den grenznahen französischen Mannschaften.

Aus dem Französischen von Alenka Kurda

Literatur

Brissonneau, Christophe (2003). *Entrepreneurs de morale et carrières de déviants dans le dopage sportif.* Thèse STAPS; Université Paris X Nanterre.

Brissonneau, Christophe/Aubel, Olivier/Ohl, Fabien (2008). *L'épreuve du dopage. Sociologie du cyclisme professionnel.* Paris: PUF.

Ohl/Brissonneau/Fincoeur/Lentillon/Defrance (2009). Carrière sportive et socialisation secondaire en cyclisme sur route: les cas de la Belgique, la France et la Suisse. *Rapport pour l'Agence Mondiale Antidopage.* http://www.wada-ama.org/Documents/Education_Awareness/SocialScienceResearch/Research_Projects/2005/WADA_Synthesis_research%20report-road_cycling_Belgium_France_Switzerland.pdf

Doping – die neue Unübersichtlichkeit

Horst Pagel

1. Prolog

Sport ist heute vor allem Big Business, eine gigantische globale Unterhaltungsindustrie. Jahr für Jahr werden schwindelerregende Milliardenbeträge umgesetzt. Eine wesentliche Facette dabei ist (das Geschäft um) das Doping. In diesem Zusammenhang hat sich allerdings in den letzten Jahren ein Paradigmenwechsel ergeben. Waren in der Vergangenheit alle Doping-Substanzen primär gute und sichere Medikamente, werden heute mehr und mehr Designerdrogen[1] und Pharmaka eingesetzt, die sich noch in der Entwicklung befinden. Es wird großer finanzieller und intellektueller Aufwand betrieben, um diese Substanzen lange vor ihrer „Marktreife" in den Sportzirkus einzuschleusen. Einige aktuelle Beispiele mögen dies illustrieren.

2.1. GW1516 und AICAR

Diese beiden Substanzen sind vor allem nach den Olympischen Spielen in Peking 2008 ins Gerede gekommen. Nach Funden im Müll verschiedener Rennställe sollen sie aber auch während der vorletzten Tour de France eine Rolle gespielt haben.

GW1516 ist eine Entwicklung des britischen Pharmariesen *GlaxoSmithKline*. Es stimuliert u. a. die Glukose-Aufnahme in die Zelle und soll zur Therapie von krankhaftem Übergewicht (Adipositas) und Diabetes mellitus Typ II („Altersdiabetes", metabolisches Syndrom) eingesetzt werden. Das Präparat befindet sich zurzeit in der klinischen Prüfung der Phase II (Überprüfung des Therapiekonzeptes, Dosisfindung) und ist damit in seiner Entwicklung bereits relativ weit fortgeschritten. Aufgeschreckt durch die Meldungen aus Peking hat die WADA sogleich GW1516 in die aktuelle Liste der verbotenen Substanzen aufgenommen, u. zw. interessanterweise im Abschnitt M3 (‚Gendoping'). Dies geschah offenbar deshalb, weil die Wirkung von GW1516 initial durch die Beeinflussung von einzelnen Genen zustande kommt[2]. Laut Presse-

---

[1] Der diesbezügliche „Sündenfall" war mit großer Wahrscheinlichkeit das Tetrahydrogestrion (THG, auch 'The Clear' genannt), ein Designer-Steroid aus dem kalifornischen *BALCO*-Labor, dessen Existenz erstmals 2003 nachgewiesen werden konnte.

[2] Dieses Vorgehen ist insofern inkonsequent, als die meisten, wenn nicht sogar alle Pharmaka ihre Wirkung durch die Beeinflussung von Gen-Aktivitäten entfalten (Insulin, Erythropoietin, Wachstumshormon, etc.).

mitteilung des Zentrums für Präventive Dopingforschung der Deutschen Sporthochschule Köln vom 20. März 2009 liegt eine massenspektrometrische Nachweismethode vor.

AICAR steht für Aminoimidazol-Carboxamid-Ribonukleosid. Diese Substanz mit dem etwas sperrigen Namen sorgt wie GW1516 ebenfalls für eine vermehrte Glukose-Aufnahme in die Zelle, allerdings über einen anderen biochemischen Signalweg. Beide Substanzen wirken also synergistisch, d. h., sie verstärken einander und greifen in den Energie-Stoffwechsel ein. Da die Muskulatur unser größtes Organsystem ist, ist davon der Muskelstoffwechsel in erster Linie betroffen. So kommt es auch, dass unter der Gabe der Substanzen vermehrt phasische Typ-II-Muskelfasern (fast twitch) in tonische Typ-I-Fasern (slow twitch) umgewandelt werden. Gefördert wird damit die Ausdauerleistung der Muskulatur; auf die Kurzzeit- oder Sprintleistung der Muskeln haben AICAR/GW1516 einen eher nachteiligen Einfluss.

Soweit bekannt, liegen für AICAR bisher ausschließlich tierexperimentelle Befunde vor. Diese sind dafür umso beeindruckender. Auf Laufbändern rannten die als Marathonmäuse berühmt gewordenen, gedopten Versuchstiere 44% länger als eine Kontrollgruppe unbehandelter Tiere. Ob dieses Ergebnis auf den Menschen übertragbar ist, ist nicht bekannt. Darüber hinaus steht die Erarbeitung eines Nebenwirkungsprofils noch aus. Auch AICAR ist in der WADA-Liste verbotener Substanzen verzeichnet; ein Dopingtest liegt hingegen in weiter Ferne.

2.2. HIF-Stabilisatoren

Gentechnisch hergestelltes Erythropoietin (Epo) ist ein nach wie vor gern genommener „Turbo-Lader" speziell im Ausdauersport. Sorgt es doch für eine vermehrte Bildung von roten Blutkörperchen und damit für eine verbesserte Sauerstoff-Versorgung des Organismus. Doch während Heerscharen von Doping-Fahndern und -Analytikern schier daran verzweifeln, wegen der fast unüberschaubaren Vielzahl an weltweit kursierenden Epo-Varianten einen allgemein gültigen und gerichtsfesten Nachweis zu etablieren, ist die Karawane längst dabei, weiter zu ziehen.

So ist ein weiteres Beispiel für eine Gruppe neuer Substanzen, die sich aktuell anschickt, auf den Markt und in die Szene zu drängen, die HIF-Stabilisatoren. Dies sind billig herzustellende und vor allem – im Gegensatz zum Epo selber – oral verfügbare Stoffe, die in der Lage sind, die körpereigene Epo-Produktion effizient zu steigern. Doch wie funktionieren HIF-Stabilisatoren? Um das erläutern zu können, ist ein kurzer Ausflug in die Molekularbiologie notwendig.

Regelung der Epo-Synthese. Epo ist ein Eiweiß, genauer gesagt ein glykosiliertes Eiweiß, also ein Eiweiß mit Seitenketten aus Zucker. Wie für alle Eiweiße ist der Bauplan für Epo, nach dem die einzelnen Bausteine, die Aminosäuren, korrekt aneinander gefügt werden müssen, im genetischen Material, der DNA, im Zellkern hinterlegt (Position 7q21-7q22 auf Chromosom 7). Gene müssen je nachdem, ob die jeweiligen Gen-Produkte benötigt werden oder nicht, an- oder abgeschaltet werden. Dafür sorgen u. a. so genannte Transkriptionsfaktoren. Ein Transkriptionsfaktor, der für die Epo-Synthese von zentraler Bedeutung ist, ist der Hypoxie-induzierbare Faktor, kurz HIF.

Bei Sauerstoff-Mangel (vgl. Abb. 1 oben) wird die eine Hälfte von HIF, das so genannte HIF-1α durch Phosphorylierung aktiviert. Dieses „gezündete" HIF-1α wird daraufhin in den Zellkern der Epo-produzierenden Zellen transferiert (Translokation). Dort vereinigt es sich mit seiner immer vorhandenen zweiten Hälfte, dem HIF-1β, und bildet mit ihr einen Komplex (Heterodimer). Dieser bindet nun an einer bestimmten DNA-Region, dem Hypoxie-responsiven Element (HRE). Nachdem neben dem HIF-Komplex noch weitere Faktoren an die DNA gebunden haben (HNF-4, p300, SRC-1, etc.), kann das Epo-Gen abgelesen werden. Damit entsteht aus dem immobilen Epo-Bauplan eine mobile „Blaupause" (mRNA-Bildung durch Transkription), die aus dem Zellkern heraus zur Eiweiß-„Synthesemaschinerie" (Translation durch die Ribosomen) geschafft werden kann.

Wird der Organismus hingegen ausreichend mit Sauerstoff versorgt, benötigt er kein Epo. Unter diesen Umständen geschieht mit HIF etwas anderes (vgl. Abb. 1 Mitte). Ein Sauerstoff-abhängiges Enzym (Prolylhydroxylase) oxidiert HIF-1α. Damit ist das Molekül markiert und sozusagen „zum Abschuss freigegeben". Nach Bindung an bestimmte Faktoren (pVHL, Ubiquitin-Ligase-Komplex) wird es abgebaut und landet auf der Abraumhalde der Zelle. Eine Epo-Produktion findet so natürlich nicht statt.

Die Funktion der HIF-Stabilisatoren besteht nun darin, genau dieses Enzym in seiner Aktivität zu hemmen (vgl. Abb. 1 unten). Da sich Wissenschaftler gern lange Namen ausdenken, heißen diese Substanzen auch HIF-Prolylhydroxylase-Inhibitoren (HIF-PHI). Ohne dieses Enzym kann jedoch HIF-1α, trotz Normoxie, nicht abgebaut werden. Zwangsläufig wird dann die Signalkaskade initiiert, die normalerweise nur unter Hypoxie auftritt: Obwohl kein Sauerstoff-Mangel herrscht, wird trotzdem Epo produziert.

Sauerstoff-Mangel: (Hypoxie)

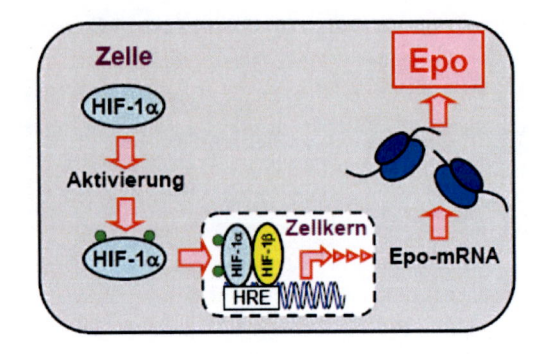

ausreichende Sauerstoff-Versorgung: (Normoxie)

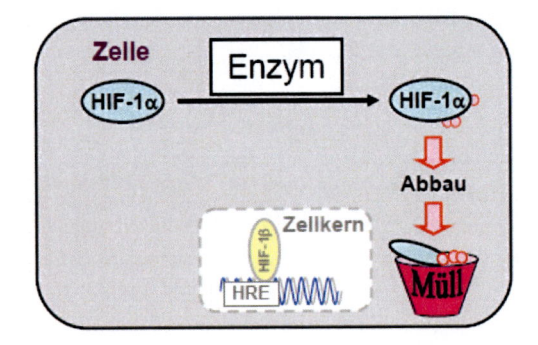

Epo-Bildung trotz Normoxie:

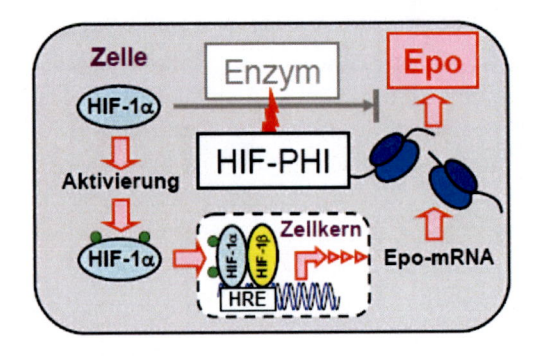

Abb. 1: Schema der Stabilisierung bzw. Degradierung des HIF-Komplexes und der damit verbundenen konsekutiven Initiierung bzw. Nicht-Initiierung der Epo-Produktion (Näheres siehe Text)

Klinischer Einsatz von HIF-Stabilisatoren. HIF-Stabilisatoren wurden nicht für Doping-Zwecke erfunden. Ebenso wie Epo selber steigern sie die Bildungsrate roter Blutkörperchen im Knochenmark (Erythropoiese) und korrigieren so anämische Zustände. Vor allem durch deren bereits erwähnte orale Verfügbarkeit werden HIF-Stabilisatoren also ein Segen für viele schwerkranke Patienten sein.

Am weitesten fortgeschritten sind wahrscheinlich die Entwicklungen von FG-2216, FG-3019 bzw. FG-4592 des US-amerikanischen Biotech-Unternehmens *FibroGen*; die Rechte für den Vertrieb außerhalb der USA erwarb der japanische Pharmakonzern *Astellas*. Erste Studien mit FG-2216 haben eine dosisabhängige, bis zu 300-fache Steigerung der Epo-Plasmakonzentration in Primaten gezeigt. Bei klinischen Prüfungen der Phase II wurde im Mai 2007 ein Todesfall von zunächst unklarer Genese berichtet (Fulminante Hepatitis einer Patientin). Die Studien wurden daraufhin abgebrochen; seit März 2008 werden die Studien allerdings wieder fortgesetzt, nachdem *FibroGen* belegen konnte, dass der Todesfall nicht ursächlich mit FG-2216 zusammen hing. Der Abschluss der Studien und damit die Markteinführung von FG-2216, FG-3019 und/oder FG-4592 sind derzeit noch nicht absehbar.

Potential von HIF-Stabilisatoren. Wie potent HIF-Stabilisatoren die Epo-Bildung steigern können, konnte an einem Beispiel (Di-tert-Butyroyl-oxy-Methyl-2,4-Pyridin-di-Carboxylsäure, abgekürzt PDC) im Labor des Instituts für Physiologie der Universität zu Lübeck untersucht werden. Bei Versuchen am experimentellen Modell der isoliert perfundierten Niere wurde PDC einmal in einer niedrigen (50 µM) und zum anderen in einer hohen Konzentration (100 µM) zum Perfusionsmedium zugefügt. Wie Abb. 2 zeigt, steigerte PDC selbst in der niedrigen Konzentration – trotz normoxischer Perfusion der isolierten Niere – die Epo-Produktion in einem Maße, wie es sonst nur bei schwerstem Sauerstoff-Mangel vorkommt (hypoxischer Sauerstoff-Partialdruck: ~20 mmHg; normal: ~150 mmHg).

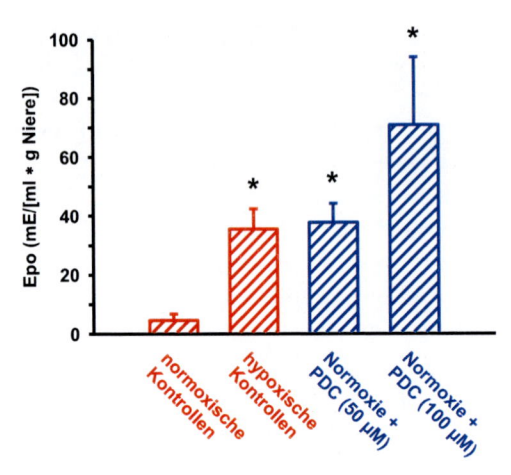

Abb. 2: *Wirksamkeit des HIF-Stabilisators PDC auf die Epo-Bildung in der Niere. (*: P < 0,05 gegenüber den normoxischen Kontrollen; Normoxie: pO_2 = ~150 mmHg, Hypoxie: pO_2 = ~20 mmHg)*

Fazit. HIF-Stabilisatoren sind hochpotente Substanzen mit oraler Bioverfügbarkeit, die in der Lage sind, die Epo-Synthese zu steigern, indem sie dem Organismus eine sauerstoffarme Atmosphäre simulieren. Es sind niedermolekulare und von daher billig herzustellende Verbindungen, die im klinischen Anwendungsbereich das teure Epo zum Teil verdrängen werden.

Es bedarf nicht viel Phantasie, um sich auszumalen, dass HIF-Stabilisatoren auch im Bereich des Ausdauersports über kurz oder lang Begehrlichkeiten wecken werden (oder bereits geweckt haben!?). Zwar bemüht sich derzeit das Zentrum für Präventive Dopingforschung der Deutschen Sporthochschule in Köln intensiv um entsprechende Nachweismethoden (F.I.T. 1, 14-17, 2009). Da die molekularen Strukturen der Verbindungen aber äußerst heterogen sind (vgl. Abb. 3), darf bezweifelt werden, ob ein all umfassender Nachweis gelingen wird. Das berühmte Hase-und-Igel-Spiel beginnt also einmal wieder von vorn.

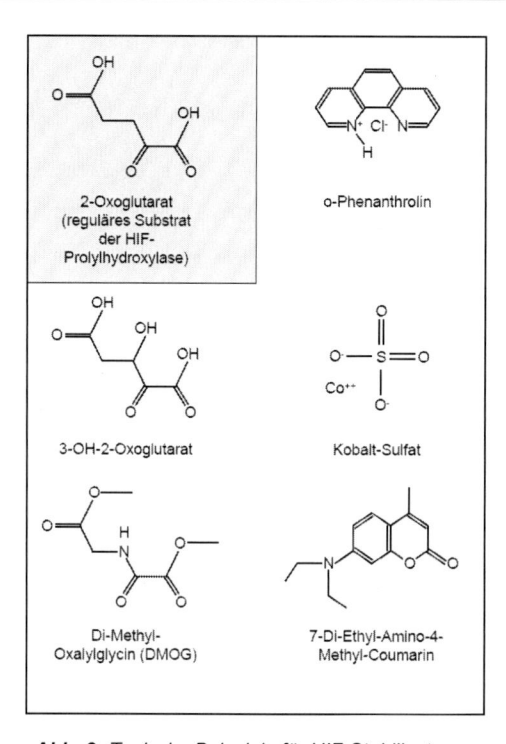

Abb. 3: Typische Beispiele für HIF-Stabilisatoren.

2.3. S-107

S-107 wurde erstmals vor 2 Jahren vorgestellt (PNAS 105, 2198, 2008) und ist somit eine sehr junge Entwicklung. Dennoch gab es Anzeichen, dass S-107 bereits wenige Monate später während der Olympiade in Peking eingesetzt wurde. Die Wahrscheinlichkeit, dass dies tatsächlich zutreffen könnte, ist vor allem deshalb hoch, weil S-107 eine sehr einfache Struktur hat (Abb. 4). Das „Kochrezept" ist unter der 'Supporting Information' (SI) zu eben erwähntem Artikel für jedermann im Internet nachlesbar.

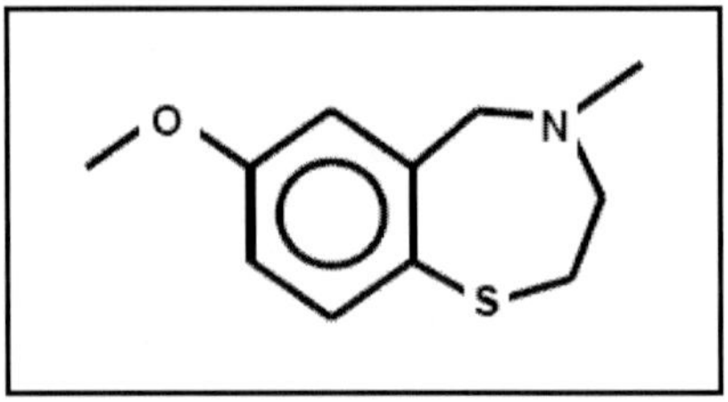

Abb. 4: Chemische Struktur von S-107 (aus: Sl PNAS 105, 2198, 2008).

Funktion von S-107. S-107 verbessert die Ausdauer des Herz- und Skelettmuskels, indem es bestimmte Strukturen innerhalb der Muskelzelle stabilisiert.

Damit es zur Kontraktion eines Muskels kommen kann, muss als erstes jede seiner Zellen elektrisch gereizt werden. Dies geschieht durch Salven von Aktionspotentialen von zuführenden Nervenfasern (α-Motoneurone; vgl. Abb. 5 oben). Diese Erregung wird über Einstülpungen der Zellmembran (T-Tubuli) bis tief ins Innere der Zelle geleitet. Dort greift die Erregung auf einen Zellmembran-ständigen Rezeptor über, den Dihydropyridin-Rezeptor (DHPR), der dann seinerseits einen weiteren Rezeptor, den Ryanodin-Rezeptor (RyR) aktiviert. Letzterer ist in der Membran eines intrazellulären Kanalsystems lokalisiert, dem sarkoplasmatischen Retikulum (SR), das immerhin rund 10% vom Volumen einer Muskelzelle ausmacht und als intrazellulärer Kalziumspeicher fungiert. Ein Teil der gespeicherten Kalzium-Ionen werden aufgrund der geschilderten Erregungskaskade nunmehr in das Zellwasser (Sarkoplasma) freigesetzt, so dass dort die Kalziumionen-Konzentration sprunghaft ansteigt. Dies ist die unabdingbare Voraussetzung dafür, dass die kontraktilen Eiweiße Aktin und Myosin über Querbrücken miteinander interagieren können. Damit können sich endlich die funktionellen Einheiten der Muskelzelle, die Sarkomere, und somit auch der gesamte Muskel verkürzen.

Eine Schlüsselfunktion hat bei diesem Geschehen also der Ryanodin-Rezeptor inne. Er ist aus vier gleichen Einheiten aufgebaut (Homotetramer; vgl. Abb. 5 unten). Damit er nicht in seine einzelnen Bestandteile zerfällt, werden die Komponenten des Rezeptors durch eine Art „Schlauchschelle" zusammen gehalten. Diese besteht aus ringförmig um den Rezeptor angeordneten Proteinen, wobei hier neben dem Calmodulin das Calstabin von besonderer Wichtigkeit ist.

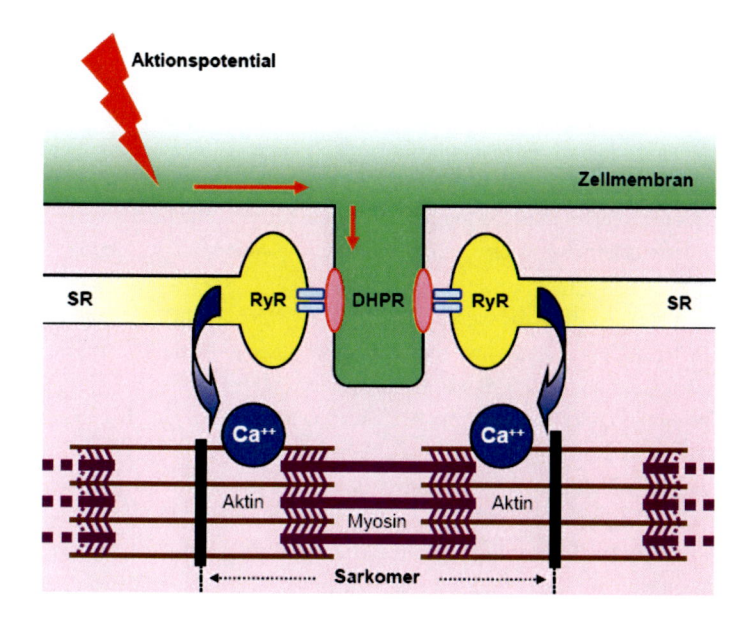

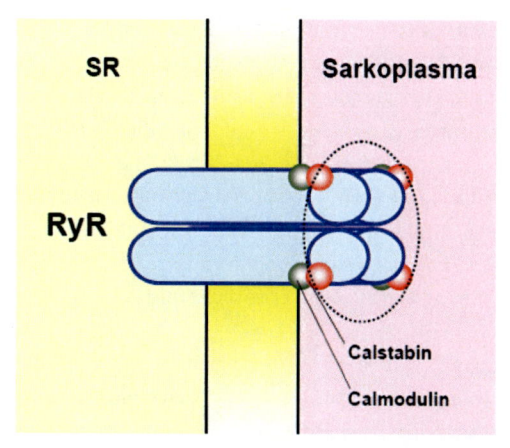

Abb. 5: Oben: Einleitung der Muskelkontraktion (elektro-mechanische Kopplung); SR – sarkoplasmatisches Retikulum, DHPR – Dihydropyridin-Rezeptor, RyR – Ryanodin-Rezeptor, Ca^{++} – Kalzium-Ionen; unten: Schema vom Aufbau des Ryanodin-Rezeptors (RyR) in der Membran des sarkoplasmatischen Retikulums (SR)

Untersuchungen haben nämlich ergeben, dass bei länger andauernden Belastungen eines Muskels die Bindungsaffinität vom Calstabin zum RyR-Monomer herabgesetzt werden kann. Infolgedessen kann der Ryanodin-Rezeptor instabil und „undicht" werden. Unphysiologisch hohe intrazelluläre Kalziumionen-Konzentrationen können die Folge sein, was den Ablauf der muskulären Kontraktionszyklen empfindlich stören kann. Auftreten können diese Störungen vor allem im physiologischerweise dauerbelasteten Herzmuskel, aber auch in Skelettmuskeln während der Ausübung von Ausdauersport.

Das Verdienst der Arbeitsgruppe um Andrew Marks vom Columbia University College in New York besteht nun darin, eine Substanz gefunden zu haben, die den Komplex aus Calstabin und RyR-Monomer wieder stabilisiert: das S-107. Gedacht ist diese Substanz in erster Linie für ein Medikament zur Anwendung bei Patienten mit Herzmuskelschwäche (Kardiomyopathie). Auch andere muskuläre Erkrankungen (z. B. die angeborene Duchenne-Muskeldystrophie) können mögliche Indikationen für die Gabe von S-107 sein.

Doper dürfen jubeln. Kerngesunde Marathonläufer und schwerkranke Herzpatienten haben zumindest eines gemeinsam: Die Erschöpfung des Athleten kann dieselbe Ursache haben wie die Herzschwäche des Patienten. S-107 ist also für den dopenden Ausdauersport eine hochinteressante Substanz. Da S-107 auch die Regeneration zu verkürzen vermag, könnte es auch in Mittel- oder sogar Kurzstreckendisziplinen zum Einsatz kommen. Fasziniert war man offenbar von den geradezu phantastischen Ergebnissen der publizierten tierexperimentellen Studien: Mit S-107 supplementierte Mäuse waren um satte 20% ausdauernder als ihre ungedopten Kontroll-Kollegen. Anders als in der klinischen Forschung, wo zunächst die Sicherheit eines Wirkstoffes eingehend geprüft werden muss, spielt dieser Aspekt in der Doping-Szene bekanntlich eine eher untergeordnete Rolle. Dies sowie die leichte Herstellbarkeit von S-107 führte dazu, dass Gerüchten zufolge der Schwarzmarkt das Mittel sehr schnell zur Verfügung gestellt hat, so dass es bei sportlichen Großereignissen bereits eingesetzt werden konnte. Inzwischen kann es auch ganz legal erworben werden (z. B. bei *Cayman Chemical*, USA).

„Nebenwirkung" von S-107. Über einen unerwarteten Umsatz-Schub durfte sich die Firma *Schöning* aus Berlin freuen. Freizeit- und Breitensportler haben beim „googeln" das Präparat '*Quadroplex S 107*' entdeckt, das von der genannten Firma vertrieben wird und zu Billig-Preisen über Internet-Apotheken bezogen werden kann. Dass es sich dabei um ein homöopathisches Mittel handelt, dem aphrodisierende Wirkung nachgesagt wird, hat bisher offenbar niemanden gestört.

Die Rolle der WADA. Da S-107 eine körperfremde Substanz ist, war es nicht besonders schwierig, einen entsprechenden Dopingtest zu entwickeln (Drug Test Analysis 1, 32, 2009).
Trotz zahlreicher Hinweise auf dessen missbräuchliche Anwendung fehlt S-107 jedoch nach wie vor auf der Liste der verbotenen Substanzen (Stand August 2010)[3]. Begründung der WADA: S-107 ist eine in der Entwicklung befindliche Substanz und nicht als Medikament auf dem Markt. Also ist es auch gar nicht verfügbar (sic!). Außerdem hat die WADA Probleme, S-107 einer Wirkstoffgruppe zuzuordnen.

3. Epilog

Im großen Stil werden heute im Sport Mittel eingesetzt, deren Entwicklung zum Teil gerade erst begonnen hat. Sie werden eingesetzt, lange bevor sie – wenn überhaupt – als Medikament zugelassen werden. Das Streben nach einem von Funktionären und Spitzenverbänden angestrebten „wasserdichten" Kontrollsystem scheint vor diesem Hintergrund absurd.

Und die nächste „Ausbau"-Stufe steht vermutlich unmittelbar bevor: Das Gendoping wird sich als so machtvolles Instrument herausstellen, dass es vom Leistungssport mit seinen bisherigen Strukturen gar nicht ignoriert werden kann!

---

[3] Anm. d. Hrsg.: Die Verbotsliste 2011 weist nun sämtliche pharmakologisch wirksamen, derzeit noch nicht für die therapeutische Verwendung beim Menschen zugelassenen Substanzen als Dopingsubstanzen aus, siehe http://www.nada-bonn.de/fileadmin/user_upload/nada/Medizin/Verbotsliste_2011_NADA.pdf (Zugriff am 02.01.2011).

Jenseits des Anti-Dopingkampfes: Nichts Geringeres als eine Kulturrevolution

Sylvia Schenk

Seien wir doch ehrlich: Es ist und bleibt ein Wettlauf zwischen Hase und Igel, bei dem die Igel – Athleten und ihr Umfeld samt den mehr oder weniger heimlichen Verbündeten aus Verbänden, Politik, Wirtschaft, Medien, Wissenschaft, Pharmaindustrie bis hin zum Publikum – immer mindestens eine Nasenlänge – oder sagen wir besser: eine Substanz? – voraus sind. Wer ist Täter, wer ist Opfer? Auf beide Fragen gibt es eine Antwort: Der Sport.

Alle wollen Leistung, Geld verdienen, Prestige und Anerkennung, Anteil haben an der großen Show. Nur muss eben auch die Moral stimmen, wenn schon die Gesundheit nicht wirklich zu schützen ist. Also wird ein weltweites Kontrollnetz aufgebaut, ab und zu auch jemand erwischt und die Illusion genährt, man habe alles im Griff.

Die Aktiven wissen es besser. Abhängig von Sportart und Nationalität bzw. Heimatland ist mehr oder weniger kriminelle Energie nötig, um das offizielle System zu unterlaufen, und wer in Deutschland lebt, gehört im Zweifel zur verlorenen Generation: „Ich will ja sauber bleiben, aber wer garantiert uns, dass die Konkurrenz aus anderen Ländern ebenso unter Aufsicht steht wie wir?", fragt eine Medaillengewinnerin beim Eliteforum der Stiftung Deutsche Sporthilfe. Niemand garantiert das. Es arbeitet auch kaum einer daran. Es wäre ja schon ein Erfolg, wenn man die Angleichung nicht der Lebens- aber der Anti-Dopingverhältnisse innerhalb einer oder zweier Sportlergenerationen garantieren könnte. Dann hätte das Opfer der jetzigen Nicht-Doper, die die teils entwürdigenden Prozeduren über sich ergehen lassen und trotzdem im Wissen um die fehlende vielbeschworene Chancengleichheit in den Wettkampf gehen müssen, wenigstens einen Sinn.

So aber ist kein Ende des ungleichen Wettlaufs in Sicht.

Unbestritten – der WADA-Code ist ein Fortschritt, intelligente Kontrollen sind ein Fortschritt, Whereabouts und der biologische Pass sind ein Fortschritt. Alles erkauft um den Preis der Privat- und Intimsphäre, des Rechts auf Datenschutz und der Unschuldsvermutung tausender Sportlerinnen und Sportler. Doch bleibt die Nasenlänge Vorsprung des Dopingsystems vor dem Anti-Dopingsystem, und diese Nasenlänge hat meist, so scheint es, die Pinocchio-Lügen-Länge.

Vielleicht kämpfen wir gegen Windmühlen. Vielleicht haben wir die falschen Waffen, verfolgen die Falschen. Vielleicht hat die Medaille nicht nur zwei, sondern drei Seiten. Vielleicht muss man ganz neu anfangen, quer denken.

Und vor allem: Raus aus dem Sport und dem Anti-Doping-Kampf.

Ich hatte gar keine andere Wahl. Angetreten, um zu zeigen, dass der Radsport nicht so schlimm ist wie sein Ruf, und mit einer klaren Linie von der Spitze Schritt für Schritt Doping besiegt werden kann, wenn man denn nur will, wurde mir bald eines klar: Es geht nicht um einzelnes, persönliches Verschulden von Athleten, die in Versuchung geführt werden. Da steckt mehr dahinter oder genauer: da stecken mehr Personen dahinter. Wobei ich mir den tatsächlichen Umfang und die Verstrickung selbst in der Öffentlichkeit hoch geachteter Ärzte auch dann noch nicht vorstellen konnte. Man dringt als Außenstehende, die nie selbst als Person aktiver Teil dieser Sportart war, nicht bis zu dem verborgenen Wissens- und Erfahrungsschatz vor. Verwertbare Informationen, die Ansatz für Aufklärung von Dopingnetzwerken, Strukturänderungen zur Verhinderung künftiger Fälle und personelle und organisatorische Konsequenzen sein könnten, gibt es nur Zug um Zug gegen die persönliche Mittäterschaft. Am Anfang von den Insidern misstrauisch beäugt, kam mit wachsendem Vertrauen, dass das Engagement der Sportart gilt so wie sie ist, der ein oder andere Hinweis, gab es Andeutungen, zufällig erscheinende Bemerkungen – aber keine belastbaren, nachprüfbaren Tatsachen. Als dann erstmals ein fehlerhafter Umgang mit einem Dopingverdacht offenbar und auch schriftlich dokumentiert wurde, gab es nur zwei Alternativen: Mitmachen und selber Teil des Netzwerks, erpressbar und abhängig werden, oder die Notbremse ziehen mit dem Bewusstsein, auf der ganzen Linie zu scheitern – als Präsidentin und im Kampf gegen Doping. Die Einsicht, dass genau das vorprogrammiert war, ein Aufbrechen der Strukturen nicht von innen zu bewältigen ist, noch dazu in isolierter Position, kam erst im Nachhinein. Ein Whistleblower zu sein und gar nicht zu wissen, was das ist, das musste ja schief gehen.

Inzwischen bin ich klüger. Vier Jahre Erfahrung im Anti-Korruptionskampf fern jeglicher sportlicher Verwicklungen hat erstaunliche Erkenntnisse zutage gefördert. Nicht nur, dass Doping und Korruption vergleichbare Phänomene sind: Opferlos und ohne sichtbaren Schaden – eigentlich passiert ja gar nichts, deshalb lässt sich das so herrlich legitimieren. „Es machen ja alle so." – „Ohne geht es nicht." – „Man merkt ja nichts – wem schade ich denn?" – „Ich muss Arbeitsplätze/Medaillen sichern." – „Es wird ja von mir erwartet, es wissen doch alle, wie es läuft." Wie sich die Ausreden gleichen. Da ist es auch kein Wunder, wenn Nestbeschmutzer nicht diejenigen sind, die gegen die Regeln verstoßen und den fairen Wettbewerb, den ordnungsgemäßen Ablauf und das Vertrauen in die Gerechtigkeit – womit die eigentlichen Opfer von Doping/Korruption genannt wären – zerstören. Die wahren Nestbeschmutzer sind noch nicht einmal diejenigen, die sich erwischen lassen, sondern alle, die Transparenz fordern, Regelverstöße aufdecken und sanktionieren sowie integeres Verhalten fördern wollen. Damit reißen sie den Schleier weg und nehmen die Illusion der Legitimität – das schadet dem Seelenheil und kann nicht geduldet werden.

Eine Scheinwelt also, in der im Brustton der Überzeugung gesagt wird, „Ich habe niemanden betrogen!", und das stimmt ja auch, mindestens gegenüber allen, die dieser Scheinwelt angehören und deren deformiertes Rechts- und Regelbewusstsein teilen.

Aber wo fängt die Scheinwelt an, wo endet sie? Wenn man genauer hinschaut, merkt man, wie Doping und Korruption sich vermengen. „Der Missbrauch anvertrauter Macht zum eigenen Nutzen oder Vorteil", so definiert Transparency International Korruption. Was ist Doping anderes als der Missbrauch der Macht, einen ordnungsgemäßen, ehrlichen Wettkampf zu gewährleisten? Geht es dann aber wirklich nur um die Dopingbekämpfung? Kann man das isoliert sehen?

Wie steht es denn generell im Radsport um die Ehrlichkeit des Wettkampfes? Selbst jenseits von Doping gewinnt nicht unbedingt derjenige mit der besten Tagesform. Teaminterne, aber auch Team übergreifende Absprachen – ob ausdrücklich oder stillschweigend auf der Grundlage eines sportartspezifischen Ehren- und Wertekodex – bestimmen die meisten Rennverläufe. Wenn es um nicht viel geht, dann lässt man schon mal den Lokalmatador gewinnen, das gleicht sich ja beim eigenen Heimrennen wieder aus. Bei der Tour de France dankt man mit einem geschenkten Etappensieg für frühere Unterstützung. Und sind es nur Gerüchte, dass selbst bei Weltmeisterschaften schwächere Mannschaften für Helferdienste von den Favoriten-Teams sogar finanziell entlohnt werden? Es lässt sich wohl nicht klären, ob das erodierte Rechtsbewusstsein in Bezug auf Doping die Folge eines solchen Verständnisses von Wettkampfsport ist oder aber die Rennabsprachen dann auch jegliche Hemmungen hinsichtlich noch ganz anderer Manipulationen nehmen. Moral ist unteilbar, wird sie an einer Stelle unterlaufen, dann bricht sich dies im Ganzen Bahn. Heimlichkeit erzeugt Heimlichkeit, Mitwisserschaft führt zu Abhängigkeiten, wer einmal drin hängt, nimmt es auch anderswo nicht so genau. Die Scheinwelt macht nicht beim Doping halt und nicht beim Renngeschehen. Sie setzt sich fort in der Verbandspolitik, im alltäglichen Umgang miteinander. Wer will regelkonformes Verhalten einfordern in einem Umfeld, in dem Regelübertretung zum Selbstverständnis gehört? Der Kampf gegen Doping kann gar nicht gelingen, wenn er nichts weiter ist als das: Der Kampf gegen Doping. Um wirklich voranzukommen, die Verhältnisse – und das heißt das Bewusstsein – von Grund auf zu verändern, braucht es nichts Geringeres als eine Kulturrevolution.

Ein aussichtsloses Unterfangen also? Keineswegs, denn jenseits des Anti-Doping-Kampfes geht der eigentliche Kampf erst los.

Was also gilt es zu lernen?

Null-Toleranz kann nur praktizieren und glaubwürdig vorleben, wer nicht selber mit drin hängt. Ohne Austausch von belasteten Personen und/oder einer (Teil-)Amnestie mit vorangegangenem Bekenntnis, Reue und Lossagung von bisherigen Praktiken geht gar nichts. Der Teufelskreis der Erpressbarkeit und Abhängigkeiten muss durchbrochen werden, damit es nicht immer wieder von vorne anfängt. Transparenz und Integrität müssen zum Grundprinzip in allen Bereichen der Verbandspolitik werden, hinzu kommen strukturelle Maßnahmen, die Regelübertretungen verhindern – Vieraugenprinzip bei Entscheidungen, Informations- und Dokumentationspflichten, Kontrollmaßnahmen usw. Hinweisgebersysteme ermöglichen die Meldung von Auffälligkeiten und wirken insoweit als Abschreckung wie als Instrument zur Aufklärung gleichermaßen. Jede Regelübertretung ist zu sanktionieren.

Entscheidend aber ist die Vermittlung dessen, was gewollt wird: der Grundwerte des Sports und eines klaren ethischen Rahmens. Und zwar nicht einmal, sondern immer wieder, über Jahre.

Was einzelne Pioniere mit der Präventionsarbeit insbesondere bei Jugendlichen im Sport begonnen haben, muss letztlich alle Beteiligten – Verbandsfunktionäre und das weitere Umfeld – und eben auch Einstellung und Verhalten jenseits des Sportplatzes oder der Rennstrecke umfassen. Angesichts der aktuellen Entwicklungen in der Wirtschaft, wo Compliance in Unternehmen zur Pflicht wird und weitgehende ethische Anforderungen an Management und Beschäftigte gestellt werden, ist ein entsprechendes Vorgehen im Sport keineswegs eine Utopie, sondern reiht sich ein in die gesellschaftliche Entwicklung. Sponsoren, die ihre Unternehmensprinzipien auch bei der Sportförderung gewahrt wissen wollen, werden eines Tages den nötigen Druck machen (müssen).

Besser wäre es, wenn der Sport von selbst diesen Weg geht und zu dem wird, was er zu sein vorgibt: Ein Hort des fairen Wettstreits und Vorbild für die Gesellschaft.

Die Medien als Helfer im Kampf gegen Doping

Anno Hecker und Evi Simeoni

Man könnte so viel dazu anmerken. Etwa zum Versagen der vierten Macht im Staat in den vergangenen vierzig Jahren. Da sind rechtschaffene Sportler, Trainer, Sportfreunde, die den Namen verdienen, im Stich gelassen worden. Einige von diesen Aufklärern arbeiten trotz der vielen Enttäuschungen unermüdlich an einer Verbesserung der Situation. Andere scheinen längst vergessen. Etwa der Radfahrer Jörg Paffrath. An seinem Beispiel lässt sich belegen, was Medien getan und leider in schändlicher Weise versäumt haben. Der Radprofi Paffrath erhielt im Spiegel 1997 eine Plattform. Er erzählte in einem Interview alles, was man über Doping heute weiß. Wie man dazu kommt, wer zu welchem Zeitpunkt Substanzen nimmt, welche Strukturen es gibt. Man hätte nur noch Namen einfügen müssen: Etwa den des Teams Telekom oder den eines berühmten Radprofis. Aber was ist aus dieser x-ten Steilvorlage geworden? Paffrath wurde von Trainern und Funktionären als Wichtigtuer abgekanzelt, niedergemacht, ausgesperrt aus der Sportfamilie. Eine Verurteilung, die wir, oder die meisten Medien, in alle Winkel dieser Republik transportiert haben. Wer wollte schon im Frühsommer 1997, als halb Deutschland in Magenta rollte, das Gelbe Trikot versauen? Sie erinnern sich? Jan Ullrich wurde ein paar Wochen nach dem Interview 1997 Tour-de-France-Sieger.

Sie kennen die Vorwürfe und ihre Berechtigung. Journalisten haben geschwiegen, obwohl sie etwas wussten. Wir denken immer noch, dass diese Behauptung übertrieben ist. Die Wirklichkeit war schlimmer. Wir haben geschrieben und berichtet, obwohl wir kaum ahnten und vielleicht immer noch nicht genau wissen, was wirklich hinter den Kulissen läuft. Vor einiger Zeit bekannte sich ein Kollege zu seinem Versäumnis. Er wurde Hauptdarsteller einer großen Geschichte in einer bedeutenden Wochenzeitung. Was darin stand? Dass er eigentlich kaum etwas gewusst hat. Trotzdem glaubt er bis heute, ein Insider gewesen zu sein.

Vielleicht hat er seinen Radstars helfen wollen. Helfen? Da zuckt man innerlich. Das darf eigentlich nicht sei. Journalisten helfen nicht. Sie sind nicht Angestellte einer Hilfseinrichtung. Medien sollten unabhängig sein. Das steht doch in fast jedem Zeitungskopf. Oder in den Gründungserklärungen, etwa des Öffentlich-Rechtlichen Rundfunks. Den Privaten wird eine enorme Abhängigkeit nachgesagt. Von ihrem

Geldgeber. Wahrscheinlich ist der Unterschied in manchen Fällen aber nicht so groß, wie er sein sollte. Alle sind irgendwie abhängig. Natürlich gibt es niemand zu. Es ist aber nicht die Frage entscheidend, ob Abhängigkeiten entstehen. Etwa vom Stellenmarkt, den Anzeigen, wie es bei der F.A.Z. der Fall ist. Wichtig ist die Frage, ob es eine Verbindung zwischen kommerziellem und redaktionellem Betrieb gibt. Hat das Geschäft irgendeinen Einfluss auf den Inhalt der Berichterstattung?

Das darf nicht sein. Und doch ist es häufig so. Und wenn es keine direkte zu erkennende Verbindung gibt, dann sind es indirekte Abhängigkeiten. In der Sportberichterstattung treten sie sehr häufig auf. Weil uns suggeriert wird, dass der Mensch oder der Leser, also eine schwindende Minderheit, wenigstens im Sportteil mit Glanz und Gloria gefangen werden soll. Wie ist es mit Ihnen, verehrter Leser? Wer will nach den ewigen Beteuerungen von Politikern, stets das Wohl der Menschen im Auge zu haben, nach endlosen Diskussion um die Integration in Deutschland, nach ermüdenden Talkrunden auf allen Kanälen eigentlich noch mühsam entziffern, dass die halbe Sportwelt unter Stoff steht?

Alt-Bundeskanzler Helmut Schmidt hat einmal behauptet, die Bildzeitung machte den besten Sportteil. Der Mann hatte oder hat Recht – aus Sicht der Verkäufer. Sie balanciert zwischen Triumph und Tragödie, so weit man das im Sport überhaupt sagen darf, ohne das eigentliche Drama benennen zu wollen. Warum sie das nicht tut? Weil der Sport immer noch für die Zerstreuung steht. Weil er immer noch die Menschen zum Träumen verleitet, eine andere Welt abbildet. Die Abgründe kennen wir alle. Sie sind interessant, wenn die Entdeckung der Wirklichkeit, die Enttarnung des Helden Skandalformat hat. Doping gab es ja schon vor Jan Ullrich, nicht wahr. Hierzulande brauchte man fast vierzig Jahre und einen Tour-de-France-Sieger, um ein kleines bisschen in Tritt zu kommen. Mittlerweile ist die Erregungsschwelle aber mächtig gestiegen. Was früher ein medialer Coup gewesen wäre, ist heute kaum noch eine Erwähnung wert. Überfütterung nennt man das wohl. Den grauen, bitteren Alltag kennen alle. Es dürstet uns nach Erfolgen, Siegen, Triumphen, nach Wonne, Lust, nach etwas, das funktioniert, Spaß macht, dass Heiterkeit verbreitet. Wenigstens im Sport sind wir noch Weltmeister, irgendwo. Der Mensch will betrogen werden?

Wahrscheinlich ist das so. Wir gehen ins Stadion oder schauen uns einen Wettkampf an, weil wir packenden Sport sehen wollen, ein spannendes Spiel, einen dramatischen Wettkampf auf höchstem Niveau, einen Sieger. Unserer gefällt uns meistens am besten. Aber gehen wir hin, weil wir uns darauf freuen, hinter der ganzen Show ein feinmaschiges Manipulationssystem erkennen zu können? Weil wir sehen wollen, dass die ganzen wunderbar klingenden Versprechungen, die sogenannte Charakterschule des Sports schnurstracks vorbei am heiligen Hein des Olymps in den Abgrund führen kann?

Wenn wir ehrlich sind, dann werden wir diese Fragen trotz eines Kloßes im Hals mit nein beantworten. Im Sommer 2009 hat man es uns wieder vorgemacht. Athleten der jüngsten Generation wollten zum Beispiel eine Gruppe von Dopingopfern nicht treffen. Sie haben sich gewehrt, haben, zumindest verbal, mit Disken um sich geworfen. Warum denn eigentlich? Weil sie nicht an Doping glauben? Wohl kaum. Sie haben Angst, wenn jemand versucht, ihnen die Augen zu öffnen. Angst, beim Blick in die Vergangenheit vielleicht ihre Zukunft zu sehen.

Man wird an dieser Stelle zu recht bemerken wollen: Die Medien machen ja bei diesem Spiel mit! Weil sie daran verdienen. Journalisten sind mit der kommerziellen Entwicklung des Sports mehr und mehr zu Entertainern, ja, verkommen. Darf man das so sagen? Verkommen? Das hieße, das Sportgeschäft habe den Journalismus instrumentalisiert. Diese „Zusammenarbeit" wird den Bürgern fast jeden Tag ungeniert vor Augen geführt. Am auffälligsten war der Deal zwischen der ARD und dem Team Telekom, zwischen dem Reporter auf Kosten des Gebührenzahlers und dem Biographen des Stars, in diesem Fall ein und derselben Person. Sie kennen die Folge dieser Allianz, das berühmte Zitat des Fernsehreporters: „Wir haben einen Dopingfall, wenn das Team Telekom sagt, das es ein Dopingfall ist."

Solche Verknüpfungen sind längst keine Einzelfälle mehr. Überall schreiben Journalisten unkritische Biographien und berichten weiter über diese Personen. Zugegeben. Es ist sehr schwer für einen Sportjournalisten, der in einer Disziplin über Jahre kontinuierlich berichten darf oder muss, sagen wir dem Fußball, Informationen zu erhalten, ohne Distanzen aufzugeben. Wahrscheinlich wird man die grobe Schieflage nicht mit Appellen begradigen. Was also tun? Zum Ausgleich wäre der Umstieg ins Boot der „Guten" möglich. Wir meinen damit die Hinwendung zu Aufklärern, um im Thema zu bleiben, zu Antidopingkämpfern. Ja, es gibt so wunderbare, bewundernswerte Kämpfer auf diesem Gebiet. In den Vereinigten Staaten, in Frankreich, England, Norwegen, Österreich. Auf eine geballte Ladung von internationalem Format stößt man letztlich in Heidelberg. Wer wollte einem Netzwerk der guten Sache widerstehen. Gemeinsam im Kampf gegen Doping? Das wäre doch eine verlockende Aussicht, wenn von München, Heidelberg, Frankfurt, Erfurt, Köln, Neuss, Hamburg und Berlin eine konzertierte Aktion stattfände. Eine mediale Kampfgemeinschaft gegen Doping!

Mit Verlaub. Wir halten nichts davon. Wir wehren uns gegen jede Form einer Kampagne. Journalisten sollten in keinem Boot sitzen. Nicht in dem des Sports, aber auch nicht in dem der Aufklärer.

Helfer im Kampf gegen Doping? Nein, das sind wir nicht per se. Das ist auch nicht unsere erste Aufgabe. Bei aller Leidenschaft. Wir verstehen unseren Beruf so: Berichtet, was geschieht in der Welt des Sports. Und dabei denken wir natürlich auch an das den Sport beeinflussende Umfeld. Wir versuchen herauszufinden, warum etwas geschieht. Wir kommentieren, wenn nötig. Das hört sich nüchtern an. Aber es ist dringend notwendig, Grundsätze zu formulieren und diese ständig zu überprüfen. Mit Leidenschaft.

Natürlich müssen Sportjournalisten gegen Doping sein. Wer die Zusammenhänge kennt, findet keinen einzigen akzeptablen Grund, Doping freizugeben. Daraus aber erst leitet sich die nächste Aufgabe ab: Wir müssen überprüfen, ob der Sport seine Grundsätze auch umsetzt. Die Ergebnisse haben wir zu veröffentlichen. Wir wollen uns Journalisten nicht auf eine Kontrollinstanz reduzieren. Das Erkennen und Beschreiben von Phänomenen wie der Subkultur im Sport oder der Verbreitung von Doping auf allen Leistungsebenen, vom Junior zum Senior, gehört natürlich dazu. Aber letztlich reagieren wir. Letztlich ist es unser Job, den Sport an seinen von ihm selbst gesetzten Werten zu messen. Und zwar peinlich genau.

Journalisten helfen also nicht in erster Linie. Ihnen aber muss geholfen werden. Das ist keine Frage. Ohne medizinisches, juristisches, pharmakologisches, pädagogisches und soziologisches Grundwissen kommt niemand mehr in der Berichterstattung über Doping zurande. Aus dem organisierten Sport heraus kommt bei dieser Recherche relativ wenig Unterstützung. Im Gegenteil. Wir werden oft gefragt, warum wir denn einen Menschen, eine Sportart oder gar den ganzen Sport vernichten wollten. Unsere Absicht ist das nicht. Wir sind überzeugt von vielen postulierten Werten des Sports und denken trotz aller Widerstände und der unzählbar gescheiterten Versuche, dass es unsere Pflicht ist, auf Verstöße aufmerksam zu machen, auf die Einhaltung der Regeln zu pochen. Und dass es auch ebenso wichtig ist, Lösungen anzubieten. Dabei waren auch Spezialisten wie Professor Treutlein und seine Kombattanten immer hervorragende Ansprechpartner. Sie brachten uns die Präventionstheorie näher. Dieser Weg scheint auf Dauer der klügste im Kampf gegen Doping. Trotzdem werden wir ihn kritisch betrachten. Denn wir sollten in unserem Beruf, bei aller Zuneigung zu den Menschen, die den Sport mit Leben erfüllen, immer eins anstreben: unabhängige, unbestechliche Kritiker zu sein.

Keine Angst vor Risiken und Nebenwirkungen:
Ein Plädoyer für mehr Transparenz und freiwillige Selbstkontrolle in der Sportmedizin

Perikles Simon

Vorwort

Großer Sport im Fernsehen

Momentan dürfen in der Sportmedizin in Freiburg angeblich keine Profiradsportler mehr untersucht werden. Warum das so sein soll und warum man sich auf den Profiradsport fokussieren kann, ist für manchen Fachkundigen sicher schwer nachzuvollziehen. Eventuell handelt es sich hier um eine PR-Kampagne, mit der man Signale setzen möchte. Hinter diesen Signalen dürften aber selbst die, die sich die Kampagne ausgedacht haben, nicht mehr stehen. Sprich: es mag um das am „Anti-Doping"-Kampf gehen, was Werner W. Franke mit dem Begriff „Volksverdummung" belegt hat. Man müsste sich längst anhand dessen, was in den letzten Jahrzehnten in der deutschen Sportmedizin in puncto Doping in Ost und West belegt ist, fragen: Warum fokussiert man sich allein auf Freiburg und warum auf den Radsport?

Der Radsport soll angeblich besonders dopingverseucht sein. Ein Märchen, wenn man den bisherigen Dopingstatistiken des Jahres 2010 glauben darf. In diesen erreichen Sportarten wie Football, Baseball und Basketball plötzlich Spitzenplätze. So mancher Sportmediziner hat uns jahrelang erklärt, dass Doping in diesen „komplexen Sportarten" und insbesondere, bei den Nachfolgern der Helden von Bern, nichts bringen würde. War das damals auch eine PR-Kampagne, oder haben wir das wirklich geglaubt? Ist es möglich, dass diese sogenannten komplexen Sportarten zur Zeit nur deshalb besonders viele Sperren zu beklagen haben, weil die US-Amerikaner einmal mehr die Zeichen der Zeit am schnellsten erkannt haben und anfangen, Doping zu bekämpfen, wo es vordergründig betrachtet zunächst am meisten weh tut? Nämlich dort, wo der Sport ein zum Selbstläufer gewordenes Multimilliarden Dollar Geschäft ist, dem aber infolgedessen eigentlich nur noch Betrug (Wettskandale, Bestechung und Doping) die sichere jährliche Wachstumsrate verhageln könnte?

Es muss etwa Ende der Achtziger Jahre gewesen sein, als man den Aufstieg von Andre Agassi im Herrentennis mitverfolgen konnte. Es war eine Zeit der langen Matches. Häufig wurden noch die Sätze komplett ausgespielt, bis ein Spieler zwei Spiele Vorsprung hatte, und nur in Ausnahmefällen kam der unbeliebte Tie-Break zum Einsatz. Agassis stärkster Schlag war der Return, mit dem er auch 200 km/h schnelle Aufschläge präzise in das gegnerische Feld zurück drosch. Mein Vater – kein spanischer, sondern lediglich deutscher Gynäkologe – schaute Agassi während der Seitenwechsel in die Augen und bemerkte: „Der ist auf Speed, auf Koks oder auf Amphetamin, das sieht doch wirklich jeder!" Als Agassi dann nach drei Sätzen mit Handgepäck (Handtuch in der Hand) eine Toilettenpause nehmen musste, komplettierte mein Vater den Crash-Kurs Physiologie noch durch ein bisschen Pharmakodynamik. Da war unter anderem die Rede von der recht kurzen biologischen Halbwertszeit dieser Substanzen und „dem Leistungsloch", in das man unweigerlich fällt, wenn die Wirkung nachlässt. Der Radsportler Simpson war schließlich nicht umsonst viele Jahre zuvor mit einem ganzen Röhrchen von Aufputschpillen unterwegs gewesen, bevor er tot vom Rad fiel. Es brauchte dann auch noch bei leeren Magen einer kurzen Resorptionszeit von sicher fünf Minuten nach der Toilettenpause, bis Agassi allmählich zu seiner alten Reaktionsgeschwindigkeit zurückfand.

Es wird einem schnell klar, dass damals grade hunderttausende Hobbytennis spielende Ärzte vor dem Fernseher ähnliche Assoziationen entwickelten und es am nächsten Tag im Verein den Trainern, den Masseuren, den Spielern und wahrscheinlich auch dem Platzwart erzählt haben dürften – ohne, dass Agassi jemals wegen Dopings gesperrt wurde.

Der Rest wäre fast Geschichte; ja, wenn man ihr jetzt nur glauben könnte, der angeblichen Autobiographie „Open" von Andre Agassi, in der er angibt, erst zehn Jahre später – also Ende der 90er Jahre – ein Problem mit Aufputschmitteln gehabt zu haben, das zwar analytisch auffiel, aber vom Verband vertuscht worden sei. Er gibt vor, die „Einstiegsdroge" *Crystal Meth* in einer schwierigen Situation seiner Karriere und seines Privatlebens eingenommen zu haben. Zu diesem Zeitpunkt fiel einem nur auf, dass er optisch betrachtet rund 10 kg mehr Muskelmasse über den Platz bewegte als in den 80ern.

Das erstaunliche ist, dass relativ viele im Sport tätige Menschen das Volk für dumm zu halten scheinen oder es für dumm halten müssen, weil sie es nicht anders können oder dürfen – Stichwort versuchte „Volksverdummung". Genau das könnte dem Sport in der modernen Kommunikationsgesellschaft zum Verhängnis werden. Früher mögen wir einfach „geglaubt" haben; an *fair play,* an das Gute im Sport als Selbstläufer – und sonntags sind wir in die Kirche gegangen. In der modernen Kommunikationsgesellschaft ist Information annähernd ubiquitär verfügbar und sogar inflationär geworden. Man wird mit Information bombardiert und muss sich vor schlechter, vor falscher Information schützen. Auswüchse der Informationsverbreitung, wie beispielsweise über *WikiLeaks* sind hierbei nur ein Teilphänomen einer gesamtgesellschaftlichen Tendenz zu Transparenz, wo man sich u. U. gar keine Transparenz wünschen würde und wo diese eventuell sogar gesellschaftlich destabilisierend wirken kann.

In der Folge wird aber auch insgesamt jede Form der Information, also durchaus auch die des Weltklimarates oder wichtiger Fachverbände oder eben auch die von Vertretern des organisierten Sports weniger geglaubt als vielmehr geprüft und überprüft. Um das einmal grob auf das Problem des Dopings im Sport zu übertragen, kann das heißen: Die US-Amerikaner haben das womöglich bereits mal wieder ein bisschen schneller verstanden als wir und sichern sich bereits ihre Wachstumsraten im Sport, während wir noch stolz und betrübt zugleich darauf verweisen, dass in Jamaika weniger kontrolliert wird als bei uns.

Mit dem Schild

Man trägt Adler und wird mit Blindheit geschlagen oder gesegnet

Inzwischen schaue ich mir nach Möglichkeit kein Tennismatch mehr an und arbeite in der Sportmedizin. Also genau in der medizinischen Disziplin, die es unbedingt besser wissen muss, als ein Gynäkologe vor dem Fernseher.

Wir sind direkt dran am Sportler. Wir sehen so manchen Spitzensportler mehr als zehn Mal im Jahr in unserer Ambulanz. Wir führen aufwendige Leistungstests durch, um die sportliche Entwicklung unserer Schützlinge präzise zu monitoren. Athlet und Trainer sollen wichtige Empfehlungen an die Hand gegeben werden, die dann mittels geeigneter Strukturierung von Trainingsplänen die optimale Nutzung von Leistungsreserven ermöglichen. Hat der Athlet einen Schnupfen, so kommt er mitunter zu uns, um die Bedeutung dieses Events für sich und seine weitere sportliche Karriere zu diskutieren. Gibt es neue Methoden in der Sportmedizin, die die Leistung unserer Athleten unterstützen könnten – von der begehbaren Tiefkühlkammer über den Stützstrumpf bis zur, wie wir wissen, unwirksamen Injektion von 250 mg Testosteron im Trainingsaufbau des Ausdauersportlers im 10-Tage- oder auch im Wochenrhythmus – so sind die Athleten meist dankbare Probanden.

Manche von uns sind sogenannte Teamärzte oder gar Verbandsärzte und damit noch dichter dran am Athleten, als man sich gemeinhin vorstellen kann oder vielleicht sogar wünschen sollte. Fährt das Team ins Trainingslager – oftmals ins Ausland –, so wird es vom Teamarzt begleitet. Die Reise und die Unterbringung hat der Teamarzt in der Regel mit den Sportlern zusammen und ebenfalls in der Regel steht dieser dem Team quasi rund um die Uhr mit Rat und Tat zur Verfügung. Ein *Teamarzt* muss dabei sicherlich vielseitigen Ansprüchen gerecht werden, die aber in der Regel keine medizinischen Höchstleistungen beinhalten dürften, handelt es sich doch bei den Schützlingen um eine Gruppe junger gesunder Menschen, denen bereits in aufwendigen Voruntersuchungen die volle Sporttauglichkeit bestätigt wurde.

In manchen Disziplinen wie dem Profifußball ist das Verhältnis ein noch intensiveres, da diese Sportler auch im Training und bei jedem Spiel ständig von einem *Teamarzt* begleitet werden. Geradezu intim wird das Verhältnis dann auf Wettkämpfen, wo es mitunter zu Jubel, aber auch Knuddelorgien kommen kann, was in der Tat in erster Linie am Phänomen Sport liegen mag und weniger an der Anlehnungsbedürftigkeit von uns Sportmedizinern. Schließlich sind wir beim Wettkampf kein nationen- oder vereinsloses Neutrum, das hier einfach nur eine unparteiische ärztliche Leistung erbringt. Nein, wir sind pars pro toto des Wettkampfs, samt Adler oder sonstigen Identifikationsutensilien und allem, was dazu gehört. Den Siegen, den Niederlagen, den Doping-Praktiken. Es dürfte in so einer Situation schwer zu vermitteln sein, dass wir lediglich für die positiven Aspekte des Sports stehen und eben mit Doping, so es denn stattfinden sollte, nichts zu tun haben. In diese Situation haben wir Sportmediziner uns selber gebracht. Es steht außer Frage, dass man theoretisch medizinische Leistungen neutral und unabhängig erbringen könnte, man aber dafür auf sehr weitreichende strukturelle Änderungen der Betreuung von Athleten im Spitzensport angewiesen wäre. Klar, wir müssten hierfür nicht nur die Sportverbände, sondern auch die Athleten selber erst einmal gewinnen. Es gibt andere Fachdisziplinen in der Medizin, wo gesetzliche Vorgaben und Standesvorgaben ganz klar dazu entwickelt wurden, ein Übermaß an Interessenskonflikt und Identifikation mit gesundheitsunabhängigen Zielen zu verhindern.

Ein Betriebsarzt, der wie ein Teamarzt oder Verbandsarzt eine Leistung im Auftrag, nicht eines Individuums selber, sondern eben im Auftrag einer dritten Partei erbringt, weiß, dass solche Konstellationen ärztlichen Handelns, so sie sich nicht wirklich strukturell verhindern lassen sollten, zumindest einer starken Normierung, Regulation und Kontrolle bedürfen. Ein Betriebsarzt unterliegt ganz klaren gesetzlichen Auflagen. Verhindert werden soll, dass ein Betriebsarzt auf Grund eines offensichtlichen Interessenkonfliktes mehr das Wohl seines Arbeitgebers, denn das Wohl seines Patienten im Auge hat. Beim Teamarzt wird dieser Bedarf an Regulation sicher noch viel vorrangiger sein, zumal er über das Abhängigkeitsverhältnis zum Arbeitgeber hinaus, 1. sich offensichtlich emotional mit einem gemeinschaftlichen Ziel befasst und 2. am Athleten eventuell ohne ausführliche und fachlich suffiziente Diagnostik Behandlungen durchführen sowie gesundheitlich höchst relevante Entscheidungen unter Zeitdruck treffen muss. In der Folge muss es darum gehen, als Teamarzt eine möglichst effektive *conflict of interest policy* zu haben und diese auch rigoros umzusetzen.

Genau eine solche gibt es für Verbands- und Teamärzte nicht, und das wird durchaus schon seit Jahren sehr kritisch angemerkt (Dunn et al. 2007). Die internationalen Richtlinien für Team-Ärzte sind grade zu lächerlich simpel, gemessen an dem Drahtseilakt, den ein Teamarzt im Spitzensport vollführt (www.aoasm.org).

Es mag deshalb nicht verwundern, dass in Großbritannien und in den USA die ersten *team physicians* auch schon auf der Basis erfolgreich verklagt wurden, dass sie ihre Sportler immer wieder auf dem Sportplatz ohne ausreichende Diagnostik behandelt hatten und deshalb die Richter übereinkamen, dass diese Ärzte wohl durchaus vorrangig im Interesse ihres Arbeitgebers und nicht im Interesse des Sportlers gehandelt haben dürften. In der Folge müssen die Sportler keine lückenlose Beweiskette mehr vorlegen, die zeigen würde, dass ein chronischer Schaden seine Ursache in einer nachweisbaren, grobfahrlässigen oder willentlich durchgeführten Fehlbehandlung akuter Probleme fand. Richter scheinen unter anderem schon in der Konstellation der erbrachten ärztlichen Leistung in Kombination mit nicht ganz vollständiger Dokumentation der Aufklärung und einer fehlenden *conflict of interest policy* einen hinreichenden Beleg für eine bewusst schädigende ärztliche Behandlung zu sehen (*Krueger v San Francisco Forty Niners*).

Dieses Beispiel angelsächsischer Rechtsprechung mag uns noch fremdartig erscheinen. Und dennoch: Alleine in Anbetracht der Situation der letzten Jahre, in der nicht irgendwelche, sondern eigentlich der Ruf namhafter Olympiaärzte wie beispielsweise Dr. Huber, Prof. Dr. Keul und Prof. Dr. Klümper Schaden nahm, sollten wir uns doch Gedanken machen. Teamärzte haben immer wieder gedopte Sportler über Jahre hinweg betreut, aber haben vom Doping ihrer Athleten angeblich gar nichts mitbekommen oder zumindest haben sie davon nichts mitbekommen wollen. Gleichzeitig halten sie sich aber für kompetent, Leistungssportler weiter zu betreuen.

Alleine schon in Anbetracht solcher Schräglagen finde ich, dass man sich Gedanken machen sollte, wie sich die Sportmedizin zukünftig im Bereich der Betreuung von Hochleistungssportlern effektiver vor Implosionen und Erosionen schützen will. Mit den möglichen Maßnahmen meine ich nicht das schnelle Aufsetzen von *Good-Will*-Schriftsätzen und das Leisten von Unterschriften, das bereits bei dopenden Sportärzten zum guten Ton im Anti-Doping-Kampf gehört hat, sondern das Schaffen von Transparenz und die Erstellung von effektiven *Conflict of Interest Policies* für unsere unterschiedlichen Kernbereiche.

Es kommt nicht von ungefähr, dass unsere Kollegen aus den klinischen Disziplinen unsere Leistung im Einsatz am Athleten mitunter in Frage stellen und als „Medizin zweiter Klasse" bezeichnen (Gorris und Ludwig 2007). Haben wir in den letzten Dekaden unsere Hausaufgaben genau in den Bereichen gemacht, wo es zum Wohle der uns anvertrauten Sportler dringend Not getan hätte? Wie schütze ich mich davor, die Gesundheit meiner Sportler nur noch als Gut zweiter Klasse zu sehen? Anders formuliert heißt das, wie kann ich dokumentieren oder durch strukturelle Vorgaben sicherstellen oder überhaupt erst ermöglichen, dass ich als Sportmediziner die Gesundheit meines Sportlers vorrangig im Auge haben kann? Gerne darf derjenige, der meint, dass wir diesbezüglich bereits genug getan hätten, noch ein „selbst dann, wenn die Zuschauer, der Verband, mein Vaterland und womöglich der Sportler selber von mir gar keine Gesundheitsleistung, sondern eine Dienstleistung zu Gunsten der sportlichen Leistungsfähigkeit erwarten" hinzudenken. Bereits vor einiger Zeit wurden wichtige Punkte unter Mitwirkung von Sportmedizinern erarbeitet, deren Umsetzung allerdings in zentralen Punkten wie der Ausbildung von Sportmedizinern zum Thema Doping nach wie vor Not tut (Bundesärztekammer 2009).

Auf dem Schild

Die Karawane zieht weiter und wir bekämpfen seit 50 Jahren den plötzlichen Herztod – maximal extensiv

Wer kommt beim Betrug im Spitzensport zu Schaden? Eigentlich erst einmal nur der Sportler, sofern sich gesundheitliche Konsequenzen ergeben oder sofern man das Prinzip der fairen Chancengleichheit unter Sportlern betrachtet. Der Zuschauer einer *Tour de France*, eines Baseballspiels oder bald einer Fußball-WM kann hingegen zu Dieter Bohlen oder Stefan Raab umschalten. Da gibt es dann Wettkampf und Sport wirklich um des Gewinnens willen, ohne Dopingkontrollen und ohne einen lediglich pseudomoralischen Anspruch des *fair plays*, für dessen Einhaltung nicht ansatzweise die notwendigen Ressourcen zur Verfügung gestellt werden. Eines ist sicher: Der Zuschauer wird auch immer dann umschalten, wenn er das Gefühl bekommt, dass man ihn für dümmer verkaufen möchte als er es tatsächlich ist. Nicht nur von der *Tour de France* zu Bohlen. Auch von Bohlen zur *Tour de France*. Wenn der Zuschauer umschaltet, wird er erleichtert feststellen, dass er womöglich auf nichts verzichten muss. Wir könnten also postulieren, dass möglicherweise auch die Sportverbände am Doping im Sport Schaden nehmen werden.

Wie verhält es sich mit uns Sportmedizinern? Nehmen wir Schaden am Betrug im Sport durch Doping? Für die o. g. Personen kann man das als Externer wohl kaum beurteilen. Wer will beurteilen, in wie vielen Fällen die genannten Ärzte gesundheitliche Schäden von ihren Sportlern abgewendet haben und hierbei auf den eigenen Vorteil und den Vorteil ihres Auftrag- und Geldgebers verzichtet haben? Wir verzichten ja unsererseits bereitwillig auf Transparenz und auf Richtlinien, um jeglichen potentiellen Anflug von Altruismus hinreichend dokumentieren zu können. Waren wir ein Kernbestandteil des Kalten Krieges im Sport, der sich jetzt zu einem Kernbestandteil der Profitmaximierung im modernen Hochleistungssport gemausert hat? Falls dem so wäre, ist für mich klar, dass wir als Täter und nicht als Opfer einzuordnen sind. Täter an unseren Sportlern, deren Gesundheit wir mehr oder weniger wider besseres Wissen, eigenständig oder im Rahmen einer Befehlskette aktiv oder passiv ausbeuten. Es wird nicht unser Kernbereich sein Profitmaximierung oder Vergleichbares wie den Kalten Krieg zu bekämpfen. Solange wir aber nicht willens oder in der Lage sind, unsere Interessenskonflikte gegenüber unseren Sportlern offenzulegen, diese immer wieder zu reflektieren und mit den Punkten, die die Gesundheit unserer Athleten bedrohen, offen und ehrlich umzugehen, sind wir nach meinem Verständnis eben Täter – oder, wenn man es unbedingt bestmöglich in unserem Sinne auslegen mag, selbstverschuldet in eine missliche Lage gekommen.

Eines ist mir persönlich beim Umgang mit den gesundheitsbedrohlichen Aspekten für unsere Athleten sehr unangenehm aufgefallen. Es wäre aus meiner Sicht angezeigt, sich diesbezüglich dem Wesentlichen und dem Häufigen nicht zu versperren oder gar mit Nebenkriegsschauplätzen bizarr anmutende Ablenkungsmanöver zu eröffnen.

Mitunter befällt mich sogar das Gefühl, dass wir statt zur Offenheit oder zum sibyllinischem Schweigen, eher zum Vertuschungsversuch neigen. Wie viele unserer Sportler sterben jährlich am plötzlichen Herztod, und wie viele ruinieren ihre Gesundheit oder Aspekte derselben wie die Fertilität, die Stoffwechsellage oder das Herz-Kreislaufsystem nachhaltig durch die Einnahme von Dopingmitteln oder die Anwendung von medizinisch nicht indizierten Behandlungen bzw. Medikamenten, um fraglich die Leistungsfähigkeit zu steigern? Das erste fragen wir uns ständig und seit über 50 Jahren. Das zweite findet ja gar nicht statt – oder doch? Das erste Thema ist sogar unser Dauerbrenner. Auch in den kommenden Jahren plant das BISp beachtliche Forschungsmittel zu mobilisieren, um dieses brandneue und hochaktuelle Forschungsthema endlich einmal umfassender abzuklären. Auf Geheiß von wem eigentlich?

Der plötzliche Herztod im Sport und die kardiale Schädigung durch Sport im Allgemeinen ist bereits unser erklärter, von uns maximal extensiv und intensiv bekämpfter Feind. Hingegen, wer von uns klärt schon seine Kaderathleten und die Eltern bei der Jahreshauptuntersuchung über die Risiken der Einnahme von verschiedenen leistungssteigernden Substanzen und Methoden auf? Wer erklärt den Athleten, in welchen Situationen und wie sie auf das Thema Doping angesprochen werden und was sie machen können, wenn der Trainer, Betreuer oder die Ärzte ihnen, falls sie sich vor dem Wettkampf nicht so wohl fühlen, eine Tablette anbieten und sie danach dann plötzlich eine ungeahnte Bestleistung erreichen?

Sicher, das wären ganz unangenehme Themen. Stattdessen führen wir lieber bei unseren Kaderathleten eine orthopädische, oder eine echokardiographische Untersuchung durch. Auch dann, wenn auf der Basis der körperlichen Untersuchung und des Ruhe-EKGs der diagnostische Nutzen hierfür nicht evidenzbasiert zu belegen wäre. Irgendetwas müssen wir ja für die Gesundheit unserer Sportler tun. Aus meiner Sicht sind wir nach wie vor sehr selektiv in unserer Zuwendung zu Gesundheitsthemen im Spitzensport und haben in Anbetracht der Tatsache, dass rund sieben Prozent der Nachwuchskaderathleten Doping zugeben (Striegel, Ulrich und Simon 2010), eine etwas fragwürdige Prioritätensetzung hin zur Apparatemedizin und zur ausufernden Diagnostik. Wenn man dann noch den sportärztlichen Betreuungssektor mit o. g. Problematik betrachtet, finde ich es wichtig und legitim zu fragen, welches Ziel man genau mit dieser medizinischen Überversorgung kerngesunder junger Menschen verfolgt. Womit, wodurch und aus welchem Grund wollen wir diese gesunden Menschen an uns binden? Damit sie mündige Sportler sein können?

Alle Jahre wieder, bei den großen Volksmarathonläufen, können wir den Exzess des ganzen sogar im Fernsehen beobachten. 30 000 Menschen laufen 42 km; keiner darf sterben.

Ein Unterfangen, dass nicht ganz einfach ist, wenn man die Altersstruktur und die mangelhafte Trainingsvorbereitung von über 90 Prozent dieser Kohorte berücksichtigt. Um es einmal klipp und klar zu sagen: statt sich von derlei Unfug zu distanzieren und reine Aufklärung zu betreiben und dann bei diesen Veranstaltungen die Leute genau so medizinisch zu begleiten wie bei jedem Massenereignis, begleiten wir, wie die Aasgeier, nicht mehr ganz frisch aussehende Läufer noch mit einem Notfallkoffer im Gepäck auf dem Fahrrad und versorgen Hobbysportler mit Pflästerchen, damit sie sich wieder in die Schlacht stürzen. Eine Schlacht, die wir auf lange Sicht verlieren müssen, wenn wir uns entscheiden, weiter auf der Seite der paramedizinischen Unvernunft zu kämpfen oder uns auf den Nebenkriegsschauplätzen tummeln.

Katharsis: Leere in der Sportmedizin oder Transparenz in der Lehre

Ich selber fühle mich auch als Täter oder zumindest einmal als Mitläufer im oben genannten System. Soviel sei mir mit Verlaub gestattet. Besonders schuldig fühle ich mich nämlich, wenn jedes Jahr wieder die Erstsemester – rund 200 Bachelor of Arts Sportwissenschaft – vor mir sitzen, denen ich Sportphysiologie unterrichten soll. Eine Sportphysiologie des ungedopten Sportlers, von der wir nicht so richtig zu wissen vorgeben, in welchem Umfang und in welchen Disziplinen es sie da draußen im rauen Spitzensport überhaupt gibt. Wenn sich Sportstudierende anschauen, welche 100-m-Endlaufsieger bei Olympischen Spielen und Weltmeisterschaften später dann des Dopings überführt oder zumindest mal eindeutig mit Doping assoziiert wurden, wird ihnen schnell klar, dass ich eine Parasportphysiologie unterrichten soll. Eine Sportphysiologie, die ohne Medikamenteneinnahmen und leistungssteigernde Methoden auskommt. Es versteht sich von selbst, dass meine Studierenden später einmal mit erheblichen Wissenslücken auf den Arbeitsmarkt drängen werden. Die Welt des organisierten Sports wird nicht auf sie warten. Denn im Spitzensport gibt es Bundestrainer, die in der rauen Welt des Spitzensports alles durchlebt haben. Von infektbedingten Schlaganfällen, die offensichtlich auch nicht durch unsere maximalinvasive sportmedizinische Reihenuntersuchung im kardiozirkulatorischen Bereich verhindert werden konnten, über die Inkorporation von Nandrolon und eine nachfolgend erfolgreich durchgezogene Klage vor dem CAS mit Reduktion der Sperre hat mancher Bundestrainer auf jeden Fall vieles durchlebt, was die Selbstrealisation von Spitzensport so mit sich bringen kann. Gute Beispiele für Bundestrainer, die über die parasportphysiologischen Inhalte meiner Standardvorlesung erhaben sein dürften, sind die erfahrenen ehemaligen Trainer der DDR, über die aus Dokumenten hervorgeht, dass sie in ihrer Trainerentwicklung im Hochleistungssport praktisch nur Umgang mit steroidgedopten Athleten gehabt haben dürften. Viele von ihnen bekunden, dass sie das gar nicht wussten. In der Folge können sie eigentlich auch nicht wissen, welche von ihren Sportlern sauber gewesen sind. Doping fing im DDR-Spitzensport recht flächendeckend mit 16 Jahren an. Manchmal früher. Selten später. Die armen unwissenden ehemaligen und jetzigen Spitzentrainer haben also eine Sportphysiologie in der Praxis erlernt und gelehrt, die mit dem, was ich unterrichten soll – aber somit auch mit den physischen Voraussetzungen eines nicht-steroidgedopten Athleten – mitunter nicht kompatibel ist. Das erscheint mir sehr überdenkenswert.

Während ich beispielsweise solch rein theoretischen Unfug erzählen muss, wie dass man mehr als 2,5 g/kg Körpergewicht an Proteinzufuhr pro Tag auch als formal übergewichtiger Gewichtheber, Diskuswerfer, Hammerwerfer oder Kugelstoßer gar nicht verstoffwechseln kann und dass ein Mehr an Zufuhr sogar leistungshemmend sein könnte, dass man als Mittelstreckenläufer nur zwei bis drei intensive Tempolaufeinheiten pro Woche trainieren sollte, weil man sonst nicht in die Superkompensation kommt, dass man, wenn man schon in ein Höhentrainingslager geht, die Umfänge und die Intensitäten im Vergleich zum Flachlandtraining reduzieren müsste und schon gar nicht auf das 1,5- bis Zweifache steigert, dass man als Athlet auch auf Muskelquerschnittstraining hin vielleicht in zwei bis drei Monaten zwei bis drei Kilogramm Muskelmasse aufbauen kann, auf keinen Fall aber zwölf Kilogramm oder gar mehr... die Liste meiner paraphysiologischen Ansichten und Unterrichtsmaterialien geht endlos so weiter. Es reicht, wenn meine Studierenden in Gianni's Gym vorbeischauen oder sich bei einem Bundestrainer erkundigen, um zu erfahren, dass das, was ich da erzähle, mit der gängigen Sportpraxis und der Lebenswirklichkeit im Sport gar nichts zu tun hat. „Dein Prof" ist eben Theoretiker", dürfte es dann heißen.

Das schlimme ist, dass womöglich sehr viele meiner Kollegen, die sich eben an dem orientieren, was evidenzbasiert ist, „Theoretiker" sind. Wir unterrichten anscheinend eine Sportwissenschaft, die mit dem, was da draußen im Hochleistungssport stattfindet, nichts mehr zu tun hat. Ich frage mich manchmal in Anbetracht solcher eklatanten Differenzen zwischen Sportwirklichkeit und theoretischer Sportwissenschaft, ob es sein kann und sein darf, dass der DOSB Bundestrainer beschäftigt, die nach dem, was sie selber bekunden ja gar nicht wissen können, ob sie schon einmal einen nichtsteroidgedopten Athleten trainiert haben. Haben diese Trainer eine Ahnung davon, welche Belastungen im Hochleistungssport bei einem Ungedopten überhaupt möglich sind, ohne diesen akut gesundheitlich zu gefährden? Woher soll ein ehemaliger Bundestrainer diese Information über ungedope Topathleten bitte bekommen haben? Eigentlich dürften sie dieses Wissen zu Zeiten der Wende nicht gehabt haben, denn sonst wären sie doch Wissende oder Täter des Sportsystems Ost gewesen?

Ich würde mir nie anmaßen, diese Trainer ethisch oder moralisch zu hinterfragen. Das sollen andere tun. Aber ich muss mich fragen, ob diese Trainer überhaupt die Kompetenz haben können, Athleten, die angeblich „sauber" sein sollen, zu trainieren. Hoffentlich hat der DOSB das schon einmal geprüft oder sich diesbezüglich bei den Trainern erkundigt.

Wenn ich vor meinen Studierenden stehe, blicke ich in die Augen von 200 potentiellen Opfern meiner sportpraktischen Ahnungslosigkeit. Längst schon hat der DOSB seinen eigenen Elitestudiengang für verdiente Menschen des Gesamt- oder Teildeutschensports in Köln aufgemacht. Der Spitzensport wartet sicher nicht auf meine Absolventen, die schlimmsten Falls auch noch das glauben, was ich ihnen beibringen wollte und das, obwohl schon Gianni's bester Kumpel der lebende Gegenbeweis für all das ist, was ich bezüglich Physiologie vermitteln kann.

Klar, so eine Lehre, wie ich sie halten muss, wird zügig Leere auf den Rängen erzeugen.

In gewisser Weise wäre ich doch in Anbetracht sportpraktischer Machtlosigkeit zu deutlich mehr Transparenz auch in der sportmedizinischen Lehre verpflichtet. Hierfür ist allerdings mein alter Standardlehrplan für Sportphysiologie, wie nachfolgend angeregt, ein wenig zu erweitern.

Ich erkläre meinen Studierenden, wie man einen Trainingsplan, den so mancher Mittelstreckenläufer angeblich in Trainingslagern in Bulgarien absolviert hat, am besten überleben kann. Ich erkläre, wie man als „Leicht"-athlet in zwei bis drei Monaten zehn Kilogramm „Gewicht machen" kann – allerdings Positivbilanz und reine Muskelmasse. Welche Substanzen eignen sich hierfür mehr oder weniger unter Einsatz von welchem Verabreichungs- und Trainingsprotokoll? Wann muss man mit einer Blutprobe und wann nur mit einer Urinprobe rechnen? Welche Substanzen sind überhaupt noch up to date? Wer verwendet noch gedankenlos Wachstumshormon in Kombination mit synthetischen Insulinen, wenn die Kombination GH/Humaninsulin in Abstimmung auf das neue ADAMS Meldesystem und die dort anzugebenden Anwesenheitszeiträume für Tests ganz passabel längerfristig angewandt werden kann? Zumal man auch einmal bei zwei Terminen nicht anzutreffen sein darf? Manchmal könnte man dann auch automatisch Diabetiker auf Zeit oder für immer werden, wenn man (zu) viel Wachstumshormon (GH) nimmt. Kann sein, dass einem der Arzt dann Humaninsulin verschreibt und wir eine Ausnahmegenehmigung bei der NADA beantragen könnten. Dann reduzieren sich wenigstens die Kosten für den Sportler.

Andererseits, warum sollten Sportler das so überhaupt noch machen, wo es doch auch die nicht ganz so diabetogene Variante der Verwendung von IGF1 gibt, das man zurzeit noch nicht nachweisen kann? Braucht der Sportler aus therapeutischen Gründen ein Medikament, oder eine Behandlung, die sich potentiell leistungssteigernd auswirken könnte, nennt sich das auf sportneudeutsch *Therapeutic Use Exemption* „TUE" und wird von den zuständigen Verbandsärzten scharf auf seine Notwendigkeit kontrolliert. Wie bestehe ich so eine TUE-Prüfung?

Warum gibt es in den letzten Jahren im Baseball so viele aufmerksamkeitsdefiziente Spieler, wo man doch seit früher Kindheit so viel Aufmerksamkeit auf diesen kleinen runden Ball verwenden musste, um den überhaupt treffen zu können? Wie schwer muss die Verletzung eines Fußballers grade noch sein und wann im Jahr muss diese auftreten, damit der Spieler weder richtig vom Testpool der NADA noch vom Verband erfasst wird? Wie unterscheiden sich diese Konstellationen, wenn man ein ausländischer oder inländischer Profi ist und wie unterscheiden sie sich je nach Nationalität, wo doch manche Länder gar keine NADA haben? Selbst komplizierte Rechenaufgaben, die man vor zehn Jahren gedanklich noch gar nicht lösen konnte, werden dann von uns spielerisch gelöst. Z. B. zehn Fußballfeldspieler haben nach einer initialen Boosterungsphase mit einem EPO-Gemisch (unterschiedliche Generationen, da diese in der IEF jeweils unterschiedlich laufen) im Privaturlaub oder einer initialen autologen Bluttransfusion und nachfolgender intravenös verabreichter Mikrodosierung einer Mischmedikation unterschiedlicher erythropoetischer Substanzen über einige Monate hinweg pro Person zehn Prozent mehr Laufgeschwindigkeit an der Ausdauerleistungsgrenze, ohne dabei das Schnelligkeitstraining vernachlässigen zu müssen.

Um wie viel kann dann (maximale Motivation mit oder ohne Diagnose einer Aufmerksamkeitsdefizitstörung vorausgesetzt) die durchschnittliche Laufleistung im Team in Feldspielerstärke gemessen günstigstenfalls ansteigen? Hier bieten sich interdisziplinäre Anschlussfragen an, wie: Welche Taktiken unter besonderer Berücksichtigung der Feldaufteilungsstrategien im modernen Spitzenfußball, sollte der Trainer eines derart „behandelten" Fußballteams überwiegend zum Einsatz bringen. All das wird natürlich von den gruseligen Risiken und Nebenwirkungen begleitet, die derlei Verhalten und Substanzmissbrauch sofern überhaupt wissenschaftlich belegbar mit sich bringt. Ab und zu bin ich auch brav und rede nur über meinen Kernkompetenzbereich: das Gendoping.

Sicher, ein bisschen wie das Privatfernsehen fühle ich mich dann bei dem ganzen schon. Was dort die Quote ist, sind dann bei mir die Hörerzahlen. Dabei könnte ich an der Universität Mainz, wo zur Zeit im Bereich Sport 1500 Studierende auf vier Professoren kommen, genau die gegenläufige Strategie fahren und weiter einfach über so seltene Ereignisse wie kardiale Zwischenfälle im Sport referieren. Ehrlich gesagt, ist mir momentan ein bisschen mehr Transparenz in der Sportmedizinischen Lehre aber lieber. Einige Kollegen sollen ja auch Sportler gedopt haben, damit es kein anderer macht. Meine Studierenden müssten dann eben nicht mehr bei Gianni im Gym vorbeischauen, um einen Eindruck zu bekommen, was angewandte Sportphysiologie ist.

Literatur

Bundesärztekammer (2009). Stellungnahme der Zentralen Kommission zur Wahrung ethischer Grundsätze in der Medizin und ihren Grenzgebieten (Zentrale Ethikkommission) bei der Bundesärztekammer zur Doping und ärztliche Ethik. *Deutsches Ärzteblatt* 106, S. A360-A364. Zugriff am 12.12.2010 unter http://www.zentrale-ethikkommission.de/downloads/StellDoping.pdf

Dunn, W.R./George, M. S./Churchill, L/Spindler, K.P. (2007). Ethics in sports medicine. American Journal of Sports Medicine 35:5, S. 840-844.

Gorris, L./Ludwig, U. (2007). Doping – Beichten aus dem Schattenreich. *Der Spiegel* 22/2007, S. 52.

Krueger v San Francisco Forty Niners, 234 Cal Rptr 579 (Cal Ct App. 1987): 584 ff.

Striegel, Heiko/Ulrich, Rolf/Simon, Perikles (2010). Randomized response estimates for doping and illicit drug use in elite athletes. *Drug and Alcohol Dependence* 106: 2-3, S. 230-232.

Team Physician Consensus Statement (2000). Zugriff am 12.12.2010 unter http://www.aoasm.org/pdf/TP-_Consensus_Statement.pdf

Dopingprävention auf Landesebene: Aktivitäten, Einstellungen und Wahrnehmungen bei Sportfunktionären rheinland-pfälzischer Fachverbände

Andreas Singler

1. Problemstellung

Dopingprävention ist ein in jüngerer Zeit immer häufiger gebrauchter Begriff. Es gibt bislang jedoch kaum verlässliche wissenschaftliche Daten, die etwas über die Qualität oder über die genauere Beschaffenheit von Dopingpräventions-Maßnahmen in Deutschland aussagen würden. Es ist ferner noch nicht untersucht worden, was der Sport und seine Funktionäre überhaupt unter Prävention verstehen. Stichproben auf Websites von Bundesfachverbänden ergeben hierzu den Befund, dass unter Dopingprävention zumeist lediglich repressive oder informative Maßnahmen wie Dopingkontrollen oder Warnungen vor gesundheitlichen Risiken bzw. vor kontaminierten Nahrungsergänzungsmitteln verstanden werden.[1]

Die hier offenkundig präferierten Maßnahmen sind, sofern überhaupt von einem Konzept gesprochen werden kann, negativpädagogisch orientiert. Sie zielen auf Abschreckung und beschränken sich fast ausschließlich auf Informationen und moralische Appelle[2] an die Adresse von Athletinnen und Athleten. Derartige Modelle gelten in der allgemeinen Präventionslehre jedoch als veraltet[3]. Vorstellungen von positiver Prävention oder von einer an sozialen Umweltbedingungen ansetzenden Verhältnisprävention sind dagegen kaum anzutreffen.

Dass zumeist ineffektive Maßnahmen zum Einsatz kommen, wirft Fragen nach Einstellungen und Motiven auf. Im Auftrag des rheinland-pfälzischen Ministeriums des Innern und für Sport wurden daher Funktionäre aus Landesfachverbänden befragt. Dabei sollte zum einen der Stand der Dopingprävention in Rheinland-Pfalz erhoben werden. Zudem sollten Einstellungen untersucht werden, die bei Funktionären zum Thema Doping und Dopingprävention wirksam sind und die die Praxis der Dopingprävention bestimmen.

---

[1] Singler 2009, 25 ff.
[2] Siehe dazu Singler und Treutlein 2001.
[3] Vgl. hierzu z. B. Hurrelmann 2006; zum Konzept der Salutogenese siehe Antonovsky 1997.

2. Methoden: Fragebogen und teilstrukturierte Interviews

Zur Ermittlung des Standes der Dopingprävention und diesbezüglicher Einstellungen bei Sportfunktionären in Rheinland-Pfalz kamen quantitative und qualitative Methoden zum Einsatz. Dabei wurde in einer ersten Sequenz eine schriftliche Befragung der Landesfachverbände bzw. der Arbeitsgemeinschaften (Zusammenschlüsse mehrerer Landesfachverbände) mittels eines Kurzfragebogens mit sechs Fragen durchgeführt. 48 Verbände bzw. Arbeitsgemeinschaften wurden gemäß einer Adressenliste des Landessportbundes Rheinland-Pfalz (LSB) angeschrieben.[4] Damit wurden die meisten der leistungssportlich orientierten Landesfachverbände und Arbeitsgemeinschaften im LSB Rheinland-Pfalz erreicht. Der Rücklauf der Fragebögen betrug 64,6 Prozent (31 Antworten).

Die zweite Sequenz der Studie bestand in einer qualitativen Befragung von Funktionären aus diesen Landesfachverbänden und Arbeitsgemeinschaften mittels teilstrukturierter Interviews[5]. Für beide Untersuchungssequenzen wurde Anonymität zugesichert. 13 Personen, die in offizieller Funktion für einen Verband bzw. eine Arbeitsgemeinschaft tätig sind sowie ein in der sportmedizinischen Betreuung tätiger Arzt wurden in der Folge in Interviews von ca. einer Stunde Dauer zum Themenkomplex Doping und Dopingprävention durch den Autor der Studie befragt. Die Interviews wurden verschriftet, sequenziell kodiert und nach Antwortklassen kategorisiert.

Es versteht sich von selbst, dass die Aussagen der interviewten Personen Ausdruck subjektiver Wahrnehmungen sind. Da subjektive Wahrnehmungen und subjektive Theorien in hohem Maße handlungsrelevant sind, ist ihre Identifizierung von hohem sozialwissenschaftlichem Interesse.

Für die Auswahl der untersuchten Gruppe der rheinland-pfälzischen Landesfachverbände bzw. ihrer Funktionäre sprechen insbesondere drei Gründe:

- Doping und Dopingmentalität liegen zumeist Einstellungen zugrunde, die bereits gefestigt und nur noch sehr schwer zu beeinflussen sein dürften. Dopingprävention in ihrer positiven Ausrichtung plädiert daher im Bereich der Primärprävention für eine frühzeitige Intervention – zu einem Zeitpunkt also, an dem Doping begünstigende Einstellungen oder Symptome der Dopingmentalität bei Jugendlichen noch nicht aufgetaucht oder verfestigt sind. Dies ist in Ländern eher zu erwarten als z. B. in Bundeskadern.

---

[4] Der Autor bedankt sich beim Referat Leistungssport des LSB Rheinland-Pfalz für die Bereitstellung der Liste ihrer Ansprechpartner in den Landesfachverbänden und für die logistische Hilfe sowie die Übernahme der Kosten bei der Verschickung der Fragebögen an die Verbände.

[5] Siehe dazu z. B. Atteslander 1991, 162; zu Leitfadeninterviews Flick 2007, 194 ff.

- Komplexe Strategien der Dopingprävention wären in der Regel über Bildungsprozesse zu vermitteln. Die dafür nutzbaren Bildungskanäle verlaufen überwiegend in den Ländern.
- Da über die Bundeskader und über die Kontrollpools der NADA nur ein relativ kleiner Teil der in Deutschland Leistungssport betreibenden Athletinnen und Athleten erreicht werden können, dürfte der Ebene der Länder und ihrer Sportfachverbände aus einem dritten Grund eine Schlüsselfunktion bei der Dopingprävention zukommen.

3. Ergebnisse und Diskussion der schriftlichen Befragung

Das sicherlich auffallendste Resultat der schriftlichen Kurzbefragung dürfte darin bestehen, dass in Rheinland-Pfalz auf der Ebene der Landesfachverbände und ihrer Funktionäre keine Mehrheit für eine Ausweitung der Dopingprävention feststellbar ist. Nur 14 von 31 antwortenden Verbandsfunktionären (45 Prozent) glauben, dass in Deutschland zu wenig gegen Doping getan werde. 15 (48 Prozent) denken, dass die Bemühungen ausreichen. Zwei Funktionäre glauben, es werde schon mehr als genug getan.

Zudem sieht man sich auf der Ebene der Landesverbände bei der Prävention von Doping nicht in vorderster Linie verpflichtet. Doping und Dopingprävention scheinen als nationale Probleme bzw. Aufgaben angesehen zu werden, wobei der Fokus klar auf die Fachverbände (26 Nennungen) und dann erst auf die NADA (19 Nennungen) gerichtet wird. Eine gewisse Tendenz zur sportinternen Bearbeitung des Problems unter Ausklammerung von Politik und Staat (11 Nennungen) ist dabei ebenfalls unverkennbar[6]. Dass das Thema Dopingprävention fast nicht in der Zuständigkeit der Kultusministerien und Schulen gesehen wird, verwundert nicht wenig. Dopingprävention könnte nämlich in vielen Kontexten in der Schule behandelt werden. Erklärt werden könnte dieser nicht erkannte Zusammenhang damit, dass ein komplexes Verständnis des Präventionsbegriffes ähnlich wie in den Spitzenfachverbänden auf der Landesebene nicht oder allenfalls in Ansätzen vorhanden ist.

Auffallend bei der Frage nach dem Informationsbedürfnis ist das hohe Interesse an legalen „Alternativen" (25 von 31 möglichen Nennungen) und am Thema „schädliche Nebenwirkungen" von Dopingmitteln (15 Nennungen). Inwieweit ersteres Ausdruck einer Haltung ist, Möglichkeiten der nicht verbotenen Leistungssteigerung ausreizen *zu wollen*, bleibt zunächst unklar.

---

[6] Siehe im Gegensatz hierzu Bette 2006, 87. Bette verweist darauf, dass Doping ein komplexes Konstellationsphänomen sei, dass nur in den problemverursachenden Konstellationen gelöst werden könne.

Hilfe bei Dopingpräventionsmaßnahmen wird vornehmlich durch externe Instanzen gewünscht. Dabei besteht ein ausgeprägtes Bedürfnis nach fertigem Material (22 Nennungen), wie die NADA[7] und die Deutsche Sportjugend[8] es anbieten, sowie an kompetenten Referenten (18 Nennungen). Dass fehlendes Geld nicht der Hauptgrund für nicht stattfindende Dopingprävention sein dürfte, wird anhand von lediglich zehn Nennungen ebenfalls deutlich.

Die Angaben zu bislang durchgeführten Dopingpräventionsmaßnahmen könnten zu einem zu optimistischen Bild über den Stand der Dopingprävention im Land verleiten. Dass immerhin rund zwei Drittel der antwortenden Landesverbände und Arbeitsgemeinschaften (21 Nennungen) angeben, sie würden das Thema Doping in ihrer eigenen Übungsleiter- bzw. Trainerausbildung behandeln und fast ebenso viele (19) die Verteilung von bestehenden Materialien geltend machen, sagt wenig über die Qualität der Maßnahmen aus. Nur zehn von 31 antwortenden Verbänden (32 Prozent) erklären, sie würden über einen eigenen Anti-Doping-Beauftragten verfügen.

Insgesamt, so muss die schriftliche Befragung wohl resümiert werden, ist lediglich ein verhaltenes Interesse an Dopingprävention, insbesondere an *mehr* Dopingprävention festzustellen. Dieser Befund dürfte Ausdruck einer Tendenz sein, die auch bundesweit nachweisbar zu sein scheint. Wippert et al. (2008) kommen bei ihrer Untersuchung im Auftrag der Nationalen Anti-Doping-Agentur (NADA) zum Stand der Dopingprävention im deutschen Sport zu ganz ähnlichen Ergebnissen:

„Trotz der erheblichen Schärfe, die dieses Thema in Diskussionsrunden und Medien gewonnen hat, wollen die befragten Einrichtungen ihre Präventionsaktivitäten in Zukunft nicht forcieren. Es zeichnet sich ab, dass weniger Einrichtungen als bisher Maßnahmen für 2008-2009 einplanen" (Wippert et al. 2008, 61).

Die Ergebnisse, auch wenn sie der Dopingprävention auf der Landesverbandsebene kein eben gutes Zeugnis aussprechen mögen, zeichnen vermutlich ein immer noch etwas zu günstiges Bild. Etwa ein Drittel der Verbände beteiligte sich nicht an der schriftlichen Befragung. Dafür, dass in dieser Gruppe solche Verbände, die eher negativ gegenüber Dopingprävention eingestellt sind, stärker repräsentiert sind als in der Gruppe der Teilnehmenden, spricht z. B. die Durchsicht der im Nachfassen erhaltenen Fragebögen. Dies könnte auch ein Hinweis dafür sein, dass empirische Untersuchungen zur Verbreitung des Dopings die Zahl der tatsächlich gedopten Athleten möglicherweise u. a. deshalb unterschätzen, weil diese in der Gruppe der Teilnehmenden generell unterrepräsentiert sein dürften.

---

[7] Siehe „High Five. Gemeinsam gegen Doping" (NADA o. J.).
[8] Siehe die Broschüre „Sport ohne Doping!" (Arndt, Singler und Treutlein 2007) sowie die Arbeitsmedienmappe „Sport ohne Doping!" (Schwarz, Treutlein und Knörzer 2007).

4. Ergebnisse der teilstrukturierten Interviews und Gesamtschau der Ergebnisse

Die Befragung von Sportfunktionären aus Landesfachverbänden in Rheinland-Pfalz durch teilstrukturierte Interviews unterstreicht in mancherlei Hinsicht die Eindrücke, die die schriftliche Befragung und die Stichproben zum Präventionsverständnis in Bundesfachverbänden hinterlassen haben. Ein Verständnis von Prävention im Sinne komplexerer Strategien ist demnach nur in Ausnahmefällen auszumachen. Zumeist wird unter Prävention Abschreckung durch Hinweise auf gesundheitliche Schädigungsmöglichkeiten und Kontrollen (negative Prävention) verstanden. Modernere Ansätze der Prävention, die die Entwicklung von gesundem bzw. erwünschtem Verhalten in den Blick nehmen, existieren allenfalls sehr vereinzelt. Aber selbst da, wo ausschließlich negative Prävention postuliert wird, kann von dahinterstehenden Konzepten ernsthaft eigentlich nicht gesprochen werden. In der Regel bleibt es, da schreiben Landesfachverbände offenbar die Mängel der Bundesfachverbände fort, bei punktuellen Handlungen, die darin bestehen,

- Sportlerinnen und Sportler über die Anti-Doping-Bestimmungen in Kenntnis zu setzen,
- vor missverständlicher Einnahme von Medikamenten zu warnen, die auf der Dopingliste stehen und
- auf gesundheitliche Risiken des Dopings hinzuweisen.

Über die Gründe der vielfach verhaltenen und manchmal sogar abweisenden Haltungen zur Dopingprävention konnte bislang lediglich spekuliert werden. Die qualitative Befragung von Funktionären aus rheinland-pfälzischen Landesfachverbänden erbrachte hierzu erstmals detaillierte Erklärungsmöglichkeiten. Danach ist die mangelhafte Praxis der Dopingprävention vor allem Ergebnis eines Sets an mehr oder minder subjektiven Wahrnehmungen durch Funktionäre im Leistungssport (Abb. 1):

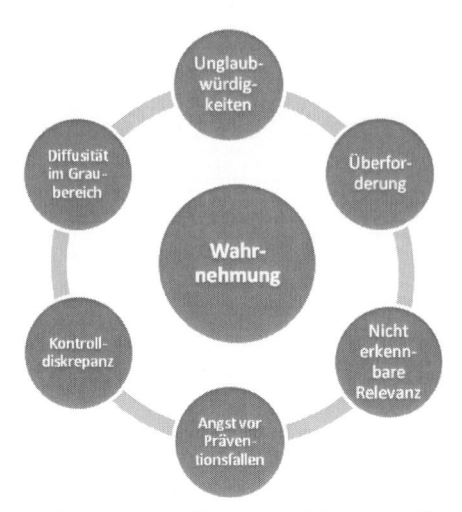

Abb. 1: *Wahrnehmungsgefüge bei Funktionären auf Landesebene als handlungsrelevante Einflussgröße*

In der Wahrnehmung von Sportfunktionären ist im Umgang mit dem Leistungssport zunächst *Unglaubwürdigkeit* festzustellen. Dass Sportfunktionäre höherer Ebenen, Sportpolitiker, Medien oder Sponsoren Spitzenleistungen auch in Zeiten eines forcierten Anti-Doping-Kampfes angeblich ungebrochen fordern würden, wird in den Landesverbänden als Symptom einer Doppelmoral gewertet. Dies unterminiert zweifellos das Vertrauen in die Ernsthaftigkeit des Anti-Doping-Kampfes und ist geeignet, Fragen nach dem Sinn von Dopingprävention aufzuwerfen. Dass Anti-Doping-Beauftragte, sofern es sie im Land überhaupt gibt, bisweilen mehr auf dem Papier als in der Realität existieren, mag auch darin begründet sein.

Desweiteren ist bei Funktionären ein nicht zu unterschätzendes *Überforderungsgefühl* im Zusammenhang mit dem Anti-Doping-Kampf auszumachen. Ausgeschöpfte Kapazitäten in der landeseigenen Trainerausbildung, Erschöpfung zeitlicher Kapazitäten der häufig ehrenamtlich tätigen Mitarbeiter, die Zunahme der Bürokratie im Zusammenhang mit der Dopingbekämpfung und das nach Ansicht mancher Funktionäre zu unübersichtliche oder zu komplizierte Material (u. a. von Deutscher Sportjugend und NADA) werden hierfür als Gründe benannt.

Dieses Überforderungsgefühl kommt offenbar umso stärker zum Tragen, als viele Verbandsmitarbeiter von einer *fehlenden Relevanz des Dopingthemas* für ihren Bereich ausgehen. Die meisten Funktionäre in den Landesverbänden halten Doping in ihren jeweiligen Sportarten für wirkungs- oder sinnlos bzw. für in nicht ausreichendem Maße wirksam. Außerdem besteht bei manchen Funktionären die Befürchtung, man würde Jugendliche mit der Thematisierung überhaupt erst zum Doping verleiten. Daher können Präventionsmaßnahmen als überflüssig oder sogar als kontraproduktiv angesehen werden. Zumal eine gewisse Angst erschwerend hinzu kommen mag, dass die Thematisierung des Dopings Eltern davon abhalten könnte, ihre Kinder dem Sport anzuvertrauen. Dadurch, so wird befürchtet, würde der Gesellschaft ein sehr viel größerer Schaden entstehen als durch ein nach subjektivem Empfinden ohnehin nicht sehr weit verbreitetes Doping.

Die Notwendigkeit, selbst aktiv Dopingprävention betreiben zu müssen, wird anscheinend umso weniger erkannt, je stärker Funktionäre glauben, davon Nachteile für ihre Verbände und die darin organisierten Vereine befürchten zu müssen. Diese Befürchtung kommt beispielsweise in Form eines Empfindens von *Ungerechtigkeiten aufgrund von Kontrolldiskrepanzen* zustande. Diese Ungerechtigkeiten kämen nach Ansicht nicht weniger Funktionäre einmal durch ein angebliches Gefälle bei den Bemühungen im Kampf gegen Doping zwischen Deutschland und anderen Nationen zustande. Dabei wird Deutschland eine Vorreiterrolle, dem Ausland im Wesentlichen die Rolle des ungezügelt Doping praktizierenden sportlichen Gegners zugeschrieben. Zum anderen sieht man ein solches Gefälle auch innerhalb der deutschen Sportlandschaft. Ausgegangen wird, sicherlich nicht zu Unrecht, von belasteten und weniger belasteten Sportarten. Verbänden, die besonders effektiv gegen Doping vorgehen und dadurch vielleicht weniger sportliche Erfolge vorweisen können, droht auf nationaler Ebene daher der Verlust an Fördermitteln. Die Profiteure wären dann Sportarten, die weniger entschlossen gegen Doping kämpfen.

Da das Dopingproblem, so es denn überhaupt als solches erkannt wird, vor allem als Problem höhere Leistungsstufen, anderer Sportarten oder pauschal des Auslands angesehen wird, erscheint die Dringlichkeit von Präventionsmaßnahmen nicht sonderlich hoch. Nicht selten wird der Anti-Doping-Kampf sogar als übertrieben empfunden. Diese Selbstwahrnehmung von Landesverbänden als weit von der Dopingproblematik entfernt stehende Institutionen verkennt allerdings Grundlegendes in Bezug auf die Prävention: Diese setzt ja nach ihrem Wortsinn ein, *bevor* die zu bekämpfenden Symptome sichtbar werden.

Ein wesentliches Problem der Dopingprävention liegt, wie bereits erwähnt, in der weitgehenden Unkenntnis in Bezug auf die Beschaffenheit von erfolgversprechenden Präventionsmaßnahmen. Diese äußert sich zum Beispiel in einem gewissen *Pragmatismus* im Umgang mit nicht verbotenen Mitteln. Landesverbandsfunktionäre plädieren nicht so sehr aktiv für die Einnahme solcher Mittel. Sie akzeptieren häufig jedoch offenbar, dass es eine Grenze zum „offiziellen" Doping gibt, unterhalb derer die Einnahme von Mitteln, auch wenn sie gezielt zum Zweck der Leistungssteigerung eingenommen werden (z. B. Koffein, Kreatin, Schmerzmittel), schwer problematisierbar ist. Die Einnahme solcher nicht verbotener, aber doch in der Hoffnung auf Leistungssteigerung konsumierter Mittel mag im engeren Sinne zwar nicht (oder im Fall von Koffein nicht mehr) dem WADA- und NADA-Code[9] zuwiderlaufen. Ausdruck einer möglichen *Dopingmentalität* ist dieses Verhalten dennoch. Dass ausgerechnet diesen legalen „Alternativen" zum Doping in der schriftlichen Befragung das größte Interesse entgegengebracht wird, ist sicherlich kein gutes Signal im Sinne präventiver Arbeit gegen eine durch den Wunsch nach Leistungssteigerung motivierte Medikalisierung des Sports. Letztere wiederum hat zum Teil bedeutende Schnittmengen mit der Sucht- und Drogenproblematik aufzuweisen[10].

Auch in diesem Punkt wird Wesentliches zum Thema Prävention anscheinend noch nicht erkannt: Dopingprävention setzt sich elementar mit Einstellungen und personalen wie sozialen Dispositionen auseinander, die zum Doping führen können. Die Einnahme von nicht verbotenen Medikamenten zum Zweck der Leistungssteigerung kann als eine Stufe auf der „Treppe der Verführung" zum Doping angesehen werden (Singler 2006, 148). Darauf werden Athletinnen und Athleten schrittweise unter geradezu methodischer Herabsenkung von Hemmschwellen zum Doping geleitet. Die Ausbildung entsprechender Einstellungen, die bei der Einnahme von leistungssteigernden Mitteln auch im nicht verbotenen Bereich zum Tragen kommen, geht der Dopinghandlung dabei häufig voraus. Wer diesen Umstand nicht berücksichtigt, läuft Gefahr, entscheidendes Terrain im Anti-Doping-Kampf zu verspielen.

5. Zusammenfassung und Schlussfolgerungen

Fragt man abschließend nach den Ursachen für die insgesamt unbefriedigende Situation der Dopingprävention in Landesverbänden (aber nicht nur hier), so lassen sich zusammenfassend drei Faktoren dafür benennen (Abb. 2):

---

[9] Siehe NADA 2009.
[10] Man denke dabei nur an die Situation im Profi-Radsport (siehe dazu Meutgens 2007, darin auch Singler und Treutlein 2007).

*Mangelhafte Praxis der
Dopingprävention*

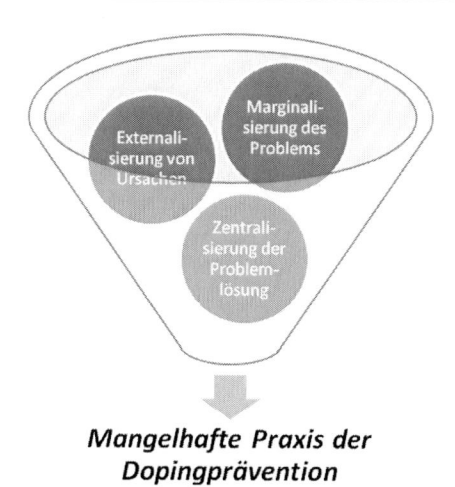

Abb. 2: *Dopingpräventions-Praxis als Folge von Marginalisierung des Problems, Externalisierung von Ursachen und Zentralisierung von Lösungsansätzen*

- **Erstens** gibt es eine gewisse Tendenz, das Dopingproblem zu marginalisieren. Die nach Ansicht vieler Experten den Spitzensport in seinen Fundamenten bedrohende Situation des Dopings im internationalen und nationalen Bereich wird von den meisten Funktionären in den Ländern zumindest in Bezug auf die eigene Sportart oder den hier vertretenen Leistungsstand völlig anders empfunden.
- **Zweitens** werden Ursachen für die Entstehung der Dopingproblematik im Allgemeinen oder das Dopingproblem selbst häufig externalisiert. So wird beispielsweise von Vertretern des gesamten Sports seit je her auf ein allgemeines gesellschaftliches Problem im Zusammenhang mit Doping und Medikamentenmissbrauch aufmerksam gemacht. Dieses Problem sei im Sport aufgrund dessen angeblicher Heilsautomatismen allenfalls in abgemilderter Form repräsentiert. Dem aktuellen Stand soziologischer und psychologischer Deutungsmuster wird man damit jedoch kaum gerecht.[11] Doping wird ferner vor allem als Problem anderer Sportarten, anderer Leistungsbereiche oder pauschal des Auslands beschrieben.
- Und **drittens** gibt es eine starke Tendenz zur Zentralisierung der Problemlösung. Die Verantwortung für die Lösung des Dopingproblems wird in erster Linie auf der Bundesebene, insbesondere bei den Spitzenfachverbänden und bei der NADA, angesiedelt. Hier besteht die Gefahr, dass ein komplexes Thema mit ebenso komplexen Lösungsansprüchen gewissermaßen bei einer einzigen Instanz oder einigen

---

[11] Zur systemtheoretischen Analyse von Doping vgl. Bette und Schimank 1995.

wenigen Instanzen abgeladen wird, die mit dieser Aufgabe dann zwangsläufig völlig überfordert sein würden. Große Chancen auf regionaler oder lokaler Ebene drohen so verspielt zu werden.

Es wäre sicherlich ein Fehler, diese insgesamt skeptischen Haltungen gegenüber der Dopingprävention auf der Ebene der Landesfachverbände mit einer dort beheimateten Dopingneigung gleichzusetzen. Dennoch erscheint diese Skepsis problematisch. Wenn, wie empirische Untersuchungen nahe legen, von einem Anteil gedopter Kaderathleten von mindestens 25 und bis zu 48 Prozent ausgegangen werden muss (Pitsch, Emrich und Klein 2005) und wenn selbst ein bisher nicht für möglich gehaltenes Ausmaß an Minderjährigen-Doping von wahrscheinlich etwa sieben Prozent jugendlicher Athleten eines baden-württembergischen Olympiastützpunktes zu konstatieren ist (Striegel, Ulrich und Simon 2010), dann waren die Kontakte der betreffenden Athletinnen und Athleten zu ihren Landesverbänden und deren assoziierten Fördersystemen ganz offensichtlich nicht in ausreichendem Maße geeignet, dopingkritische Einstellungen zu unterstützen.

Daher erscheinen tiefgreifende Veränderungen in der Dopingprävention dringend geboten. Künftige Maßnahmen sollten sich an Qualitätskriterien orientieren, wie sie die reichhaltige allgemeine Präventionslehre ebenso wie die (derzeit noch überschaubare) spezielle Literatur zur Dopingprävention[12] vorgeben.

Literatur

Antonovsky, Aaron (1997). *Salutogenese. Zur Entmystifizierung der Gesundheit.* Tübingen: dgvt.

Arndt, Nicole/Singler, Andreas/Treutlein, Gerhard (2007, erstmals 2004). *Sport ohne Doping! Argumente und Entscheidungshilfen für junge Sportlerinnen und Sportler und Verantwortliche in deren Umfeld.* Frankfurt/M.: dsj.

Atteslander, Peter (1991). *Methoden der empirischen Sozialforschung.* Berlin/New York: de Gruyter.

Bette, Karl-Heinrich/Schimank, Uwe (1995). *Doping im Hochleistungssport.* Frankfurt/M.: Suhrkamp.

Bette, Karl-Heinrich (2006). Doping als transintentionales Konstellationsprodukt. In: Wolfgang Knörzer et al. (Hrsg.), *Dopingprävention in Europa.* Aachen: Meyer & Meyer, S. 75-91.

---

[12] Zum Stand der Dopingprävention national und international vgl. Knörzer, Spitzer und Treutlein 2006; erste Konzepte für eine fundierte Dopingprävention in Deutschland legten Singler und Treutlein 2001 vor.

Flick, Uwe (2007). *Qualitative Sozialforschung. Eine Einführung.* Reinbek: Rowohlt.

Hurrelmann, Klaus (2006). *Gesundheitssoziologie. Eine Einführung in sozialwissenschaftliche Theorien von Krankheitsprävention und Gesundheitsförderung.* Weinheim/München: Juventa.

Knörzer, Wolfgang/Spitzer, Giselher/Treutlein, Gerhard (Hrsg.) (2009). *Dopingprävention in Europa.* Aachen: Meyer & Meyer.

Meutgens, Ralf (Hrsg.) (2007). *Doping im Radsport.* Bielefeld: Delius Klasing.

NADA (Nationale Anti Doping Agentur) (Hrsg.) (o. J.). *High Five. Gemeinsam gegen Doping.* Bonn.

NADA (Nationale Anti Doping Agentur) (2009). *Nationaler Anti Doping Code der Nationalen Anti Doping Agentur Deutschland.* Zugriff am 26.08.2009 unter http://www.nada-bonn.de/fileadmin/user_upload/nada/Recht/Codes_Vorlagen/080930NADA-_Code_2009_final.pdf

Pitsch, Werner/Emrich, Eike/Klein, Markus (2005). Zur Häufigkeit des Dopings im Leistungssport. Ergebnisse eines www-surveys. *Leipziger Sportwissenschaftliche Beiträge* 46:2, S. 63-77.

Schwarz, Rolf/Treutlein, Gerhard/Knörzer, Wolfgang (2007). *Sport ohne Doping! Arbeitsmedienmappe zur Dopingprävention. Für Übungsleiterinnen und Übungsleiter sowie Trainerinnen und Trainer.* Frankfurt/M.: dsj.

Singler, Andreas (2009). *Dopingprävention in Rheinland-Pfalz. Bericht zu einer Studie im Auftrag des Ministeriums des Innern und für Sport Rheinland-Pfalz.* Mainz (unveröffentlicht).

Singler, Andreas/Treutlein, Gerhard (2001). *Doping – von der Analyse zur Prävention. Vorbeugung gegen abweichendes Verhalten in soziologischem und pädagogischem Zugang.* Aachen: Meyer & Meyer.

Singler, Andreas/Treutlein, Gerhard (2007). Profiradsport und die Zwangsläufigkeit des Dopings. In Ralf Meutgens (Hrsg.), *Doping im Radsport.* Bielefeld: Delius Klasing, S. 84-94.

Striegel, Heiko/Ulrich, Rolf/Simon, Perikles (2010). Randomized response estimates for do-ping and illicit drug use in elite athletes. *Drug and Alcohol Dependence* 106: 2-3, S. 230-232.

Wippert, Pia-Maria/Borucker, Tobias/Waldenmayer, Denise et al. (2008). *Dopingprävention.* Forschungsbericht (Nr. 3). München: Technische Universität (unveröffentlicht).

Dopingprävention an der Basis – ein Erfahrungsbericht

Gert Hillringhaus

Homo ludens und Homo dopiens

Der Homo sapiens (Homo sapiens, lat.: der einsichtsfähige, wissende Mensch) ist ein höheres Säugetier aus der Ordnung der Primaten (Primates). Er gehört zur Unterordnung der Trockennasenaffen (Haplorrhini) und dort zur Familie der Menschenaffen (Hominidae), kurz „Mensch" genannt. Was ihn besonders auszeichnet, ist die Befähigung zur Sprache. Der moderne Mensch ist keineswegs die einzige bis heute überlebende Art der Gattung Homo. Neben dem Homo faber oder dem Homo ludens gibt es da noch den Homo dopiens, einen sehr scheuen Vertreter seiner Familie. Er ist nur selten zu sehen und schwer zu erkennen. Häufig ist er gemeinsam mit dem Homo ludens anzutreffen und von diesem kaum zu unterscheiden.

Nachweise seiner Existenz gelingen oft nur mit Hilfe teurer und aufwändiger Laborverfahren. Der Homo dopiens pflegt aber selbst dann noch seine Existenz zu leugnen. Oft sucht er Schutz bei Seinesgleichen oder jenen, die er dafür hält. Seine Sprache ist kaum vernehmbar und deutlich geringer entwickelt als beim Homo sapiens. Seine raren Äußerungen wirken meist abwegig und wirklichkeitsfremd. Wenn er seine Identität dann doch einräumt, geschieht das häufig unter deutlich sichtbarer Reinigung des Bindehautsacks und der Befeuchtung und Ernährung der Hornhaut. Schon kurz darauf jedoch fällt der Homo dopiens in sein gewohntes Handlungsschema zurück. Sein flüchtiges Kurzzeitgedächtnis ist sprichwörtlich.

Dopingprävention und Problembewusstsein

„Schau mal, wie gerade der Mann da hinten sitzt. Der hat sicher Probleme mit seinem Rücken!" Diese Bemerkung eines Kollegen vor einigen Jahren kommt mir jetzt wieder in den Sinn. Dort saßen mehrere Menschen bei einer Arbeitspause. Alle bis auf einen lümmelten sich in die zur Verfügung stehenden Sitzgelegenheiten. Dieser eine jedoch saß nach meiner Vermutung nicht wegen eventueller Schmerzen so gerade, sondern um Rückenleiden *vorzubeugen*. Es war, wie zu vielen anderen Gelegenheiten: Jemand, der sein Verhalten sichtbar verändert, fällt in unserer Gesellschaft auf wie der vielzitierte bunte Hund.

Anders zu sein fällt, nicht nur auf, sondern es nährt auch Konfliktsituationen. Besonders in einem neuen Umfeld fürchten sich viele davor, anders zu sein. Sie werden sonst von „alten Hasen" kritisch bis missmutig begutachtet und haben sich belustigender bis beleidigender Kommentare zu erwehren. Die eigene, im bisherigen Lebensverlauf gebildete Wertekartei wird im neuen Betätigungsfeld auf eine harte Probe gestellt.

So erging es einem, der auszog, um Radrennfahrer zu werden. Neben zahlreichen Weisheiten, die über Jahrzehnte wissenschaftlichen Gegenbeweisen hartnäckig trotzen, ist es besonders eine Überzeugung, die sich als sehr überlebensfähig erwiesen hat. Sie lautet: „Fehlt dir was, nimmst du was!" Was genau genommen wird und dass der Übergang von „nahrungsergänzenden" Mitteln zu verschreibungspflichtigen Medikamenten fließend ist, soll hier nicht weiter erörtert werden. Wichtig ist jedoch, dass es vielfach das erste Mittel der Wahl ist, irgendeine Substanz in den Körper gelangen zu lassen, von der man sich eine bestimmte Wirkung verspricht, ohne sich selbst der Folgen sicher zu sein.

Sind Medikamente im Spiel, steht oft nur die erhoffte leistungssteigernde Wirkung im Vordergrund. Mögliche Nebenwirkungen und Synergien mit anderen Substanzen werden schlicht ignoriert. Beim Missbrauch von Medikamenten und medizinischen Methoden, die geeignet sind, körperliche und geistige Leistungen zu steigern, fällt die Definition leicht: Es handelt sich um Doping (sofern das Mittel oder wirkverwandte Substanzen auf der Liste stehen).

Fragt man dagegen in der Praxis nach, so hört man meistens, dass überhaupt kein Problem existiere. Nur andere Sportarten, so heißt es, hätten damit zu tun. Und wo es doch ein Problem gibt, habe man es im Griff. Wo die Beweislage eindeutig ist, wird der Kreis der Verdächtigen eingegrenzt: Nur die Älteren hätten ein Problem, die Jüngeren seien sauber. Nur die Profis würden dopen, die Amateure nicht. Die Vorstellung, vor der eigenen Haustüre zu kehren, wird als geradezu absurd empfunden. So wundert es nicht, dass die Bearbeitung des Dopingproblems nach den Regeln des Kartenspiels „Schwarzer Peter" ausgetragen wird. Alle Verantwortung und Zuständigkeit wird endlos hin und her geschoben in der Hoffnung, über alles möge bald soviel Gras gewachsen sein, dass sich niemand mehr für das eigentliche Problem interessiert.

Bei der Dopingprävention handelt es sich bekanntlich um vorsorgliche Maßnahmen und nicht um etwas, das bei Dopingfällen Anwendung findet und Besserung versprechen würde. Das Dopingproblem betrifft also alle am Sport beteiligte Menschen und längst nicht nur diese. Es zählt dabei nicht nur der einzelne Sportler, dessen Einstieg in den Medikamentenmissbrauch es zu erkennen und zu verhindern gilt. Vielmehr ist es ein zum Teil unübersichtliches Umfeld, zu dem er meist in engem Verhältnis in starker Abhängigkeit steht. Was liegt also näher, als den Nachwuchsathleten und sein Umfeld gleichermaßen über die Risiken und Gefahren des Dopings aufzuklären, Handlungsalternativen aufzuzeigen und Argumente für den Leistungssport, aber gegen Doping zu liefern?

Bedingungen für die Präventionsarbeit

Die Präventionsarbeit mit Sport treibenden Jugendlichen und deren Umfeld hängt von verschiedenen Parametern ab:

Alter
In Sportarten wie z. B. Schwimmen oder Turnen sind Kinder von neun bis elf Jahren bereits sehr leistungsfähig. Bei anderen Sportarten (Radsport, Triathlon) dagegen liegt das Alter im Hochleistungsbereich bei 19 bis 22 Jahren.

Vorkenntnisse
Aus über 50 Jugendfortbildungen, die ich alleine durchgeführt oder an denen ich als Referent teilgenommen habe, weiß ich, dass Vorkenntnisse hinsichtlich der Dopingproblematik in allen Altersklassen sehr unterschiedlich sind. Wenig bekannt ist, welche Substanzen zu den Dopingmitteln zählen und welche nicht. Interessant ist, dass einige Genuss-, Nahrungs- und Nahrungsergänzungsmittel von den jugendlichen zu den Dopingmitteln gezählt werden, weil diese durch die Werbung des Herstellers als leistungssteigernd angepriesen werden. Dagegen werden tatsächlich verbotene Substanzen meistens richtig erkannt.

Was die Frage angeht, wo Doping anfängt, herrscht ebenso eine große Bandbreite. Die Definition laut NADA-Code kennen nur wenige. Das bietet oft eine gute Grundlage für eine angeregte Diskussion, in der verschiedene Begriffsdefinitionen erarbeitet werden können. Handlungsalternativen bei der Konfrontation mit Doping sind für die stark überwiegende Zahl der Teilnehmenden an Fortbildungsveranstaltungen völlig neu. Die Erörterung von Argumenten gegen Doping und für Leistungssport wird gut angenommen.

Leistungsklasse
Häufig sind Jugendliche in Landes- und Bundeskadern anzutreffen, die trotz ihres jungen Alters schon eine gewisse Abgeklärtheit zeigen. Grund dafür ist der intensivere Umgang mit dem Sport, dessen vorgegebenem Umfeld und das Heranwachsen in Familien mit sportlicher Tradition. Halbweisheiten als Ersatz für nachvollziehbare Erklärungen haben dort offenbar fruchtbaren Boden. Leichter hingegen ist die Arbeit mit jungen Athleten auf Vereinsebene, die noch am Anfang ihrer Karriere stehen. Es

scheint, dass Dopingprävention umso schwieriger wird, je älter oder leistungsfähiger die Zielgruppe ist.

Anwesenheit von Trainern, Betreuern oder Eltern
Erwachsene können bei einer Jugendfortbildung nicht nur assistierend eingesetzt werden, sondern auch mitarbeiten. Voraussetzung für die Mitarbeit ist ein hohes Maß an Akzeptanz der Betreuenden in der Gruppe. Selbstdarstellungen, kontraproduktive Äußerungen und Ablehnungsbekundungen anwesender Trainer, Betreuer oder Eltern entgegnet man am besten die Frage nach Erfahrungen mit Doping aus der eigenen sportlichen Vergangenheit. Hingegen ist jedoch bei anhaltender Gleichgültigkeit die Einbindung Erwachsener bei der Fortbildung Jugendlicher zwecklos.

Zur Verfügung stehende Zeit
Der zeitliche Rahmen wird oft von den Trägern der Fortbildungsmaßnahmen, d. h. Beauftragten der Landes- und Bundesfachverbände vorgegeben. Diesen ist die Materialienmappe der Deutschen Sportjugend „Sport ohne Doping" meistens nur oberflächlich, aber nicht in der Tiefe bekannt. Erschwerend kommt hinzu, dass die Beauftragten der Landes- und Bundesfachverbände teilweise nicht über das notwendige Problembewusstsein verfügen und in Ermangelung besseren Wissens für rein präventive Maßnahmen viel zu wenig zeitlichen Raum, d. h. nur 60 bis 120 Minuten vorsehen. Hingegen wird die Warnung vor repressiven Maßnahmen deutlich höher bewertet. Nachteilig ist auch, dass Jugendfortbildungen im Rahmen von Trainingslagern und Wettkämpfen stattfinden. Jugendliche Athleten zeigen in solch engen Zeitfenstern, die auch der Regeneration nach intensiver sportlicher Tätigkeit dienen sollen, wenig Motivation. Schließlich ist nicht nachzuvollziehen, warum die neuen Ausbildungsrichtlinien der nationalen Sportverbände hinsichtlich dopingpräventiver Inhalte alles andere als abgestimmt sind.

Dopingprävention als Fremdwort

Der Begriff Dopingprävention wird häufig missverstanden und auch als abschreckend empfunden. Er wurde in einem Fall sogar als Steigerung oder Weiterentwicklung des Dopings interpretiert. Es ist nicht durchgängig bekannt, dass es sich dabei um die Vorsorge gegen Doping handelt, und es herrschen Zweifel, ob eine Vorsorge überhaupt notwendig oder wirksam ist. Der Begriff erscheint daher für die Verwendung von Ausschreibungen und Ankündigungen ungeeignet. Bezeichnungen wie z. B. Gesunderhaltung im (Leistungs-) Sport werden eher verstanden und schrecken im ersten Moment weniger ab. Sie treffen den Kern der Sache jedoch nicht vollständig.

Es empfiehlt sich, die zu verwendenden Materialien, den Titel der Veranstaltung (z. B. „Sport Super Sauber", „Mein Körper – mein Sport" etc.) sorgfältig auszuwählen und den zeitlichen Anteil an Vorträgen an die Zielgruppe und andere Umstände anzupassen. Dies setzt Kenntnisse zu den Zielgruppen voraus.

Menschen, die sich gegen Doping engagieren, werden nicht selten als Störenfriede und Weltverbesserer abgestempelt. Ihre Erfolgsaussichten werden als aussichtslos eingeschätzt. Aus Befragungen im Rahmen zahlreicher Fortbildungen ist jedoch bekannt, dass junge Athleten zu einem spürbar besseren Wissensstand gelangen und in der Diskussion um einen sauberen Sport sicherer auftreten, wenn sie an Dopingpräventionsmaßnahmen teilgenommen haben.

Dopingprävention funktioniert allerdings nicht auf Knopfdruck. Sie braucht Zeit, um ihre Wirkung zu entfalten, und sie bedarf einer angemessenen finanziellen wie personelle Ausstattung. Daran fehlt es in Deutschland, und so lange dies so ist, findet der Homo dopiens genau die Bedingungen, die er für seinen Fortbestand benötigt.

Die Prävention von Dopingmentalität: der Weg über die Erziehung

Patrick Laure

Seit es dem Menschen nach göttlichen oder magischen Kräften verlangt, zählt die Einnahme von Substanzen zu den Methoden, mit denen er versucht, seine physischen, mentalen und sogar sozialen Leistungen zu verbessern oder zu erhalten.

Pflanzen, die stimulierende Wirkungen besitzen, sind seit Urzeiten wichtigste Bestandteile des Arsenals, das ihm hilft, seine grundlegenden Bedürfnisse Ernährung und Wohnen zu befriedigen. Gegen Ende des 19. Jahrhunderts gelang es den Forschern, die Wirksubstanzen, wie das Ephedrin aus der Pflanze Ephedra, oder das Kokain aus den Kokablättern, zu extrahieren. Anschließend begannen sie, diese Stoffe zu synthetisieren und im großen Stil zu produzieren. Als nächstes modifizierten sie die Moleküle auf direktem Weg, so schufen sie völlig neue, künstliche Substanzen, wie die Amphetamine und bestimmte Steroidhormone.

Von da an änderte sich die Anwendungslogik, und der Einfluss auf den Körper wurde einschneidender. Es ging jetzt nicht mehr nur darum, einem müden Organismus auf die Sprünge zu helfen, sondern darum, dessen Biotechnologie anzusprechen. Man will ihn neu programmieren und ihm damit eine bessere Anpassung an die Belastungen des Sporttrainings oder der Arbeitswelt ermöglichen.

Mit diesen Praktiken waren jedoch unerwünschte Nebenwirkungen verbunden, die die Körper der unverbesserlichen Anwender quälten, wenn nicht gar töteten. Ab dem 19. Jahrhundert nahmen sich die Gesundheitsprofis dieses Themas an. Deren Fragen zielten weniger darauf ab, ob die Anwendung der Praktiken richtig sei, sondern eher darauf, wie die Produkte am besten angewandt werden könnten: Was ist am wirkungsvollsten und am wenigsten gesundheitsschädlich? Zu Beginn des 20. Jahrhunderts begannen sie sich über Maßnahmen Gedanken zu machen, mit denen sich die Zahl der Anwender verringern ließe. Dies bezog sich insbesondere auf die Welt des Sports, in der dieser Konsum, genannt „Doping", als Verstoß des Sportlers gegen traditionelle Werte wie Chancengleichheit oder Sieg aus eigener Kraft und mittels eigener Aufopferungsfähigkeit angesehen wird. Eine Maßnahme, die als wirkungsvoll galt, war die Prävention dank einer damit erreichten Verhaltensänderung der Adressaten.

Im Folgenden sollen die Handlungsperspektiven, die darauf abzielen, dem Konsum leistungssteigernder Substanzen vorzubeugen, eingehender betrachtet werden.

Doping oder Dopingmentalität?

Um von einer allgemeingültigen Definition des Dopings im Sport ausgehen zu können, musste man die Anerkennung des Welt-Anti-Doping-Codes im Jahre 2003 abwarten. Diese Definition wird sowohl von der Olympischen Bewegung, den internationalen Sportverbänden als auch von den Regierungen, ja selbst von den mit der Prävention beauftragten Instanzen akzeptiert und angewandt.

Sie bezieht sich einzig und allein auf den Sport und basiert auf einer Liste verbotener Substanzen und Methoden, die jährlich neu herausgegeben wird. Im Mittelpunkt der Definition steht damit das Produkt, einzig dessen Natur ist entscheidend. Im Übrigen bewertet die Sportgemeinschaft das Doping negativ, sie spricht gerne von einer „Geißel", von einer neuen „Jahrhundertplage" oder der „Krebserkrankung des Sports". Kennzeichnungen, die nicht notwendigerweise die Analyse mit der ihr gebotenen Ernsthaftigkeit und Distanz begünstigen.

Eine Person zeigt Dopingmentalität, wenn sie bereit ist, Substanzen anzuwenden, sobald sich ihr oder ihrem Umfeld ein reales oder angenommenes Hindernis in den Weg stellt, das sie daran hindern könnte, eine Leistung zu erbringen. Diese Definition beinhaltet folgendes:

- Die Art der Substanz ist unwichtig, obgleich es sich überwiegend um Medikamente, Drogen oder Nahrungsergänzungsmittel handelt. Innerhalb des Sports kann dieses Produkt daher verboten oder erlaubt sein;

- Das Hindernis ergibt sich aus dem Lebenszusammenhang der Person (Schulprüfung, Einstellungsgespräch, sportlicher Wettkampf). Es kann real sein (wie eine sehr selektive Aufnahmeprüfung) oder in der Vorstellung (wie Redeangst vor Publikum) existieren. Im zweiten Fall geht es entweder um die Wahrnehmung der betroffenen Person oder um die ihres Umfeldes (Eltern, Arbeitskollegen, Trainer, Teamkollegen, medizinische Betreuer);

- Leistung ist die Verwirklichung einer Aufgabe, die sich aus einer normalen Situation, aus dem Kontext des täglichen Lebens, aus dem gewohnten physischen und sozialen Umfeld der Person, ergibt. Sie ist nicht auf eine sportliche Glanzleistung reduziert. Infrage kommen damit Substanzen, die sowohl auf Teile des Organismus (Gedächtnis, Muskelmasse) mit dem Ziel der Leistungssteigerung einwirken, als auch solche, die negative Empfindungen verringern (Angst, Müdigkeit).

Dieses Konzept liegt in Frankreich seit dem Jahr 2000 Berichten und Dokumenten zugrunde, die das Ministerium für Gesundheit und Sport (*le Ministère de la Santé et des Sports*), die Initiative „Interministerielle Mission gegen Drogen und Sucht" (*la Mission interministérielle de lutte contre la drogue et la toxicomanie*) u. a. m. zum Zwecke der Information und Prävention herausgegeben haben. Es wurde in verschiedenen europäischen, nord- und südamerikanischen Ländern vorgestellt und diskutiert.

Ist diese Mentalität verbreitet und gefährlich?

Vor dem näheren Betrachten der verschiedenen Präventionskonzepte von Doping und Dopingmentalität erscheint es sinnvoll, kurz auf zwei der wichtigsten Begründungen einzugehen, mit der sie gerechtfertigt werden: Doping und Dopingmentalität sind in der Gesellschaft weit verbreitet, und sie erweisen sich als gesundheitsschädlich.

Verbreitete Verhaltensweisen?

Zu dem Thema Doping im Sport liegt, zumindest für den Amateurbereich, eine große Zahl epidemiologischer Studien vor, in denen die Häufigkeit dieses Konsums beschrieben und analysiert wird. Etwas geringer ist der Kenntnisstand über Dopingmentalität. Tatsächlich ist in der zivilen Welt der Einsatz von Mitteln zum Zwecke der Leistungssteigerung nicht reglementiert – mit Ausnahme des Drogenkonsums – und er wird gerne als ein die Produktivität steigernder Faktor verkauft. Da er demnach nicht oder nur selten als problematisch angesehen wird, hat sich den Wissenschaftlern kaum die Notwendigkeit aufgedrängt, entsprechendes in der breiten Bevölkerung zu untersuchen. Zudem handelt es sich hierbei um einen schwierigen Forschungsgegenstand, denn ihm liegen die beiden Begriffe Leistung und Verhalten zugrunde, zwei Termini, über deren Bedeutung die jeweiligen Personen unterschiedliche Vorstellungen haben. So weiß ein Sportler, wenn von „Doping" die Rede ist, was er darunter zu verstehen hat, auch wenn er die Liste der verbotenen Substanzen nur vage oder in Teilen kennt. Demgegenüber weckt der Begriff „Dopingmentalität" im Allgemeinen nur wenige Assoziationen, oder manchmal zu viele, dermaßen vielfältig sind die Anwendungsmöglichkeiten der Produkte, die Vorstellungen darüber und die Produktpaletten selbst. Daher sind die Forscher oft dazu gezwungen, ihr Forschungsfeld auf Bereiche einzuschränken, die „für sich selbst sprechen", wie Müdigkeit und Angst. Und sie sind dazu gezwungen, die konsumierten Substanzen, die diesen Bereichen zugeordnet werden, sowie das Umfeld und die Situationen, in denen sie zum Einsatz kommen (Arbeit, Familie, Universität, Überwindung von Problemen, sozialer Rückhalt usw.), aufzuzählen.

Patrick Laure

Gefährliche Verhaltensweisen?

Die vorliegenden wissenschaftlichen oder medizinischen Studien sagen relativ wenig aus über die Morbidität und die Todesraten, die mit den verwendeten leistungssteigernden Produkten in Verbindung stehen. Nur in einigen Dutzend klinischer Fälle wird von schweren oder tödlichen Nebenwirkungen berichtet, in der Mehrzahl sind Sportler betroffen (Gewichtheben, Radsport, Fußball usw.).

Dass es insgesamt so wenige Studien nur gibt, heißt jedoch nicht, dass diese Konsumgewohnheiten ohne Folgeschäden für die Gesundheit sind. Man vermutet übrigens, dass sie es dann nicht mehr sind, sobald bekannt ist, welche Substanzen eingenommen wurden und wie sie manchmal zum Einsatz kommen: zum Beispiel wird Testosteron, ein anaboles Steroid, in Dosen angewandt, die um das 500-fache über denen liegen, die ein Mediziner aus therapeutischen Gründen maximal verabreichen würde. Einfach ausgedrückt: bis heute existieren für den Bereich der Dopingmentalität, sportlich oder nicht, keine umfassenden Auflistungen der unerwünschten Nebenwirkungen.

Das Argument der Gesundheitsgefahren war in den 1930er Jahren von Medizinern in den Ring geworfen worden, da der Konsum und der Missbrauch der damals gängigen Stimulanzien, wie Strychnin oder Arsen, für Vorfälle oder Unfälle verantwortlich waren, die überwiegend Ausdauerdisziplinen betrafen. So zögerte 1931, der politische Kontext ist bekannt, der Berliner praktische Arzt Heinz Heitan nicht, zu erklären: *„Ein Amateursportler, der Produkte anwendet, geht damit Risiken ein, da alle nachteilige Nebenwirkungen haben oder gesundheitsschädlich sind"* (Heitan 1931). Einige Zeit später erklärte das Britische Mitglied des Internationalen Olympischen Komitees (IOC), Lord Burghley, auf der Session vom 9. Juni 1937 in Warschau (CIO/IOC 1937) seinen Kollegen die Praxis, die Möglichkeiten und die Wirkungen des Dopings. Und in einem 1939 veröffentlichen Bericht des Völkerbundes, einer Vorläuferorganisation der Vereinten Nationen, wird festgehalten: *„Man muss die Anwendung aller Produkte verbieten, die künstliche Erregungszustände hervorrufen können und eine Vergiftungsgefahr oder eine Verleitung zu großen Anstrengungen in sich bergen"* (Boje 1939).

Argumente und Konzepte zur Verhinderung des Dopings

Die Anfänge der Doping-Prävention im Sport finden sich in den 1950er Jahren. Sie fußen auf zwei fundamentalen Prinzipien, die mittlerweile in den Welt-Anti-Doping-Code aufgenommen wurden: auf der Gesundheit der Sportler und auf der Ethik des Sports.

Die zum Zwecke der Leistungssteigerung angewandten Mittel wurden als Faktoren angesehen, die das von diesen beiden Säulen gestützte Gebäude des Sports dadurch gefährden, dass sie einerseits unerwünschte Auswirkungen auf die Gesundheit hätten und dass andererseits der Gegner nicht respektiert werde, Regeln und die Chancengleichheit verletzt würden usw. Sie wurden im Übrigen auf einer besonderen Liste – gemeinhin genannt „Liste der Dopingmittel" – aufgeführt und sind ab Mitte der 1960er Jahre verboten.

Interessant ist die Beobachtung, dass bereits zu jener Zeit die Meinung geäußert wurde, die Dopingprävention dürfe nicht auf das Sportmilieu beschränkt werden, da es sich *„um ein erzieherisches und menschliches Problem handelt, welches die soziale Ordnung insgesamt in Frage stellt"* (Vivre 1960).

In diesem Kontext von Vorschlägen gegen und Warnungen vor Doping verabschiedete das Komitee für Außerschulische Bildung des Europarates 1963 in Madrid einen feierlichen Appell gegen Doping, in dem insbesondere die Sorge um die Gesundheit der Jugend hervorgehoben wurde. Ein Jahr später wurde dieser Aspekt von den Teilnehmern eines Internationalen Seminars über Doping, das die UNESCO in Belgien organisiert hatte, aufgegriffen. Und immer wenn in den folgenden Jahren auf den zahlreichen internationalen Treffen die Notwendigkeit eines Dopingverbots bekräftigt wurde, betonte man auch das Interesse an einer Dopingprävention, die sich vor allem an junge Sportler zu richten habe.

In den 1960er Jahren wurden in verschiedenen Ländern, vorwiegend in Europa, Präventionsmaßnahmen ergriffen. Deren Absichten sind zwar nicht immer klar definiert, aber zusammenfassend lässt sich sagen, dass „es gilt, Doping unter den (jugendlichen) Sportlern zu verhindern". Problematischer ist die Tatsache, dass diese Projekte keine klaren Zielvorgaben hatten, wie z. B.: Verringern der Anzahl der Sportler, die zu unerlaubten Mitteln greifen, um 15 Prozent innerhalb eines Jahres. Folglich war es schwierig eine besondere Zielgruppe zu definieren, und vor allem war eine abschließende Evaluierung unmöglich.

Dennoch fügen sich diese Projekte eher gut in den Präventionskontext der damaligen Zeit ein. Man befand sich gewissermaßen unter „Handlungszwang", und das vorherrschende Gefühl war, dass eine absolute Notwendigkeit bestehe, sehr schnell Maßnahmen ergreifen zu müssen. Zu diesem Zweck wurden verschiedenen Konzepte entwickelt. Die beiden wichtigsten waren: der *Abschreckungsansatz* und der *normative Ansatz*.

Der Abschreckungsansatz

Der Abschreckungsansatz fußt auf zwei Prinzipien: 1) die Sportler sind rationale Personen und 2) es fehlen ihnen die notwendigen Informationen, um ein angepasstes Verhalten zeigen zu können.

Die verschiedenen darauf aufbauenden Projekte bestehen daher aus der Verbreitung von Botschaften, die Doping unter Hinweis auf damit verbundene Gesundheitsgefahren mehr oder weniger verteufeln und mit denen sich provozieren lässt. Die Befürworter dieser Strategie nehmen an, dass bessere Kenntnisse über die schädlichen Nebenwirkungen der Substanzen dazu führen, dass diejenigen, die bereits Mittel anwenden, davon lassen und andere, die in Versuchung sind, davon abgehalten werden könnten.

Allerdings wusste man damals noch nicht, dass alleinige Information, selbst wenn sie das Wissen erweitert – was nicht immer der Fall ist – nicht automatisch eine Verhaltensänderung bewirkt und zu einer gesundheitsbewussteren Lebensführung anregt. Mehr noch, damit kann sogar das Gegenteil des beabsichtigten Effektes hervorgerufen werden!

Die Strategie, mit der Angst zu arbeiten, erwies sich somit weniger wirksam als erwartet. Verschiedene Erklärungsmodelle über das Gesundheitsverhalten liefern dafür die wichtigsten Gründe:

- Die mit den Substanzen verbundenen Gesundheitsgefahren spielen für sich dopende Sportler keine Rolle, außer sie wirken sich direkt negativ auf die Leistung aus. Dies trifft insbesondere auf Heranwachsende zu, deren Mehrheit Schwierigkeiten hat, sich auf lange Sicht Beeinträchtigungen der Gesundheit vorzustellen.

- Insbesondere unter Jugendlichen und Sportlern, deren Risikobereitschaft und Experimentierfreude bekannt sind, ist es manchmal attraktiv, sich freiwillig Gefahren auszusetzen (Le Breton 1991). Daher kann das Beschreiben unerwünschter Nebenwirkungen der Mittel dazu führen, dass deren Anziehungskraft steigt (Brun 1994) und deren Anwendung zusätzlich angeregt wird, selbst wenn damit nur die Neugierde befriedigt werden soll.

Der normative Ansatz

Geht man von der Hypothese aus, dass die Substanzen insofern wirkungsvoll sind, als sie dazu beitragen, dass die Anwender die Ziele erreichen, auf die sie fixiert sind (zu siegen, nicht hinterher zu hinken, seinen Platz zu erhalten usw.) und legt man den allgemeinen von der Sportgemeinschaft hochgehaltenen Wertekern zugrunde, dann lautet das Urteil über Doping: „Das ist nicht gut!"

Anders ausgedrückt, daraus ergibt sich eine Verletzung der Chancengleichheit unter Sportlern, eine Quelle fehlenden Respekts vor den Gegnern, ja sogar gegenüber sich selbst, ferner die Möglichkeit eines ungerechtfertigten Sieges und weitere Regelverletzungen (sogar der Gesetze[1]). Entsprechend zahlreich sind die Appelle an Betroffene, die zum einen den edlen Aspekt einer Herangehensweise ohne künstliche Hilfsmittel betonen und die zum anderen die Anwendungen als dem Geist des Sports zuwider laufend geißeln. Ein Beispiel (Graillot 1992): *„Steht der Griff zu Dopingmitteln nicht im Widerspruch zu der Fairness, ohne die sich der sportliche Wettstreit der Absurdität annähert?"*

Dennoch fragen sich seit Mitte der 1960er Jahre manche Praktiker, ob das Hochhalten des Schildes der Sportethik per se ein wirksames Mittel ist, Doping im Sport einzudämmen (Vaille 1966). Einige gehen noch weiter und wenden die Ethikargumente der Präventionsaktivisten gegen diese selbst. Zum Beispiel sind sie der Ansicht:

- Die Sanktionierung der Anwendung von Dopingmitteln könne nicht in Betracht gezogen werden (Fost 1986);
- Die Dopingkontrollen, insbesondere die unangekündigten Trainingskontrollen, seien in Anbetracht der damit verbundenen Verletzung der Privatsphäre der Sportler/innen nicht zu rechtfertigen (Schneider, Butcher und Lachance 1994).

(Doping)Prävention über den Weg der Erziehung anstatt über die Gesundheit?

Die Palette der für die Dopingprävention eingesetzten Konzepte zeugt von den Schwierigkeiten, die sich ergeben, wenn nach praktikablen Möglichkeiten gesucht wird, die geeignet sind, eine Mentalitäts- oder Verhaltensänderung herbeizuführen. Dies ist allerdings nicht auf den Bereich des Dopings beschränkt.

Dennoch gibt es Situationen, in deren Verlauf eine nicht unbeträchtliche Anzahl von Personen Lebensgewohnheiten schnell geändert hat. Zum Beispiel 1996 während der Krise um den „Rinderwahn", als unzählige Verbraucher auf Rindfleisch verzichteten und dieser Markt zusammenbrach, nachdem Forscher die Übertragbarkeit dieser Krankheit auf den Menschen nachgewiesen hatten.

Verschiedene Hypothesen wurden entwickelt, um die beobachteten Diskrepanzen zwischen den Präventionsprojekten und ihren (fehlenden) Effekten zu erklären: ungenaue Zielvorgaben, fehlende Kohärenzen zwischen Aktivitäten im Antidopingbereich und anderen Präventionsfeldern, Verfehlung der Zielgruppe usw., aber auch schlecht gewählte Bezüge (z. B. „Gefahr", „Verbot") sowie andere ungenügende Arbeitsmittel und –Methoden (z. B.: alleinige Information). Es hat sich auch herausge-

---

[1] Belgien und Frankreich waren 1965 die beiden ersten Länder der Welt, die sich ein Antidopinggesetz gaben (Belgien: Das Gesetz vom 2. April 1965 verbot Doping bei sportlichen Wettkämpfen. Frankreich: Das Gesetz n°65-412 vom 1. Juni 1965 zielte darauf ab, Stimulanzien während sportlicher Wettkämpfe zu bestrafen).

stellt, dass ein auf das Gesundheitsbewusstsein oder auf Verhaltensweisen abzielender Ansatz sein Ziel verfehlt, wenn er auf „negativen" Botschaften beruht wie „es ist nicht gut, wenn..." und „man darf nicht...". Und zu guter Letzt wurde angemerkt, dass einige Aktionen sich zu sehr auf einzelne Thematiken wie Doping oder Ernährung konzentrieren würden, wodurch bei einem Publikum, das dieser Themen in gewisser Weise überdrüssig sei, eine Verstärkung des problematischen Verhaltens bewirkt werden könne.

So weicht der „Gesundheits"-Ansatz (*l'approche „sanitaire"*) (der primär auf den Erhalt der Gesundheit abzielt), innerhalb der Präventionsaktivitäten, auch derjenigen, die auf die Gesundheitserziehung abzielen, mehr und mehr einem umfassenderen „Erziehungs"-Ansatz (*l'approche „éducative"*).

Erziehung

Das Ziel der Erziehung liegt darin, den Individuen die Möglichkeit zu eröffnen, ihr Potential, ihre Persönlichkeit und ihre besonderen Fähigkeiten zu entwickeln. Jeder Mensch, ob Kind, Heranwachsender oder Erwachsener, muss daher von einer Erziehung profitieren können, die so gestaltet ist, dass sie den fundamentalen Bildungsbedürfnissen entspricht. Dabei handelt es darum[2] zu

- Lernen, etwas zu verstehen: ein Problem zu lösen, Entscheidungen zu treffen, Konsequenzen abzuschätzen...

- Lernen, etwas zu tun: zu kochen, sich zu waschen, zu schreiben, zu lesen...

- Lernen, miteinander zu leben: zu kommunizieren, sich zu behaupten, zu verhandeln, zuzuhören...

- Lernen, sich selbst wahrzunehmen (selbst zu sein): Selbstvertrauen zu entwickeln, mit Stress umzugehen...

Diese verschiedenen Kompetenzen, die als notwendig für das tägliche Leben angesehen werden, beinhalten praktische Fähigkeiten (Schreiben zu können, Kochen zu können) und intrinsische Fähigkeiten (Entscheidungen treffen zu können, sich behaupten zu können), die psychosoziale Kompetenzen genannt werden.

Die grundlegenden psychosozialen Kompetenzen

Die Weltgesundheits-Organisation (WHO) hat zusammen mit UNICEF zehn grundlegende und universell gültige psychosoziale Fähigkeiten bestimmt (WHO 1997). Danach sollte jeder Mensch, unabhängig von seiner nationalen und kulturellen Herkunft, folgende Lebenskompetenzen entwickeln können:

---

[2] Siehe dazu UNESCO Déclaration mondiale sur l'éducation pour tous (1990); ONU Déclaration universelle des droits de l'homme (1948); UNICEF Convention relative aux droits de l'enfant (1989).

- Problemlösefertigkeit - Entscheidungsfertigkeit
- Kreatives Denken – Kritisches Denken
- Effektive Kommunikationsfertigkeit – Interpersonelle Beziehungsfertigkeiten
- Selbstwahrnehmung – Empathie
- Stressbewältigung – Emotionsbewältigung

Die WHO hält fest: „Die psychosozialen Kompetenzen befähigen den Menschen, auf die Herausforderungen des täglichen Lebens erfolgreich reagieren zu können." Für diese Organisation kann die Entwicklung der psychosozialen Kompetenzen wesentlich zur Erhaltung der Gesundheit beitragen, sofern ein der Gesundheit abträgliches Verhalten in Verbindung steht mit einer Unfähigkeit, auf Stress oder Belastungen des Lebens erfolgreich zu reagieren.

Die psychosozialen Kompetenzen und Prävention

Die psychosozialen Fähigkeiten könnten zu einem Grundstein der Prävention werden. Ihre Entwicklung wäre der den Projekten gemeinsame Sockel, dem detaillierte Informationen je nach Alter der Zielgruppe und Art der Gesundheitsthemen (Rauchen, Doping, Sexualität usw.) hinzugefügt werden. Auch ermöglicht die Stärkung der Kompetenzen, wie etwa die Entwicklung der Selbstwahrnehmung oder des kritischen Denkens, eine überaus positive Herangehensweise.

Schließlich haben die Konzepte, die auf der Stärkung dieser Lebenskompetenzen beruhen, ihre Leistungsfähigkeit dadurch gezeigt, dass es mit ihrer Hilfe gelang, abweichendes Verhalten, gewalttätiges oder kriminelles, bei Jugendlichen zu reduzieren (Englander-Goldern et al. 1989), Gefühlswirren zu dämpfen (McConaughy et al. 1998), die Wut-Kontrolle zu verbessern (Deffenbacher et al. 1996), sexuelles Risikoverhalten (Schwangerschaft, AIDS) einzudämmen (Kirby et al. 1994; Zabin et al. 1986) und das Einstiegsalter für den Konsum von Zigaretten, Alkohol und weiterer Substanzen zu senken (Caplan et al. 1992; Errecart et al. 1991; Hansen et al. 1988). Und kürzlich zeigte sich, dass dieser auch Ansatz geeignet ist, Dopingmentalität junger Sportler vorzubeugen (Laure et al. 2009).

Eine Prävention, die Fragen aufwirft…

Die Prävention von Dopingmentalität lässt durchaus etliche Fragen offen, von denen einige hier bereits angesprochen wurden. Zum Beispiel die Frage, ob es legitim ist, Menschen daran zu hindern, Misserfolge mit Hilfe von Substanzen vermeiden zu wollen.

Zwei weitere Problematiken seien hier angesprochen.

Seit ein bis zwei Jahrzehnten kann man sowohl auf Seiten der Initiatoren als auch der Akteure vor Ort ein Bewusstsein dafür feststellen, dass die Präventions-Projekte und, allgemeiner gesehen, die Erziehungs- oder Gesundheitprojekte „Wissen" und „Know-how" benötigen: Wissen über die Gesundheit und die Probleme, die sich daraus ergeben, sie zu erhalten; Kenntnisse darüber, wie mit Modellen umzugehen ist, die Verhalten erklären; Programme, um Fähigkeiten zu erstellen und entsprechendes Handwerkzeugs anzuwenden usw. Dieses „Wissen" wird immer spezieller.

Zudem setzen diese Aktivitäten, die sich sowohl an Männer als auch an Frauen richten und auf beider Verhalten abzielen, eine hoch entwickelte soziale Kompetenz voraus: Menschlichkeit, Empathie usw. Aber diese ist viel, ja sehr viel schwieriger zu erwerben und zu erhalten, als theoretisches oder technisches Wissen.

Riskiert man damit nicht, im Namen der Effizienz, im Namen der Leistungserforschung[3], der Versuchung einer roboterhaften Prävention zu erliegen, die von Akteuren mit hohem fachspezifischem wenn nicht gar technischem Wissen gestaltet wird, die aber seelenlos ist?

Verschiedene Veröffentlichungen unterstreichen, wie oben bereits dargelegt, die Bedeutung der Entwicklung der psychosozialen Fähigkeiten. Andere wiederum bezweifeln, dass dies effektiv sei (Gorman 2005). Und wieder andere geben zu bedenken, dass dieser Ansatz sogar Zwecken dienen kann, die der Erhaltung der Gesundheit zuwiderlaufen, die z. B. geeignet sein können, Jugendliche zum Rauchen anzuhalten (Mandel et al. 2006).

Die Frage nach dem Sinn oder nach der Bedeutung der Entwicklung der psychosozialen Kompetenzen als Mittel der Gesundheitserziehung ist damit wichtig. Unter Hinweis auf die klassische Soziologie könnte man die Hypothese formulieren, dass diese Entwicklung einer Logik folgt, die den Mechanismen der sozialen Integration entspricht. Diese wirken innerhalb der gesamten Gesellschaft (sind dem Charakter nach „universell" und transkulturell wie die zehn grundlegenden Kompetenzen der WHO), für die Gesellschaft als Ganzes scheinen sie aber nicht entsprechend identifizierbar.

Infolgedessen wird, wie es François Dubet vorschlägt, die Identität eines Akteurs zu einem Aspekt der Systemintegration (Dubet 1994), das heißt seine Identität hängt von der Art und Weise ab, wie er die gesellschaftlichen Werte mit Hilfe der Rollen verinnerlicht. Anders ausgedrückt, sind diese Akteure das Abbild einer als Gebäude dargestellten Gesellschaft, die von den gemeinsamen Werten zusammengehalten wird. In der Welt des Sports, in der Werte eine fundamentale Rolle spielen, ist dies ein

---

[3] Erinnern wir uns, dass die Leistung, welch amüsante Kapriole, auch der bestimmende Faktor der Dopingmentalität ist.

wichtiges Postulat (Laure 2008). Bei dieser Betrachtungsweise wird Erziehung – darin eingeschlossen Gesundheitserziehung – zu einem System der Werteaneignung, welches sicherlich die Identität stärkt, aber auch die soziale Ordnung. So könnte ein Akteur, der sich in seinen persönlichen Beziehungen ungeschickt verhält, dem es an Kreativität oder Kritikfähigkeit mangelt oder der schlecht mit Belastungen umgehen kann (ebenso wie beim Fehlen anderer psychosozialer Kompetenzen), ein Störfaktor für die Ordnung darstellen, da er mit hoher Wahrscheinlichkeit soziale Verhaltensweisen annehmen wird, die als unangepasst gelten. Wie etwa, sich zu dopen.

So gesehen trägt die Entwicklung der psychosozialen Kompetenzen im Erziehungs- und Gesundheitsbereich zur Aufrechterhaltung der sozialen Ordnung und der Identität der Akteure bei. Kann man hier noch lediglich von Prävention sprechen, deren Ziel Gesundheit ist?

Aus dem Französischen von Monika Mischke

Literatur

Boje, O. (1939). Le doping. Etude sur les moyens utilisés pour accroître le rendement physique en matière de sport. *Bulletin de l'Organisation d'Hygiène, SDN* 8, S. 472-505.

Brun, Jean-François (1994). Dopage et pensée magique. *Homéopathie Européenne* 4, S. 24-31.

Caplan, M./Weissberg, R./Grober, J./Sivo, P./Grady, K./Jacoby, C. (1992). Social compétence promotion with inner-city and suburban young adolescents: Effects on social adjustment and alcohol use. *Journal of Consulting Clinical Psychology* 60, S. 56-63.

Comité international olympique (CIO)/International Olympic Committee (IOC) (1937). *Bulletin Officiel du Comité International Olympique* 35, S. 7-14/*Official Bulletin of the International Olympic Committee* 35, S. 7-14.

Deffenbacher, J./Oetting, E./Huff, M./Thwaites, G. (1996). Fifteen-month follow-up of social skills and cognitive-relaxation approaches to general anger reduction. *Journal of Counseling Psychology* 42, S. 400-405.

Dubet, François (1994). *Sociologie de l'expérience.* Paris: Ed. du Seuil.

Englander-Goldern, P./Jackson, J./Crane, K./Schwarzkopf, A./Lyle, P. (1989). Communication skills and self-esteem in prevention of destructive behaviours.

Adolescence 14, S. 481-501.

Errecart, M.T./Walberg, H.J./Ross, J.G./Gold, R.S./Fiedler, J.L./Kolbe, L.J. (1991). Effectiveness of teenage health teaching modules. *Journal of School Health* 61, S. 26-30.

Fost, Norm (1986). Banning drugs in sports: a skeptical view. *Hastings Center Report* 16, S. 5-10.

Graillot, Philippe (1992). L'Ethique du sport. *Après-Demain* 343-344, S. 8-10.

Hansen, W./Johnson, C./Flay, B./Graham, J./Sobel, J. (1988). Affective and social influence approaches to the prevention of multiple substance abuse among seventh grade students. *Preventive Medicine* 17, S. 135-188.

Heitan, Heinz (1931). Doping im Sport. *Die Medizinische Welt* 5, S. 7-8.

Laure, Patrick (2008). Valeurs et sport. In Pierre Arnaud, Michaël Attali und JeanSaint-Martin (Hrsg.), *Le sport en France. Une approche politique, économique et sociale*. Paris: La Documentation Française, S. 191-199.

Laure, P./Favre, A./Binsinger, C./Mangin, G. (2009). Can self-assertion be targeted in doping prevention among adolescent athletes? A randomized controlled trial. *Serbian Journal of Sports Science* 3, S. 105-110.

Le Breton, David (1991). *Passions du risque*. Paris: Métaillé.

Mandel, L. L./Bialous, S. A./Glantz, S. A. (2006). Avoiding "truth": tobacco industry promotion of life skills training. *Journal of Adolescence Health* 39, S. 868-879.

McConaughy, S. H./Kay, P. J./Fitzgerald, M. (1998). Preventing SED through parent-teacher action research and social skills instruction: First-year outcomes. *Journal of Emotional Behavioural Disorders* 6, S. 81-93.

Schneider, Angela/Butcher, Robert/Lachance, Victor (1994). Les tests antidopage, la santé et le droit à l'intimité pour les athlètes. In P. Brisson (Hrsg.), *L'usage des drogues et la toxicomanie*. Boucherville: Gaëtan Morin, S. 151-174.

UNESCO (1990). *World Declaration on Education for All/Déclaration mondiale sur l'éducation pour tous*. Jomtien.

UNICEF (1989). *Convention on the Rights of the Child/Convention relative aux droits de l'enfant*.

United Nations (UNO)/ Nations Unis (ONU) (1948). *Déclaration universelle des droits de l'homme/Universal Declaration of Human Rights*. Paris.

Vaille C. (1966). Poisons d'actualité. *Presse Médicale* 74, S. 2117-2119.

Vivre (1960). *Vivre* 5, S. 10-14.

World Health Organization (WHO) (1997). *Life skills education in schools.* WHO/MNH/PSF/93.7A.Rev.2. Geneva: WHO.

Zabin, L. S./Hirsch, M. B./Smith, E. A./Streett, R./Hardy, J. B. (1986). Evaluation of a pregnancy prevention programme for urban teenagers. In: *Family Planning Perspectives* 18, S. 119–126.

Welche Auswirkungen könnte die Diskussion um einen liberaleren Umgang mit Neuro-Enhancement auf den Jugendsport haben?

Giselher Spitzer

Ein Problem für jede Präventionsmaßnahme mit Kindern und jungen Erwachsenen stellt bereits das Definitionsproblem dar: Der Begriff „Doping" wird durch die Welt-Anti-Doping-Agentur WADA (und damit auch die NADA Bonn) letztlich reserviert für das Segment des Hochleistungssports und seine für Dopingtests gemeldeten Kader. Außerhalb dieser relativ kleinen Gruppe wird dann bei Dopingpraktiken von „Medikamentenmissbrauch" gesprochen. Dieser hegemoniale Gebrauch kann Missverständnisse begünstigen, die das Muster „Ich bin doch Freizeitsportler, ich kann ich doch nehmen was ich will!" stützen.

Wie sich zeigen wird, ist das Neuro-Enhancement-Konzept[1] ein weiteres Problem für die Prävention und für die Anti-Doping-Politik. „NE" als inzwischen geläufige Abkürzung greift meist auf die ADHS-Medikamente und Substanzen aus der Behandlung von Demenz- und Schlafkrankheit zurück. Differenzierte Studien zum Dopingaspekt bei Neuro-Enhancement-Praktiken gibt es noch nicht in entwickelter Form.[2] Aus der Fülle der kritischen Literatur seien herausgegriffen: Hoberman 2008; Knörzer et al. 2006; Waddington 2000; Heck und Schulz 1997; Seel 2008; Soyka, Sievers und Fischer-Erlewein 2009 sowie mit Blick auf die AD(H)S-Problematik Amft 2006 und der kritischen Sammelband Leuzinger-Bohleber, Brandl und Hüther 2006. Andere aktuelle Begrifflichkeiten für Neuro-Enhancement sind „Smart pills", „Brainbooster" und „Cognitive enhancer"[3].

---

[1] Dieser Beitrag erscheint in erweiterter Form in: Spitzer, G./Franke, E. (Hrsg.) (2010). *Sport, Doping und Enhancement — Transdisziplinäre Perspektiven*. Reihe: Doping, Enhancement, Prävention in Sport, Freizeit und Beruf, Band 1. 284 Seiten. ISBN 978-3-86884-010-0. Der Text geht auf die Thesen zurück, die erstmals beim Hearing des sportwissenschaftlich-philosophischen Teilprojekts der Humboldt-Universität zu Fragen der Leistungssteigerung bei Kindern und Jugendlichen am 11. November 2009 gehalten wurde. Das Verbundprojekt „Translating Doping" wird vom BMBF gefördert, dem zu danken ist.

[2] Verf. stellt in Band 2 der Schriftenreihe die Diskussion des Enhancements und die vielen Fehldeutungen systematisch dar.

[3] In diesem Zusammenhang ist als pointierter englischsprachiger Impulstext für den Unterricht geeignet: Das „Pro" von John Harris und das „No" von Anjan Chatterjee in: „Is it acceptable für people to take methylphenidate to enhance perfomance? In Head to head. BMJ (2009), 1532.

„Das optimierte Gehirn. Ein Memorandum zu Chancen und Risiken des Neuroenhancements"

Am 12. Oktober 2009 hat eine Forschungsgruppe der „Europäischen Akademie zur Erforschung von Folgen wissenschaftlich-technischer Entwicklungen" (Bad Neuenahr-Ahrweiler) in Anwesenheit der sieben Autoren ein „Memorandum" zum Umgang mit *„Brain-Enhancement"* vorgestellt. Im Internet ist leicht Einblick in die Ausgabe der populärwissenschaftlichen Zeitschrift *„Gehirn&Geist"* zu nehmen in: *„Das optimierte Gehirn. Ein Memorandum zu Chancen und Risiken des Neuroenhancements"* (Galert et al. 2009). Unsere Perspektive ist die Weiterführung der Thematik hinsichtlich der brisanten Frage, welche Auswirkungen die Diskussion um einen „liberaleren Umgang" mit Neuro-Enhancement auf den Jugendsport haben könnte.

Die Forschergruppe der Europäischen Akademie argumentiert idealtypisch so, dass eine Selbstmedikation von Gesunden (!) mit hirnwirksamen Substanzen eine Verbesserung der geistigen („kognitiven") Fähigkeiten und der Befindlichkeit nach sich zieht. ‚Doping im Sport' wird von der Autorengruppe abgelehnt. Doping sei außerdem eine nur körperliche Leistungssteigerung, die durch *„Neuro-Enhancement"* nicht erreicht würde und auch nicht beabsichtigt sei. NE sei ausdrücklich kein Doping. Die Pressemitteilung vom 9. Oktober 2009 verdeutlicht das Denkmodell:

> „Zunehmend berichten Medien von Studenten, die zur Prüfungsvorbereitung Aufputschmittel nehmen, oder von Menschen, die dem Druck am Arbeitsplatz mit Medikamenten begegnen, welche sonst zur Behandlung von Depressionen (Antidepressiva) oder der Alzheimerkrankheit (Antidementiva) dienen. Eine solche Verwendung von Psychopharmaka ohne therapeutischen Zweck wird oft abschätzig als ‚Hirndoping' bezeichnet. Als neutrale Alternative hat sich in Fachkreisen der Begriff ‚Neuro-Enhancement' durchgesetzt. Wie häufig gesunde Menschen gegenwärtig tatsächlich Medikamente einnehmen, um ihr Gedächtnis, ihre Konzentrationsfähigkeit oder ihre Stimmung zu verbessern, lässt sich nur schwer abschätzen. Kaum zu bezweifeln ist jedoch, dass das Interesse an den Möglichkeiten des pharmazeutischen Neuro-Enhancements wächst. Es ist daher an der Zeit, eine breite öffentliche Debatte darüber zu führen, wie diese Entwicklung zu beurteilen ist. Was spricht eigentlich dagegen, Psychopharmaka zu nehmen, um kognitive Fähigkeiten oder die emotionale Befindlichkeit über das ‚normale' Maß hinaus zu verbessern?"[4]

Wenn es irgendwann einmal *für Gesunde* Mittel zur Verbesserung der Fähigkeiten gäbe, die ohne gesundheitliche Risiken verwendet werden könnten – an diesem Punkt setzt das Denkspiel dieser Arbeitsgruppe ein: Möglichkeiten und Grenzen der

---

[4] http://www.ea-aw.de/de/service/pressemitteilungen/2009/oktober/09/empfehlungen-zum-verantwortungsvollen-umgang-mit-den-chancen-und-risiken-des-pharmazeutischen-neuro.html

Verwendung der Neuro-Enhancement-Präparate in der Gesellschaft – ausdrücklich nicht im Sport. Das Memorandum argumentiert (aus Sicht der Prävention: leider) plakativ. Die Einzelvorträge der Autoren argumentierten hingegen differenzierter. Projektleiter Galert forderte zwar eine Liberalisierung, warnte jedoch vor unkritischem Gebrauch und sozialem Druck, der die Einnahme von Enhancement-Präparaten durch die „rücksichtslose Ellbogengesellschaft" erleichtern könnte. Andererseits wird die gewichtige Warnung „Black box" der „Food & Drug Administration" (FDA) vor Risiken bei der Langzeiteinnahme von Methylphenidat-Präparaten wie Ritalin® nicht aufgegriffen.

Solche Aspekte stehen im Folgenden nicht zur Diskussion, mit einer Ausnahme: Es geht um die Folgen einer „Liberalisierung" für das Bildungswesen und Jugendliche sowie Studierende. Der Berliner „Tagesspiegel" am 18. Januar 2010 forderte in einem Meinungsartikel: „Bildung nicht ans Doping ausliefern". Die Verzehnfachung des Ritalin-Konsums innerhalb des letzten Jahrzehnts in Deutschland war Anlass für eine Warnung. Die zunehmende Einnahme psychotroper Medikamente könnte eine „Verkürzung des Bildungsgedankens" bewirken. Das traditionelle *"learning to the test"* könnte sich wandeln zum: *"doping to the test"*.

Das Medienecho auf das Programm war fast durchgängig ablehnend. Zuletzt zeichnete *Der Spiegel* vom 26. Oktober 2009 mit Interviews und der verfremdeten Fallstudie einer Mutter und Apothekerin mit Ritalin-Abusus ein äußerst ungünstiges Bild vom Neuro-Enhancement mit heute zugänglichen Substanzen.

Auswirkungen des Neuro-Enhancement-Konzepts auf den Sport

Für den Bereich von Sport und Bewegungskultur machte das Memorandum Überlegungen über die Folgen nötig, die erstmals im November 2009 zur Diskussion gestellt wurden. Eine kurzschlüssige Fehldeutung des Memorandums ist zu vermeiden. Dadurch kann einer missbräuchlichen Verwendung im Sport entgegengewirkt werden, um besonders Kinder und Jugendliche vor medizinischen, sportlichen und rechtlichen Nachteilen zu bewahren.

Die beiden Ausgangsbegriffe „Doping" und „Enhancement" haben klare Konnotationen:

- „Doping" ist im Gebrauch mit dem Körper des Menschen oder z. B. des Reitpferdes ein negativ besetzter Inhalt.

- „Enhancement" ist im Englischen ein grundsätzlich positiver Begriff.

Das „Memorandum" hat das *gebildete Individuum* zum Ziel und fokussiert dabei auf Bereiche *außerhalb* von Sport und Bewegungskultur: Die angenommene ungefährliche Förderung des Erlebens und der individuellen Leistung Gesunder wird in der Verwendung potenter Heilmittel für den kranken Menschen gesehen (vgl. auch ausführlich Merkel et al. 2007). Die kritische Reflexion möglicher Folgen des „Memorandums" für sportliche Kontexte eröffnet fünf Themenbereiche, die in Thesenform vorgestellt werden.

Neuro-Enhancement schützt nicht vor Dopingsanktionen
Die Verwendung von existierenden Neuro-Enhancement-Präparaten bereitet bei Entdeckung im Sport (durch Dopingkontrollen) Probleme.

Doping- und Enhancement-Praktiken nutzen dieselben Substanzen, so Methylphenidat (Ritalin® u. a.), Modafinil (Vigil®) oder Beta-Blocker (Propanolol®), die laut WADA-Code als Doping-Substanzen eingeordnet sind. So gut wie alle der beforschten Substanzen der unterschiedlichen Neuro-Enhancement-Konzepte finden sich seit langem auf den Listen von im Sport verbotenen Substanzen, so das Amphetamin und die Beta-Blocker. Die WADA hat zuletzt auch das Verbot von Modafinil und Methylphenidat in den weltweit anerkannten WADA-Code implementiert (S6/P2).

Diese im Sport verbotenen Substanzen sind leicht verfügbar. Ritalin kann vom Kinderarzt rezeptiert werden, nachweislich auch außerhalb der Zulassung an Erwachsene, die unter ADHS leiden (oder dies vorgeben). Der illegale Erwerb via Internet oder Schwarzmarkt ist nachgewiesen. Methylphenidat als Amphetamin-Abkömmling fällt zudem auch unter die Präparate, die im Betäubungsmittelgesetz (BTM) zu finden sind. Verstöße gegen die Vorschriften des BTM ziehen erhebliche strafrechtliche Sanktionen nach sich.

Modafinil stellt einen besonderen Fall dar. Der Wirkstoff des in Deutschland zugelassenen Vigil®, ist nämlich 2008 aus der Liste der Betäubungsmittel herausgenommen worden. Somit steigt die Gefahr des Abusus, da bei Missbrauch weniger rechtliche Sanktionen zu befürchten sind. Der Nachweis im Sport gilt jedoch nach wie vor als Doping.

Das Memorandum berücksichtigt also nicht: Jeder Kaderathlet eines deutschen Sportverbandes, der „privat" Befindlichkeiten steigern oder kognitive Leistungen verbessern möchte, wird in jedem Fall bei positivem Test gesperrt – wegen Dopings.

Akzeptanzzunahme von Neuro-Enhancement-Praktiken im Sport
Das Memorandum könnte den Eindruck verstärken, Psychopharmaka oder die Herzleistung steuernde Mittel sowie Demenz- oder Alzheimer-Präparate hätten positive Auswirkungen nur auf die geistige Leistung des Individuums. Wie beschrieben, hat das Sportsystem jedoch Neuro-Enhancement-Substanzen bei Kaderathleten als Doping eingeordnet. Dies gilt selbst dann, wenn es von einem Nationalkader mit der Erwar-

tung der kognitiven Leistungssteigerung vor einer Prüfung eingenommen und anschließend bei einem Wettkampftest durch NADA-Kontrollen nachgewiesen würde. Dasselbe Präparat ist im Sportbereich „verbotenes Doping", für eine Examensklausur aber ein bislang nicht verbotenes „Neuro-Enhancement". Das Individuum entscheidet sich für eine (hier: der beiden) Bewertungen desselben Substanzgebrauchs. Es entscheidet: sich entweder für Neuro-Enhancement und blendet damit den Aspekt des Dopings aus oder vergibt den möglichen Nutzen einer erhofften Prüfungsleistung wegen der Tatsache, dass die Substanz im Sport verboten ist. Es ist daher anzunehmen:

- Hochleistungs- oder Fitnesssportler sind ohne eine qualifizierte Doping-Prävention und deren „Immunisierung" in der Gefahr, das Neuro-Enhancement-Konzept für sich zu modulieren.

Eine *Akzeptanzzunahme im Sportsystem* könnte die Folge sein, da es kein der WADA vergleichbares Neuro-Enhancement-Verbot gibt, ohne das es jeder Aktive praktiziert.

Diffusion von Neuro-Enhancement-Praktiken in den Sport

Die *Diffusion* von tatsächlichen Neuro-Enhancement-Praktiken in den Sport und die Modulation sind der zweite Schritt. Aus Public Health-Perspektive liegt in diesem Fall ein „riskantes" Gesundheitsverhalten vor, wenn durch von den Verfassern nicht intendierte Interpretation des Konzepts folgendermaßen angelegt wird: Interessenten beschaffen sich über Arzt, Apotheker oder auf dem Schwarzmarkt die Präparate. Die selbst verantwortete Einnahme und Dosierung könnte epidemisch zunehmen, wenn die öffentlich diskutierte „Liberalisierung" simplifizierend als „Freigabe" verstanden oder in den Peergroups der Gleichaltrigen entsprechend kommuniziert wird. Die Akzeptanzzunahme von Neuro-Enhancement-Praktiken könnte in Sport wie Freizeitkultur zu einer kaum zu begrenzenden Diffusion führen. Historische Beispiele wie der problemorientierte Längsschnitt „50 Jahre Doping und die Pharmakologisierung des Alltagslebens" (Hoberman 2008) legen einen entsprechenden Transfer oder analoges Verhalten nahe. Es geht im Neuro-Enhancement schließlich auch um Substanzen, die vom Amphetamin abgeleitet sind.

Eine Diffusion kann, wie beschrieben, durch Übernahme von Neuro-Enhancement-Praktiken in die Medikamentennutzung besonders durch jüngere Erwachsene aufgrund der Erfahrungen befürchtet werden. Hier hat die Prävention noch eine schwere Aufgabe zu bewältigen.

Modulation von Neuro-Enhancement-Praktiken im Sport

Die selbst verantwortete Einnahme betrifft auch die Dosierung. Diese Modulation kann zu Niedrigdosierung führen, wird es aber wahrscheinlich nicht. Mit abnehmendem Bildungsgrad sinken die Chancen der „Anwender", die Dosierung überhaupt dem angestrebten Ziel entsprechend adäquat zu bestimmen. „Viel hilft viel", heißt es schließlich im „Volksmund": Aber dass es Allgemeinwissen von Pharmazeuten und Ärzten ist, dass bereits eine vergleichsweise kleine Menge Ritalin ausreicht, alle Andockstellen im Gehirn zu besetzen und damit den Therapiezweck zu erfüllen, würde von „Abusern" wohl kaum berücksichtigt. Durch die Dosierungserhöhung, zusammen mit nicht kontrolliertem Gebrauch mehrerer Substanzen, wird das Risiko gesundheitlicher Schäden noch einmal erhöht. Denkt man nun diese Formen der Anwendung der Neuro-Enhancer mit „klassischen" Formen des Dopings zusammen, ist ein großes Missbrauchs-Potential erkennbar, wenn Prävention nicht intervenieren kann.

Neuro-Enhancement-Praktiken in Jugendkultur und Jugendsport

In der Gesellschaft wie in der Rechtsordnung sind Minderjährige besonders schutzwürdig. Ihre Gesundheit ist durch Doping oder Missnutzung von Heilmittel besonders gefährdet und deshalb besonders geschützt. Im „Memorandum" werden zwar nur die Erwachsenen angesprochen. Allerdings haben die Autoren m. E. nicht berücksichtigt, dass Minderjährige häufig kritiklos nachahmen, was sie an der Erwachsenenwelt attraktiv finden. Berücksichtigen wir, dass die Doping-Prävalenzen ohnehin höher als bisher angenommen ausfallen, ergibt sich eine Verschärfung: Die Ergebnisse einer Regionalstudie aus Thüringen (Wanjek 2006) lassen auf Prävalenzen von Dopingpraktiken schließen, die bisherige Annahmen bei weitem übersteigen.

Hierzu kämen dann in Zukunft noch die Neuro-Enhancement-Praktiken, wenn nicht gegengesteuert werden kann. Prävalenzen für Neuro-Enhancement sind noch nicht klar erhoben, aber es zeichnet sich im internationalen Vergleich ein Trend ab, dass mehr als fünf Prozent der Studierenden für Zwecke des Neuro-Enhancement-Substanzen wie Ritalin verwenden, ohne dass ADHS diagnostiziert worden wäre. Anders gesagt: Gerade bei den Minderjährigen und jungen Erwachsenen wären Risiken für eine Rezeption der Liberalisierung in Diffusion und Modulierung zu sehen. Sie kann dann auch in die Sportpraxis hinein wirken, indem Ritalin auch für Sportzwecke verwendet wird.

Neuro-Enhancement-Praktiken von ADHS-Patienten

Dieses Thema wurde bislang in der Forschung noch nicht thematisiert. Der eben geschilderte Fall gilt für Patienten, die Ritalin im Rahmen einer ADHS-Therapie erhalten. Biographische Erfahrungen können über die (subjektiv gefühlte) Konzentrationsverbesserung unter Ritalin auch im Sport und im Sportunterricht zu einem instrumentellen Gebrauch führen (also aus Sicht des WADA-Codes: zu Doping). Gespräche über die Wirkung des Methylphenidat bei Fällen von Erwachsenen-ADHS auf Lernprozesse und körperliche Leistung bei Befragungen von Seminargruppen legen nahe, dass es nicht um Einzelfälle handelt. Über Gespräche in Schulklassen über ADHS-Medikamente und Lernleistung berichten auch Lehrer. Die bisherigen Stichproben machen Nachfragen nötig.

Schluss

Zum Doping im Sport ist eine neue Gefahr getreten: Selbstmedikation aus der Perspektive des Neuro-Enhancements heraus. Die sechs Thesen über Gefahren, die aus falscher Interpretation des Konzeptes entstehen können, sollten ebenso ernsthaft bedacht und Gegenstand empirischer Forschung werden.

Die theoretische Auseinandersetzung muss dabei sensibel auf neue Begrifflichkeiten reagieren. Aktuelle Schlagworte für Neuro-Enhancement wie "Mind-Doping" oder „Brain-Doping" sind dabei als äußerst problematisch zu bewerten: Sie treffen den Kern des Dopingbegriffs nicht – es besteht die Gefahr der Verschleierung des zugrundeliegenden Problems. Neuro-Enhancement ist aus Sicht des weiten Dopingbegriffs u. a. von Gerhard Treutlein ebenso wie aus der Logik der geltenden Sportrechts- und Rechtslage generell „Doping" gleichzusetzen. Es stellt auch einen Verstoß gegen das Strafrecht dar (Betäubungsmittel- oder Arzneimittelgesetz bei illegalen Handel oder Erwerb). Im Sport ist die Praxis der Einnahme ohne ärztliche Anordnung bereits geächtet worden. Sie wird verfolgt und bei Entdeckung durch Sperre sanktioniert.

Verlassen wir die Sphäre des WADA-Codes im Sports und beurteilen wir die Situation aus Sicht eines erweiterten Dopingbegriffs, so erwächst eine neue Qualität im Substanzgebrauch, eine gesellschaftliche Gefahr. Ein Eingreifen durch *Prävention* ist *sicher selbstverständlich, da sie dem Individuum die Entscheidung über das eigene Handeln nicht nimmt.* Ein *Verbot ist als letztes Mittel* jedoch ernsthaft zu diskutieren, wenn diese angenommene Gefährdung aus Public Health-Sicht bewertet wird. Eine prohibitive Strategie könnte dabei *analog dem Cannabis-Verbot* erfolgen. So könnte ein Verbot der selbstverantworteten Einnahme von Neuro-Enhancement-Medikamenten für Kinder und Jugendliche begründet werden, insoweit der unbefugte Umgang mit Substanzen wie dem Methylphenidat nicht ohnehin bereits strafrechtlich sanktioniert ist.

Die thesenartig beschriebenen Bedenken der Arbeitsgruppe sind auch jenseits der von den Autoren des Memorandums vorgetragenen Argumente diskutierbar und können vor dem Hintergrund jahrzehntelanger Dopingpraktiken bei der Weiterentwicklung und Erweiterung der Prävention über den Sport hinaus nützen.

Antworten zumindest des Sports müssen folgen – eine Herausforderung.

Literatur

Amft, H. (2006). ADHS: Hirnstoffwechselstörung und/oder Symptom einer kranken Gesellschaft? Psychopharmaka als Mittel einer gelingenden Naturbeherrschung am Menschen. In M. Leuzinger-Bohleber, S. Y. Brandl und G. Hüther (Hrsg.), *ADHS – Frühprävention statt Medikalisierung. Theorie, Forschung, Kontroversen.* Göttingen: Vandenhoeck & Ruprecht, S. 70-90

DAK Forschung (2009). Gesundheitsreport 2009. Hamburg.

Europäische Akademie zur Erforschung von Folgen wissenschaftlich-technischer Entwicklungen Bad Neuenahr-Ahrweiler (2009). PM. Empfehlungen zum verantwortungsvollen Umgang mit den Chancen und Risiken des pharmazeutischen Neuro-Enhancements, Freitag, 09. Oktober. Online unter http://www.eaaw.de/de/service/pressemitteilungen/2009/oktober/09/empfehlungen-zum-verantwortungsvollen-umgang-mit-den-chancen-und-risiken-des-pharmazeutischen-neuro.html

Galert, T./Bublitz, C./Heuser, I./Merkel, R./Repantis, D./Schöne-Seifert, B./Talbot D. (2009). Das optimierte Gehirn. Ein Memorandum zu Chancen und Risiken des Neuroenhancements. *Gehirn&Geist* 11/2009, S. 40-48.

Hoberman, J. (2008). 50 Jahre Doping und die Pharmakologisierung des Alltagslebens. In. L. Niethammer und K. Latzel (Hrsg.), *Hormone und Hochleistung. Doping in Ost und West.* Jena, S. 236-240

Knörzer, W./Spitzer, G./Treutlein, G. (Hrsg.) (2006). *Dopingprävention in Europa. Erstes Internationales Expertengespräch 2005 in Heidelberg.* Aachen: Meyer & Meyer Sport.

Leuzinger-Bohleber, M./Brandl, S. Y./Hüther, G. (Hrsg.) (2006). *ADHS – Frühprävention statt Medikalisierung. Theorie, Forschung, Kontroversen* (2. Aufl.). Göttingen: Vandenhoeck & Ruprecht.

Merkel; R./Boer, G./Fegert, J./Galert, T./Harmtann, D./Nuttin, B./Rosahl, S. (2007). *Intervening in the Brain. Changing Psyche and Society.* Berlin/Heidelberg/New York: Springer.

Soyka, M. (2010). Neuro-Enhancement – eine kritische Annäherung. *Arbeitsmedizin, Sozialmedizin, Umweltmedizin* 45:5, S. 242-246.

Soyka, M./Sievers, E./Fischer-Erlewein, E. (2009). Amphetaminmissbrauch bei angeblichem adultem Aufmerksamkeitsdefizit/Hyperaktivitätssyndrom. *Gesundheitswesen* 71:4, S. 207-209.

Pitsch, W./Maats, P./Emrich, E. (2009). Zur Häufigkeit des Dopings im deutschen Spitzensport – eine Replikationsstudie. In E. Emrich und W. Pitsch (Hrsg.), *Sport und Doping*. Frankfurt M. Peter Lang, S. 19-36.

Wanjek, Berit (2006). *Doping, Drogen und Medikamente im Sport: Determinanten des Substanzkonsums bei Thüringer Jugendlichen*. Dissertation: Friedrich-Schiller-Universität Jena: Fakultät für Sozial- und Verhaltenswissenschaften, URN (NBN): urn:nbn:de:gbv:27-20060914-110052-6.

Autorenverzeichnis

Prof. Dr. Helmut Altenberger, geb. 1946, studierte Sportwissenschaft, Erziehungswissenschaft, Philosophie und Geographie an der Universität Salzburg. Promotion 1973, wissenschaftlicher Assistent an der TU München, 1981 Habilitation. Seit 1982 Ordinarius für Sportpädagogik in der Philosophisch-Sozialwissenschaftlichen Fakultät der Universität Augsburg. Sportpädagogische Arbeitsschwerpunkte: Bildung für nachhaltige Entwicklung, erlebnisorientiertes Lehren und Lernen, Schulsportforschung und Qualitätsentwicklung, olympische Erziehung in Schule und Lehrerbildung, Migration und Integration im Sport.

Brigitte Berendonk, geb. 1942 in Dankmarshausen (Thüringen), siedelte 1958 mit ihrer Familie von der DDR in die Bundesrepublik über. Sie studierte Anglistik und Sport in Heidelberg, wo sie von 1969 an am Hölderlin-Gymnasium unterrichtete. Sie nahm als Diskuswerferin und Kugelstoßerin zwei Mal, 1968 und 1972, an Olympischen Spielen teil und gewann bei den Universiaden 1967 in Tokyo und 1970 in Turin jeweils Silber. 1969 wurde sie zur ersten Athletensprecherin im DLV gewählt. Als solche exponierte sie sich konsequent gegen Doping, insbesondere bei Frauen. Mit ihren Buchpublikationen 1991/92 legte sie als erste Autorin die kriminelle Natur des Dopings in Ost und West, insbesondere auch dessen staatliche Duldung und Förderung offen.

Prof. Dr. Karl-Heinrich Bette studierte Soziologie, Philosophie und Sportwissenschaft in Köln, Aachen und Urbana-Champaign/USA. Promotion (1982) und Habilitation (1988) an der Deutschen Sporthochschule Köln. Von 1992 bis 2002 hatte er die Professor für Sportwissenschaft an der Universität Heidelberg inne, seit 2002 ist er Professor für Sportsoziologie am Institut für Sportwissenschaft der TU Darmstadt. Seine Forschungsschwerpunkte sind Sportsoziologie, die Soziologie des Körpers oder neuere soziologische Systemtheorie. Jüngste Veröffentlichung: *Sportsoziologische Aufklärung. Studien zum Sport der modernen Gesellschaft*. Bielefeld: transcript (im Druck).

Dr. Christophe Brissonneau, Sportsoziologe, war als Leichtathlet in den 1980er Jahren Mitglied der französischen Nationalmannschaft. Promotion mit einer Arbeit über die Entwicklung der Sportmedizin zwischen 1960 und 2000 an der Universität Paris, wo er heute in der Forschungsabteilung „Centre de recherche Sens Ethique Société" arbeitet. Er untersuchte Dopingkarrieren in der Leichtathletik, im Radsport, Catchen, Gewichtheben und Bodybuilding. Seit 2008 publizierte er ein Buch über das Dopingverhalten von Radsportlern zwischen 1960 und 2003 sowie Berichte für die Welt-Anti-Doping-Agentur über neue Dopingkarrieren im Radsport (2009) und für das Europäische Parlament über die Dopingproblematik bei Profisportlern.

Prof. Dr. Fritz Dannenmann, M. A, geb. 1942, verheiratet, zwei Kinder. Nach Abitur Erststudium in Reutlingen zum Volksschullehrer (1965), drei Jahre Schuldienst, Zweitstudium zum Realschullehrer, zwei Jahre Realschullehrer und Mentor in Reutlingen (1971), danach Fachschulrat an der PH Schwäbisch Gmünd. Drittstudium an der Uni Tübingen (Sportwissenschaft, Pädagogik und Päd. Psychologie). Magister Artium Examen (1974). Drei Jahre Wiss. Assistent an der PH Reutlingen, danach Studienrat, parallel Promotionsstudium an der Uni Tübingen, später Heidelberg. Promotion. Berufung als Professor für Sportpädagogik an der PH Heidelberg (1991). Seit 2002 im Ruhestand.

Herbert Fischer-Solms, in Löbau/Lausitz geboren. Volontariat *Gießener Allgemeine Zeitung*, danach Redakteur bei der Evangelischen Kirchenpresse in Kassel und beim *Wiesbadener Kurier*. Eintritt in die Deutschlandfunk-Sportredaktion im November 1973. ARD-Reporter für Sportpolitik. Mitglied der Doping-Task Force im ARD-Hörfunk.

Prof. em. Dr. Elk Franke, geb. 1942, studierte Geschichte, Politikwissenschaft, Soziologie und Philosophie. Promotion in Philosophie/Sportwissenschaft. Forschungsschwerpunkte Handlungstheorie, Ethik und Ästhetik des Sports sowie Bildungstheorie. Aktuelles Projekt an der Humboldt-Universität zu Berlin: Translating Doping (BMWF bis 2012). Publikationen: „Ästhetische Bildung" (2003; Hrsg. mit Bannmüller), „Körperliche Erkenntnis" (2008; Hrsg. mit Bockrath und Borschert), „Sport, Doping und Enhancement – interdisziplinäre Perspektiven" (2010; Hrsg. mit Spitzer).

Prof. Dr. Werner W. Franke, geb. 1940 in Paderborn, Ehemann von Brigitte Berendonk. Promotion 1967 an der Universität Heidelberg, habilitierte sich an der Universität Freiburg i. Br. 1971. Von 1973 an Abteilungsleiter für Zellbiologie am Deutschen Krebsforschungszentrum (DKFZ) und Professor der Universität Heidelberg. Acht Jahre Präsident der Europäischen Zellbiologie-Organisation und der International Society of Differentiation sowie der Deutschen Gesellschaft für Zellbiologie. Zahlreiche wissenschaftliche Preise und Auszeichnungen. 2007 wurde er zum „Hochschullehrer des Jahres" durch den Deutschen Hochschulverband gewählt und damit auch für seinen vielfältigen Einsatz über sein Fachgebiet hinaus ausgezeichnet – vor allem gegen die illegalen pharmakologischen Manipulationen bei jungen Menschen im Sport (Doping).

Prof. em. Dr. Jürgen Funke-Wieneke, geb. Funke, Jg. 1944, Fachbereich Bewegungswissenschaft der Universität Hamburg. Akademischer Rat Laborschule Bielefeld 1973 bis 1980 (Prof. Hartmut von Hentig). Mitherausgeber der Zeitschrift „Sportpädagogik" 1981 bis 2007. Forschungen zu den systematischen Grundlagen der Bewegungs- und Sportpädagogik (Sportunterricht als Körpererfahrung 1983, Bewegungs- und Sportpädagogik 2004/2010, Grundlagen der Bewegungs- und Sportdidaktik 2007).

Prof. Dr. Udo Hanke, Promotion 1980 und Habilitation 1989 in Heidelberg, ist seit 1994 Inhaber des Lehrstuhls für Sportwissenschaft an der Universität Koblenz-Landau, Abt. Landau. Er erhielt 1990 für seine Habilitationsschrift den J. A. Samaranch-Preis 1990 der AIESEP und leitet seit 2000 als Vorsitzender die Forschungsgruppe Unterrichtsmedien im Sport. Seit 2006 ist er Präsident des Deutschen Sportlehrerverbands. Seine Arbeits- und Forschungsschwerpunkte sind: Handlungsorientiertes Lehrtraining, Experten-Novizen-Forschung im Bereich des Trainerhandelns, Subjektive Feedbacktheorien im motorischen Lernprozess sowie Mediendidaktik in Sportunterricht und Training.

Anno Hecker gehört seit 1991 zum Redakteursteam der F.A.Z. Er schreibt seit mehr als zwanzig Jahren über das Phänomen Doping in den unterschiedlichsten Sportarten, vom Bob- über den Rad- bis hin zum Motorsport. Dabei hat er immer wieder auf die besondere Verantwortung von Funktionären, Medizinern und Politikern für die Manipulationssysteme in Ost wie West hingewiesen. Als Reporter wird er von der F.A.Z. in der Formel 1 und bei Olympischen Winterspielen eingesetzt.

Gert Hillringhaus ist Diplomingenieur für Elektrotechnik an der Fachhochschule Lübeck für den Studiengang Informationstechnologie und Gestaltung. Als Quereinsteiger im Radsport absolvierte er ab 1998 alle Stufen der Trainerausbildung bis hin zum A-Trainer. Mitarbeit im Projekt „GATE" bei der Erstellung der Materialienmappe „Sport ohne Doping!" für die Deutsche Sportjugend (dsj). Autor der Ausbildungsordnung des Bundes Deutscher Radfahrer (BDR) mit Integration der Dopingprävention. Er ist Vater zweier Söhne im Alter von 16 bis 19 Jahren.

Prof. Dr. Dr. Arturo Hotz, geb. 1944, ist Sportwissenschaftler im universitären Ruhestand. In jungen Jahren Wettkampfsportler (Leichtathletik, Ski alpin, Hand- und Fußball) und Diplomsportlehrer sowie Oberturner, LA-Clubtrainer, Konditionstrainer (Bob-Nationalteam) und Cheftrainer der Schweizer Nationalmannschaft Ski alpin. Tätigkeiten als Chefredakteur der Zeitschrift „Sporterziehung in der Schule", Redakteur der *Neuen Zürcher Zeitung* oder als Abteilungsleiter beim Nationalfonds zur Förderung der wissenschaftlichen Forschung. Danach akademische Laufbahn in Göttingen; zahlreiche Gastprofessuren, Publikationen und Trainerbildungs-Engagements in „quer Europa". Ethik-Award des IOC und Internationaler Fairplay-Preis.

Alexandra Ivanova, geb. 1988 in Moskau, studierte 2007 bis 2010 Japanologie und Soziologie an der Goethe-Universität in Frankfurt am Main (B. A.). Seit 2010 Masterstudium der Soziologie. Seit 2009 ist sie wissenschaftliche Mitarbeiterin am Heidelberger Zentrum für Dopingprävention, Mitarbeit an Studien und Gutachten zu Doping und Dopingprävention. Als Jugendliche betrieb sie Leistungssport in Form von Rhythmischer Sportgymnastik und Sportbühnentanz.

Prof. Dr. Wolfgang Knörzer ist Professor für Sportwissenschaft/Sportpädagogik an der Pädagogischen Hochschule Heidelberg. Er leitet das Zentrum für Prävention und Gesundheitsförderung. Gemeinsam mit seiner Projektgruppe entwickelt er seit 2005 das Heidelberger Kompetenztraining (HKT), ein ressourcenorientiertes Selbstmotivationsprogamm, und implementiert es erfolgreich in verschiedenen Handlungsfeldern wie Schule, Hochschule, Leistungssport oder Rehabilitationswesen.

Hansjörg Kofink, geb. am 1. Juli 1936 in Stuttgart, studierte Deutsch, Englisch und Leibesübungen für das höhere Lehramt in Tübingen und Leicester/GB. 38 Jahre war er im gymnasialen Schuldienst, davon 29 Jahre umfangreiche Fachberatertätigkeit für das Fach Sport und 23 Jahre in der Referendarausbildung. Von 1970 bis 1972 arbeitete er ehrenamtlich als Bundestrainer für das Kugelstoßen Frauen. Rücktritt wegen der Nichtnominierung westdeutscher Kugelstoßerinnen für die Olympischen Spiele 1972 und wegen des sich abzeichnenden weltweiten und nationalen Anabolikadopings im Frauensport. Als Vizepräsident und Präsident des Deutschen Sportlehrer-Verbandes blieb er jahrzehntelang ein unbequemer Mahner gegen Doping.

Prof. Dr. Harald Lange, geb. 1968, Studium der Sozial- und Sportwissenschaften sowie der Biologie und Interkulturellen Didaktik an der Universität Göttingen. Er war Studienrat an einem hessischen Gymnasium, Akademischer Rat an der Universität Frankfurt, Professor für Sportpädagogik in Ludwigsburg und seit April 2009 Lehrstuhlinhaber für Sportwissenschaft mit dem Schwerpunkt Sportpädagogik und -Didaktik sowie Bewegungserziehung an der Universität Würzburg. Gastprofessor für Sportpädagogik an der Universität Wien und Honorardozent an der Trainerakademie des DOSB in Köln. Arbeitsschwerpunkte: Konzeptionell-systematische Sportpädagogik, qualitative Unterrichtsforschung sowie Trainings-, Gesundheits- und Bewegungspädagogik

Dr. Patrick Laure, geb. 1961, ist Facharzt für öffentliche Gesundheit und Medizinsoziologe am Lorraine Laboratory of Social Science, University Paul Verlaine, in Metz/Frankreich. Seine Forschungsschwerpunkte sind Epidemiologie und Prävention von Dopingverhalten sowie Gesundheitsbildung durch körperliche Aktivität. Er verfasste zahlreiche wissenschaftliche Bücher und Beiträge wie „Histoire du dopage et des conduites dopantes" (2004) und „Activité physique et santé" (2007). Seine sportlichen Hobbies sind Schwimmen und Mountainbike-Fahren.

Robert Lechner ist ehemaliger Radrennsportler und Olympiamedaillengewinner. Mit seiner Familie lebt er in Ruhpolding. Er ist gelernter Bankkaufmann und A-Lizenztrainer und beruflich tätig als Diagnostiker und Trainer für EUROPEAN-SPORTS. Zudem betreibt er mit einem Partner „DIE RADGEBER", ein Fahrradgeschäft zum Zweck der Materialabstimmung und Sitzpositionsoptimierung.

Ralf Meutgens, geb. 1959 in Düsseldorf, lebt heute als freier Journalist und Autor in der Lüneburger Heide und an der Ostsee. Bis Mitte der 1990er Jahre war der gelernte Lehrer, Radsport-Trainer und Medizinprodukte-Berater als Leitender Angestellter in der Industrie tätig. Meutgens gilt als intimer Kenner der Dopingproblematik. 2007 erschien sein Buch „Doping im Radsport". Seine Printbeiträge wurden zahlreich ausgezeichnet. Er arbeitet unter anderem für den Deutschlandfunk, die F.A.Z. und den WDR-Rundfunk. Er ist Mitglied des Autorenteams der WDR-Fernsehsendung „Sport Inside", die 2009 für den Deutschen Fernsehpreis nominiert wurde.

Dr. Michael Neuberger, geb. 1974, studierte Lehramt für Realschule mit den Fächern Sport, Physik und Technik. Nach seinem Referendariat arbeitete er sieben Jahre als Realschullehrer. Im Anschluss an seine Promotion wurde er an die PH Heidelberg abgeordnet, wo er seit 2008 als Akademischer Rat in der Abteilung Sportpädagogik beschäftigt ist. Seine Arbeitsschwerpunkte liegen in den Bereichen der Sportspielvermittlung sowie in Fragen der Lehrer-Schüler-Beziehung.

Prof. Dr. Horst Pagel forscht und lehrt als Professor für Physiologie an der Universität zu Lübeck. Er ist ein international renommierter Experte für das Medikament gegen Blutarmut, Erythropoietin (Epo), und unterrichtet angehende Humanmediziner. Als begeisterter Radsportler ist er Gründungsmitglied des Radsport-Teams Lübeck und Anti-Doping-Beauftragter des Radsport-Verbandes Schleswig-Holstein, wo er auch in der Trainerausbildung als Referent tätig ist. (Kontakt: pagel@physio.uni-luebeck.de)

Prof. Dr. Gertrud Pfister war von 1980 bis 2000 Professorin an der Freien Universität Berlin. Seit 2001 lehrt und forscht sie am Department of Exercise and Sport Sciences der Universität Kopenhagen. Sie ist Past-Präsidentin der Internationalen Gesellschaft für Sportgeschichte und der Internationalen Gesellschaft für Sportsoziologie. Zudem gehört sie den wissenschaftlichen Komitees des Europäischen College für Sportwissenschaft und der Organisation WomenSport International an. 2000 erhielt sie das Bundesverdienstkreuz, 2007 den Ehrendoktor von Semmelweis University, Budapest. Sie ist Mitherausgeberin mehrerer internationaler Zeitschriften und hat etwa 250 Beiträge und 20 Bücher veröffentlicht.

Theo Rous, geb. 1934, ist Studiendirektor a. D. In seiner Jugend war er Mittelstreckenläufer, später Jugendtrainer und Abteilungsleiter Leichtathletik bei Rot-Weiß Oberhausen. Von 1984 bis 1994 war er Vorsitzender des Leichtathletik-Verbandes Nordrhein, von 1993 bis 2005 Vizepräsident des Deutschen Leichtathletik-Verbandes. Anfang der 1990er Jahre engagierte er sich für eine konsequentere Bearbeitung des Dopingthemas im DLV. Zwischen 1994 bis 2005 war er Vorsitzender der DLV-Antidopingkommission. Mit Rüdiger Nickel gab er „Das Anti-Dopinghandbuch" (2 Bd.) heraus. Seit 2005 ist er Ehrenpräsident des DLV.

Sylvia Schenk, Olympiateilnehmerin 1972 (800-m-Lauf), war von 1989 bis 2001 Sportdezernentin in Frankfurt/M. und von 2001 bis 2004 Präsidentin des Bundes Deutscher Radfahrer e. V. 2001 bis 2004 war sie Mitglied im Direktionskomitee der Union Cycliste International. Zwischen 2000 und 2005 Vorstandsmitglied von Transparency International Deutschland e. V., von 2007 bis 2010 Vorsitzende. Derzeit ist sie Sportbeauftragte von Transparency International, Richterin am CAS und Rechtsanwältin in Frankfurt am Main.

Evi Simeoni ist stellvertretende Ressortleiterin Sport in der Frankfurter Allgemeinen Zeitung und unter anderem für die Berichterstattung zum Thema Doping und internationale Sportpolitik zuständig. Sie hat als Reporterin und Teamleiterin an zahlreichen Olympischen Sommer- und Winterspielen teilgenommen und konzipierte die preisgekrönte Serie „Doping-Szene Deutschland" der F.A.Z.

Prof. Dr. Dr. Perikles Simon studierte Humanmedizin (Dr. med., 2000) und Verhaltens- und Neurobiologie (Dr. rer. nat., 2004) in Tübingen und an der *University of Pennsylvania* Philadelphia. Ab 2004 ambulante Versorgung, Diagnostik und sportmedizinische Beratung eines breiten Spektrums von Patienten und Leistungssportlern in der Abteilung für Sportmedizin bei Prof. Andreas Nieß (Tübingen). Seit 2009 Leiter der Abteilung für Sportmedizin an der Johannes Gutenberg-Universität Mainz und Mitglied im *Gene Doping Pannel* der WADA. Forschungsschwerpunkte im Labor: molekulare Mechanismen und genetischen Voraussetzungen der körperlichen Leistungsfähigkeit und Trainierbarkeit.

Andreas Singler, geb. 1961, lebt und arbeitet als Sportwissenschaftler, Journalist und wissenschaftlicher Autor in Mainz. Zusammen mit Gerhard Treutlein seit 1996 historische, soziologische und pädagogische Forschung zum Doping mit dem Schwerpunkt Bundesrepublik Deutschland; dazu u. a. mehrere Buchpublikationen. Zuletzt führte er eine Studie über „Dopingprävention in Rheinland-Pfalz" durch und verfasste im Auftrag des Deutschen Bundestages ein wissenschaftliches Gutachten zum Thema „Doping und Medikamentenmissbrauch in Sport und Beruf". Daneben absolvierte er zwischen 2007 und 2010 ein Japanologie-Studium an der Goethe-Universität Frankfurt/M.

Prof. Dr. Giselher Spitzer, geb. 1952, wurde 1982 in Bonn promoviert. Venia legendi für Sportwissenschaft 2000. Er war wissenschaftlicher Mitarbeiter in Bonn und Köln, bevor er 1994 Hochschulassistent an der Universität Potsdam mit dem Arbeitsschwerpunkt Zeitgeschichte des Sports, u. a. Doping, wurde. 2003 erhielt er die Heidi-Krieger-Plakette. Er lehrt seit 2005 an der Humboldt-Universität zu Berlin und ist u. a. Verbundkoordinator des BMBF-geförderten Projektes "Translating Doping" sowie Projektleiter „Dopinggeschichte".

Prof. Dr. Gerhard Treutlein, geb. am 23.12.1940 in Heidelberg. Abitur und Studium der Fächer Sport, Geschichte und Französisch. Nach dem 1. Staatsexamen Promotionsstudium in Heidelberg und Nantes. Dozentur für Leibeserziehung an der PH Heidelberg, später Professur in Sportpädagogik. Als Leichtathlet u. a. Trainer im Jugend- wie im Spitzenbereich. Disziplinchef Leichtathletik im Allgemeinen Deutschen Hochschulsportverband 1973 bis 2007. In den 1970er Jahren richtungweisende sportsoziologische, in den 80er Jahren sportpädagogisch-didaktische Veröffentlichungen (z. B. Körpererfahrung, Lehrer- und Trainerverhalten). Insbesondere der Tod von Birgit Dressel 1987 motivierte ihn zu kompromissloser Dopingbekämpfung, vor allem im Hinblick auf die Prävention. 2009 erhielt er dafür das Bundesverdienstkreuz.